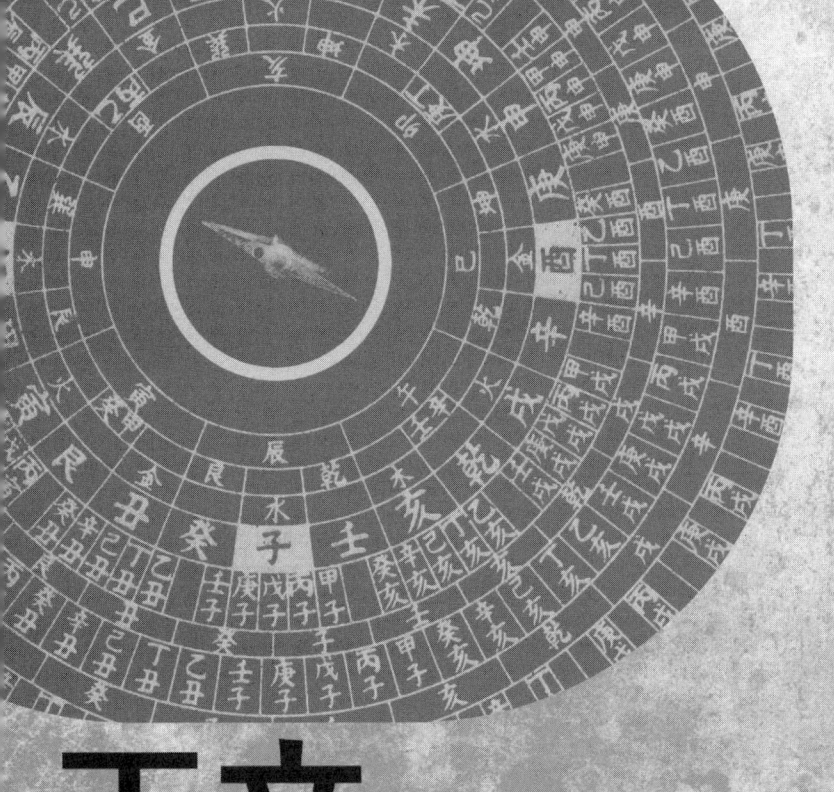

天文을 알면
風水地理가
보인다

취산翠山 김동규 편저

지구자전축이 천방봉침天盤縫針이다.

明文堂

머리말

풍수지리(風水地理)는 동양철학에서 점학(占學)과 이학(理學)을 통합하여 원하는 답을 효과적으로 확실하게 얻어내는 종합학문이다.

첫째, 「점학(占學)」의 종류를 보면 수(數)를 사용하는 학문적인 점이 있으며, 신(神)을 불러 도움을 요청하는 미신적인 점도 있고, 또 달리는 장난스럽기는 하지만 어느 드라마에서처럼 신고 있던 신발짝을 던져 어디로 가야 할지를 순간의 재치로 알아보는 점도 있다. 방법이야 무엇이든 적중만 시킨다면 그만이다.

점학의 특징은 뭐니 뭐니 해도 적중률에 있다. 학문적으로 점을 칠 때의 자세를 「지성지도(至誠之道)면 가이전지(可以前知)」라 하였는데, 이 말은, 지성이란 간절한 소망이요 도(道)는 법(法)이라는 말이다. 곧, 「꼭 알아야겠다는 간절한 소망을 가지고 규정에 따라 임하면 미래사의 길흉선악을 미리 알려준다」는 얘기가 된다. 그것도 즉석에서 답을 내준다는 것이니 참으로 시원하고도 통쾌하며, 적중했을 때의 쾌감은 가히 상상을 초월한다.

학문적인 점학의 대표적인 것으로, 주역(周易)을 비롯하여 기문(奇文)·하락이수(河洛理數)·자미두수(紫薇斗數)·매화역수(梅花易數) 등 수(數)를 사용하는 학문은 모두 점학(占學)으로 분류된다.

인간의 미래는 한 치 앞도 알 수 없다. 그러나 앞에 열거한 학문들은 미래의 길흉을 알아보고자 할 때 주로 사용하는 것들인데, 모두 수(數)를 사용하여 구궁(九宮)이나 팔괘(八卦)에다 대입시키기도 하고, 가감승제(加減乘除)하거나 분합(分合) 등으로 요술(妖術)과도 같이 원하는 답을 얻어낸다.

사실 곰곰이 생각해 보면 우리 인간이 태어나 죽을 때까지 한평생이 모두 크고 작은 선택하는 일로부터 시작되고 성패 또한 선택의 순간부터 갈린다. 「선택(選擇)이 곧 점(占)」인 것이다.

　따라서 선택 잘한 사람은 성공하여 역사에 남는 사람이 될 수도 있으나, 선택 잘못한 사람은 실패도 하고 재앙이 생겨 미래가 전무(全無)할 수도 있다. 그러므로 선택은 누가 언제 어디서 무슨 선택을 하든 적중시켜야 함을 강요받는다. 그러나 불행하게도 「점(占)은 혹중혹부중(或中或不中)」이다. 어찌하리오! 그렇다. 점을 치지 않고도 올바른 선택을 할 수 있다면 되는 것이다. 그것이 지식이며 정보이다. 알고 선택한다면 백 퍼센트 적중할 수 있기 때문이다.

　그러므로 「행복은 성적순이 아니고 선택순인 것이다. 그리고 그 선택은 점이다」라는 말이 성립된다. 그래서 옛 성인들 역시 후세 인류를 위해 주역(周易)을 위시하여 각종 점학을 글로써 성문화(成文化)해 남겨 놓은 것이다.

　둘째, 「이학(理學)」이란 사물의 변화와 운행 이치를 더듬고 추적하여 그 후의 결과가 어떻게 나타날지를 예상하는 학문이다. 이학의 특징은 원하는 답을 얻어냈을지라도 대개는 일정 기간이 경과한 후에 선악 간에 결과를 얻을 수 있는 학문이다. 그렇기 때문에 어렵기도 하려니와 통쾌한 설득력도 모자란다. 대표적인 학문으로는 명리(命理)·물리(物理)·지리(地理) 등 리(理)자로 끝나는 학문이 대부분 이에 해당된다.

　풍수지리가 종합학문이라 하였는데 태조산(太祖山)으로부터 소조산(小祖山)·부모산(父母山)까지 내려오면서 용맥(山脈)의 변화를 추적하는 것이다. 즉 좌우 상하로 활동이 많은지를 보고, 또 이웃과 가지가 많아서 주밀한지(傳變穿落) 등으로 체(體 ; 짜임새)의 선악 등을 추적하여 그 아래서 어떠한 결과물(穴과 같은)을 내놓을 것인지를 알아낸다. 그 다음에는 이에다가 올바른 이용(利用 ; 쓰임새)을 극대화하기 위하여 계절의 왕상휴수(旺相休囚 ; 천문학)와 주역(周易)·구궁(九宮) 등 점학을 대입하여 미래의 길흉과 크기의 정도를 알아낸다. 그러므로 풍수지리는 과학을 체(體)로 삼고 점학을 용(用)으로 하는 종합학문(곧 通涉學)이라 할 수 있는 것이다.

   내가 이 책을 또 쓰는 데는 확실한 두 가지 이유가 있다. 그 중 하나는 나경(羅經)은 본시 정북(正北)을 가리키지 않는 기물이므로 잘못 사용하여 일을 그르침이 없도록 경계하기 위함이고, 또 하나는 같은 것 같으면서도 쓰임이 다른 두 종류의 학문을 혼동하지 않도록 계도하고, 효심으로 공력을 들인 사람들에게 보답의 응(應)을 받을 수 있게 하기 위함이다.

2014년 3월 10일
— 취산(翠山) 김동규(金東奎)

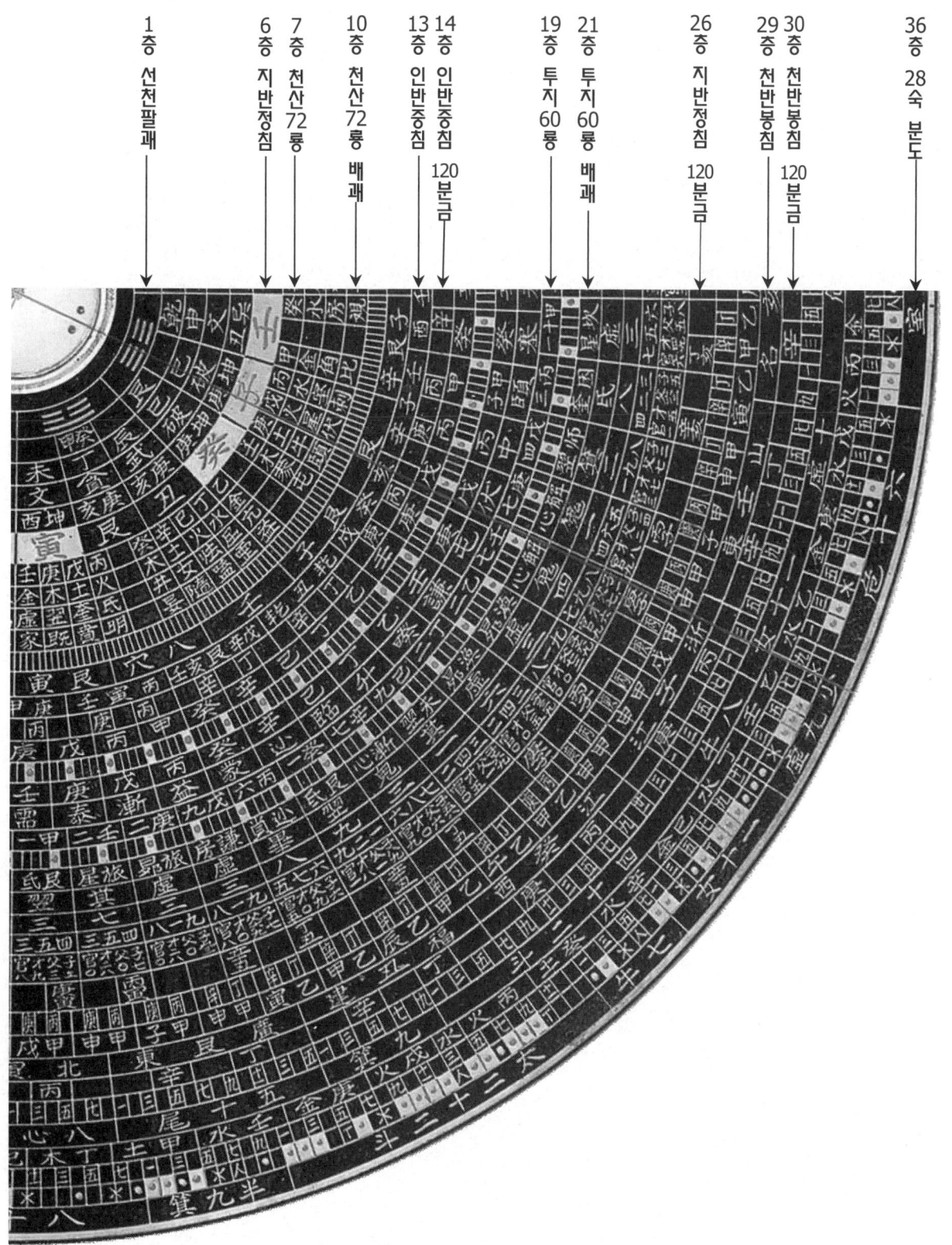

<투지반 층차 명칭>

<현공반 층차 명칭>(6쪽)

제1층 선천팔괘(先天八卦)
제2층 낙서(洛書)
제3층 천간(天干) 반복황천(反復黃泉)
제4층 24겁살(劫煞)
제5층 양공(楊公) 在天九星
제6층 천성(天星) 24위(位)
제7층 정침(正針) 24방위(方位)
제8층 천산(穿山) 72후(候)
제9층 인반(人盤) 중침(中針)
제10층
제11층 중침(中針) 120분금
제12층 투지(透地) 60룡(龍)
제13층 투지괘(透地卦)
제14층 투지(透地) 차착 가감
제15층 지반정침(正針) 120분금
제16층 내반(內盤) 낙서 수(數)
제17층 선천 순역 내 64괘획(卦畫)
제18층 재천구성(在天九星) 내배(內配 ; 運盤)
제19층 내반(內盤) 64괘(卦)
제20층 외반(外盤) 낙서 수
제21층 선천순역 외 64괘획
제22층 재천구성(在天九星) 외배(外配;運盤)
제23층 혼천성도(渾天星度) 오행(五行)
제24층 사상배속(四象配屬)
제25층 외반(外盤;先天位) 64괘(卦)
제26층 384효(爻)와 추효(抽爻)환상(換象)
제27층 천반봉침 24위(位)와 24절기
제28층 천반봉침 120분금
제29층 지반 28숙 분도수
제30층 지반 주천(周天) 28숙
제31층 성도(星度)오행(五行)
제32층 천도 28숙의 도수
제33층 천도 28숙의 차착공망
제34층 천도 28숙(宿)
제35층 주천(周天) 360도(度)

머리말 / 2
투지반 층차 명칭 / 5
현공판 층차 명칭 / 6~7

질문이 많은 제설(諸說) /
1. 풍수지리가 자손을 돕고 발복시키는 원리는? / 14
2. 남좌여우(男左女右) 설(說) / 15
3. 화장(火葬)한 묘(墓)로도 발복이 가능한가? / 16
4. 석관(石棺)을 사용할 때의 이해(利害)는? / 17
5. 석물(石物)로 묘지 치장(治粧)은 도움이 되는가? / 18
6. 묘지 관리가 어렵다 하여 묘를 한데 모으는 것은 불가하다 / 18
7. 고총(古塚 ; 옛무덤) 자리에 장사(葬事)함은 정당한가? / 19
8. 풍수지리에서 벼슬이나 귀천의 서열은 어떻게 결정되나? / 21
9. 내향과 외향이 다를 수도 있는가? / 21
10. 청명·한식에는 묘지 일을 해도 되는가? / 22

제1부 총론
제1절 나경(羅經)의 매혹(魅惑)
1) 나경의 유래 / 24
2) 나경(羅經)의 제작 / 25

제2절 정침(正針)과 봉침(縫針)의 오용
1) 사람은 풍수에 속고 풍수는 쇳글자에 속는다 / 29
2) 현공반(玄空盤)과 투지반(透地盤)의 차이점 / 30
3) 어띤 오류를 범하고 있는가? / 40

4) 지과필개 득능막망(知過必改 得能莫忘) / 41

5) 봉침(縫針)을 사용함으로써 진북에 거의 일치한다 / 47

제3절 절기(節氣)와의 배합 / 51

제4절 역법(曆法) / 52

제5절 3북(北)의 해설 / 53

제6절 24절기(節氣)의 설정 / 57

제7절 표준시간 설정 / 61

제2부 천문학(天文學)

제1절 제요(提要) / 64

제2절 태양계(太陽系) / 65

1) 천구(天球) / 65

2) 천정(天頂) / 67

3) 천구자오선(天球子午線) / 67

4) 천축(天軸)·천극(天極) / 67

5) 천구적도(天球赤道) / 67

6) 황도(黃道) / 67

7) 지구의 자전과 공전 / 68

8) 춘분점·추분점 / 69

9) 적도좌표계(赤道座標系) / 70

10) 방위각(方位角) / 71

11) 경도(經度) / 72

12) 위도(緯度) / 73

13) 본초자오선(本初子午線) / 73

14) 시간(時間) / 74

15) 시태양시(視太陽時 ; 眞太陽時) / 75
16) 평균태양시(平均太陽時) / 76
17) 표준시(標準時)의 결정 / 76
18) 경도대표준시(經度帶標準時) / 77

제3절 역법(曆法)
1) 제요(提要) / 79
2) 달에 대한 참고 지식 79
3) 태음력(太陰曆)법 / 82
4) 태음태양력법(太陰太陽曆法) / 85
5) 태양력법(太陽曆法) / 88

제4절 기타 인위적 제도
1) 칠요(七曜) / 92
2) 서머타임(summer time, 일광절약시간) /93
3) 날짜변경선((international date line) / 94
4) 기후대(氣候帶, climatic zone) / 96
5) 사철의 구분 / 98
6) 진자오선(眞子午線, true meridian) 찾는 법 / 99
〈서머타임 연구에 대한 필자의 논문〉 / 102

제3부 하도(河圖) 낙서(洛書)
제1절 도서 변화 십법(圖書變化十法)
제1법 하도(河圖) / 112
제2법 낙서(洛書) / 113
제3법 선천팔괘(先天八卦) 차서(次序) / 113

제4법 선천팔괘(先天八卦) 방위(方位) / 114
제5법 후천팔괘(後天八卦) 차서(次序) / 115
제6법 후천팔괘(後天八卦) 방위(方位) / 116
제7법 선천괘(先天卦) 배(配) 하도지상(河圖之象) / 116
제8법 후천괘(後天卦) 배(配) 하도지상(河圖之象) / 117
제9법 선천괘(先天卦) 배(配) 낙서지수(洛書之數) / 118
제10법 후천괘(後天卦) 배(配) 낙서지수(洛書之數) / 119

제2절 도서(圖書) 각론(各論)

1) 하도(河圖) / 122
2) 선천팔괘(先天八卦) / 123
3) 낙서(洛書) / 125
   (1) 낙서(洛書)와 오행상극도 / 125
   (2) 선천팔괘(先天八卦) / 128
   (3) 사상(四象) / 141
   (4) 후천팔괘(後天八卦) / 142

제4부 나경(羅經)

제1절 나경(羅經)과 그 종류

1) 표준규격 9층 나경 / 150
2) 나경의 종류 / 150

제2절 9층 표준나경 층차(層次) 해설

제1층 팔살황천(八煞黃泉) / 152
제2층 팔로사로황천(八路四路黃泉, 일명 反復黃泉) / 156

제3층 쌍산오행(雙山五行) / 162

1) 재천구성은 4원국에 응한다(在天九星 以應 四垣局) / 162
2) 토색은 과협의 토색과 같다(土色專看 龍過峽 峽與穴情 一般法) / 166
3) 토색 보는 법(占土色法) / 167

제4층 지반정침(地盤正針) / 168

제5층 천산칠십이용(穿山七十二龍) / 180

1) 천산본괘(穿山本卦) 합주역위천통(合周易爲天統) / 185

제6층 인반중침(人盤中針) / 193

1) 인사편(認砂篇) / 200
2) 뇌공발사가(賴公撥砂歌) / 203
3) 소사현묘(消砂玄妙) / 204
4) 분방궁위(分房宮位) / 206
5) 육갑(六甲) 혼천후괘(渾天後卦) / 207
   (1) 후천 60괘(後天六十卦) 배 갑자도(配甲子圖) / 207

제7층 투지육십룡(透地六十龍) / 209

1) 험 신구분단(驗 新舊墳斷) / 213
2) 정미현기(精微玄機) / 213
3) 양공오기론(楊公五氣論) / 215
4) 육십용투지 즉오자기(六十龍透地 卽五子氣) 길흉 비결 / 215
5) 24산(山) 화갱신단(火坑神斷) / 232
6) 투지기문(透地奇門 ; 子父財官祿馬貴人) / 235
7) 투지괘(透地卦) 배(配) 60룡 / 240
8) 석자부재관 형제 오친(釋子父財官 兄弟 五親) / 245

9) 총주금비(叢珠金秘)의 투지60룡 해설 / 247

제3절 팔괘 통육십룡(統六十龍) 응칠십이후(應七十二候)

제8층 천반봉침(天盤縫針) / 410
  1) 방위(方位)의 기준점 / 410
  2) 천반변내거지수(天盤辨來去之水) / 411
  3) 번괘장결식(翻卦掌訣式) / 420

<정침 봉침설(正針縫針說)> / 426

제9층 분금(分金) / 433
  1) 비수정침(秘授正針) 240분수(分數) / 434
  2) 분금합내 지반위(分金合內地盤爲) 28가감(加減) / 437
    (1) 분금 혈찰살가(分金穴刹煞歌) / 440
  3) 합 천반분금위(合天盤分金爲) 37가감(加減) / 442
  4) 지원귀장역 분금위배괘(地元歸藏易 分金爲配卦) / 443
  5) 납음오행(納音五行) / 448
  6) 홍범오행(洪範五行) / 453
  7) 축월절기(逐月節氣) 태양과궁(太陽過宮) / 459
  8) 취자(娵訾) 12신(神) / 469
  9) 28숙(宿) 분야(分野) / 473
  10) 12궁사 관역(館驛)에 천제와 천장의 합부교회론(合符交會論) / 475
  11) 혼천성도(渾天星度) / 477
  12) 좌산 24향 영축(盈縮) 60룡 투지(透地) / 480
  13) 정(定) 차착공망(差錯空亡) 홍권흑점(紅圈黑點) / 483

질문이 많은 제설(諸說)

1. 풍수지리가 자손을 돕고 발복시키는 원리는?

세상 사람들은 흔히 풍수지리학은 미신(迷信)이거나 도참설(圖讖說)로 말하고 있다. 그러나 실학적(實學的)인 관점과 물리학적인 방향에서는 설명이 가능하다.

《나경투해(羅經透解)》에 「산천에는 영기가 있으나 주인이 없고, 시골(屍骨)은 주인은 있으나 영기가 없으므로 산천의 영기를 빌려 고골(枯骨)을 온난하게 하면 그 음덕으로 자손을 돕게 된다(山川有靈無主屍骨有主無靈 借山川之靈氣枯骨溫暖蔭佑子孫)」 하였다.

이에서 고골을 온난하게 한다는 말에 착안하여야 한다. 이는 열(熱)의 개념이므로 전파(電波)이론을 인용하여 설명이 가능하다. 기(氣)는 에너지요 열(熱)이니, 열이 있는 곳엔 전기를 일으키고, 전기가 있으면 진동(震動)이 있고, 진동하면 동질의 물체끼리는 교신한다는 말과 일치한다.

전파이론에 의하면 같은 형질의 물체끼리는 교신이 가능하다는 이야기다. 《인자수지(人子須知)》에도 「부모 조상과 그 자손은 한 뿌리에서 같은 기운을 받고 태어났으므로 저쪽이 편안하면 이쪽도 편안하고 저쪽이 위태하면 이쪽도 위태하다(父祖子孫同根同氣 彼安則此安彼危則此危)」 한 것은 유전인자가 같다는 것이고, 유전인자가 같다는 것은 수적(數的 ; 과학적)으로 연결되어 있다는 것이다.

이것은 필자가 일찍이 말하였던 열의 작용이며, 「만유화생개열(萬有化生皆熱)」이라 한 것과 일치하며 풍수지리가들이 말하는 동기감응(同

氣感應)이기도 하다.

또 실학적인 면으로도 사람이 편안하게 기거하려면 첫째로 천재지변이나 외침으로부터 안전한 곳을 선택하여야 하였고, 둘째로 따뜻한 남향을 찾았으며, 셋째로 먹거리를 구하기가 쉬운 곳을 찾아야 했다. 그 방법을 성문화(成文化)하여 자손에게 전하여 오는 것이 풍수지리학이다. 이에다 이기(理氣)를 첨가하여 왕상휴수(旺相休囚)를 찾아 확실하게 발전시키고 효심(孝心)을 더하여 숭조사상(崇祖思想)을 미덕으로 삼는 민족의 체질에 맞도록 발전시킨 것이 오늘날의 풍수지리학이니 오해 없기 바란다.

2. 남좌여우(男左女右) 설(說)

묘지에서 쌍봉이나 합장을 할 경우 남녀를 어느 쪽으로 쓸 것인지를 묻는 사람이 의외로 많다.

남좌여우(男左女右) 설은 본시 유교(儒敎)사상에서 유래된 것으로 천도(天道)의 운행을 본받은 것으로서, 천양(天陽)·지음(地陰)·양남(陽男)·음녀(陰女)·좌선양(左旋陽)·우선음(右旋陰)의 사상에서 비롯되었다. 지구가 태양을 공전하는데 우선(右旋)이므로 음역(陰逆)이며, 태양은 좌선(左旋)이니 양순(良順)이다.

그러나 이를 풍수지리에다 적용하는 것은 조건을 달리 적용해야 한다. 왜냐하면 앞에서 풍수지리가 자손을 돕고 발복시키는 원리는 물리학적인 것으로 유전인자에 있는 것이라 하였으니 할아버지 할머니보다는 어머니 아버지가 닮은 유전인자가 더 많고 확실한 것이니 더 좋은 조건으로 처리되어야 하고, 또 그 가운데서도 선망자(先亡者)가 더 좋은 자리에 모셔져야 하기 때문이다.

3. 화장(火葬)한 묘(墓)로도 발복이 가능한가?

 묘지를 쓸 공간이 모자라는 작은 나라에서 화장 문화가 발달하는 것은 바람직한 일이다. 그러나 화장한 유골의 재를 다시 묘지로 쓰는 경우가 의외로 많은데, 그 부당함을 지적하고자 하는 것이다.

 풍수지리의 원리는 본시 돌아가신 부모나 조상의 유골을 오랫동안 보존하고자 하는 데 있다. 사람이 죽는다는 개념은 호흡이 멎고 심장이 활동을 정지하는 것이니 이것은 의학적인 개념의 죽음이라 할 수 있다. 사실 이는 일부분만의 외형적인 변화에 불과하다. 풍수지리의 도학적(道學的) 개념으로는 유체(遺體)가 평생 동안 진화하면서 형성되었던 모든 과정을 반복하면서 차례차례 반납하는 것이다.

 사람이 출생할 때 「으앙!」하고 크게 울면서 5단계 중 마지막 단계로 후천 영혼(靈魂)을 받는다. 이 영혼을 보통사람의 경우 80년이고 90년이고 한평생을 나의 스타일로 길들여져 왔기 때문에 반납 또한 그 기간 동안을 그 과정을 통하여 되돌려주게 된다.

 육신 역시 출생 후 일생 동안 진화이든 변화이든 가꾸어져 왔다. 그러므로 되돌림 역시 보통 땅의 조건에서는 위의 영혼에서와 같은 방법으로 산천의 만유일기(萬有一氣) 속으로 서서히 되돌림을 하게 된다. 그러나 풍수지리에서 지칭하는 특수한 혈(穴)이라는 개념의 땅에서는 몇 배 또는 몇 십 몇 백 배까지도 되돌림의 기간이 늘어난다. 이것이 지리가(地理家)들이 좋은 땅을 찾는 이유인 것이다.

 이상과 같은 의미는 사람은 이미 죽었을지라도 영혼과 육신의 생기(生

氣)는 아직은 일정한 기간 동안을 살아 있다는 것을 말해 준다.

필자가 추정한 결과로는, 인간의 유전인자가 자손에게 전달 교신하고 보존 유지하는 데 필요한 한계 온도는 섭씨 81도이다. 그런데 화장(火葬)의 경우는 일시에 몇 천 도의 뜨거운 열로 태워 재(灰)를 만든다. 이 재는 사실상 나의 조상도 다른 이의 조상도 아니고 단지 재라고 하는 일종의 물체일 뿐이다. 재로 변한 유골은 산(山)에 뿌리거나 물에 뿌려 흔적을 없애는 것이 좋은 방법이다.

그런데 그 재를 사원 같은 곳에다 보존한다거나 개인묘지를 쓴다거나 합동묘지 등으로 관리하는 것은 화장(火葬)한 의미를 상실하였으므로 부당함을 말해두는 것이다.

4. 석관(石棺)을 사용할 때의 이해(利害)는?

묘(墓)를 쓸 때 석관을 사용하여 쓰는 것이 한때 크게 유행한 적도 있었다. 사실 석관을 사용하면 묘(墓) 쓰기가 간편하고 방위(方位)나 분금(分金) 놓기도 간편하다. 그러나 요즈음은 석관 기피론자들이 많아지면서 묘 쓸 때 석관을 사용하는 경우가 드물다. 이유는 습기가 차고 이슬이 맺힌다는 것이다.

그러나 필자는 석관을 즐겨 쓴다. 「음지일선(陰地一線)」이라 했으니 묘 쓰는 일에서는 방위와 분금 등의 선(線) 하나로 길흉이 전도(顚倒)되므로 왕상휴수(旺相休囚) 선을 확실하게 선택하기 위해서다. 다만 주의할 것은 석관 내부를 고운 흙으로 꽉 메워주는 것으로 피해를 방지하는 것이다.

5. 석물(石物)로 묘지 치장(治粧)은 도움이 되는가?

비석(碑石)·상석(床石)·둘레석·석등(石燈)·세호석(細虎石)·장군석상(將軍石像)·12신장석상(神將石像) 등으로 묘지 주위를 과다할 정도로 치장하는 사람이 많은데 이것은 효심이 아니라 자손의 허세에 지나지 않는 대단히 잘못된 풍습이다. 묘지는 뛰어난 형세로서 생기(生氣)가 모인 혈(穴)이라는 곳을 찾아 부모나 조상의 만년유택(萬年幽宅)으로 이용하는 것이니 양명(陽明)하고 정갈해야 하는데 필요 이상의 많은 석물은 방해만 될 뿐 아무런 도움이 되지 않는다. 오히려 일정한 세월이 지나고 나면 혐오시설로 변할 수밖에 없기 때문이다.

6. 묘지 관리가 어렵다 하여 묘를 한데 모으는 것은 불가하다

풍수지리에서 용(龍)은 핵심이 되는 주체요 생명선이다. 자손의 부귀영화를 용(龍)에서 책임지고 있기 때문이다. 그러므로 소조(小祖) 산에서 부모(父母) 산까지 용이 빼어나 용발(聳拔)하면 반드시 좋은 혈(穴)이 있다.

만약 용이 좋은데 좋은 혈이 없다면 그것은 단지 혈을 찾을 수 있는 눈이 없는 것이다. 그러므로 풍수지리에서 혈의 선악을 따지는 조건은 후룡(後龍)의 선악으로 결정된다.

세상이 변하여 요즈음은 여러 곳으로 흩어져 있는 조상의 묘지를 관리하기가 어렵다는 이유로 한곳으로 모아 놓고 가족묘지 등으로 관리한다. 이것은 잘못된 것으로 제대로 하장(下葬)된 묘지라면 차라리 그 자리에 두고 묵힐지언정 모으는 것은 불가하다. 산 사람은 가까이 모여 살아야 협조가 되지만, 장법의 원리로는 죽은 사람의 묘는 여러 곳에다 헤쳐 하장(葬)하여야 집안이 더 한층 번영하기 때문이다.

그 이유를 예로 들어 보겠다. 100이라는 힘을 지닌 어느 좋은 용이 있을 때 그 용의 정혈에다 할머니의 묘를 썼다면 당연히 100의 힘으로 도움을 받는다. 그러나 할아버지 묘지와 아버지 묘지까지를 또 그 옆이나 밑에다 썼다면 200이나 300의 힘을 받는 것이 아니라 몇 기를 썼더라도 100의 힘밖에 받지 못한다.

왜냐하면 그 용은 능력을 100밖에 내지 못하기 때문이다. 그러나 다른 곳의 50짜리 용에다 묘를 쓰고 또 다른 150짜리 용에다 묘를 썼을 경우는 200의 힘을 합하여 300의 힘을 받을 수 있다. 이것이 묘지를 모으면 안 되는 이유이다.

7. 고총(古塚 ; 옛무덤) 자리에 장사(葬事)함은 정당한가?

《인자수지(人子須知)》에 「불가도장구혈(不可圖葬舊穴)」이라 하였으니, 전에 크게 발복하였던 명묘(名墓)였더라도 원칙적으로는 다시는 발복하지 못한다. 구혈(舊穴)을 좋아하는 사람들은 조심해야 한다. 그러나 진룡(眞龍) 정혈(正穴)에서 발음(發蔭)이 늦게 나타나는 대혈(大穴)일 때 어느 연복(緣福)이 모자라는 사람이 썼다가 그 혈이 발복할 수 있는 연대(年代)가 가까워지니 자리를 지키고 있던 복 없는 사람은 어떠어떠한 이유로 파서 이장(移葬)해 버리고 복 많은 새로운 주인이 이 자리에다 썼다면 이러한 경우는 후장자(後葬者)가 얼마 가지 않아서 바로 발복하게 되는 경우가 있는데, 이것과는 다르니 참으로 명사의 진견(眞見)으로 판단해야 할 일이다.

〈연관된 고시(古詩)〉

인인난보백년분(人人難保百年墳) ; 사람들은 묘를 써놓고 백 년도 못 지키더라.

도곽중천태인신(徒堁重扦太忍心) ; 한갓진 토성에다 거듭 써놓고 참고 기다리지만,

막도천공무보응(莫道天工無報應) ; 하늘에 조화가 없다 말하지 말라. 보응은 없으리라.

후래환유벌분인(後來還有伐墳人) ; 뒤에 쓴 사람에게는 도리어 벌을 내리리라.

8. 풍수지리에서 벼슬이나 귀천의 서열은 어떻게 결정되나?

풍수지리에서 자손의 발복 원리는 용(龍)의 귀천(貴賤)으로 결정된다. 그러므로 용의 내력과 주산의 힘을 가장 중요시하고, 다음으로 주위의 형세를 살피고 사격(砂格)의 방위와 위치 등까지 참고하여 혈(穴)이 결정된다. 혈이 결정되고 나면 그 크기 등과 이기(理氣)까지 모두 포함하여 이곳에서는 문무(文武) 간에 몇 년 후에 최고 무슨 벼슬까지 나올 수 있다고 예언한다. 예언 원리는 책의 내용 가운데 세세히 설명하고 있으므로 생략하고 이곳에서는 서열만을 말하기로 한다.

가장 큰 혈에서는 성인(聖人)을 배출하고, 다음은 현인(賢人 ; 朱子)이며, 다음으로 스승(율곡, 퇴계)이 나오며, 그 다음은 임금이 나오고, 또 그 다음은 삼공(三公)의 벼슬이요, 그 다음은 상서(尙書), 장관(長官)의 순으로 배출한다고 할 수 있다.

9. 내향과 외향이 다를 수도 있는가?

① 그렇다! 고서에 「산천지형세 조총부도시(山川之形勢 照塚不到屍)」란 말이 있다. 풀이하면, 산천의 형세는 조성하여 놓은 무덤(封墳)을 기준으로 해서 보이는 대로 길흉이 나타나는 것이므로 땅속에 묻혀 있는 시신(屍身)은 형세가 좋은지 나쁜지는 알 바 아니라는 것이다. 다만 시신에서는 혈토(穴土)의 선악(善惡 ; 좋고 나쁨)이 가장 중요하고, 다음으로 온도(溫度)·습도(濕度)·산도(酸度)의 영향을 받을 뿐이기 때문이다.

그러므로 밖으로는 산천의 빼어난 형세에서 특수하게 용발(聳拔)한 조산(朝山)을 선택하여야 하고, 수법(水法)까지도 어긋나지 않도록 하여야 한다. 그러나 땅속 시신에서는 주산(主山)의 의향을 따라 천산(穿山)·투지(透地)·분금(分金)에서 왕기(旺氣)를 받을 수 있도록 처리하여야 하므로, 흔하지는 않지만 부득이 내외이향(內外異向)이 발생할 수도 있다.

② 또 자손에게 전달하는 길흉화복(吉凶禍福)은 다시 또 형세와 함께 이기(理氣)로서 나타나는데, 주산의 왕상휴수(旺相休囚)가 묻혀 있는 시신과 종족의 사이클(본질의 因子)이 어떻게 연결되었는지에 의해 결정되는 것이다. 그러므로 「음지일선(陰地一線)」이라 하였으니 재혈(裁穴)할 때 천산·투지·분금을 주산의 본기와 어긋나지 않게 해야 하는 것은 물론 주명(主命)과도 합치시켜야 한다. 《인자수지》에,

「득금부득괘만자허한화(得金不得卦謾自虛閑話)
　득괘부득금왕비용공심(得卦不得金枉費用功心)」

이라 하였으니, 풀이하면, 3선인 천산·투지·분금에는 일치시켰으나 괘

효(卦爻)에서 구육충합(九六冲合)을 만나지 못했다면 스스로 허망한 헛일에 속고 있는 것이요, 구육충합의 괘는 득하였을지라도 득금(得金)을 하지 못했으면 비용 들어가면서 공들여 찾았던 자리가 헛것이 되고 만다는 것이니, 금(金)과 괘(卦)를 모두 득하였을 때 「그곳」에 이를 수 있다는 말이다.

10. 청명·한식에는 묘지 일을 해도 되는가?

많은 사람들이 청명(淸明)·한식(寒食)에는 묘지를 파 옮겨도 된다고 믿고 있다. 이는 따뜻한 봄날에 성묘(省墓 ; 묘지 주위를 살펴봄)하고 훼손된 곳을 사토(沙土) 등으로 보수한 데서 유래된 것 같은데, 먼저 토지신(土地神)과 조상에게 고축(告祝)하고 동토(動土)하는 정도라면 무방하다고 할 수 있다. 그러나 시신(屍身)까지 손을 댄다거나 이장(移葬)하는 수준이라면 자손의 안위(安危)가 걸려있으므로 반드시 택일(擇日)하지 않으면 불가하다.

제1부 총론(總論)

제1절 나경(羅經)의 매혹(昧惑)

1) 나경의 유래

― 왕도형(王道亨) 《나경투해(羅經透解)》―

【원문】蓋羅經之始乃軒轅黃帝戰蚩尤 迷其南北天降玄女 授帝針法始得破彼妖術 此針法所由來也 然事屬荒遠莫能稽考 或者謂周成王時 越裳入貢歸迷故道 周公遵其針法造指南車以送之針法始定而 帝因授流傳 必以羅經定其位而察其氣乘其氣而裁其穴 察宿度合天星取生旺明制化 體先天用後天 觀水步之去流 察禍福於毫釐 使神不能專其宰 天不能易其命 故君子所以有脫神功改天命之才也 然地有不全之功可以補之有抑減之數可以易之則三才之理要自羅經始明 所以上觀天時下察地利中定人事 舍此無他道也.

【해설】나경의 유래는 여러 설이 있으나 뒤의 원문에서 참고하면 그 중 하나는 황제 헌원(軒轅)이 치우(蚩尤)*와 전쟁을 치르면서 남북을 분간하지 못하고 방황하니 「하늘에서 현녀가 내려와 황제에게 침법(針法)을 가르쳐주니 비로소 저들을 물리칠 수 있는 요술을 얻었다」한다. 또 달리는 주(周)의 성왕 때 월상이라는 사람이 입공(入貢)하고 돌아가는 길이 혼미하여 헤매니 주공이 침법을 좇아 지남거(指南車)를 제작하여 보내준 것이 침법의 시초라 하기도 한다.

*치우(蚩尤) ; 중국 고대 신화에 나타나는 인물로 구려족(九黎族)의 우두머리로서 황제(黃帝)와 전쟁을 벌였다고 전해진다. 전투에 매우 뛰어난 능력을 보여 중국과 한국에서 「전신(戰神)」이나 「병기의 신(兵主神)」으로 숭

배되기도 하였다.

태초의 나경은 십이뇌문(十二雷門) 또는 태골 용침(胎骨龍針)이라 하여 지지(地支) 12방위만으로 제작하여 자오묘유(子午卯酉)로 사방(四方)을 삼고 인신사해(寅申巳亥)로 사장생지(四長生地)로 삼았으며, 진술축미(辰戌丑未)는 귀원(歸元)하는 사고장지(四庫藏地)로 하였었는데 지지(地支)는 음정(陰靜)하므로 고허(孤虛)하다 하여 양동(陽動)인 사유(四維) 건곤간손(乾坤艮巽)과 팔간(八干)을 증보하여 24방위로 균형을 이루도록 한 것이다.

2) 나경(羅經)의 제작

① 나경은 지남침(指南針 ; Compass)을 이용하여 제작한 간단하면서도 명쾌한 과학적 기물(器物)이다. 문헌에 의하면, 나경은 당시 르네상스 시대의 3대 발명품이라 일컫는 지남침·활자·폭약 중에서도 우리 생활에 가장 크게 공헌한 기물이라고 한다.

이 지남침을 중심으로 나경이라는 원반(圓盤)에다 선(線)으로 칸을 막아 각종 자료를 설정하여 놓고 천체 운행의 특수한 주기성(週期性)으로 변화하는 절령(節令)을 추적하여 방위(方位)와 시간은 물론 만물의 왕상휴수(旺相休囚)까지 인간생활에서 필요한 많은 지식 정보를 얻어낸다.

이렇게 나경의 개발로 과학문명도 진보시킬 수 있었으니, 방위·계절·시간 등의 영역에서 잠시도 벗어나 살 수 없는 우리 인간으로서는 참으로 고마운 기물이 아닐 수 없다.

나경이 우리에게 중대한 지식 임무를 제공할 수 있는 것은 변함없이 남북만을 가리켜주는 자침(磁針) 특유의 고집스러운 방향축(方向軸)이 있기에 가능한 것이다. 그러므로 인간생활에 나경이 없으면 그곳에 도달할 수도 없을 뿐만 아니라 어찌 천지의 주인 자리를 지킬 수 있었겠는가?

② 나경 제작의 원칙을 보면, 아래 그림에서 보는 것처럼 적도(赤道)와 황도(黃道)가 약 23. 5도 기울어 있는 관계로 태양이 남쪽에서 황도를 따라 동으로 운행하며 적도와 만나는 점이 춘분점이고, 태양이 적도와 가장 멀리 진행하는 지점이 하지(夏至)이며, 북쪽에서 운행하던 태양이 남쪽으로 내려가면서 적도와 만나는 지점이 추분이며, 적도와 가장 멀리 내려간 지점이 동지이다.

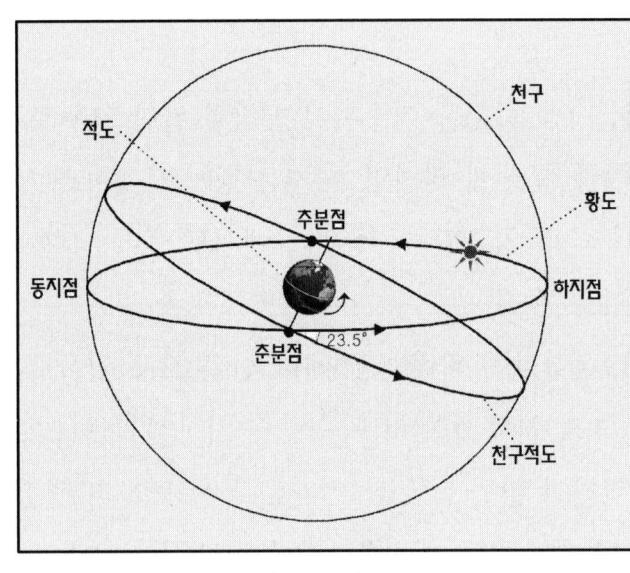

<적도·황도>

이 네 지점의 후기(候氣)로서 과거의 역(曆)을 추적하고 미래의 역(曆)을 계산하며 모든 방위와 절기를 측량할 수 있는 기점으로 쓰인다. 따라서 나경의 분도(分度) 역시 위의 기점으로부터 방위와 절기를 배속하였다는 것에는 다를 리가 없다.

이는 24계절과 방위를 설정하는 데 기준점이 될 수 있으나, 자침(磁針)이 스스로 지칭하는 방위는 진남북(眞南北)을 가리키는 것은 아니므로 풍수지리에서와 같이 선(線)이나 분금(分金)을 중요시하는 용사에서는 반드시 보정하여 사용하여야 하는 불편이 따른다. 이는 뒤에 설명이 자세히 나오지만, 미리 말해두면 이것이 천반봉침(天盤縫針)과 지반정침(地盤正針)으로 양 침이 있어야 하는 이유이다.

그렇다면 보정 없이 어떤 지점의 사정방(四正方), 곧 정남북(正南北)의 설정을 가장 정확하게 답을 구하는 방법은 무엇이 있는가?

이에 답한다면, 「기경내강(旣景迺岡)하고 규지이일(揆之以日)」 하라 하였으니 그 지역의 햇빛으로 관측함이 가장 옳은 방법이라는 것이다.

그 방법은 관측하고자 하는 곳에서 여덟 자(尺)의 얼(臬 ; 막대)을 수직으로 세워놓고, 춘분날 뜨는 햇빛(日景)의 그림자와 추분날 지는 햇빛의 그림자로 동서를 구한다. 이것이 정동서(正東西)이니 이에서 직각으로 남북을 구한다면 원시적이기는 하지만 그것이 그 지역의 가장 정확한 천지대중(天地大中)의 방위요 가장 확실한 동서남북이 되는 것이다.

그러나 이 법은 일 년이나 그 이상의 세월이 지나고서야 얻을 수 있으므로 불편하다 하여 성인(聖人)이 얼(臬)로써 구한 것과 어긋나지 않으면서도 편리하게 사용할 수 있도록 똑같이 제작하여 놓은 것이 천반봉침(天盤縫針)이다.

그러나 천반봉침도 인위적인 기물이어서 끊임없이 자전과 공전을 계속하는 천체운동에서 그때그때 다르게 나타나는 오차로 인하여 지구 전체의 관측 지역을 모두 대변할 수는 없으며, 우리 동양 3국의 경우를 보더라도

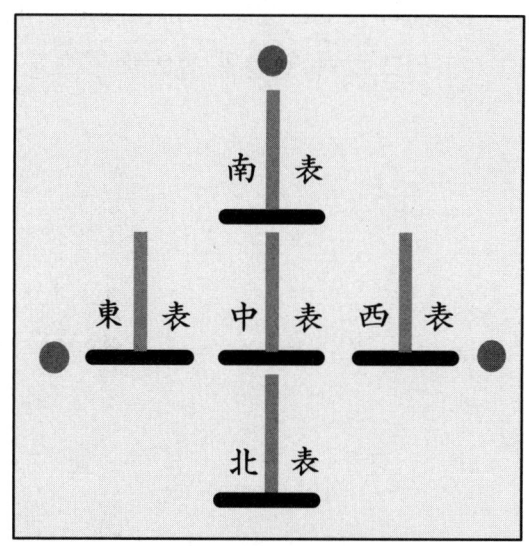

〈수얼일영도(樹臬日影圖)〉

제1부 총론(總論) 27

지역에 따라 1도 미만의 작은 오차는 발생할 수밖에 없다. 다만 7.3도로 부터 7.5도 이상까지의 큰 오차가 발생하는 지반정침보다 오차가 적다는 것이지 미소(微小)한 오차는 날 수밖에 없다. 그러므로 관측 지역의 남북의 적중(的中)은 얼측(臬測)밖에 없다는 것을 말해둔다.

국립지리원에서 발행한 지도에도 북극성의 진북(眞北)과 지도 제작의 도북(圖北)과 나침반의 자북(磁北)을 각 지역마다 모두 표시해 놓고 편차까지 기록해 두었으니 이를 참고하여 가감하면 정확한 답을 얻을 수 있으리라고 본다.

*註 1 ; 1도 수준의 오차에서는 음지일선(陰地一線)의 분금(分金) 재혈(裁穴)에서도 본기가 어긋나는 일은 발생하지 않는다.
*註 2 ; 지구가 자전을 하면서 태양을 공전하는 운행은 우선(右旋)이다. 그러나 지구상에서 관측하는 자에게는 좌선(左旋)으로 보인다. 좌선이란 시계의 바늘이 진행하는 것과 같고 우선이란 그 반대이니 시계에서 바늘은 고정시켜 놓고 판(版)을 돌리며 보는 것과 같이 반대로 운행한다. 중요한 것은 천상(天象)의 측정은 관측자 중심으로 말하는 것이니 관측자가 보이는 대로 말하게 되므로 혹 전달에 착오를 일으킬 수도 있다.

제2절 정침(正針)과 봉침(縫針)의 오용

1) 사람은 풍수에 속고 풍수는 쇳글자에 속는다

① 여기에서 말하고자 하는 핵심은 진북(眞北)이 천반봉침(天盤縫針)과 일치하므로 봉침을 사용하여야 함에도 지반정침(地盤正針)을 사용하면서 오류를 범하고 있음을 지적하고 바로잡아 주려는 것이다.

② 나경의 사용은 많은 지리가들이 크게 오류를 범하고 있는 것이 사실이다. 그러므로 속설(俗說)에 「사람은 풍수에 속고 풍수는 패철(佩鐵)에 속는다」는 속담이 나온 것인지도 모른다. 이는 풍수지리학자들을 가장 곤혹스럽게 만드는 부분이다.

이것은 나경이 제작된 이후로 《인자수지》의 저자 서선계·서선술씨처럼 명쾌하게 해설하여 바로잡아 주는 학자가 없었던 것은 아니지만, 목소리 높이는 곡사(曲士)들의 외침 때문에 후학들이 매혹(昧惑) 속에서 벗어나지 못하고 오류를 연속시키고 있는 것이다.

기록을 보면 과거 지리학계의 7대 현인 중에서도 대부분이 이해를 못하였으며 특히 요금정(廖金精 ; 五代時代의 풍수학자. 이름은 우瑀, 金精은 호.) 같은 큰 스승도 봉침(縫針)을 사용하여야 한다는 것은 알고 제자들에게 가르치기도 하였으면서도 그 설명을 보면 「자침은 철(鐵)이므로 정남(正南)의 화(火)를 가리키지 못하고 병방(丙方)으로 치우쳐 있다(針金也畏南方正位之火 故不敢正指于午 而偏于丙)」고 궁색한 변명을 하였다. 그것을 보면 나경의 활용 지식이 그리 만만치 않았다는 것을 알 수 있다. 이렇게 지리가들은 대부분이 스스로에 속고 있다.

2) 현공반(玄空盤)과 투지반(透地盤)의 차이점

① 현공반(玄空盤)은 역반(易盤)의 배치를 외반(外盤)과 내반(內盤)으로 조합하도록 하였다.

• 외반(外盤) : 선천팔괘를 사용하는데, 건(乾)1 태(兌)2 이(離)3 진(震)4 손(巽)5 감(坎)6 간(艮)7 곤(坤)8은 선천팔괘에 부여된 본래의 숫자이다. 이 선천숫자는 모두 버리고 낙서(洛書)의 후천숫자로 교환하여 팔궁(八宮) 매괘(每卦)의 하괘(下卦)로 삼아 쓴다. 하괘의 후천숫자는 건(乾)9 태(兌)4 이(離)3 진(震)8 손(巽)2 감(坎)7 간(艮)6 곤(坤)1이 그것이다.

다시 건(乾)·태(兌)·이(離)·진(震)·손(巽)·감(坎)·간(艮)·곤(坤)을 매괘의 상괘로 놓고 그에다 64괘를 가하여 배속시킨다. 그 법은 오중(午中)에서 건괘(乾卦)를 기(起)하여 우선(右旋 ; 시계 반대방향)으로 자중(子中)까지 이르면 지뢰복괘(地雷復卦)가 붙으니 모두 32괘가 된다.

다시 또 오중(午中)에서 구괘(姤卦)를 기(起)하여 좌선(左旋 ; 시계방향)으로 자중(子中)에까지 이르면 곤괘(坤卦)가 붙으니 모두 32괘가 된다. 이 좌우선을 합해서 64괘가 다 붙여진 것이다.

그렇게 경반도상에 나타난 64괘에는 낙서의 숫자가 합십(合十)을 득하게 되었고, 또 하도의 16·27·38·49의 생성수(生成數)까지 조합하게 되었는데, 이렇게 외반(外盤)이 성립된 것이다.

• 내반(內盤) : 이 또한 선천팔괘를 취하여 사용하는데, 건곤(乾坤)·태간(兌艮)·감리(坎離)·진손(震巽)으로 대대(待對)의 원리를 취한다. 곤괘(坤卦)로부터 간(艮)·감(坎)·손(巽)·진(震)·이(離)·태(兌)·건(乾)의 순으로 우선(右旋)하여 상괘(上卦)로 삼는다. 이에다가 곤(坤)·간(艮)·감

(坎)·손(巽)·진(震)·이(離)·태(兌)·건(乾)을 매 괘에 가하여 하괘(下卦)로 삼아 64괘를 성립시켜야 한다.

이법은 역시 오중(午中)에서 곤괘(坤卦)를 기(起)하여 우선(右旋)으로 자중(子中)까지 가면 소축괘(小畜卦)까지 모두 32괘가 배치된다.

다시 오중(午中)에서 예괘(豫卦)를 기(起)하여 좌선(左旋)으로 자중(子中)이 건괘(乾卦)에 이르는데 모두 32괘가 된다. 이렇게 64괘가 합성하는데, 경반도상에 나타난 낙서의 숫자를 보면 모두 합십(合十)으로 내반이 성립된 것이다.

이상의 외반 내반은 다 함께 낙서 숫자 합십(合十)을 득한 것이다. 이것이 역경나반(易經羅盤)의 유래이다. 아래 그림을 참고하면 쉽게 이해할 수 있을 것이다.

- 현공반의 내외반 조성법

乾卦·坤卦 : 外盤下卦 乾　　　　　內盤上卦 坤, 配成 天地否卦

上卦	下卦	卦　名	洛書數	上卦	下卦	卦　名	後天數
乾	乾	乾爲天	9	坤	坤	坤爲地	1
兌	乾	澤天夬	4	坤	艮	地山謙	6
離	乾	火天大有	3	坤	坎	地水師	7
震	乾	雷天大壯	8	坤	巽	地風升	2
巽	乾	風天小畜	2	坤	震	地雷復	8
坎	乾	水天需	7	坤	離	地火明夷	3
艮	乾	山天大畜	6	坤	兌	地澤臨	4
坤	乾	地天泰	1	坤	乾	地天泰	9

■ 兌卦・艮卦：外盤下卦 兌　　　　　■ 內盤上卦 艮, 配成 澤山咸卦

上卦	下卦	卦　名	洛書數	上卦	下卦	卦　名	洛書數
乾 ☰	兌 ☱	天澤履 ☰ ☱	9	艮 ☶	坤 ☷	山地剝 ☶ ☷	1
兌 ☱	兌 ☱	兌爲澤 ☱ ☱	4	艮 ☶	艮 ☶	艮爲山 ☶ ☶	6
離 ☲	兌 ☱	火澤暌 ☲ ☱	3	艮 ☶	坎 ☵	山水蒙 ☶ ☵	7
震 ☳	兌 ☱	雷澤歸妹 ☳ ☱	8	艮 ☶	巽 ☴	山風蠱 ☶ ☴	2
巽 ☴	兌 ☱	風澤中孚 ☴ ☱	2	艮 ☶	震 ☳	山雷頤 ☶ ☳	8
坎 ☵	兌 ☱	水澤節 ☵ ☱	7	艮 ☶	離 ☲	山火賁 ☶ ☲	3
艮 ☶	兌 ☱	山澤損 ☶ ☱	6	艮 ☶	兌 ☱	山澤損 ☶ ☱	4
坤 ☷	兌 ☱	地澤臨 ☷ ☱	1	艮 ☶	乾 ☰	山天大畜 ☶ ☰	9

■ 離卦・坎卦：外盤下卦離　　　　　■ 內盤上卦 坎, 火水未濟卦

上卦	下卦	卦　名	洛書數	上卦	下卦	卦　名	後天數
乾 ☰	離 ☲	天火同人 ☰ ☲	9	坎 ☵	坤 ☷	水地比 ☵ ☷	1
兌 ☱	離 ☲	澤火革 ☱ ☲	4	坎 ☵	艮 ☶	水山蹇 ☵ ☶	6
離 ☲	離 ☲	離爲火 ☲ ☲	3	坎 ☵	坎 ☵	坎爲水 ☵ ☵	7
震 ☳	離 ☲	雷火豐 ☳ ☲	8	坎 ☵	巽 ☴	水豐井 ☵ ☴	2
巽 ☴	離 ☲	風火家人 ☴ ☲	2	坎 ☵	震 ☳	水雷屯 ☵ ☳	8
坎 ☵	離 ☲	水火旣濟 ☵ ☲	7	坎 ☵	離 ☲	水火旣濟 ☵ ☲	3
艮 ☶	離 ☲	山火賁 ☶ ☲	6	坎 ☵	兌 ☱	水澤節 ☵ ☱	4
坤 ☷	離 ☲	地火明夷 ☷ ☲	1	坎 ☵	乾 ☰	水天需 ☵ ☰	9

■ 震卦·巽卦 : 外盤下卦 震　　　■ 內盤上卦 巽 配成 雷風恒卦

上卦	下卦	卦　名	洛書數	上卦	下卦	卦　名	洛書數
乾	震	天雷无妄	9	巽	坤	風地觀	1
兌	震	澤雷隨	4	巽	艮	風山漸	6
離	震	火雷噬嗑	3	巽	坎	風水渙	7
震	震	震爲雷	8	巽	巽	巽爲風	2
巽	震	風雷益	2	巽	震	風雷益	8
坎	震	水雷屯	7	巽	離	風火家人	3
艮	震	山雷頤	6	巽	兌	風澤中孚	4
坤	震	地雷復	1	巽	乾	風天小畜	9

■ 巽卦·震卦 : 外盤下卦 巽　　　■ 內盤上卦 震 配成 風雷益卦

上卦	下卦	卦　名	洛書數	上卦	下卦	卦　名	洛書數
乾	巽	天風姤	9	震	坤	雷地豫	1
兌	巽	澤風大過	4	震	艮	雷山小過	6
離	巽	火風鼎	3	震	坎	雷水解	7
震	巽	雷風恒	8	震	巽	地風升	2
巽	巽	巽爲風	2	震	震	震爲雷	8
坎	巽	水風井	7	震	離	雷火風	3
艮	巽	山風蠱	6	震	兌	雷澤歸妹	4
坤	巽	地風升	1	震	乾	雷天大壯	9

■ 坎卦・離卦：外盤下卦 坎　　　■ 內盤上卦 震 配成 水火既濟卦

上卦	下卦	卦　名	洛書數	上卦	下卦	卦　名	洛書數
乾	坎	天水訟	9	離	坤	火地晉	1
兌	坎	澤水困	4	離	艮	火山旅	6
離	坎	火水未濟	3	離	坎	火水未濟	7
震	坎	雷水解	8	離	巽	火風鼎	2
巽	坎	風水渙	2	離	震	火雷噬嗑	8
坎	坎	坎為水	7	離	離	離為火	3
艮	坎	山水蒙	6	離	兌	火澤睽	4
坤	坎	地水師	1	離	乾	火天大有	9

■ 艮卦・兌卦：外盤下卦 艮　　　■ 內盤上卦 兌卦 配成 山澤巽

上卦	下卦	卦　名	洛書數	上卦	下卦	卦　名	洛書數
乾	艮	天山遯	9	兌	坤	澤地萃	1
兌	艮	澤山咸	4	兌	艮	澤山咸	6
離	艮	火山旅	3	兌	坎	澤水困	7
震	艮	雷山小過	8	兌	巽	澤風大過	2
巽	艮	風山漸	2	兌	震	澤雷隨	8
坎	艮	水山蹇	7	兌	離	澤火革	3
艮	艮	艮為山	6	兌	兌	兌為澤	4
坤	艮	地山謙	1	兌	乾	澤天夬	9

■ 坤卦·乾卦 : 外盤下卦 坤　　　■ 內盤上卦 乾卦 配成 地天泰卦

上卦	下卦	卦　名	洛書數	上卦	下卦	卦　名	洛書數
乾 ☰	坤 ☷	天地否 ☰ ☷	9	乾 ☰	坤 ☷	天地否 ☰ ☷	1
兌 ☱	坤 ☷	澤地萃 ☱ ☷	4	乾 ☰	艮 ☶	天山遯 ☰ ☶	6
離 ☲	坤 ☷	火地晉 ☲ ☷	3	乾 ☰	坎 ☵	天水訟 ☰ ☵	7
震 ☳	坤 ☷	雷地豫 ☳ ☷	8	乾 ☰	巽 ☴	天風姤 ☰ ☴	2
巽 ☴	坤 ☷	風地觀 ☴ ☷	2	乾 ☰	震 ☳	天雷无妄 ☰ ☳	8
坎 ☵	坤 ☷	水地比 ☵ ☷	7	乾 ☰	離 ☲	天火同人 ☰ ☲	3
艮 ☶	坤 ☷	山地剝 ☶ ☷	6	乾 ☰	兌 ☱	天澤履 ☰ ☱	4
坤 ☷	坤 ☷	坤爲地 ☷ ☷	1	乾 ☰	乾 ☰	乾爲天 ☰ ☰	9

② 양택용궁(陽宅用宮) : 양택 풍수는 통상 현공풍수(玄空風水)라 일컫는데, 현공학(玄空學)은 양택 위주로 발전시킨 학문이므로 현공학적인 논리로 음택(陰宅) 재혈(裁穴)에 쓰는 것은 잘못된 것이다. 천문과 지리를 꿰뚫은 달사(達師)라면 나경 제작의 방위 도수를 잘 알기 때문에 못할 것도 없겠지만, 보통의 지리가라면 오류를 범하지 않는다고 어찌 장담하겠는가?

왜냐하면 「음지일선이니 음택에서는 선(線)을 사용하고, 양택은 요궁이니 하나의 궁(宮)을 사용하기(陰地一線 陽宅要宮)」때문이다.

길흉화복(吉凶禍福)도 음택(陰宅)은 주산(主山) 위주로 하나의 선(線)에서 나타나기 때문에 선을 중요시하는 것이고, 양택(陽宅)은 하나의 궁(宮)을 위주로 하여 나타나기 때문에 궁(宮)에다 넓게 전개시켜야 하기 때문이다.

③ 음지일선(陰地一線) : 음택을 재혈(裁穴)할 때는 선(線) 하나의 선택으로 길흉이 달리 나타난다는 것이다.

음택에서는 혈(穴)이라는 매장지(埋葬地)를 지칭하는 것인데, 혈은 죽은 사람을 매장하여 영구적으로 두는 공간이므로 정적(靜的)이다. 그러므로 묘(墓)를 쓸 때부터 왕상(旺相)한 기운을 선택하여 안치하여야 하는 것을 말한다. 그러자면 음택 재혈의 핵심 기술인 천산(穿山) 72룡(龍)에서 왕상함을 받아야 하고, 투지(透地) 60룡(龍) 가운데서도 왕상한 주보(珠寶)혈을 사용하여야 하며, 분금(分金) 240선(線)에서도 왕상한 선(線)을 찾아 주입시키는 것은 물론 상생까지 배려하여야 하는 것이다.

이상 핵심기술에서 휴수(休囚)가 되는 선(線)은 피하며, 공망(空亡)·무기(戊己)·살요(煞曜)·고허(孤虛) 등 살선(煞線)은 모두 범접하지 못하도록 처리하는 것을 음지일선(陰地一線)이라 한다.

④ 양택용궁(陽宅用宮) : 양택(陽宅)은 산 사람이 활동하면서 기거하는 공간이기 때문에 동적(動的)이다. 동적 공간에서는 잘게 썰어 나누어 놓은 천산(穿山) 선(線)이라든가 투지(透地) 선, 분금(分金) 선처럼 고정시켜 놓은 선(線)이 필요치 않다. 그러므로 무기살(戊己殺)이라든가 살요(煞曜)·공망(空亡) 같은 이른바 음택(陰宅)에서 두려워하는 살(煞)들도 대부분 배제한다.

양택의 핵심 기술은 삼원(三元) 구운(九運)의 운반을 하나의 궁(宮)에다가 적체비궁(吊替飛宮 ; 九宮에다 필요한 자료를 번갈아 배치하는 일)시켜 사용하기 때문에 그 궁에 배치(配置)되는 운반과 신살(神煞)이 무엇이냐에 따라서 길흉화복이 다르게 나타나는 것이다.

대개 궁(宮)이라 함은 구궁(九宮)을 말한다. 중궁(中宮)을 제외하고 주위의 팔궁(八宮)을 말하는데, 한 궁(宮)은 각각 3방위씩 8궁에 24방위가 배속되었으므로 도수로는 45도씩의 비교적 넓은 공간을 점유하고 있으므로 선(線)으로 길흉을 가리는 것은 무의미하다. 그러므로 양택풍수(陽宅風水)에서는 분금을 쓰지 않는다. 따라서 천산(穿山)·투지(透地)·분금(分金)·무기(戊己)·살요(煞曜) 등이 사실상 필요하지 않다.

⑤ 현공반(玄空盤)과 투지반(透地盤) : 현공반과 투지반의 차이를 보면 진북(眞北)이라는 방위의 기산점(起算點)이 같기 때문에 표준반(標準盤) 9층까지는 동일하다.

그러나 양택과 음택은 이용 대상에서 하나는 산 사람을 위한 주거 공간에서 쓰이고, 하나는 죽은 사람을 위한 매장으로 영구 목적에서 사용하기 때문에 학문의 이론에서부터 이용 방법이 현저하게 다르다. 뿐만 아니라 나경도 양택은 현공반을 사용하고 음택에서는 투지반을 다르게 제작하여 사용하고 있다.

현공반(玄空盤)에서도 24방위로 분류하여 쓰는 것은 다르지 않으나 8방의 궁위에다 선천팔괘 64괘를 모두 배치하여 사용한다. 그러므로 한 궁(宮) 내의 3좌에도 8괘씩이 평분(平分)하여 배치되어 있다. 이는 음지(陰地)에서처럼 자리마다 한 개의 투지괘(透地卦)가 각각 달리 배치되어 있는 것과는 같지 않다.

팔궁 내에 들어있는 8괘는 한 좌향(坐向)에 2괘씩이 배당되고도 2괘가 남는데, 그 두 괘는 각각 두 개의 좌(坐)를 걸터앉아야 하게 된다. 감궁(坎宮)을 보면 임자(壬子)를 봉(縫)하고 걸터앉은 괘가 있으며, 자계(子癸)를 걸터앉아 봉(縫)하고 있는 것이 그것이다. 그러니까 매 팔궁 내에는 봉(縫)하여 혼잡된 곳이 한 궁에서 두 개씩 모두 나오게 된다는 것이다. 이것을 양택(陽宅)에서는 귀갑(龜甲) 공망(空亡)이라 하여 사용하지 않는 곳이다. 이런 경우는 대개 체괘(替卦)가 되는데 반 방위를 옆의 다른 좌로 밀어내어(挨半度) 본산(本山)의 괘내(卦內)로 들게 한 다음 사용하여야 한다고 한다.

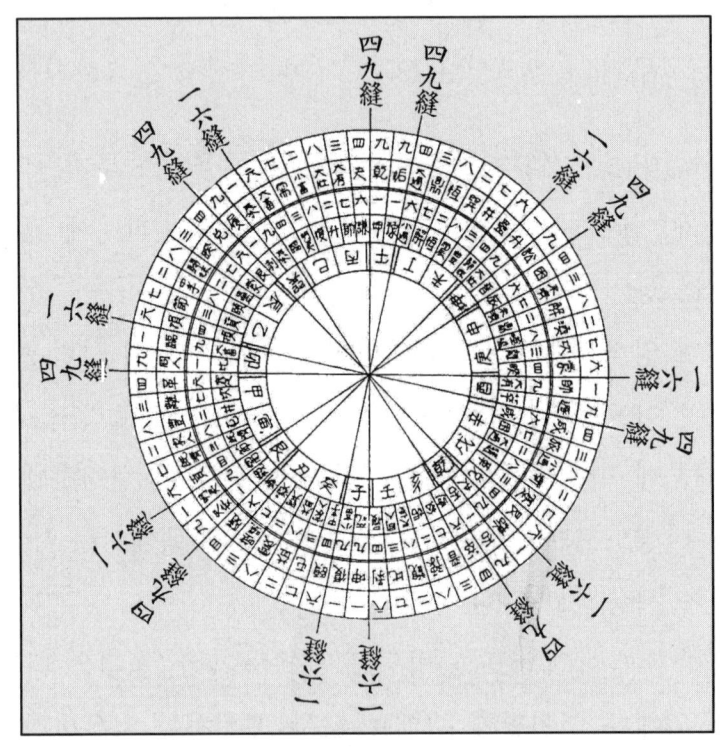

<현공24산 내외반 64괘 배치도>

⑥ 선천팔괘(先天八卦)를 배괘(配卦)할 때부터 오방(午方)을 기점으로 순배 32괘와 역배 32괘가 자방(子方)에서 끝나도록 64괘를 모두 배치하여 놓고 배속한 효상(爻象)을 살피는 것은 물론 하도(河圖)의 16 27 38 49의 생성수(生成數)를 중요시하고, 낙서(洛書)의 대궁(對宮)의 수(數)가 합하여 십(合十)이 되는 것을 중요시한다.

⑦ 투지반(透地盤)에서 선천 8괘를 배괘한 것을 보면 64괘 중에서 건곤감리(乾坤坎離) 4괘는 체(體)가 되므로 전 방위를 모두 통솔한다 하여 사

용하지 않으며 나머지 60괘(卦)만을 사용하는데, 음택(陰宅) 재혈(裁穴)에서는 음지일선(陰地一線)이라 하였으니 천산(穿山) 72룡과 투지(透地) 60룡 분금(分金) 120선에다 이 60룡 괘만을 배괘하여 사용한다.

이상에서 보는 바와 같이 현공학에서는 선천팔괘의 방위를 후천팔괘 방위의 수(數)로 전도시켜 사용하는데, 현공학의 핵심기술인 삼원(三元) 구운(九運)을 구궁(九宮)의 좌향(坐向)에다 배치하여 놓고 길흉을 논하는 것이므로 64괘를 모두 배치한 현공반을 사용하여 현공이론으로 선(線)을 중요시하는 음택(陰宅) 재혈(裁穴)에서 사용하는 것은 분수가 일치할 수 없으므로 반드시 보정(補正)을 하며 사용하더라도 고도의 기술이 필요하므로 대개는 술수(術數)로서 기교를 부리는 것일 뿐 정법(正法)으로 바람직한 것은 아니다.

건·곤·감·리(乾坤坎離) 4괘는 체(體)로 삼고 사용하지 않으며 나머지 60괘만을 사용한다. 음택(陰宅) 재혈(裁穴)에서 선(線)이라 함은 대표적인 것이 천산(穿山) 72룡과 투지(透地) 60룡 분금(分金) 120선을 말한다.

⑧ 천산(穿山) : 용(龍)의 마지막 절(節)에서 혈성으로 건너오는 과협(過峽)에서 주산(主山 ; 부모산, 도두봉)을 격정(格定)하였을 때 72선 중 어느 갑자(甲子)로 혈성(穴星)과 연결하여 주는지를 찾는 것이다.

천산(穿山)을 수학적으로 분류하면 원(圓) 360도를 5도씩 72등분하여 72후(候)로 삼은 것이다. 그 72후(候)로 잘게 쪼개 놓은 칸에서 왕상휴수가 되는 선(線)을 찾아내기 위함이다. 왕상휴수를 찾아 사용하는 법과 길흉은 뒤의 표준나경 해설의 본문에 자세히 설명하고 있으니 여기에서는 생략한다.

투지(透地)란 원(圓)의 360도를 6도씩 잘게 쪼개어 놓고 역시 왕상휴수가 되는 선을 찾아 이용하기 위한 것이다. 이의 천산(穿山)과 투지(透地)에서는 체용(體用)관계로 연관되어 있으므로 오행(五行)의 상생까지도 요구되는 것이다.

분금(分金)이란 원(圓 ; 九宮)의 360도를 1.5도씩 240칸으로 쪼개어 24좌향(坐向)에 10칸씩 분배시켜 놓고 그 10칸 내에서 다시 오자기(五子氣)로 분류하여 구육충합(九六衝合)이 되는 경신분금(庚辛分金)과 병정분금(丙丁分金)만을 가려 사용하고 구육불합(九六不合)이 되는 갑을(甲乙)·무기(戊己)·임계(壬癸)는 피하게 되는 법이다.

이상의 양택풍수(陽宅風水)건 음택풍수(陰宅風水)건 풍수학문의 목적은 모두 산 사람을 위한 것이며, 더더욱 중요한 것은 인간의 삶의 목적이 담겨있는 자손의 영구번연(永久蕃衍)에 있음을 말해둔다.

3) 어떤 오류를 범하고 있는가?

지반정침(地盤正針)과 천반봉침(天盤縫針)의 사용에서 자칫 혼돈하고 있는 것을 살펴보자.

우리나라에서 양택(陽宅) 풍수(風水) 학문을 현공(玄空) 위주로 하는 학자들은 거의 모두가 「지반정침(地盤正針)만을 사용하여야 한다」라고 하며 고집스럽게 사용하고 있음에 놀라지 않을 수 없다. 이는 사계의 현공학의 원로 심죽잉(沈竹礽 ; 호는 소훈紹勳 1849~1906) 선생의 저서에도 지반정침을 사용해야 한다고 기록하고 있다 하여 오류를 범하면서도 깨닫지 못하고 사용하고 있으니 이를 지적하여 바로잡아주려다 다툼까지 벌어지는 일이 다반사이므로 어찌할 수 없는 지경에까지 이르렀다.

이는 기초과학문제로 논쟁거리가 될 수 없는 것이므로 이미 옛날부터

도 바르게 파악하고 있었으므로 우리가 사용하는 나경을 천도의 운행에 맞추어 24절기와 24방위를 합치되도록 바르게 만들어 놓았는데도 후학들이 이를 헤아리지 못하여 같은 나경을 놓고 정침을 사용해야 한다거나 봉침을 사용함이 옳다거나 하고 있으니 학계 밖에서 과학적인 시각으로 볼 때는 참으로 부끄러운 일이 아닐 수 없다.

당초에는 나경을 12지지(地支) 방위만으로 해놓고 12뇌문(雷門) 또는 태골용침(胎骨龍針)이라는 이름으로 순수한 자침이 가리키는 자북을 기준으로 12방위만을 설정하도록 되어 있었으나 뒤에 지지(地支)는 고음(孤陰)이므로 양(陽)을 가하여 천간(天干) 12방위를 증보하면서 24방위를 성립하였고 24절기에도 합(合)하게 하였다.

24절기 가운데서 네 개의 춘분·추분·하지·동지 등을 4계절의 시종(季節之始終)이면서 경계를 짓는 기본 방위에다 설정시키면서 다시 정(正) 동서남북을 나경 내에 설정할 수 있었다. 이렇게 놓고 보니 정북(正北)이 자북(磁北)보다 반 방위 앞서 나가고 있었다. 이 앞서 나가는 점이 진북(眞北 ; 지구 자전축과 일치하는 北極星)이며 천반봉침이라는 이름으로 자방(子方)으로 일치(사실은 근접)하게 된 것이다.

4) 지과필개 득능막망(知過必改 得能莫忘)

애기를 좀 더 이어나가 보면, 옛날 복희(伏羲) 씨나 문왕(文王)의 선후천(先後天) 구궁(九宮) 팔괘(八卦)는 정북(正北) 또는 정 동서남북을 전제로 전개시킨 학문이다. 그러므로 현공학자인 심씨의 글에, 「지반정침을 사용하여야 한다」는 말도 정북을 전제로 한 지반정침(地盤正針)이라고 생각해야 한다. 당시도 자침은 정북을 가리키지 않는다는 것을 알고 있었기 때문이다. 인반중침(人盤中針)이나 천반봉침(天盤縫針)의 3침을 놓고 상대적으로 비교하며, 「지반정침이 진북에 일치하는 것으로 생각하고 『지반정침을 사용하라』고 한 말이 아니라」는 것이다. 그러므로 「진북(眞北)을 전제로 한 상태에서의 지반정침」을 지칭하는 말로 이해하여야 하는 것이 옳다고 단언할 수 있다.

<율리우스 카이사르>

그러나 양택에서는 분금을 사용하지 아니하고 궁내 좌의 중심에서 9도의 넓은 범위로 사용하기 때문에 오류가 나는 확률이 적으므로 굳이 자북(磁北)이다 진북(眞北)이다를 가리지 않아도 오류를 범하는 경우가 적은 것은 다행이다. 그렇다고 지금의 율리우스력(曆)이나 그레고리우스력(曆)처럼 태양계의 운행을 정확하게 추적하는 세상에서 오류를 묵인하여도 된다는 뜻은 아니다.

이에 대하여 혹 현공풍수(玄空風水) 학자 가운데는 오랜 세월을 지반정침만으로 사용하여 왔는데도 아무런 문제가 발생하지 않았는데 왜 봉침(縫針) 사용설을 들고 나와 시끄럽게 하는가 하는 비난을 할 수도 있다. 그렇다! 그러나 현공 풍수학자가 양택 재혈만을 할 때는 한 좌향에 9도 정도로 넓게 사용하기 때문에 좁은 선(線)을 사용하는 음택 재혈에서처럼 오류를 범하는 경우가 흔치는 않다. 가장 문제가 되는 것은 현공이론과 현공반으로 보정을 하지 않고 음택(陰宅)을 재혈하는 경우 심각한 오류가 발생할 수 있다는 것이다.

이를 더 구체적으로 논하면, 양택은 궁(宮)을 사용하므로 사용하는 공간의 폭(宮度數)이 넓어서 허용되는 폭이 9도나 되므로 좌의 중심에서 4.5도 이상을 벗어나지 않는 이상 음택에서처럼 오류를 범하는 일이 흔치는 않다는 것은 사실이다. 이를 불행 중 다행으로 위안을 삼을 수 있겠으나 지구의 북극 축(軸)을 잘못 설정해 놓고 전개되는 학문이라는 점에서 볼 때는 후학들에게 큰 누가 될 수 있으므로 전혀 잘못 된 생각이라 아니할 수 없다.

<교황 그레고리우스 13세>

양택의 한 궁(宮)은 45도이며 한 궁내에는 3개의 좌향(坐向)이 들어 있으므로 한 좌(坐)의 폭은 15도씩이다. 양택에서 한 좌(坐)를 재단(裁斷)한다 하더라도 15도 중에서도 체괘(替卦)로 바뀌어야 하는 9도를 벗어나지 않으면 좌향(坐向)이 바뀌거나 뒤집어지는 일이 없다. 그렇다고 해서 진북(眞北)의 기점이 틀려도 괜찮다는 것은 아니다. 양택이건 음택이건 간에 풍수지리에서는 선(線)이 생명인 것이다.

어쨌거나 《천자문(千字文)》에도 「과실을 알았다면 반드시 고치고, 깨달아 할 수 있게 되면 잊지 않아야 한다(知過必改 得能莫忘)」라고 가르치고 있으니 바로잡아야 함은 당연한 것이다.

본시 풍수지리학은 이학(理學)으로 난명(難明)하므로 요즈음과 같은 과학문명 시대를 감안하더라도 평생을 공부하고 경험을 쌓아야 가능하다 할 수 있다. 그러므로 옛날부터 지리에 밝은 사람을 세상에서는 흔히 「신선(神仙)」이라 칭하기도 하였던 것이다. 백운(白雲)선생 같은 큰 문호(文豪)도 「40년을 공부하고서야 근명(僅明 ; 겨우 알았다)이라」 하였을 정도로 어려운 학문이다.

청나라 건륭(乾隆)황제는 우량서를 선별하여 「사고전서(四庫全書)」라고 불러 후학들에게 읽힘으로써 많은 칭송을 받았다. 양서 추천은 내용을 충분히 이해하고 여러 사람이 읽었으면 좋겠다고 생각할 때 가능한 것이다. 혹자는 양서의 진위도 분간 못하고 서평을 하는 경우가 있는데, 명저들의 내용에 대한 옳고 그름을 논할 기본적인 지식은 갖추었는지, 또는 지식은 고사하고라도 한 번씩이라도 읽어는 보았는지 묻고 싶다.

풍수지리를 평생 외길로 공부해온 나의 견해로는, 현공풍수학(玄空風水學)과 투지풍수학(透地風水學)은 산 사람과 죽은 사람의 차이에서처럼 학문의 논리 전개 자체가 다르고 이용 방법 또한 전혀 다르며, 나경까지도 달리 제작하여 사용하고 있는 것이다. 그 차이점은 앞에서 이미 밝혔기 때문에 익히 알고 있으리라 믿는다.

세상에는 제잠(蹄涔)의 물을 보고서 황하(黃河)의 강규(絳虯)를 논하는가 하면, 백리도 걷고 관찰하여 보지도 못한 사람이 장해(章亥 ; 註4 참조)의 소보(所步)를 논한다고는 하지만 참으로 답답한 사람들이다.

사학계(斯學界) 최고의 전문지식이 담겨 있는 《인자수지》만 예로 하더라도, 원저자 서선계(徐善繼), 서선술(徐善述) 씨는 가난한 집에서 쌍둥이 형제로 태어나 17세에 부친 상(喪)을 당하고 장사(葬事)에서 많은 어려움을 당하면서부터 두 사람이 평생을 들여서 공부하고 70세가 넘도록 쓴 자료를 활인삼서(活人三書)까지 운운하며 관청에서 양서로 추천하고 판각(板刻)으로 출간하여 세상에 보급한 책이라는 것을 저명인사 6인이 추천하는 서문으로 알 수 있었다.

그들은 중국 전역을 답산(踏山)하며 수집한 방대한 자료와 함께 학자들이 오류를 범하고 있는 부분과 복잡한 이기(理氣)에서 잘못된 대목과 신살(神煞)의 오류까지를 모두 바로잡아 놓았으며, 지리학자들의 잘못된 관습까지도 모두 찾아 지적하였고, 특히 제도(制度)에서도 의심나는 대목을 집중적으로 조사 분석하여 명쾌하게 풀어놓은 최고의 서책으로 평가 받고 있다.

특히 《인자수지》의 삼매론(三昧論)은, 정침봉침설(正針縫針說)뿐만이 아니고 제가(諸家) 오행설(五行說)의 쓰임은 큰 학자들도 헷갈리고 헤매던 것을 이론적으로 명쾌하게 풀어 놓아 후학들로부터 많은 사랑을 받고 있다는 것을 짐작할 수 있을 것이다. 이처럼 두 형제는 이미 천도(天道)의 운행까지도 정확하게 파악하고 있었던 사람이다.

아울러 나 또한 비재천식(菲才淺識)한 사람으로서 많은 책을 번역하였으니 물론 오류가 없으리라고 생각지는 않는다. 그러므로 독자의 판단을 돕기 위하여 대부분 직역(直譯)하며 원문(原文)을 함께 기록해 놓았으며, 부득이 원문을 함께 싣지 못하였더라도 의심나거나 중요한 대목은 부분적이나마 원문을 기록하여 독자들의 이해를 돕는 데 힘썼다.

註 1 ; 仰以觀於天文俯以察於地理 蓋天文易知故曰觀 地理難明故曰察 且不徒曰地而必曰理 明其理者輒以仙稱此豈庸俗之所易知易能者乎 故地理理學也……{「고개를 들어 천문을 보고 허리를 굽혀 지리를 살핀다」하니 대개 천문은 눈으로 보고 쉽게 알 수 있으므로 관(觀)이라 하였고, 지리는 이치(理)가 아니면 밝히기가 어려우므로 찰(察)이라 하였다. 또 공연히 지(地)자만 쓰는 것이 아니고 뒤에다 반드시 이(理)자를 붙였으니 그 이기(理氣)에 밝은 사람을 선(仙)이라 칭하였는데, 어찌 용속(庸俗)들로서 쉽게 능할 수 있겠는가? 그러므로 지리를 이학(理學)이라 한 것이다.}

註 2 ; 學術十年不識龍脈 行地十年不識曜訣 遷墳十年不定穴法 三十年之智而後得師 更十年從學而後 僅明地理……, 今人剽竊遺文 涉獵古斷粗能諳曉 便謂盡術 斯世乎斯天乎 不然豈復爲謙辭哉. {학술공부 10년에도 용맥(龍脈)을 알지 못하였고, 땅을 따라 답산(踏山)을 10년 하였는데도 요법(曜法) 처리를 할 줄 몰랐으며, 천분(遷墳)하는 곳을 10년 쫓아다녔는데도 혈을 결정짓지 못하였으니 30년의 지혜로도 안 되어 다시 스승을 찾아 10년을 더 공손히 따라다니며 익혔더니 겨우 지리(地理)를 다할 수 있었다…….

그럼에도 금인들은 선인들이 남겨놓은 유문을 인용하면서 이것저것 단문만 끊어 보는 수준으로 거칠게 대충 외우고 모두를 안 것처럼 공부를 다 마친 듯 행동하니 세상을 속이는 것인가, 하늘을 속이는 것인가(斯世乎斯天乎), 아니면 백운이 지나치게 겸사를 부린 것인가?}

註 3 ; 《장자(莊子)》에 북해(北海) 신(神) 약(若)이 한 말이 문득 떠올라 소개한다.

井蛙不可以語於海者拘於虛也 : 「우물 속의 개구리에게는 큰 바다가 있음을 말로써 이해시킬 수 없으니, 자기들만의 공간 속에 갇혀 있기 때문이다.」

夏蟲不可以語於氷者篤於時也 ; 「여름 벌레에게는 얼음이 있음을 말로써 알려줄 수가 없으니 자기들이 사는 철만을 믿고 있기 때문이다.」

曲士不可以語於道者束於敎也 ; 「식견 없는 선비에게 대도(大道)가 있음을 말로는 알려줄 수 없으니, 자기 배움의 지식 속에만 갇혀 있기 때문이다!」라고.

　註 4 ; 제잠(蹄涔) ; 術家者 旣不能長騖萬里 窮章亥之所步 復泥俚談曲說 不取正於大方家 如執蹄涔議絳虯 安可得乎. {대부분 술가들이 원래부터 만리(萬里)의 답산(踏山)도 해보지 못하고서 세상의 땅을 다 밟아본 것처럼 지리를 궁구하려(窮章亥之所步) 하고, 다시 이담곡설(俚談曲說)에 빠져 허황한 말만을 늘어놓고 있으니 어찌 대방가의 바른말을 취하지 아니하는가? 이는 「말발굽 속에 고여 있는 적은 양의 물을 가지고 하수(河水)를 희롱하며 강규(絳虯)의 재주를 논의하려는 것과 같으니 어떻게 깨우침을 득할 수 있으리오?」라고 한 말을 깨닫기 바라는 것이다.}

　그러므로 공부를 올바로 하려면 첫째, 스승을 잘 만나야 하고, 둘째, 좋은 책을 보아야 한다는 것이다.

　참으로 딱한 것은 한 지역 내에서 정북(正北)을 놓고, 철학계에서 쓰는 정북이 따로 있고, 과학계에서 쓰는 진북(眞北)이 따로 있어서 둘이 되었다는 부끄러운 일인데, 정침(正針) 자북(磁北)을 북으로 사용하는 것이 옳다고 하기도 하고, 봉침(縫針)의 북을 사용하여 진북(眞北)을 쓰는 것이 옳다고 하는가?

　그렇다면 자침이 가리키는 자북(磁北)과 북극성(北極星)의 진북(眞北)에 대한 오해가 있기 때문일 것이니 그것을 알아보기로 하는 것이 내가 이 책을 쓰는 이유이며 목적이다.

5) 봉침(縫針)을 사용함으로써 진북에 거의 일치한다

　자침(磁針)은 본시 동적(動的)이어서 계속 남으로 이동하고 있으며, 어디서든 정북(正北 ; 북극점)을 가리키지 못한다. 학자들이 그 이유를 확실하게 제시하지는 않았으나 지구 내부 용암과 맨틀작용에 관계되는 것으로 추측하고 있다.

그러므로 지반정침(地盤正針 ; 內盤)의 자위(子位)와 천반봉침(天盤縫針 ; 外盤)으로 자위의 차이가 발생하고 쓰임에서도 혼동이 오는 것이다. 대부분의 지리가들은 이들의 정침의 자북과 봉침의 진북(眞北)이 따로 있는 것으로 착각하고 봉침을 써야 한다고 하기도 하고 정침을 써야 한다고 우기기도 한다.

이에 대한 정답부터 먼저 말한다면, 「지구상의 진북은 천반봉침의 자위(子位)」에 거의 일치하므로 봉침을 사용하여야 오차를 줄일 수 있다. 이에서 굳이 「거의」란 말을 사용하는 이유는 지반정침과 천반봉침이 모두 함께 그 지역의 진자오선(眞子午線, true meridian)으로는 오차가 있을 수밖에 없으므로 정확한 남북을 지정하여 주지는 못하기 때문이다.

다만 지역에 따라 다소의 차이가 있기는 하지만 우리나라의 경우 천반봉침에서는 1도 미만으로 작은 오차가 있을 수 있고, 지반정침은 최대 7.5도까지도 오차를 낼 수도 있다.

따라서 24좌는 360도를 각각 15도씩 나누어 배열하였으니 지반정침을 사용할 경우 7.5도까지의 차이로 120분금을 어떻게 사용하느냐에 따라 좌향(坐向)이 완전히 바뀔 수도 있어서 대살(大煞)을 범할 수도 있으나, 천반봉침을 사용할 경우 오차가 1도 미만으로 적으니 좌향이나 분금이 바뀐다거나 대살을 범하는 등의 큰 사건이 벌어지는 일은 없으므로 반드시 천반봉침을 사용하여야 한다는 것이다.

① 지반정침(地盤正針)은 자침이 가리키는 자북(磁北)을 말하는데, 표

준 규격의 9층 나경으로 4층의 24방위가 그것이다.

이 침법(針法)은 정확하게 자침(磁針)으로 자(子)와 오(午)를 가리키도록 설계되었다. 그뿐만 아니라 선후천팔괘(先後天八卦)의 배치라든지, 구궁(九宮)을 비롯하여 각종의 이기(理氣)·신살(神煞) 등 방위에서 얻어낼 수 있는 모든 지식정보까지 지반정침을 기준으로 설정하여 제작한 것이다. 그렇기 때문에 지반정침을 사용하여야 하는 것으로 착각하는 것이다. 그러나 이는 지침이 기리키는 북을 진북으로 기정한 상태에서 배치하였기 때문임이 거의 확실하다는 것이다.

지구 자전축에 수직이며, 또한 지구 중심을 지나는 평면이 적도면(赤道面)이며, 지구의 태양 둘레의 궤도면이 황도면(黃道面)이다. 따라서 진북의 설정은 지구의 자전축이 천정(天頂)과 일직선상에 위치하고 있는 북극성과 연결하는 선을 말한다. 이 선은 적도와 직각을 이루고 있으며 태양계의 전체가 함께하는 것이다. 그러므로 과학적이기도 하지만 세계적인 것으로 지리원이나 항공 항해에서도 진북으로 모든 좌표를 설정한 상태에서 모든 방위가 사용되는데, 풍수지리의 일부 (현공)학자들만이 지반정침을 사용하라고 고집을 부리고 있는 것이다.

그러므로 올바른 진북(眞北)을 찾아 재혈하고자 하는 학자라면 지반정침의 자료를 그대로 천반봉침에다 옮겼다고 생각하고 재단하면 되는 것이다.

그러나 나경을 사용할 때는 언제 어디서나 일단은 설계대로 침이 자오(子午)를 정확히 가리키도록 수평으로 고정시켜 놓고, 관측자가 나경의 주위를 돌(이동)면서 관측하고자 하는 방위 등을 격정(格定)하여야 한다.

천반봉침(天盤縫針)은 표준규격 9층 나경의 8층(層)에 있는 24방위이다. 정침의 자오(子午)로부터 기준하여 비교하면 시계방향 쪽으로 반 방위 더 앞서 나아가 봉침의 자오가 된다.

그러므로 정침 자오에서 보면 봉침의 병·오(丙午) 사이가 되므로 정침이 7.5도를 못 미치고 있는 것이다. 그리하여 반 방위 앞서 나가는 자오침을 천반봉침이라 하였고, 뒤쳐진 자오 침을 지반정침이라 하였음을 알수 있다.

선현(先賢)이 천반봉침을 제작한 것은 지반정침의 자북(磁北)과 2개의 북으로 혼동시키려는 것이 아니고 천도(태양계) 운행의 주기성(週期性)과 일치시키려는 것이었음을 알아야 할 것이다. 천도(天道)의 원리를 추적하고 그 운행의 주기성으로 얻어진 북극점이라든가 여러 가지 기준점을 바르게 설정해야 하였기 때문에 천반봉침이 필요하였을 것이다.

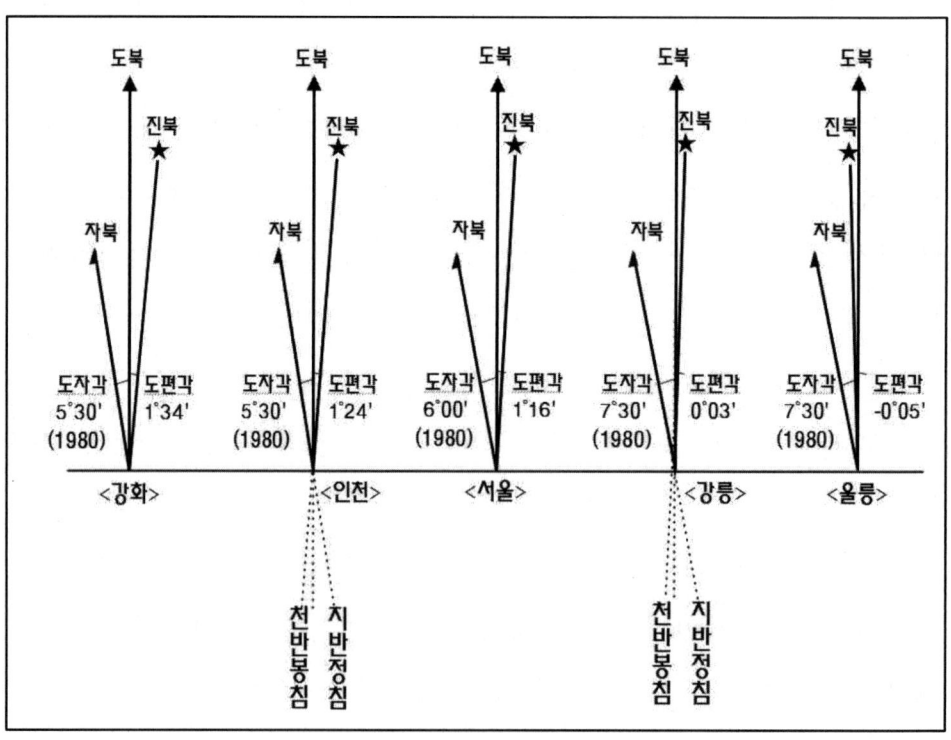

<3북도(지역별 편차각도)>

제3절 절기(節氣)와의 배합

24절기 설정은 지구가 태양을 공전하면서 지구상의 적도와 만나는 춘분점을 봄과 겨울의 분계점(分界點)으로 하고, 추분점을 여름과 가을의 경계점으로 하여 황도 360도 선상으로 따라가며 15도씩 24등분한 것이다. 그러면 하지점과 동지점도 함께 분류될 것이니 4계절의 24절기도 완성된다.

다시 정리하여 보면, 춘분과 추분으로 기점을 삼아, 천도는 우선이므로 그 달이 시작하는 경계점에는 천간(天干)으로 전 절기를 부여하고 그 달의 왕기(旺氣)가 시작되는 곳에는 지지(地支)에다 중기(中氣)를 부여한

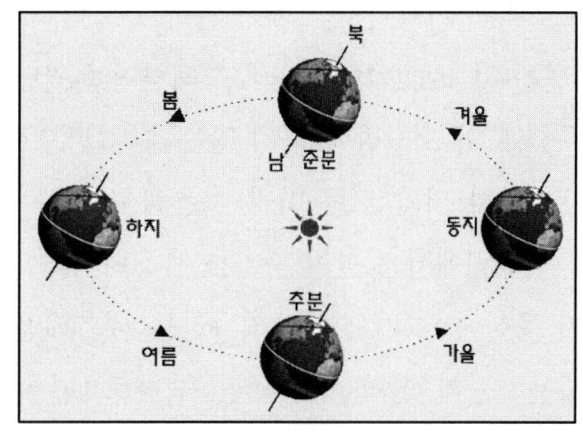

<지구의 자전과 공전>

것이다. 그러므로 지지 12위(位)는 그 달의 왕성(旺盛)을 받은 중기에 설치되어 있고, 천간 12위(位)는 그 달이 시작되는 경계에 배치되어 있으니 지반정침과 천반봉침을 모두 함께 사용하도록 되어 있는 것이다.

우리 인간의 삶은 지구의 자전으로 생기는 「일일(一日)」이라는 날짜 주기(週期)와 지구의 공전으로 생기는 「일년(一年)」이라는 태세(太歲) 주기와 1년의 공전(公轉) 운행으로 발생하는 4계절 24절후로부터 절대적인 지배를 받고 생활하는 것이다. 그러므로 이 두 주기를 정확히 추적함이 요구되는데 그 지식 정보가 역법(曆法)인 것이다.

제4절 역법(曆法)

　역법(曆法)은 인류의 문명이 시작된 이후로 여러 나라에서 수많은 시행착오를 거쳐 수정하여 오다가 로마의 그레고리력(Gregorian calendar)이 오늘날 거의 모든 나라에서 사용하는 세계 공통 역(曆)이 되었다.

　교황 그레고리우스 13세가 공포한 그레고리력에서는 윤년은 원칙적으로 4년에 한 번을 두되, 연수가 100의 배수인 때에는 평년으로, 다시 400으로 나누어떨어지는 해는 윤년으로 하고 있다. 이 개력(改曆)에 의해서 1년은 약 365.2425일이 되고, 태양년(회귀년)과의 차는 불과 3,300년에 하루 정도의 오차밖에 나지 않는다. 그러므로 우리나라와 함께 오늘날 전 세계에서 거의 모두 따라 사용하고 있다.

　태양력에서는 달의 주기를 사용하지 않으므로 열두 달을 결정하여 주지 못한다. 그러므로 우리나라는 태음태양(太陰太陽) 역법(曆法)을 함께 사용하는데, 달의 삭망(朔望) 주기로 1년 내에 12달의 월건(月建)을 설정하였고, 나머지 연(年)·일(日)·시(時)는 오차가 거의 없는 태양의 주기를 오랜 세월 동안 평균을 내어 설정하였다. 그러므로 연일시(年日時)는 평균태양일 또는 평균태양시라 지칭하고 있다.

　역법의 중요성은 뭐니 뭐니 해도 24방위(方位)의 설정, 24절기(節氣)의 분류, 치윤법(置閏法)이다. 또한 이에다 붙여 놓은 10간(干) 12지(支) 즉 60갑자(甲子)도 빼놓을 수 없이 소중한 것인데, 이 모두 평균태양주기에 의하여 붙여진 것임을 앞에서 이미 주지하였을 것으로 믿는다.

제5절 3북(北)의 해설

3북이란 자북(磁北)·도북(圖北)·진북(眞北)을 말한다. 왜 이처럼 복잡한 3북이 있는 것인지를 먼저 알아보지 않으면 안 된다.

① 자북(磁北, magnetic north) ; 자침이 가리키는 북극점을 말하는데, 지구라는 커다란 자석의 N극 꼭짓점이라 말할 수 있다. 나침반으로는 S극이 자북을 가리키게 된다.

놀라운 사실은 자북은 동적(動的)이어서 북에서 남쪽으로 항상 이동하고 있다는 것이다. 그 동력은 지구 내부의 맨틀과 순환운동 때문에 계속 극점의 위치가 바뀌고 있다는 것이다.

지구과학의 자료 논문에 의하면 진북(眞北)과 자북(磁北)은 11.5도 기울어져 있고 거리로는 1,336km 떨어져 있으며 1년에 5.33km씩 이동하므로 최근 150년 동안 800km를 이동하였고, 450만 년 동안 남극과 북극이 11번 역전(逆轉)되었다고 한다. 지금의 자북은 캐나다 허드슨 만의 북쪽에 자극점(磁極点)이 있다.

자북극(磁北極) 또는 자북은, 지구의 자기장이 수직 아래 방향으로 가리키는 지구 표면의 지점으로, 시간이 지남에 따라 점점 이동한다. 자북은 흔히 「지자기(地磁氣) 북극(Geomagnetic pole)」과 혼동되기도 한다.

그런데 자북의 반대쪽은 자남(磁南)으로, 지구 자기는 완벽한 대칭이 아니다. 따라서 자남은 자북의 지리상의 반대 지점이 아니다. 자북에서 자남을 지나는 선은 지구의 중심을 지나지 않으며, 실제로는 약 530km 떨어진 곳을 지나간다.

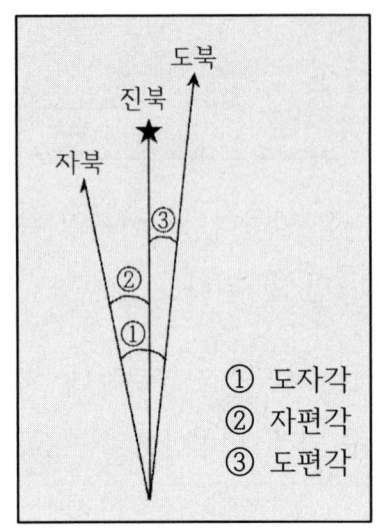

<삼북도(三北圖)>

참고로 자편각(磁偏角)이란 진북과 자북과의 오차를 말하는데, 우리나라의 경우 5도에서 많게는 7.5도까지 편차가 있음에도 진북으로 보정(補正)하지 않고 자북(磁北)이 가리키는 곳을 정북(正北)으로 잡고 재혈(裁穴 ; 음양택의 위치 결정)하고 사용하는 나라는 아마도 우리나라의 풍수지리학계뿐일 것이라 생각이 든다.

진북(眞北)으로의 오차를 조정하여야 하는 이유는 지도의 경위선망(經緯線網)이라든가 해도(海圖) 같은 것들을 포함하여 지구상의 방위·거리 등 지리적인 모든 좌표 자료를 진북으로 기준을 삼고 사용 또는 제작하기 때문이다. 진북으로 가감하여 정위(正位)에다 기준점을 세워 놓아야 과학적 이기(理氣)로서 올바른 지식정보를 얻어낼 수 있는 것이다. 또한 도자각(圖磁角)은 도북(圖北)과 자북(磁北)과의 편차를 말한다.

*註 1 경위선(經緯線) ; 경도선과 위도선을 말하는데 이는 지구상의 어떤 지점의 절대적 위치를 표시하는 데 쓰인다.

*註 2 경위선의 설정 ; 위도선의 설정은 지구의 자전축이라는 확고한 기준이 있어서 설정 시비가 없지만 경도선은 어느 한 지점의 자오선으로 기준이 되어야 하기 때문에 관측지마다 같을 수가 없다. 이의 설정을 위하여 1884년 워싱턴에서 열린 국제자오선학회에서 런던 교외의 그리니치 천문대 옥상으로 자오선이 통과하는 점을 경도(經度) 0도로 하도록 결의하였다. 이것을 본초자오선이라고 한다. 이곳으로부터 동경 몇 도, 몇 분, 몇 초라 하며 180도까지를 셈한다. 서경도 같은 방법으로 사용한다. 이는 우리들이

일상에서 사용하는 시간이며, 각도의 도분초(度分秒)를 시분초(時分秒)로 환산하여 쓴다.

② 도북(圖北, grid north) ; 지도상의 북극(北極)을 말한다. 다시 말하면 지구의 자전축이 북반구의 지표를 통과하는 지점을 말하는데, 이것이 평면 좌표계(座標計)에 의한 지도 제작법이다.

도북과 진북이 차이가 나는 것은 지구가 둥글기 때문이다. 즉 지도를 제작하는 도법(일반 지형도에서 횡축 메르카토르 도법이라고 한다)에 의해 도북과 진북 간에는 약간의 오차가 있다.

가로 세로 직선을 그어 만든 좌표계이므로 도편각(圖偏角 ; 진북과 지도상의 오차)은 적도 부근에서는 거의 일치하지만 극점에 가까울수록 실제와 차이가 많이 난다.

차이가 나타나게 되는데도 전 세계 각국이 공통으로 사용하는 것은 둥근 지구의 지도를 평면에다 나타내려 하니 부득이한 오차가 발생할 수밖에 없기 때문에 이 법(法)을 사용하는 것이다. 그 오차는 지구상의 북극점과 진북(眞北) 사이가 지역에 따라 차이가 다소 다르긴 하지만 나타날 수밖에 없다.

우리나라의 경우 1도 전후의 오차가 나타나고 있다. 그러나 경위도(經緯度) 좌표계로는 북극성과 지구의 북극점이 일치하도록 제작한 것이다.

③ 진북(眞北, true north) ; 진북에 대한 제설을 몇 가지 들어보면 별이 가리키는 북쪽이다. 지구 자전축의 북쪽이다. 북극성(北極星 ; 天極星)의 방향과 일치하는 북쪽이다. 지구상의 좌표점이다……등으로 이론상으로는 북극성은 천구의 중앙점에 위치한다. 그러나 엄밀히는 지구의 세차운동(歲差運動, precessional motion)으로 인하여 위치가 계속 조금씩 달라질

수 있기 때문에 일정하다고 할 수는 없다.

 이상의 3북은 모두 방향에서 일치하지 않고 오차가 나는데, 실제의 북극과 오차를 보정(補正)하고 일치시켜 비행기·선박·자동차 등의 항법(航法)에 활용한다.

 ④ 북극성(北極星, Polaris) ; 작은곰자리 α를 북극성이라 한다. 우리나라와 중국에서는 북신(北辰)이라고도 한다. 대략적인 위치는 천구북극에서 불과 1° 떨어져 있으며, 천구북극을 중심으로 작은 반지름으로 일주운동을 하고 있다. 회전반경이 매우 작아서 정지해 있는 것처럼 보인다. 안시등급(眼視等級) 2.5등의 비교적 밝은 별로서, 옛날부터 방위의 기준이 되어 항해자나 여행자의 친근한 벗이 되었다.

 지구로부터 약 800광년 떨어져 있다. 그런데 지구의 세차운동으로 자전축의 방향, 즉 천구북극이 서서히 이동하므로, 작은곰자리 α(북극성)는 천구북극에서 점차 멀어지고, 1만 2,000년 후에는 거문고자리 α인 직녀성(Vega)이 북극성이 될 것이다. 지금부터 5,000년 전에는 용자리 α가 북극성이었다.

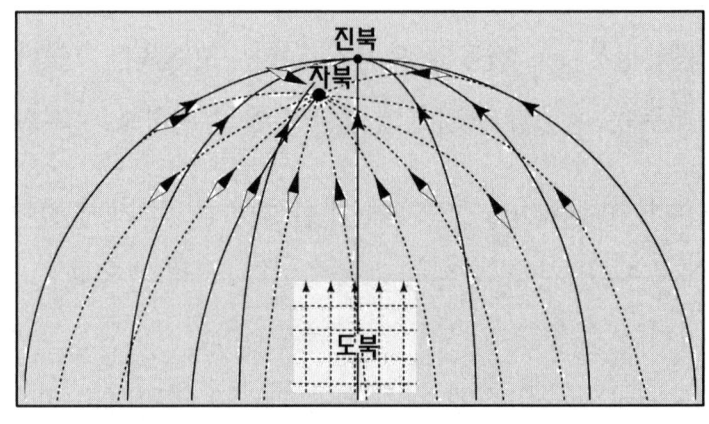

<진북·자북·도북>(1996, 이희연, 지도학)

제6절 24절기(節氣)의 설정

옛날부터 우리나라가 음력을 이용하여 날짜를 세었다는 것은 잘 알려져 있다. 그래서 24절기도 음력일 것이라고 생각하는 사람이 많다. 하지만 음력을 쓰는 농경사회의 필요성에 의해 절기가 만들어졌지만, 이는 태양의 운동과 일치한다. 실제로 달력을 보면 24절기는 양력으로 매월 4~8일 사이와 19~23일 사이에 생긴다.

24절기의 이름은 중국 주(周)나라 때 화북지방의 기상 상태에 맞춰 붙인 이름이다. 그러므로 천문학적으로는 태양의 황경이 0°인 날을 춘분으로 하여 15° 이동했을 때를 청명 등으로 구분해 15° 간격으로 24절기를 나눈 것이다. 따라서 90°인 날이 하지, 180°인 날이 추분, 270°인 날이 동지이다. 그리고 입춘에서 곡우 사이를 봄, 입하(立夏)에서 대서(大暑) 사이를 여름, 입추(立秋)에서 상강(霜降) 사이를 가을, 입동에서 대한 사이를 겨울이라 하여 4계절의 기본으로 삼았다.

참고로 미리 말해두는 것은 우리가 사용하는 「나경의 24방위(方位)는 24절기의 운행과 일치하도록 제작되었다」는 것이다.

24절기는 지구가 태양의 공전하는 주기성을 이용하게 되는데, 동서로 고정되어 있는 적

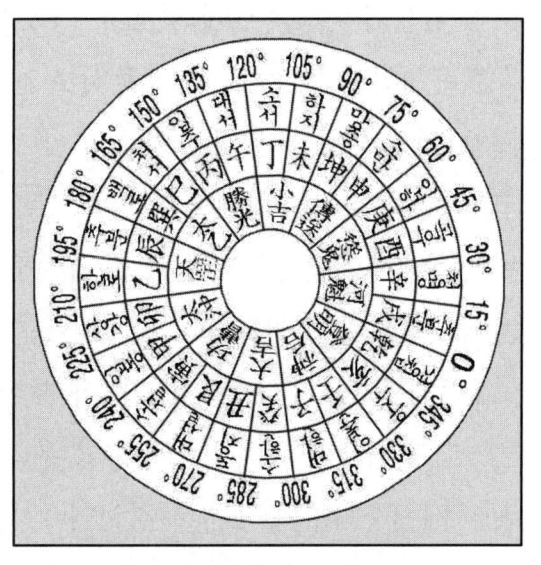

<태양과궁 원도(圓圖)>

도와 태양이 운행하는 황도선(黃道線)과의 교점을 기준점으로 설정하여 놓고 사용한다.

지구가 태양을 일 주천(一週天)하는 공전 시간이 가장 오차가 적다 하여 1년 또는 1회귀년(回歸年)으로 삼고 있는데, 1회귀년을 날짜로 계산하면 대략 365일 5시간 48분이 걸린다. 이 황도선 상에서 12달이 분류되고 24절기를 분류시켜 넣었는데, 바꾸어 말하면 태양이 원의 둘레 360도를 365일 5시간 48분 동안 운행하게 된다는 것이니, 하루에 1도를 조금 모자라게 운행하는 셈이 된다. 따라서 약 15일(보름) 운행하는 동안에 절기가 하나씩 붙여지는 셈이다.

그 밖에도 나경에는 필요한 많은 선(線)을 그려 넣고 인간생활에 필요한 각종의 정보와 지식을 얻어내며 계절에서 나타나는 왕상(旺相) 휴수(休囚)의 정보까지 알아내는 것은 물론 지구상에서 사용하는 모든 관측의 잣대로 삼고 있다.

우리나라는 현재 동경 135도를 표준시로 삼으면서 우리의 남중시간보다 약 32분가량을 빠르게 정오(正午)를 맞고 있다. 과거에는 중국 베이징의 표준시인 동경 120도를 표준시로 삼아 사용할 때도 있었으나 태양이 우리나라의 남중시간 대비 약 30분이나 지나고 난 다음 시간을 표준시로 삼으니 일광절약에 문제가 발생하므로 그럴 바에는 차라리 시간을 30분 정도 앞당겨 동경 135도를 표준시로 하여 일광을 절약하는 것으로 삼자는 국무회의의 결의로 1961년 이후 현재까지 사용하고 있다.

표준시를 1954년 이후 1961년까지 한때는 우리나라의 가평을 지나는 127.5도의 경선의 위치를 설정하고 우리의 표준시로 사용한 적도 있었으나, 국제천문기구의 표준시 경선이 1시간 단위로 끊어 사용하는 관계로 외국과의 약속에서 30분의 오차 때문에 불편하다 하여 시행 7년 만에 수정이 불가피하여 다시 동경 135도 표준시를 채택하고 현재에 이르고 있다.

절기의 설정을 보면 태양 황도(黃道)는 적도(赤道)와 같은 길을 따라 일정하게 운행하지 않고 적도와 약 23.5도가량의 사각을 두고 오른쪽에서 왼쪽으로 진행하고 있으므로 4계절의 절기가 발생할 수밖에 없으며 더더욱 중요한 것은 이에서 24방위를 알 수 있었고, 또한 그 계절의 장단과 강약의 왕상휴수까지 제공하게 된 것이다.

태양이 적도의 남쪽에서 북쪽으로 진행하며 적도와 만나는 지점이 춘분이며, 적도와 황도가 가장 먼 거리일 때가 하지이고, 남쪽으로 진행하며 적도와 교차하는 교점이 추분이며, 남쪽으로 가장 멀리 갔을 때가 동지점이 된다. 이 네 지점이 천지관측(天地觀測)의 표준점(標準点)이 되는 것이다.

이에 근거한 24절기의 배치는 태양계의 천도 운행과 24방위를 일치시키기 위하여 천간(天干) 12위에는 달과 달의 경계이니 전절(前節)을 붙이고, 지지(地支) 12위에는 그 달의 왕성한 본기이니 중기(中氣)인 후기(候氣)를 배속시켜 24위를 합성시켰다. 따라서 한 달에 두 개씩의 절기가 배치되었

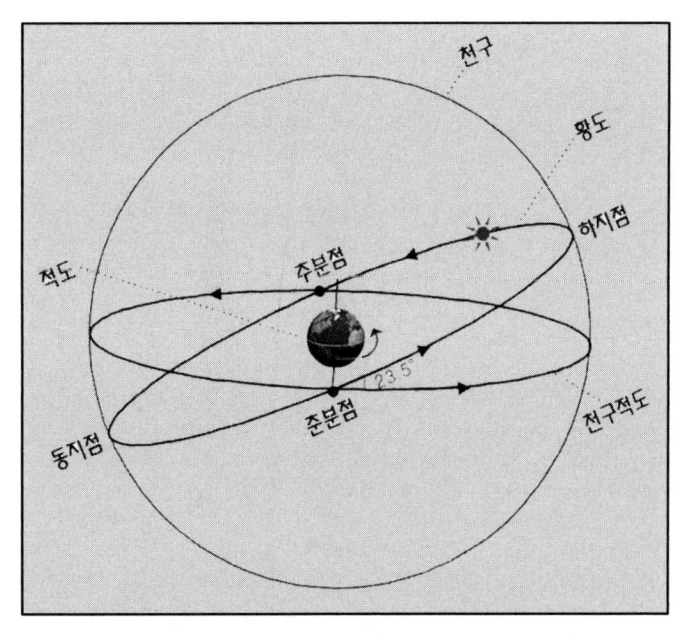

<동지점>

는데, 앞의 15일은 그 달을 구분하여 주는 마디이니 전절(前節)이라 하고, 뒤의 15일은 그 달의 중심 기운(氣運)을 갖고 있으니 중기(中氣) 또는 후기(候氣)라 지칭한다. 그러므로 전후 두 글자를 합하여 절기(節氣 ; 節候)라 하고 있다. 따라서 어느 달인지 달을 구분하고자 할 때는 전절(前節)을 지칭해야 하고, 본기(本氣)의 흐름이나 기의 강약상태, 왕상휴수(旺相休囚)를 논하고자 할 때는 뒤의 후기(候氣)로 말해야 함이다.

　11월로 예를 들어 보면, 여기에도 대설(大雪)과 동지가 들어 있는데, 대설(大雪)은 그 달이 시작되었음을 알리는 달의 분계선이요 동지는 그 달의 중심기운(中心氣運 ; 中氣)이니 본 기운(本氣運)을 갖고 있는 것이다. 동지는 달리 반대쪽의 하지와 함께 1년 중의 음양을 갈라주는 분계선이기도 하다. 따라서 이 동지점(冬至點)이 기운으로는 가장 강력한 곳이 된다.

제7절 표준시간 설정

지구상의 전 지역(地點)은 그 지역의 표준자오선—즉 편각(偏角)과 복각(伏角)—관계로 관측 지역마다 좌표가 달라서 시간이나 장소의 약속을 할 수 없었다. 이는 경선(經線 ; 자오선)과 위선(緯線 ; 묘유신卯酉線)이 같을 수가 없는 이상 관측지마다 1일의 남중시간과 표준시가 다르고 지점마다 남북과 동서도 모두 다를 수밖에 없기 때문이다. 그렇기 때문에 먼 거리의 사람이나 외국과의 장소와 시간의 약속에서 많은 불편이 따르므로 1884년 미국의 워싱턴에서 국제자오선회의를 열어 그 때의 협의로 태양이 1시간 동안 운행하는 거리마다 경선(經線)을 그려 표준시로 삼자고 설정하여 놓고 기준점은 영국의 그리니치 천문대의 중심점을 경도(經度) 0도로 삼고 본초자오선으로 사용하도록 결의하였는데, 이것이 지금까지 사용하는 세계의 표준시가 되었다.

예를 들면, 우리나라는 동경 135도를 표준시로 사용하면서 동경과 서울의 실제 거리는 태양 이동(移動)으로 약 32분이나 늦게 오는 간격이 있는데도 표준시 관계로 동경과 같은 시간을 사용하고 있는 것을 말한다.

이와 같이 설정된 표준시의 정확성을 높이기 위하여 동쪽의 오

<그리니치 천문대 문기둥 표준시계>

전 반 바퀴를 동경(東經) 180도라 하고 서쪽의 반 바퀴를 서경(西經) 180도라 하며, 서경 몇 도 몇 분 몇 초라 셈하며 운영하는데, 동경은 +로 표시하고 서경은 −로 표시한다. 이를 달리 각도의 도·분·초를 시간의 시·분·초로 바꾸어 쓰는 경우도 많음에 주의해야 한다. 주로 동양철학에서 많이 사용하는 시간으로 환산하려면 360도를 24시간으로 하여 15도를 1시간으로 하고 1도를 4분으로 사용하는 비율로 계산된다.

이는 지구가 1회 자전하는 시간이 1일이며 24시간으로 이미 설정되어 있는 지식에 기인한 것으로 태양이 1시간 동안 운행하는 거리마다 선을 하나씩 그려 놓고 그 24개의 선을 경선(經線)으로 삼고 동서로도 위선(緯線)까지 설정하여 표준선으로 운영하고 있다.

제2부 천문학

제1절 제요(提要)

　동양 학문에서 모든 이기(理氣)는 하도낙서(河圖洛書)에서 비롯하였으나 하도낙서의 원리는 천도의 운행에서 본받은 것이다. 천도운행이란 주로 지구가 소속되어 있는 태양계의 자전이나 공전의 운행을 말한다. 그러므로 태양계의 운행을 정확하게 추적함으로써만이 동양철학의 이기에 통달할 수 있으며 인간의 생활에 도움을 줄 수 있는 가장 지혜로운 선택을 할 수 있다.

　태양계의 활동에서 우리 생활에 가장 밀접한 방위(方位)·위치(位置)·시간(時間)의 변화를 읽어내고 그 외에도 인간생활에서 필요한 모든 문명과 지식정보를 얻어낼 수 있기 때문이다. 특히 천문학을 이 책의 본론보다 먼저 기록한 것은 풍수지리학계의 이기(理氣)가 심히 번잡하고 잘못된 나경의 사용법을 바로잡아 주기 위함이다.

　그러므로 제1부에서는 주로 천문학에서 필요한 용어와 함께 중요한 대목은 참고문헌과 여러 논문에서 인용하여 해설하면서 태양계의 운행주기, 그리고 역법을 중심으로 공부를 먼저 하기로 한다. 그러나 전문분야 학문은 본시 그 분야의 특수성과 전문용어가 존재하므로 선배 학자들의 서책 등을 참고(아래)하여 인용하였음을 밝혀 둔다.

- 원영희 저 《응용천문학》 (보문출판사)
- 현정준 외 저 《세계의 역(曆)》 (삼성문화재단)
- 이은성 저 《역법원리의 분석》 (정음사)

제2절 태양계(太陽系)

태양계(Solar System)는 태양을 중심으로 한 9개의 대혹성(大惑星)으로서, 수성(水星)·금성(金星)·지구(地球)·화성(火星)·목성(木星)·토성(土星)·천왕성(天王星)·해왕성(海王星)이 그것이다. 여기에다 8개의 혹성에 분속(分屬)되어 있는 위성(衛星 ; 달)과 함께 화성에서부터 목성까지의 궤도 사이에 있는 눈에 보이지 않는 수만 개의 소혹성(小惑星)까지 모두 태양계의 범주 안에 포함한다.

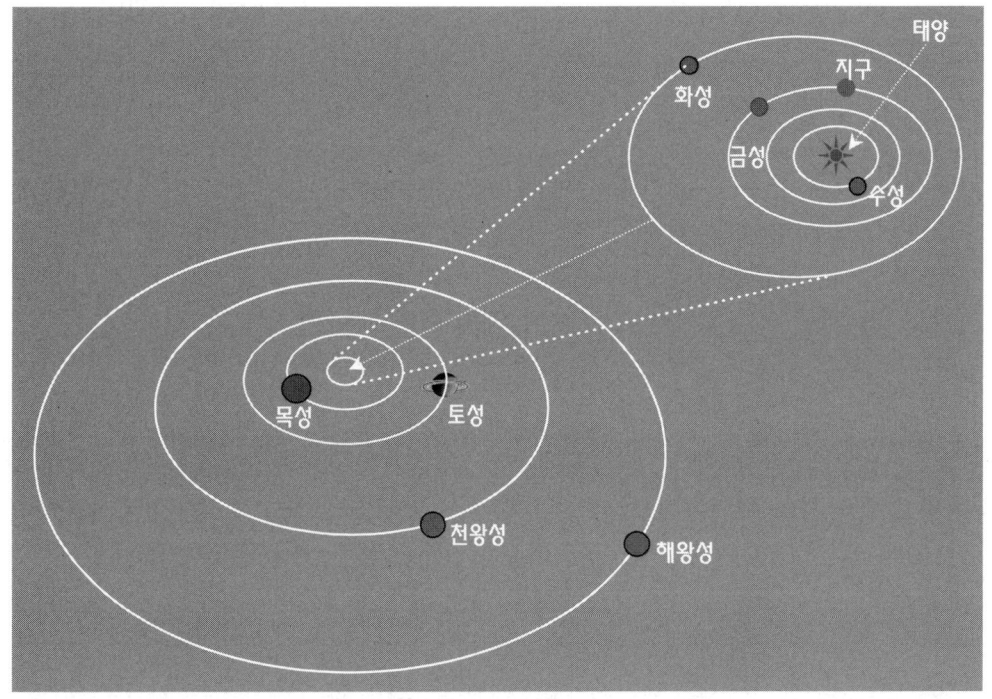

<태양계>

1) 천구(天球, celestial sphere)

천체의 시위치(視位置)를 정하기 위해서 관측자를 중심으로 하는 반지름 무한대의 구면(球面)을 설정하고, 천체를 그 위에 투영해서 나타내는 것을 천구라고 한다.

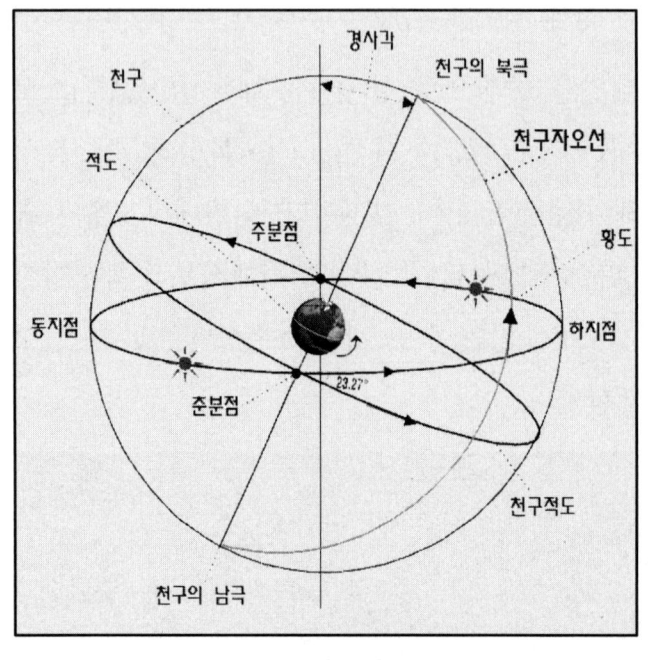
<천구좌표계>

옛날에는 천구가 실재하는 것으로 생각하고 천체는 모두 그 위에 고정되어 있어서 지구의 주위를 돈다고 믿었는데, 지금도 천체까지의 거리와는 관계없이 천구상의 천체의 위치만을 생각하는 구면천문학(球面天文學)이라는 천문학의 한 분야가 있다.

천구상의 두 지점간의 거리는, 단위를 천구의 반지름과 같게 잡은 중심각으로 나타내도록 되어 있다.

관측자를 지나는 연직선(鉛直線)이 위쪽에서 천구와 만나는 점을 천정(天頂), 관측자를 지나서 연직선과 수직인 평면이 천구와 만나서 이루어지는 대원(大圓)을 지평선이라고 한다.

천구상의 좌표는 지구의 위도·경도 등에 대응해서 춘분점과 적도를 기준으로 한 적위(赤緯)·적경(赤經), 또는 황도와 춘분점을 기준으로 한 황경(黃經)·황위(黃緯), 지평선과 자오선을 기준으로 한 고도·방위각 등에 의해서 나타낸다.

2) 천정(天頂, zenith)

관측자를 지나는 연직선(鉛直線)*이 위쪽에서 천체와 교차하는 점을 말한다. 반대로 아래쪽에서 교차하는 점은 천저라 한다. 천정과 천저는 구면천문학(球面天文學)상 중요한 점이다.

*연직선(鉛直線) ; 중력(대략 지구의 무게중심으로 향하는 지구인력과 지구 자전에 의해서 생기는 원심력과의 합력)의 방향이다

3) 천구자오선(天球子午線, celestial meridian)

지구의 자오선을 천구에 투영한 것이다. 남북 양극(兩極 ; 진북천극과 남천극)에서 관측자의 천정으로 통과하는 유일한 대원을 말한다. 이는 극과 극의 수직선이 되는 선이다.

4) 천축(天軸)·천극(天極)

지구의 회전축을 천구까지 연장하는 축을 천축이라 한다. 또 천축과 천구의 만나는 점(交點)을 극(極)이라 한다.

5) 천구적도(天球赤道, celestial equator)

지구의 적도를 천구 위에 투영한 것이다. 지구의 적도면이 천구와 만나서 그려지는 대원을 천구 적도라고 한다. 적위(赤緯)의 출발점이 된다. 천구는 이 선을 기준으로 남반구와 북반구로 나뉜다.

6) 황도(黃道, ecliptic)

지구는 1년에 한 바퀴씩 태양의 둘레를 서에서 동으로 향하고 공전한

다. 지구에서 태양을 보기에는 태양이 천구(天球) 상의 항성(恒星) 속을 서에서 동으로 움직이는 것같이 보이는데, 그 운행 면(선)이 천구와 교차하며 이루는 대원(大圓)이 황도(黃道)이다. 황도가 적도와 교점에서 이루는 경사각은 약 23.27도이다. 황도선(黃道線)을 바꾸어 말하면 지구가 태양을 공전하는 궤도인 것이다.

7) 지구의 자전과 공전

지구는 하루에 한 번씩 지축을 중심으로 자전하고 있다. 이에 따라 밤과 낮이 생기고, 천구의 일주운동이 생긴다. 그에 따라 지구 상 물체에 원심력이 생기고, 또한 지구 상 각 점의 중력 방향과 크기가 위도(緯度)에 따라 변하게 된다. 지구가 한 번 자전하는 데 걸리는 시간은 기준에 따라 약간 차이가 나는데, 태양을 기준으로 하는 1태양일은 24시간이고, 항성을 기준으로 하는 1항성일은 23시간 56분 4초이다. 이와 같은 차이가 나는 이유는 지구가 공전하기 때문이다.

지구는 태양을 중심으로 지축이 궤도면에 대하여 기울어진 상태로 회전운동을 한다. 그리고 그 결과 계절의 변화, 일조 시간의 변화, 태양의 남중 고도의 변화 등과 같은 현상이 생긴다. 태양은 천구의 일주운동으로 그 고도가 변화하여 일출과 일몰 때 고도가 0이고 남중할 때(태양이 관측자의 자오선을 지날 때) 최대가 되며, 이것은 하루 중 기온변화의 원인이 된다. 한편 태양은 적도에 대하여 기울어진 황도를 따라 1년을 주기로 이동하기 때문에 태양의 적위는 +23.5°(하지)에서 −23.5°(동지) 사이를 날마다 조금씩 변화한다.

지구는 태양의 둘레 360도를 365.25일 동안에 한 바퀴씩 서쪽에서 동쪽을 향하여 공전(公轉)한다. 그러므로 1일에 1도가 조금 모자라게 동쪽으로 위치를 바꾸며 이동하는 것이다.

지구의 공전운동은 1항성일과 1태양일의 차이, 1항성월과 1삭망월의 차이, 계절에 따라 별자리가 바뀌는 원인이 되기도 한다. 태양이 천구 상 한 점에서 출발하여 다시 그 지점으로 돌아오는 데 걸리는 시간을 1항성년(恒星年)이라 하며 365.2564일이다. 태양이 춘분점을 출발하여 다시 춘분점으로 돌아오는데 걸리는 시간을 회귀년(回歸年, tropical year)이라 하며 365.2422일이다. 1회귀년이 1항성년보다 짧은 까닭은 춘분점이 동에서 서로 약 50° 이동하기 때문이다.

8) 춘분점 · 추분점

적도와 황도와의 만나는 점(交點)에서 나오는 말인데, 태양의 운행이 적도의 남쪽에서 북쪽으로 올라가며 적도와 만나는 점을 춘분점(春分點)이라 하고, 북쪽에서 남쪽으로 가며 적도와 만나는 점을 추분점(秋分點)이라 한다. 이 춘분점은 천체(天體) 적경(赤經)의 기산점(起算點)이 된다. 이 날은 밤과

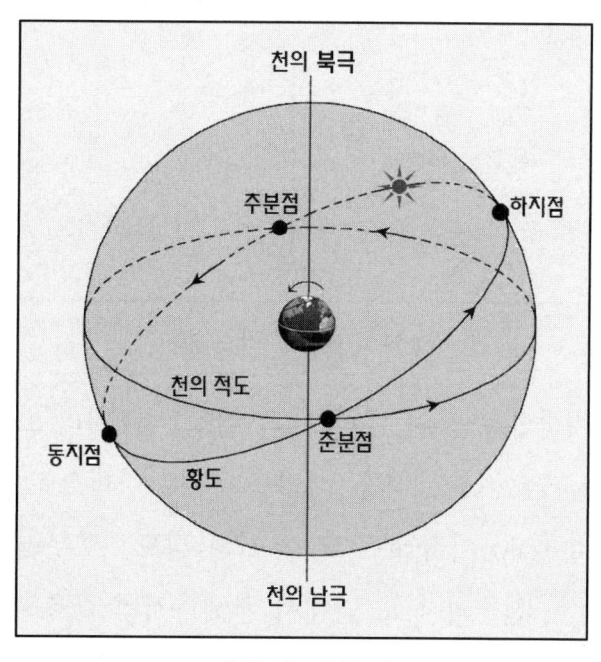

<춘분점 · 추분점>

낮의 길이가 같다고 하여 주야평분점(晝夜平分點)이라고도 한다. 태양이

정동(正東)에서 뜨고 정서(正西)에서 지므로 춘분점과 추분점은 사정방위점(四正方位點)이 되기도 한다.

9) 적도좌표계(赤道座標系, equator coordinates system)

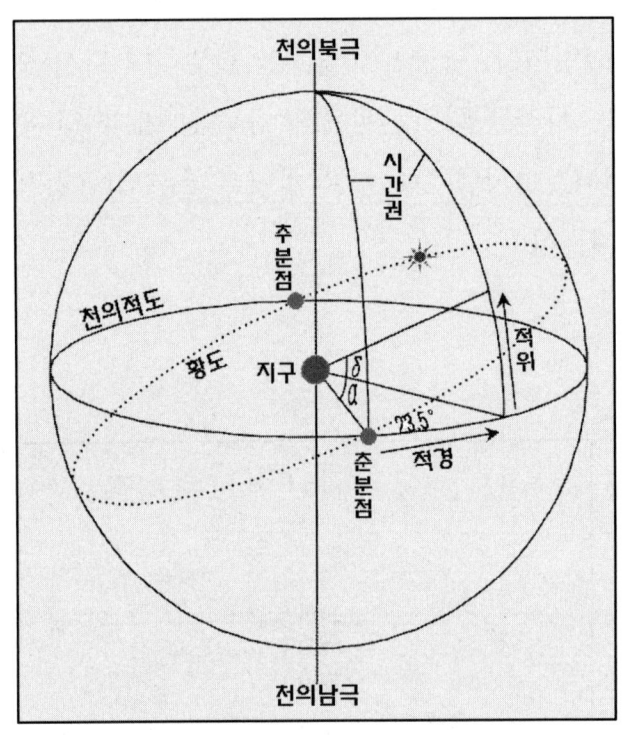

<적도(황도) 좌표계>

지구의 북극과 남극, 적도를 천구 상에 투영하여 적경과 적위로 천체의 위치를 표시하는 좌표계를 말한다. 이러한 적도좌표계는 춘분점과 적도면을 기준으로 한다. 시간과 장소에 따라 변하는 지평 좌표계와는 달리 적도 좌표계는 변하지 않는 고유한 값이므로 천체를 관측하는 데는 유리하다.

그림과 같이 춘분점을 기준으로 하여「천(天)의 적도」를 따라 0~24h(1h=15°)로 잰 각을 적경{赤經 ; 춘분점을 따라 반시계 방향으로 천체의 시간 권까지 잰 값(0~24h)}이라 부르고,「천의 적도」로부터 ±0~90°로 잰 각을 적위{赤緯 ; 천구의 적도 면에서 천체까지의 각을 시간 권을 따라 남북 방향으로 잰 값(0~±90도)}라고 부른다. 지구의 공전 궤도 면인 황도(黃道)는 지구의 회전축이 기울어져 있기 때문에 천의 적도와 23.27°의 황도 경사각으로 기울어져 있다. 따라서 두 면은 천구 상에 분점(分點)을 두 개 만든다. 이 가운데서 태양이 황도를 따라서 동쪽으로 진행하다가 적도와 만나는 점(남에서 북으로 지나면서 끊는 점)이 「춘분점」이다.

보통 3월 21일경에 태양이 춘분점($α=0/h$, $δ=0°$)을 지난다. 황도와 적도가 만나는 두 분점 중에서 태양이 황도를 따라 북에서 남으로 지나면서 적도를 끊는 점이 추분점이다. 9월 23일경에 태양은 추분점($α=12/h$, $δ=0°$)에 위치한다. 태양이 황도 상에서 가장 북쪽에 위치하게 되는 점이 하지점($α=6/h$, $δ=23.27°$)이며, 북반구에서는 일 년 중 가장 낮이 길며, 6월 22일경이다. 태양이 적도 이남 남회귀선인 23.27°인 동지점($α=18/h$, $δ=-23.27°$)에 도달하면 북반구에서는 밤이 가장 길다. 반면 남반구에서는 낮이 가장 길고 밤이 가장 짧다. 이 시기는 12월 22일경이다.

10) 방위각(方位角, azimuth)

지표 위에 있는 물체의 위치를 표시하는 지평 좌표(地坪座標)의 하나이다. 천문학에서는 대개 정남에서 시계방향으로 천체의 수직권(천체와 천정을 지나는 대원)에 이르는 각을 수치로 나타내지만, 천문학이 아닌 분야에서는 보통 정북에서 시계방향으로 방위각을 표시한다. 지표상 한 점 A에서 B점을 향하는 방향의 방위각은 A점에서 타원체의 법선(또는 연직선)을 포함하는 두 평면인 자오면과 AB면 사이의 각으로 정의되며 일반적으로 북방에서부터 시계방향으로 잰다.

일반적으로 자오선에 의해 남북이 정해지고 자오선과 수직으로 만나는 선의 양쪽 방향이 동서로 정해진다. 따라서 동서남북의 4방위가 대표적이며, 이를 기준으로 32방위로 등분하고 있다. 지도상에 아무런 표시가 없더라도 지도의 위쪽이 항상 북쪽(N)이며 방위의 표시는 화살표 모양으로 표시한다.

11) 경도(經度, longitude)

지구상의 한 지점을 지나는 자오선과 런던의 그리니치 천문대를 지나는 본초자오선(本初子午線)의 각도를 그 지점의 경도라 한다. 본초자오선을 중심으로 동서로 나누어, 각각 동경 180°, 서경 180°로 한다.

지구는 24시간에 대체로 360° 회전하므로, 그 회전각도와 경과 시간은 비례한다. 그래서 경도는 각도 대신 시간으로 표시하는 일이 있다. 경도 15°는 1시간, 15'은 1분, 15"는 1초에 해당한다. 따라서 어떤 지점의 지방시(地方時)와 그리니치시(時)의 시차로 그 지점의 경도를 알 수 있다. 배 위에서는 크로노미터를 그리니치시에 맞추고, 천문관측으로 측정한 지방시와 비교해서 임의 지점의 경도를 구할 수 있다.

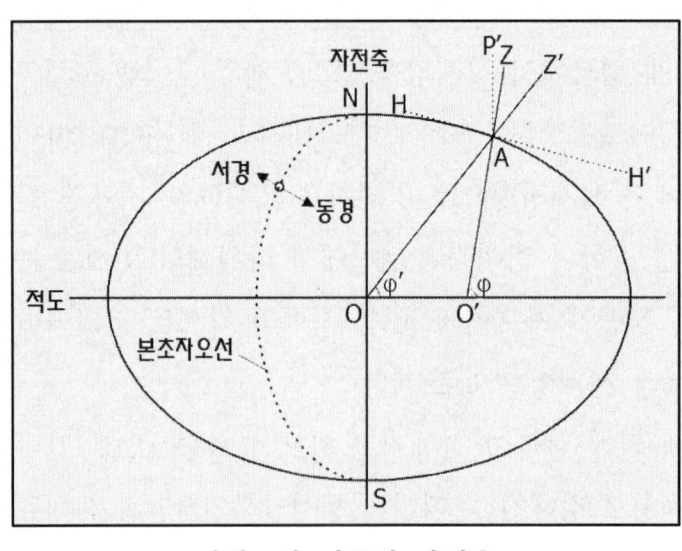

<경위도와 지구의 자전축>

예컨대 우리나라 표준자오선인 동경 135도는 그리니치 천문대의 동경 9h에 위치한다고 하는 것이 그것이다.

*註 ; 경도와 위도를 설정하는 데 중요한 역할을 하는 것은 지구의 자전축(自轉軸)이다. 자전축이 지구 표면과의 만나는 점(交點)을 기준으로 하여 북반구의 끝을 북극(北極)이라 하고 남반구의 끝을 남극(南極)이라 한다.
지구의 중심을 지나며 자전축에 직각인 평면이 지구의 표면과 만나는 선(線)이 지구의 적도(赤道)이다. 지구의 적도면을 천구까지 연장하는 선이 천구적도(天球赤道)인데, 이 양극(兩極)과 적도는 경도와 위도를 정하는 데 중요한 역할을 한다.

12) 위도(緯度, latitude)

지구상의 어떤 지점의 위치를 표시할 때는 경도와 함께 위도를 사용하는데 위도(緯度)라 함은 원칙적으로 지리학상의 위도를 말하는 것으로 관측지점의 연수선(鉛垂線)이 적도면과 만나며 이루는 각도를 말한다.

다시 말하면 위도란 지구의 중심을 통과하는 적도를 기점으로 자오선을 따라 북극 또는 남극에 이르는 대원(大圓)의 호(弧)의 길이이다. 이는 북위 또는 남위라 하며 각각 90도를 헤아리는 것이다.

13) 본초자오선(本初子午線, prime meridian)

위도(緯度)는 지구의 자전축이라는 확고한 기준점이 되는 선(線)이 있기 때문에 문제가 될 것이 없지만, 경도(經度)는 지구상의 어느 지점이라도 자오선상의 기준점이 될 수 있으므로 지점이나 시간이나 위치 약속을 할 수 없는 것이다. 그러므로 1884년 국제 자오선학회(子午線學會)가 워싱턴에 모여 런던의 그리니치 천문대의 옥상 피뢰침의 중심을 통과하는 대자오환(大子午環)을 경도(經度) 0도로 기준을 삼아 놓고 동쪽으로는 동경 몇 도 몇 분 몇 초로 180도까지 쓰도록 하였고 서쪽으로는 서경 몇 도 몇 분 몇 초로 180도까지 셈하도록 결의하여 오늘에 이르고 있다. 이 약속으로 지구상의 관측 지점마다 어긋날 수밖에 없었던 시간 약속을 해소시켰다. 이것이 본초자오선이다.

이에서 유의할 것은 경도는 시간과 밀접한 관계가 있기 때문에 각도의 도·분·초(度分秒)를 시·분·초(時分秒)로 환산하여 쓰는 경우가 많다. 그 환산법은 360도를 24시간으로 환산하면 15도가 1시간이며 1도가 4분의 비율이 된다. 동경은 +로 셈하고, 서경은 -로 표시한다.

<본초자오선>

14) 시간(時間, time)

시간은 천체의 일주운동(一周運動)을 이용하여 측정하는 단위이며, 천체의 일주운동이라는 것은 지구의 자전에 의하는 것이니 결국 시간은 지구의 자전 속도를 측정하는 것이라 할 수 있다.

지구는 자전운동을 한 번 하는 것을 하루(一日)라 한다. 천체의 계산에서 기준으로 삼는 것은 태양이니 이를 바꾸어 말하면 1태양일(太陽日)이라 한다. 이렇게 1태양일이 설정되었다면 지구가 태양을 일주하는 공전 주기는 1태양년이라고 한다. 달이 지구를 한 차례 일주하는 주기는 1삭망월(朔望月)이라 한다.

시간을 재는 데는 특정한 기점(起點)이 있어야 하기 때문에 이를 시점(時點 ; time point)이라 하고 두 시점 간의 길이를 시간(時間 ; time interval)이라 하는 것이다.

따라서 하루의 기점은 야반정자시(夜半正子時)요 시간은 24시간이며, 1달의 기점은 삭(朔)이요, 시간은 ±30일(정확히는 29.53058일)이며, 1년의 기점은 동지(冬至 ; 또는 元旦)요, 시간은 365일 5시간 48분(정확히 365.2422일)이다.

15) 시태양시(視太陽時, 眞太陽時, apparent solar time)

우리가 실제로 볼 수 있는 태양이라는 뜻으로, 곧 안계(眼界) 내의 태양 운행으로 이루어지는 시간을 시태양시(視太陽時) 또는 진태양시(眞太陽時)라 한다.

① 일남중(日南中) : 시태양(視太陽)이 관측지의 자오선상(子午線上) 점에 이르렀을 때를 말하며 다른 말로 일정중(日正中)이라고도 한다.

② 시태양의 시각(時角)에 12h(시간)를 더하면 시정오(視正午)가 되고 시태양이 야간에 지평선 밑으로 들어가 자오선의 연장선에 이르면 시정자시(視正子時)가 된다.

③ 시정자(視正子)로부터 다음의 시정자(視正子)에 이르는 시간을 1태양일(太陽日)이라 한다.

④ 시태양(視太陽)이 춘분점을 떠나 다시 그 춘분점에 오는 시간을 시태양년(視太陽年)이라 한다.

16) 평균태양시(平均太陽時, mean solar time)

지구는 남북방향이 동서방향보다 짧은 타원 회전체(回轉體)이다. 그러므로 공전의 궤도 역시 타원형으로 운행하는데 궤도상에서의 지구의 각속도(角速度)는 일정할 수가 없다.

그러므로 지구상에서 볼 때는 황도(黃道)의 길로 운행하는 시태양의 속도는 계절에 따라 늦고 빠름(遲速)이 나타난다.

또 황도와 적도가 약 23.5도로 경사를 이루고 있으므로 시태양의 적경(赤經)의 변화도 일정하지 않으며, 지축의 장동(章動) 인력(引力)과 기타의 원인으로 춘분점도 조금씩이기는 하나 이동하고 있으므로 시태양의 운동만으로 시간을 측정하기란 매우 어렵다.

따라서 천문학에서는 시태양이 춘분점을 떠나 다시 춘분점에 돌아오는 1년을 평균속도로 계산하여 적도상을 고르게 운행하는 가상의 태양으로 평균태양을 삼고 셈하는 시간이 평균태양시이다. 이를 가상(假想)태양시(太陽時)라 하기도 하는데 이는 오랜 기간에 걸쳐 평균을 낸 것이다.

이 평균태양시는 전 세계인이 사용하고 있으며 우리들의 시계(時計)가 가리키는 시각도 모두 가상 평균태양시(平均太陽時)이다.

그러므로 평균태양이 남중(南中)하는 시간이 평균정오(平均正午)이고 평균태양의 시각(時角)에 12h를 더하면 그 지방의 평균시가 된다.

17) 표준시(標準時, standard time)의 결정

태양의 남중(南中)을 기준으로 한 진태양시와 가상 천체인 평균태양의 남중을 기준으로 한 평균태양시(平均太陽時)는 관측지마다 경도의 차이에 의하여 제각각 다르다. 경도차(經度差) 15도는 1h(시간)에 해당하므로 1도는 4분 1초 4에 해당한다.

여기서 중요한 것은 시간에 대하여 이처럼 관측지마다 다른 상태에서는 우리 인간생활에 매우 어려운 폐단이 얼마든지 발생할 수 있다. 그러므로 일정한 지방이나 혹은 우리나라처럼 영토가 그다지 넓지 않은 국가에서는 대략 그 지역에서 가까운 지방의 경도(經度) 평균시를 공동으로 사용하게 되는데 그것이 평균시(平均時)이다. 우리나라가 동경 135도{일본의 효고 현(兵庫縣)에서 아카시 시(明石市)}를 표준시로 삼는 예가 그것이다.

이에서 유의할 것은 표준시는 육지에서만 적용되고 외양항로(外洋航路)를 운항하고 하고 있는 선박이나 항공기에서는 공해상(公海上)에서는 경계가 불분명하므로 정확성을 기하기 위하여 경대시(經帶時)라는 것을 사용한다.

18) 경도대표준시(經度帶標準時, zone time)

경대시(經帶時)라고도 한다. 경도가 달라지면 각 지방에서 보이는 태양의 상대적 고도도 달라지기 때문에 시각이 바뀐다. 그러나 이런 식으로 각 지방의 시각을 그 지방의 자오선을 기준으로 세밀하게 측정할 경우 여러 가지 불편함이 생긴다.

이러한 불편함을 없애기 위해 표준시인 그리니치 시(時)는 영국 그리니치 천문대를 기준으로 하여 경도 15°마다 1시간씩 시차를 두는데 경도상의 지방시라 할 수 있다.

예외적으로 경도대표준시가 아닌 표준시, 즉 그리니치 시에 비해서 시간차가 정수배가 아닌 표준시를 쓰는 나라도 있다. 한국은 동경 135°를 표준경도로 하여 그리니치 시보다 9시간 앞선 시간을 표준시로 삼고 있다. 선박은 항행 중에 경도대표준시를 충실히 지켜 경도 15°마다 시계바늘을 1시간씩 조정하고 있다.

표준시는 평균태양시이므로 육지에서만 적용한다. 외양항해(外洋航海)를 하는 선박이나 항공기는 공해상을 넘나들므로 경대시를 적용하고 있다.

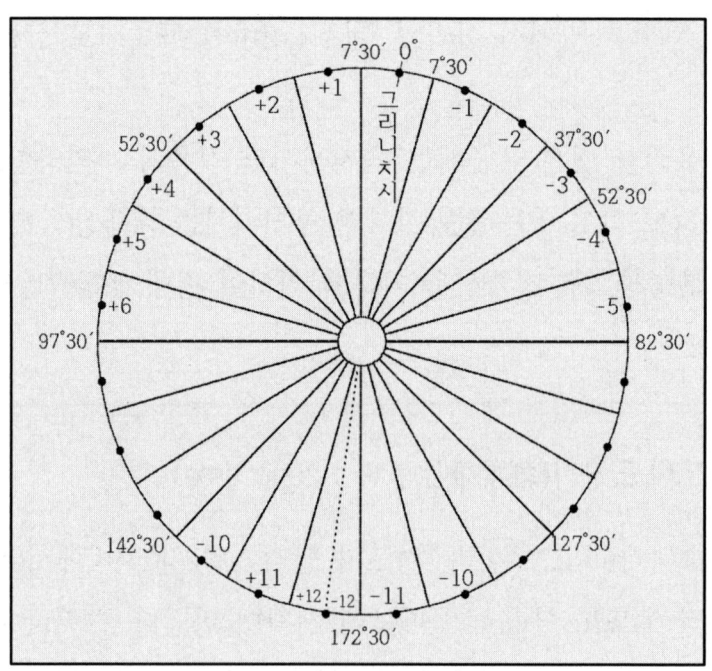

<경도대표준시(經度帶標準時)>

제3절 역법(曆法)

1) 제요(提要)

우리 인간의 일상생활을 가장 지혜롭게 영위하고 가장 효과적으로 마치려면 시간이라는 시대의 흐름을 어떻게 합리적으로 활용하느냐에 달려있다. 그 시간 속에는 1일(日) 일 주(週) 한 달(月) 일 년(年) 등의 주기(週期)가 있는데 우리는 그 주기를 따라 생활하게 된다.

이러한 주기를 생활에 편리하도록 수학적으로 계산하여 날짜를 배정해 놓는 일이 역법(曆法)이다.

그러므로 역법에서는 각종의 천문 현상은 물론 동양철학에서 주로 사용하는 60간지(干支), 신살(神煞), 공휴일, 24절기, 잡절, 일식, 월식, 매년 되풀이되는 행사 종교적인 생활 속에까지도 깊숙이 밀착해 있는 것이 역서(曆書)이다.

2) 달에 대한 참고 지식

① 달은 지구 둘레를 도는 위성(衛星)이다. 태양계에는 지구와 같은 다른 8개의 혹성(惑星)들도 각각 1개 이상의 달이라는 위성을 갖고 있다. 그 크기는 지구 1/4의 크기이며 지구와 아주 가까운 거리에 있으면서 태양광선을 반사할 뿐 자신이 빛을 내는 것은 아니다.

달은 부피가 작은 만큼 표면인력(表面引力)도 지구의 1/6밖에 되지 않아서 공기나 수증기를 잡아당기는 힘이 부족하여 달에는 공기나 수증기가 없다고 한다. 따라서 구름이나 수증기가 없어 기상 현상도 일어나지 아니하므로 태양의 빛을 잘 반사하는 것이다.

달은 지구의 인력으로 지구 둘레를 돌고 있으며, 지구는 태양의 인력으로 태양의 둘레를 공전하는 것이다. 달은 지구의 인력뿐만이 아니고 태양의 인력도 함께 많이 받으므로 달의 운행은 위치나 방위에 따라 달라지므로 아주 복잡한 계산이 필요하다. 그러므로 달에 대한 지식은 아직도 해결하지 못한 것이 많이 남아 있다고 한다.

달의 운행궤도를 백도(白道)라 하며 백도의 운행은 태양의 운행궤도(실은 지구의운행궤도)와 약 5도의 경사로 27.5일 만에 지구의 둘레를 1바퀴 돌아 제 자리에 오는데 이를 항성월(恒星月)이라 한다. 계산해 보면 하루에 360÷27.5=13.2도씩 운행한다.

② 지구 자전속도의 감속(減速) ; 지구 자전속도의 감속은 조석(潮汐)의 마찰작용에 따라 일어나는 것으로 알려져 있다.

달과 지구의 중심을 연결하는 부분에 해수(海水)는 불어 올라온다. 그러나 해수와 해저의 사이에는 마찰이 있기 때문에 해수가 불어나는 방향은 다음 그림처럼 달의 방향에서 조금 어긋나고 있다고 한다. 그림의 C와 D부분이 힘이 강하여지므로 달의 공전은 가속이 붙고 지구의 자전속도는 감속이 나타난다고 한다.

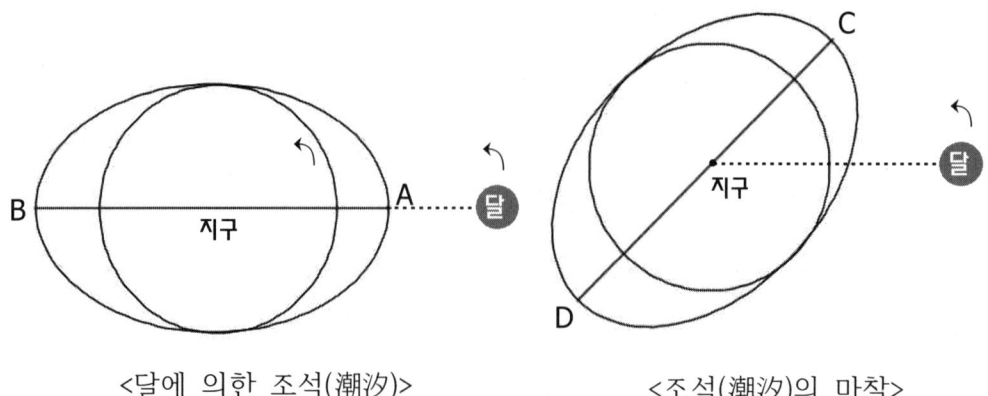

<달에 의한 조석(潮汐)>   <조석(潮汐)의 마찰>

③ 달의 영허(盈虛)

달은 신월(新月)에서 상현(上弦)으로, 만월(滿月)로, 다시 하현(下弦)으로 차고 기우는 것을 똑같이 주기적으로 반복하는데 이것을 영허(盈虛) 또는 영측(盈昃)이라 한다.

달은 매일 13.2도씩 지구의 둘레를 돌기 때문에 달의 모양도 매일 달라진다. 이를 천문학에서는 합(合)·충(衝)·구(矩)라 한다.

합(合)은 같은 방향에 해와 달이 놓인 것이니 합삭(合朔)을 말한다.

충(衝)은 지구의 양쪽으로 직선상에 오는 것이니 망월(望月)을 말한다.

구(矩)는 달이 태양과 지구의 90도 선상에 오는 것이니 상하현(上下弦)을 말한다.

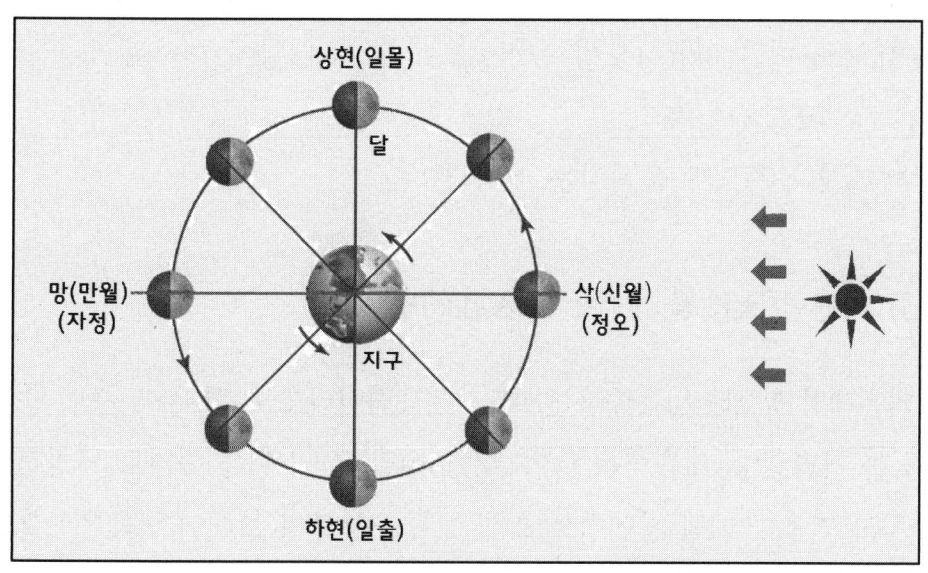

<달의 영허(盈虛)>

④ 삭망월(朔望月)과 항성월(恒星月)

지구상에서 볼 때 달이 만월(滿月)에서 다시 만월이 될 때까지를 「삭망월(朔望月)」이라 하고, 달이 어떤 항성에서 출발하여 다시 그 항성으로 되돌아올 때까지의 길이를 「1항성월(恒星月)」이라 한다.

 1삭망월= 29.530588일=29일 12시간 44분 02초 8.

 1항성월= 27.321661일=27일 07시간 43분 11초 5. 이다.

 이는 삭망월이 2일 많은데 그 이유는 아래와 같다.,

 항성월은 천구에 고정되어 있는 항성으로 보고 셈한 달의 운행주기이고, 삭망월은 천구 상에서 움직이고 있는 항성을 태양에 대한 달의 운행주기이기 때문에 다를 수밖에 없다. 이것이 회귀년(回歸年)과 항성년(恒星年)과의 관계와 같은 것이다.

 다만 회귀년의 경우 태양과 춘분점이 반대방향으로 돌았지만, 삭망월과 항성월과의 관계는 태양과 달이 같은 방향으로 돌고 있는 점이 다르다. 즉 달은 항성에 대하여 매일 평균 13.2도씩 동쪽으로 이동하고 있는데, 태양도 매일 평균 1도씩 움직이므로 달은 태양에 대하여,

 13.2도-1도=12.2도

를 빠르게 동쪽으로 움직이는 것이 된다.

3) 태음력(太陰曆, lunar calendar)법

 태음태양력(太陰太陽曆)을 줄여서 태음력이라고도 하지만, 주로 순태음력을 가리킨다. 태음력은 달이 29.53059일(1삭망월)을 주기로 규칙적으로 차고 기우는 데서 자연적으로 생겼다. 대부분의 고대력은 태음력으로 출발하여 태음태양력 또는 태양력으로 변해갔다.

 태음이란, 태양(太陽)을 해라 한다면 태음(太陰)은 달이라 할 수 있으니 대대(待對)관계로 일컫는 말이다. 따라서 태음력(太陰曆)이란 달의 운행주기인 삭망월(朔望月)을 기준으로 만들어 놓은 역서(曆書)란 뜻이다.

그러나 태음력법은 계산이 아주 복잡하다. 달이 공전하는 동안 많은 변수로 인한 오차 때문이며 계절이 전혀 맞지 않으므로 우리 인류 문명에서 가장 원시적인 역법으로 전락하고 있다. 오늘날 순전한 태음력을 쓰고 있는 나라는 거의 없고 회교도(回教徒 ; 마호메트교)들만이 종교적인 이유로 계속 사용한다고 한다.

현재 전 세계에서 즐겨 사용하고 있는 역(曆)은 오차가 거의 없는(3,300년에 1일 정도의 오차밖에 나지 않는다) 그레고리우스 역법을 세계 대부분의 나라에서 사용하고 있다. 그러나 우리나라와 중국처럼 몇 안 되는 나라에서는 태음태양력(太陰太陽曆)을 사용하는데, 특별한 정보를 더 많이 얻어낼 수 있기 때문이다.

달의 주기인 1삭망월(한 달)의 길이는 29.530588일이므로 우수리 0.530588일을 2개월 합하면 대략 1일이 된다. 그러므로 태음력에서는 역월(曆月)을 한 달은 29일로 하고 또 한 달은 30일로 엇갈리게 번갈아 배치하여 대월(大月)과 소월(小月)로 명명하고 있다. 1삭망월의 길이를 12배하여 1태음년으로 계산하여 본다면,

1태음년 = 29.530588삭망일 × 12월 = 354.36705일.

즉 달의 영허가 12번 되풀이하고도 0.36705일이 남는다는 얘기다. 이를 태양일로 비교하면 1년에 약 11일이 모자라는 계산이 나온다.

실례를 들어 보면 음력으로 8월 1일, 곧 한 가을인 때에 생일인 어느 사람이 3년이 지나면 33일이 앞당겨지고, 9년 후에는 99일이 앞당겨지므로 4월 후반에 태어난 사람처럼 철이 바뀌어 초여름 출생자와 같게 된다. 생일을 음력으로 사용할 경우 이렇게 계절의 흐름이 어긋나는 폐단이 있다. 그래서 이러한 폐단을 없애기 위하여 「19년 7윤법」을 설치하게 된 것이다.

① 치윤법(置閏法) ; 역법은 천체 현상의 주기성(週期性)을 수학적으로 처리하여 얻어진 결과를 법칙으로 삼는다. 그러므로 역법과 수학과는 절대적으로 밀접한 관계가 있다.

중국과 우리나라처럼 태음태양력을 사용하는 곳에서는 치윤법(置閏法)을 산정하지 않으면 안되었다. 태양력으로 1회기년의 현재치는 365,2422일이니 1삭망월 29.53059일과의 정배수(整倍數)를 찾아 단수가 일치하는 식(式)을 구하여 보면

1회귀년= 365,2422일×19년=6939.6018일

1삭망월=29.53058일×235월=6939.6863일이니,

결국 0,0864일(2시간 4분은 약 220년에 1일 정도의 오차)가 나는 것으로 거의 일치한다. 이것은 19년간에 235개월을 포함하도록 하면 19년 후에는 계절과 달(月)의 영측(盈昃)이 일치하는 역일(曆日)로 복귀한다는 것이다.

235월=19년×12월+7이 성립하므로 19년 내에 1년이 13개월이 되는 해(윤월)를 7번 두면 된다는 뜻이다. 이 19년 7윤법은 그리스의 천문학자 메톤이 발견하였다 하여 메톤주기(週期)라고도 한다.

② 그런데 중요한 것은 19년 7윤법의 원년(元年)을 언제부터로 삼을 것인가 하는 것이다. 그런데 중국에서 「11월삭야반자정동지(十一月朔夜半子正冬至)」{11월 초하루 00시(子時)에 동지가 드는 날을 출발점으로 한다}라는 계산법을 생각해 냈으니 어느 누구의 아이디어인지는 몰라도 참으로 기발하고 획기적인 기산점을 찾아낸 것이다.

이렇게 역추산으로 계산한 것이 지금으로부터 14만 3천 1백 65년을 거슬러 올라가 이에 일치하는 날을 찾아내어 그날 그 시각부터 출발점으로

하여 지금에 이르고 있는 것이다.

　　*필자 註 ; 십일월 삭 야반자정동지(十一月朔夜半子正冬至) 이론은 확실한 자료는 없으나 추리컨대 약 200여 년(1884년경) 전에 역법(曆法)이 확실하게 계산됨에 따라 역(逆)으로 추산하여 나온 이론이므로 지금으로부터 약 14만 3천여 년이 훨씬 넘은 옛날부터 소급시킨 것이다. 이 이론은 19년 7윤 법뿐만이 아니고 사실상 동양철학의 학문적 모든 기점으로 삼게 되었다.

　③ 앞의 계산으로부터 19회귀년을 날짜로 환산하면 약 6,940일이었으니 그 안에서 30일로 하는 달이 125개월, 29일로 하는 달을 110개월로 하여, 12달 평년을 12년, 13개월 윤년을 7년으로 한 것이다.

　④ 윤년(閏年)은 19년 중 3년 · 5년 · 8년 · 11년 · 13년 · 16년 · 19년째에 두었는데, 이 주기가 지나면 다시 반복하도록 하고 있다.

　또 1년 중에는 1월부터 12월까지 열두 달이 있는데, 윤년 중에서도 어느 달로 윤달을 삼을 것인가의 문제도 되는 것이다. 이에도 명쾌한 대답이 있다. 곧 한 달 내에는 2개의 절기(節氣)와 중기(中氣)가 있는데, 그 가운데 그 달의 정기(正氣)를 지칭해 주는 중기(中氣)가 없는 달을 윤달로 하도록 한 것이다.

4) 태음태양력(太陰太陽曆, lunisolar calendar)법

　달의 삭망에 기준을 두면서, 계절에도 맞춘 역법이다. 30일 큰달과 29일 작은달을 번갈아 두며 12개월 또는 13개월을 1년으로 한다. 평년에는 354일과 355일, 윤년에는 383일과 384일의 4가지 1년이 있다. 치윤법으로 19년에 7회 윤달을 두는 메톤법이 채용되었다.

태음력법은 달이 지구를 공전하는 삭망주기(朔望週期 ; 영허·영측)만을 기준으로 계산하였기 때문에 계절이 전혀 맞지 않았고 오차도 많아 윤달로 보정해야 하였다고 앞에서 이미 기술하였다. 그러므로 계산이 비교적 간단하면서도 오차가 거의 없는 태양력법으로 보완 발전시켜 개선하여야 하였다.

이로써 정확도를 몇 단계를 더 높였으니 그것이 태음태양(太陰太陽) 역법(曆法)인 것이다. 태음태양력법이 나오면서부터 전적으로 태양력만 쓸 때보다도 부분적으로는 한층 더 편리한 정보도 얻을 수 있게 된 것이다. 그 한 가지 예를 들면 어촌(漁村)이라든가 어업계(漁業係) 등에서는 태음력이 절대적이다. 이유는 조수(潮水) 간만(干滿)의 차가 달의 영허(盈虛)와 삭망(朔望)의 주기에 따라 나타나므로 물고기의 수확량과 관계가 되며 수입의 다과(多寡)까지도 결정지어 주므로 태음력을 대단히 중요시한다. 그래서 음력이라고 버릴 수는 없는 것이다.

태음태양력법은 달의 삭망주기에 태양의 황도 주기까지를 함께 추적하여 24절기를 설정하였고 농경생활에 일치시킨 것이 가장 자랑거리이고 중요한 핵심이다.

그러므로 태음태양력의 구성을 보면 1회귀년 365.24220일과 1삭망월 29.530588일의 두 주기를 합리적으로 조합시켜 우수리(端數)가 없거나 가장 적게 나도록 일치시켜 놓은 것이다.

1삭망월은 29.53058일×235월=6939.6863일이니,

즉 12월×19년+7월=235월

12월×12년+13월×7년=235월

이므로 두 계산은 일치한다. 결국 19년은 235월이므로

{19회귀년=365.24220일×19=6939.6018일

{235삭망월=29.530588일×235월=6939.6882일

이 된다. 이를 보면 두 주기의 차위(差違)는 0.0864일이다. 이는 220년에 1일의 오차밖에 안 되므로 이 정도라면 달의 영허로 날짜를 헤아려도 계절이 어긋나는 불만은 없어질 것이다.

① 중국의 역법을 살펴보면 약 2,000년 전에 태초력(太初曆)을 만들었는데, 그 때도 24절기와 19년 7윤법을 채택하였다 한다. 다만 삭망주기라든지 태양주기의 계산상의 오차라든지, 치윤(置閏)의 방법에서도 2년 또는 3년의 말에 두는 등으로 자주 개정하였거나 바뀌는 일은 있었다고 한다.

그렇게 많은 시행착오를 겪어오다가 태양주기의 황도상에다가 춘분점을 고정시켜 이를 기준으로 15도씩 분할하여 24절기를 설정함으로써 역법의 혁명에 준하는 발전을 본 것이다.

24절기의 할당을 보면 1년은 12개월이니 매월 2개씩의 절기가 배정되며 전자를 달과 달을 구분하여주는 경계이니 절기(節氣)또는 절(節)이라 하고, 후자는 그 달의 중심 기운이니 중기(中氣) 또는 후기(候氣)라고도 하며 두 개를 합쳐서 절후(節候) 또는 계절(季節)이라고도 한다.

② 해와 달의 운행주기를 활용하여 절기를 계산하는 법으로 평기법(平氣法)과 정기법(正氣法)이 있고 달의 운행주기를 계산하여 삭(朔)을 계산하는 방법으로 평삭법(平削法)과 정삭법(正朔法)이라는 것이 있다.

평기법(平氣法)은 24절기를 태양이 황도 길을 따라 한 바퀴 도는 시간인 1회기년의 길이를 12개월로 나누어 셈하면 한 달의 길이가 30.44일이 된다. 이 길이는 1삭망월보다 0.91일이 긴 것이다. 그 차이를 32개월이나 33개월을 모아 삭망월로 환산하여 절기를 부여하면 중기가 없는 달이 나

온다. 그 중기가 없는 달이 윤달인 것이다. 이러한 치윤법을 평기법이라고 한다.

평기법은 황도를 운행하는 매월을 시간적으로 24등분한 것인데, 실제로 진태양은 타원궤도상으로 케플러의 법칙을 따라 운행하므로 춘분 추분의 날짜가 2~3일이 틀릴 수 있다. 그러므로 평기법은 바른 역법이라고 할 수 없다고 한다.

정기법(正氣法)은 동지점으로부터 시작하여 황도를 24등분한 것이다. 그러므로 절기에서 절기까지 중기에서 중기까지의 각도는 대략 30도씩 이동하게 되는데 이것이 태양운행 속도의 지속(遲速)으로 매일 변화가 있다. 따라서 한 절기나 한 중기 사이를 이동하는 각도에서도 30도로 똑같지를 않다.

바꾸어 말하면 태양이 빠르게 이동할 때는 29일 남짓하고, 느리게 운행할 때는 31일 정도가 조금 넘는다. 그러므로 한 중기와 중기 사이는 한 달의 길이보다도 많으므로 그 차(差)를 몇 달 쌓으면 중기가 포함되지 않는 달이 생기는데 그것으로 윤달을 삼는다. 이것이 정기법이다.

평삭법과 정삭법도 이와 같은 이치이다.

5) 태양력(太陽曆, solar calendar)법

태양의 운행을 기준으로 만든 역법으로서, 태음력과 상대된다. 이집트에서 BC 18세기경 1년 365일의 태양력을 만든 것이 그 기원이다. 그 후 1년이 365.25일이란 것을 알게 되면서 율리우스력에 채용하여 4년마다 1일 더하는 윤년이 생겼다. 1582년 그레고리력으로 이어져 현재에 이르렀다.

① 태음력은 달의 영허(盈虛)만을 계산하여 제작하는 역법이다. 그러므로 역법에서 가장 중요한 24계절과 치윤법, 그리고 동양철학에서 즐겨 사용하는 연월일시의 간지(干支) 법(法)에서 오류가 나온다. 그러나 태음력법은 어업에서는 없어서는 안 될 중요한 것이다.

② 태음태양력에서는 달의 주기와 태양의 주기를 정배수(整倍數)하여 19년 7윤법을 비교적 정확하게 처리하였으므로 계절도 어긋나지 않았고 태음력에서의 장점도 활용할 수 있었다. 그러나 1년의 날짜가 355일에서 385일까지로 변화가 많으니 역시 최고의 역법은 될 수 없었다.

③ 여기서 말하고자 하는 태양력법은 태음태양력에 비하면 아주 간단하면서도 정확도가 가장 높은 최고의 역법인 것이다.

태양력법(太陽曆法)을 다시 정리하면 태양이 춘분점을 출발하여 황도(黃道) 길을 돌아 다시 춘분점에 도달하는 시간을 1회귀년이라 하는데,

　1회기년은=365.24219879일=365일 5시간 48분 46초 0이다.

이 수치는 물론 오랜 세월을 두고 모아놓은 자료의 평균태양시(平均太陽時)로 계산하여 결정한 수치이다. 앞에서도 말한 바와 같이 지구는 타원형이기도 하지만 태양의 운행은 계절에 따라 지속(遲速)이 다르고 행성의 인력(引力) 등의 장동력(章動力)에 기인하여 지속이 다를 수 있기 때문이다.

④ 또 24절기와 매일의 날짜에 붙여 놓은 60간지(六十干支) 등은 음력권에서 붙여놓은 것으로 착각하기 쉬운데 이것들도 모두 양력 권에서 붙여진 것임을 앞의 공부에서 이미 알 수 있었을 것이다. 역법에서는 뭐니뭐니 해도 가장 중요한 핵심이 24절기의 변화요 치윤법(置閏法)이며 연

월일시에 배속한 60간지(干支)의 배치인데 그것들에서 오류가 나면 안되므로 모두 양력권인 태양력(太陽曆)의 황도(黃道) 주기로부터 얻어진 것이다.

⑤ 그러므로 이야기는 좀 다르지만 연관은 있으므로 언급하건대, 동양철학 권에서는 아이가 출생하였을 때 생일을 음력으로 기록해 두는 경우가 아직도 많이 있다. 이것은 대단히 잘못된 것으로 표준시를 동경 135도를 사용하는 우리나라와 같은 지역에서는 「날짜변경선인 0시에서 0시 32분 사이에 삭(朔)의 절기가 드는 달이라면 음력 날짜가 1일씩 달라질 수 있으므로」 반드시 양력 날짜로 기록하고 기억해 둬야 틀림이 없다.

⑥ 율리우스력에서는 1년의 우수리인 0.24219879일을 모아서 치윤법을 4년마다 1일씩으로 윤일을 두도록 조절하였다(365일인 해가 3번 366일인 해가 1번).

$$1년의 \ 평균 \ 길이 = \frac{365일 \times 3 + 366일}{4} = 365.25일$$

이 된다.

이 율리우스력은 1회귀년에서 차위(差違)가 0.00780121로서 날짜로 환산하면 약 128년에 1일이 되고 400년간에 3일의 오차가 나므로 400년에 3일씩 윤일을 둔 것이다.

⑦ 그레고리우스력에서는 이와 같은 4일의 차위(差違)를 없애기 위하여 400년에 365일의 평년이 303회, 366일의 윤년이 97회가 있는 것으로 100배수하였으니 아래 식과 같이 된다.

$$1년의 \ 평균길이 = \frac{365일 \times 303 + 366일 \times 97}{400} = 365.2425일$$

이 되도록 하였다.

그러므로 1회귀년과의 차위는 0.00030일 밖에 안 된다. 이는 100년에 0.03일의 차위가 되므로 3천 300년에 1일이 틀린다는 계산이다. 그러므로 현재까지는 이 이상 더 정확한 역법이 없으므로 우리나라를 비롯하여 전 세계에서 그레고리우스력법을 채택하고 있는 것이다.

참고로 우리나라는 1896년 1월 1일부터 고종의 공포로 정식으로 도입하였다.

*이상을 다시 점검하여 보면, 율리우스력에서 윤년(閏年)을 두는 방식은 서력기원으로 「연수(年數)가 우수리 없이 4로 딱 나누어지는 해의 2월 마지막 날의 다음날로 1일을 두는 것」으로 하였고, 그레고리우스력의 치윤법은 율리우스력에서처럼 400년에 3회의 윤일(閏日) 두는 것을 없애기 위하여 「서력기원의 연수(年數)를 100으로 나눈 몫(商)이 다시 4로 완전히 나누어지지 않는 해를 평년(平年)으로 한다는 점」이 다를 뿐이다.

제4절 기타 인위적 제도

1) 칠요(七曜)

일·월·화·수·목·금·토의 7요일을 말한다. 이는 음력 한 달을 4등분한 데에서 온 것으로 보이며, 옛 유대력에서도 제7일을 안식일로 지냈다고 한다. 서양에서 7요(曜)가 정식으로 채택된 것은 서력기원 325년이다.

이 해의 니케아 종교회의에서 춘분날을 그 당시 율리우스력의 3월 21일로 고정하는 동시에 7요가 공식적으로 채택되었다. 인도에서는 5세기경에 서방으로부터 들어왔으나 종교의식에는 쓰이지 않고 역학자 사이에서만 통용되었다. 중국에서는 인도의 불교와 천문학을 통하여 들어온 것으로 알려져 있다. 718년 당(唐)나라에서 번역된 구집력(九執曆)에는 매일 7요가 배당되어 있다.

두보(杜甫)의 「송번23시어부한중판관(送樊二十三侍御赴漢中判官)」이라는 시 가운데 「앉아서 칠요의 운수를 알고, 손으로 삼군의 형세를 꾀하더라(坐知七曜曆 手畵三軍勢)」라는 구절에서 「칠요(七曜)」라는 말이 나온다.

7요는 역일(曆日)에 한 요씩 배당하게 되어 있다. 따라서 요일과 역일 사이에는 일정한 순환기간이 있다. 그 주기는 1901년부터 2099년까지는 28년으로 되어 있다. 예를 들면, 1901년 1월 1일이 화요일이므로 1929, 1957, 1985, 2013, 2041, 2069, 2097년의 1월 1일도 화요일이다.

칠요(七曜)의 유래는 천체(天體)의 주기성이라든가 확실한 근거가 될 만한 공식이 없다. 그러나 이 7요일(曜日)제도는 언제 어디서부터인지는 몰라도 종교인이건 비종교인이건 전 세계인이 실생활 속에서 불편 없이 활용하는 생활 관습이 된 것으로 이제는 그 연혁을 알려는 것조차 그리 중요하게 느끼지 않을 것이다.

어디까지나 추상적으로 몇 가지를 짐작할 수 있는데, 첫째는 5, 6일 동안의 노동에서 7일째는 하루 쉬게 하자는 발상에서 나온 것이 발전하여 일월(日月)과 오성(五星)까지 인용하여 만들어진 것 같기도 하다.

2) 서머타임(summer time, 일광절약시간)

서머타임이란 우리말로 일광절약시간(日光節約 : daylight saving time)이란 말로 더 잘 알려져 있는 제도인데, 쉽게 표현하면 해가 일찍 떠서 낮이 길 때는 일찍 일어나 일을 많이 하고, 해가 늦게 떠서 낮의 길이가 짧을 때는 늦게 일어나고 출근도 늦게 하자는 제도이다.

태양의 일출(日出)은 절기에 따라 일찍 뜨기도 하고 늦게 뜨기도 하는데 그 시차는 약 2시간 37분까지 차이가 생긴다고 한다. 이은성의 《역법 원리의 분석》을 보면,

「12월 말부터 1월 3일까지는 해 뜨는 시각이 가장 늦어서 7시 47분이고, 가장 일찍 뜨는 시기는 7월 9일부터 7월 18일 사이인데, 해 뜨는 시각이 5시 10분이니 2시간 37분의 차가 난다」고 하였다.

경도선(經度線)은 영국의 그리니치 천문대를 기준점으로 하여 태양이 1시간 진행하는 거리마다 경선(經線)을 그려 넣어 그것으로 그 지역의 표준시로 삼기 위한 선(線)이다. (앞 본초자오선 참고)

그런데 우리나라는 그 경도선과 경도선 사이에 위치하므로 시간을 약

30분 늦춰 사용하면 북경의 120도선을 사용해야 하고 약 30분 앞당겨 사용하면 일본의 도쿄(東京)를 통과하는 135도선을 사용해야 하기 때문에 조선시대 한때는 동경(東經) 120도선을 우리의 표준시로 삼은 적도 있었고, 한 때(1954년부터 1961년까지)는 우리나라의 위치에 맞는 동경 127.5도를 사용한 적도 있었으나 지금은 동경 135도선을 우리의 표준시로 삼고 약 32분 정도를 앞당겨 사용하니 실제로는 우리의 표준시보다 32분을 서머타임(일광절약)을 하고 있는 것이다.

3) 날짜변경선((international date line)

음양의 변경은 동지와 하지이며, 1년의 변경은 12월 말 24시에 끝나고 새해 1월 1일 0시에 시작하며, 월(月)의 변경은 삭(朔 ; 초하루 00. 00시)에서 새 달로 변경하며 날짜의 변경은 24시와 00시이다. 이는 관측자가 한 지점에서의 변경을 지칭하는 것이다.

지구상에서 날짜가 변경하는 경선(經線)을 말하는 것이다. 역법원리 분석에서는 아래와 같이 기발한 예를 들고 있다.

「만일 1999년 12월 31일 정오에 로켓을 타고 서쪽으로 태양과 같은 각속도로 지구를 선회한다면 이 사람은 이르는 곳마다 정오일 것이다. 그러나 1회전을 마치고 출발점으로 돌아왔다면 이미 21세기에 와 있을 것이다. 그런데 이 사람은 도중에 밤을 겪지 않았기 때문에 언제 어디서 날짜가 바뀌고 21세기 사람이 되었는지를 알 수 없게 된다. 그러므로 우리는 지구의 표면에다가 경선(經線)을 그려 넣고 날짜가 바뀌도록 지정해 주어야 한다. 옛날에는 이러한 현상을 알지 못했다.」고도 한다.

또 이어, 「1519년에 마젤란(Ferdinand Magellan, 1480~1521)은 탐험대원 2백여 명을 대동하고 서쪽을 향해 세계 일주에 나섰는데 만 3년 만에 천신만고 끝에 18명의 생존자와 함께 포르투갈 고국으로 돌아왔다. 그런데 마젤란은 항해일지에 쓰인 날짜가 고국 땅의 날짜보다 하루 늦은 것을 발견하였다. 이는 이들이 서쪽으로 항해하는 동안 유럽보다 태양의 출입이 한 번 모자랐던 것이다.」

이는 한 지점에 있어서 관측하는 사람은 24시에서 0시로 바뀌면서 날짜가 바뀌지만 여행자는 여행 중에 날짜변경선을 지나며 날짜를 바꾸어 주지 않으면 안 된다. 이렇게 날짜 변경선은 국제협약(본초자오선협약)에 의해 설정된 것이다.

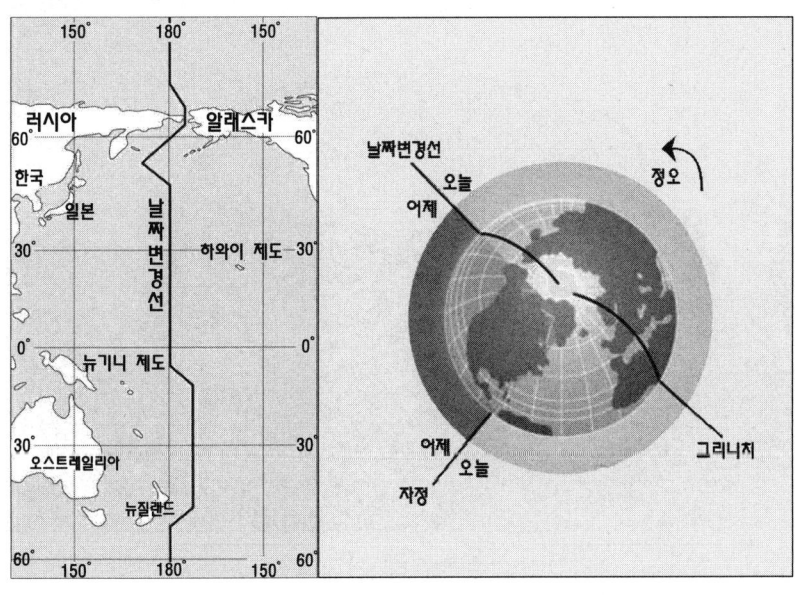

<날짜변경선>

① 「날짜를 변경하는 경선은 육지가 없는 곳으로 어떤 나라의 영토를 가르지 않아야 하며 거주하는 사람이 없어야 한다」는 원칙으로 세운 것

이다.

② 그리니치로부터 동경으로 180도, 서경으로 180도 되는 곳으로 찾은 곳은 태평양의 중앙을 남북으로 통과하는 선으로 하였으니 어떤 나라의 영토가 아니고 사람이 거주하지 않기 때문이다. 만약 어느 나라를 통과해야 할 경우에는 부득이 경선에 굴곡(屈曲)을 주어야 하였다.

세계지도를 보면 북쪽으로는 시베리아와 알래스카 사이로(캄차카 반도) 굴곡된 경선(經線)을 볼 수 있으며, 남쪽으로는 뉴질랜드 영토를 비켜서 날짜변경선이 지나고 있다. 그러므로 180°선의 바로 좌측에 위치한 피지 제도(Fiji Is.)와 뉴질랜드가 세계에서 가장 먼저 해가 뜨는 나라이다.

<그리니치 천문대 천체 투영관>

4) 기후대(氣候帶, climatic zone)

태양이 지면을 비치는 시간이 길고 비치는 각도가 지면과 직각에 가까울수록 기온은 높고, 그 반대로 태양을 받는 시간이 짧고 각도도 경사가 많아질수록 기온은 낮다.

동지에 남회귀선(南回歸線 ; 남위 23.27도) 상에서는 천정(天頂)으로부터 바로 햇빛을 받지만 북반구의 높은 위도에서는 그 빛이 매우 약하다.

지구 적도의 남북에서 각각 23.27도의 선을 남회귀선(南回歸線) 또는 북회귀선(北回歸線)이라 한다. 그 회귀선 안에 들면 열대(熱帶)라 하고 위도(緯度) 66.33도 이상의 남북지대를 한대(寒帶)라 하며 그 열대와 한대 사이를 온대(溫帶)라 한다.

태양의 일주 운동으로 나타나는 1년간의 온도 변화는 이와 다른 것이다.

① 열대(熱帶) : 적도를 중심으로 남북의 위도가 23.27도 이내의 지대로서 밤낮의 장단(長短) 차와 4철의 변화가 거의 없고 1년간의 평균기온이 20도 이상이며 대체로 야자수가 자라는 곳이다.

② 온대(溫帶) : 위도가 23.27도에서부터 66.33도 이내의 지역이니 온대와 한대의 사이라고 알면 쉽다. 1년간의 평균기온은 0도에서부터 20도 이내인데 가장 더운 달의 평균기온이 10도 정도로 사람이 살기에 가장 적당하다.

온대지역에서는 태양이 매일 출몰하며 북반구에서는 춘분으로부터 추분까지 사이에 태양이 북반구에 있는 기간에만 묘유선(卯酉線)을 통과한다.

온대지방에서는 태양의 남중이 반드시 천정의 남쪽에서 이루어지는 것이 특징인데 우리나라에서는 국토의 전부가 이 조건 아래 놓여있다.

③ 한대 : 위도 66도 33분 이상의 지역으로 지구상에서 가장 추운 곳이

다. 이곳은 위도(緯度)가 66도 33분으로부터 양극에 이르는 곳인데, 태양이 전혀 비치지 않는 계절과 태양이 지평선 밑으로 지지 않는 계절의 구분이 있는 곳이다.

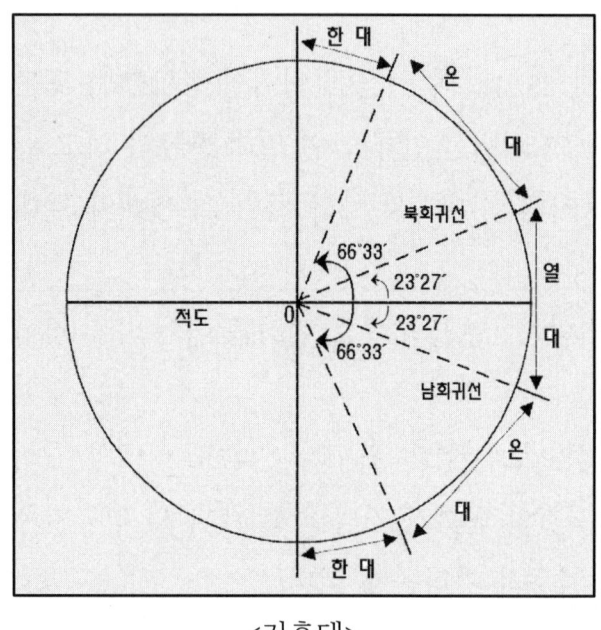
<기후대>

한대에서는 태양의 고도가 항상 적고 하지(夏至)에도 북극에서는 태양의 고도가 약 23도 33분에 지나지 않는다.

그러나 하지에 북의 한대에서는 밤이 없고 태양은 밤낮 비치고 있는 백야(白夜)가 계속되므로 24시간 동안 지면에서 받는 일조량(日照量)은 같은 하지에서 적도지방에서 1일 동안 받는 일조량보다 25% 가량이 많다. 이것은 한대지방의 빙원(氷原) 등 저온물질이 많으므로 기온이 높아지지 않기 때문이다.

5) 4철의 구분

지구는 태양의 둘레를 공전하는 평면 황도(黃道)에 대하여 지축이 23도 27분만큼 경사지고 일정한 방향을 유지하면서 자전하기 때문에 1년을 통하여 각 위도의 지방이 받는 일광의 양이 최대인 것은 북반구에서는 하지이며 최소인 것은 동지이다.

천문학의 봄이란 춘분에서 하지까지이고, 양력으로 3, 4, 5월이며,
여름은 하지에서 추분까지이고 양력으로 6, 7, 8월이며,
가을은 추분에서 동지까지이고 양력으로 9, 10, 11월이며,
겨울은 동지에서 춘분까지이고 양력으로 12, 1, 2월이다.

6) 진자오선(眞子午線, true meridian) 찾는 법

진자오선이란 진남북(眞南北)을 말한다. 진자오선(眞子午線)은 보통 자오선을 말하며, 지구상의 어느 한 지점에서 양극(북극, 남극)을 지나가도록 이은 선을 말한다. 무수한 자오선 중에서 영국의 구 그리니치 천문대를 지나는 선을 본초자오선(本初子午線, greenwich meridian)이라고 하고, 이 선을 경도의 0도로 정했다.

자기자오선(磁氣子午線, magnetic meridian)은 지구상의 어느 한 지점에서 볼 때, 그 지점에서 발생하는 자장에 의한 수평자력 방향을 나타내는 선으로 결국 컴퍼스의 자침이 가리키는 북과 남을 이은 선이다.

이 진자오선과 자기자오선의 극은 약간 다르기 때문에 두 자오선은 얼마만큼의 각을 이룬다. 이것을 편차(偏差)라고 한다. 이 편차의 수치는 지리적 위치에 따라 각각 다르지만, 우리나라 근방에서는 5도에서 10도 정도이다.

진자오선을 결정하여야 하는 이유는 지구상의 모든 관측은 지구의 자전축과 적도와의 관계에서 설정된 진남북(眞南北)을 기준점으로 삼아야 하고 경위선(經緯線) 등도 이로 설정하고 있기 때문이다.

진자오선을 결정하는 방법으로 여러 가지가 있는데 그 중에서 대표적인 것 몇 가지만을 소개한다.

① 자침(磁針)에 의한 방법 : 나침반(羅經) 등 자침(磁針)으로 결정하는 방법이 가장 쉽고 많이 쓰이는 방법인데 이 자침법은 오차가 많이 나 있기 때문에 반드시 보정(補正)하여 사용해야 하는 불편이 따른다. 본시 자침(磁針)은 진북을 가리키지 않는다. 그러므로 자침 측정법은 「지구상의 관측 지역마다 모두 다르기」때문에 관측점에서 오차만큼을 보정하여 진북을 찾아 사용하여야 한다. 그런데 우리나라의 풍수지리학계(특히 현공풍수학계)에서 만이 보정하지 않고 지반정침(地盤正針)을 사용하고 있는데 이러한 잘못을 바로 잡기 위한 것이 이 책을 쓰는 이유인 것이다.

아래에도 그 이유가 설명되어 있지만 국립지리원에서 제작한 5만분의 1 지도의 방위각이나 경위선만 보아도 금세 알 수 있고, 항공 항해사들에게 문의하여 보면 정답을 얻을 수 있을 것이다.

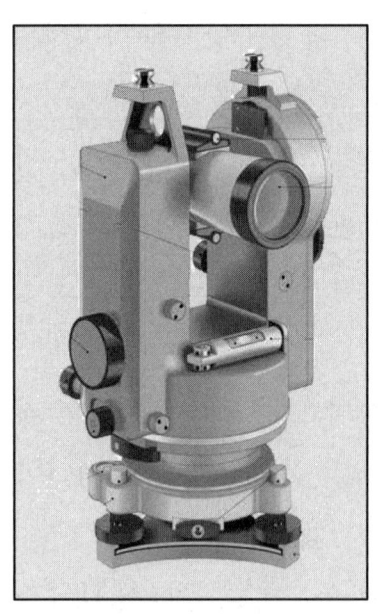
<경위의(經緯儀)>

② 북극성(北極星) 관측법 : 자침에 의한 자오선 결정은 그 정밀도가 훨씬 떨어지므로 정확을 요할 때에는 이곳 설명처럼 북극성 경위의(經緯儀) 측정법이 확실하다.

요령은 관측 지점에다 경위의를 세우고 북극성이 자오선을 통과하는 시각에 망원경의 십자선을 돌려 맞추고 그 지점을 표시한 후 고정한다. 그러면 측량기를 세운 점과 그 표시한 지점이 진자오선(진남북선)이 되는 것이다. 이는 야간작업이어야 하고 북극성이 자오선을 통과는 시간이어

③ 태양 관측법 : 이는 주간에 태양을 관측하여 진자오선을 결정하는 방법이다. 앞의 북극성 관측법은 야간작업이고 이는 주간작업이라는 것이 다른데, 방법은 비슷하나 양쪽 모두 경위의(經緯儀)를 사용하면 편리하므로 이하는 생략한다.

④ 얼측법(臬測法) : 원시적이기는 하나 경위의(經緯儀)에서처럼 가상 정확한 자오선(子午線 ; 眞南北) 측정법이다. 다만 춘분날의 뜨는 해와 지는 해로 측정하여야 하므로 구름 등의 변수가 있는 것이 결점이다.

〈서머타임 연구에 대한 필자의 논문〉

1) 제요(提要)

정부에서는 2010년도 G20 정상회의를 우리나라에서 개최할 것을 유치시켜 놓고 2010년부터 서머타임을 실시하는 것이 좋겠다고 발표한 바 있다. 일광절약제도를 실시하면 전문적인 연구조사에 의하여 많은 이익이 있다고 하였고 담당 부서인 지식경제부에서는 10월 말까지 국민의 의견을 수렴하여 결정하겠다고 하였는데, 우리나라처럼 음력과 양력을 혼용(混用)하는 나라이면서 위치적으로도 동경 120도와 135도 사이에 끼어있는 나라에서도 과연 실익이 있으며 또한 반드시 필요한 제도인지를 분석해 보기로 하는 것이다.

2) 서머타임의 근거

① 우주의 시간과 공간 개념 : 우주란 쉽게 생각할 수 있는 공간이 아니지만, 가(邊) 없는 거대한 공간과 끝없는 시간 속에서 우리 인간도 함께 살고 있다. 즉 인간의 존재는 우주 내의 한 점도 못되는 미미한 존재인 것 같으나 분명히 우주의 일원으로서 우주의 주인 노릇을 하고 있는 것이 사실이다.

옛 사람들은 우주를 어떻게 표현하였는지 알아보자. 《회남자(淮南子)》에, 「천지사방을 우(宇)라 하고 옛은 가고 지금이 오는 것이 주(宙)이니 천지를 깨우쳐 주는 것(四方上下曰宇 古往今來曰宙 以喩天地)」이라 하였고, 명(明)나라 동래(東萊)선생의 글을 인용하여 「일체(一切) 물질과 그 존재 형식의 총체(總體)이니 우(宇)는 무한한 공간을 말하고 주(宙)는 무한한 시간을 말하는 것」이라 하였다.

이 글 속에서 공간(空間)이란 말과 시간(時間)이란 말의 쓰임이 나온다. 이는 모두 수(數)의 개념이므로 수를 사용하지 않고서는 공간의 존재이건 시간의 쓰임이건 밝힐 수 없다는 것이다.

이를 《역경(易經)》 내주도(來註圖)에서는 「일체 만유(一切萬有)를 주재하는 자가 이(理)요, 일체만유의 자료를 가지고 발생하도록 유행시키는 자가 기(氣)요, 일체만유를 발생시키는 데 처음부터 끝까지 간섭하고 상대하여야 할 자가 수(數)」라 하였으니 일체만유의 존재는 수(數)를 사용함으로써만이 알 수 있는 것이다. 따라서 서머타임도 시간 또는 일광을 절약하자는 운동이므로 수를 떠날 수 없다.

② 시각(時刻)의 원리 : 역법(曆法)에서 시간이란 「두 지점간의 거리」를 말한다고 하였다. 그러니 시간이라 하면 어느 특정한 시작 점(点)이 있어야 하고 끝 점(終點)이 있어야 하니 그 거리를 경과하는 양(量)으로 나타낼 수 있는 것이다.

우주 내의 태양계에서는 태양을 중심으로 태양계의 8개 천체 행성(行星)들이 자전과 공전을 끊임없이 하고 있다. 우리의 지구 역시 자전 주기(週期)로 24시간 1일을 만들고, 공전 주기로 1년(365.25일)을 만들며, 달은 지구를 공전하는 주기로 음력 1달(29.53일)을 만드는데, 이를 삭망주기(朔望週期)라 한다. 1달, 2달,……하는 12달의 표시는 음력에서만 나오는 말로 본래 태양력(太陽曆)에서는 12달을 측정할 수 있는 천체운동의 행성이 따로 없으므로 편의상 1년을 12달로 분류하여 놓은 것이다.

이처럼 우리 지구가 소속되어 있는 태양계 내에서의 기준으로 삼는 시각은 지구의 자전 시간을 기준 시각으로 삼는 것을 협정세계시(協定世界時)라 하고, 지구의 공전 시간을 기준 시각으로 삼는 것을 역표시(曆表時)라 하며, 원자(原子) 고유의 진동주파수(振動周波數)로 기준 시각으로 삼는 것을 국제 원자시(原子時)라 한다고 되어 있다.

지구 자전은 속도의 변화, 자전축(自轉軸)의 변동, 경위도측량(經緯度測量) 등으로 공전 시간의 균일함보다 떨어진다 하여 관측 연구 자료로써만 사용한다. 원자시(原子時)가 개발됨에 따라 시간적 길이는 정확하지만 천체운동의 시각과는 관계가 없다 하여 전용하지 않고 보조 자료로만 사용하며, 태양 운행에 따른 지구공전 평균태양시(平均太陽時)를 채택하여 표준시로 사용하고 있다.

다만 천구(天球)에서는 어느 지점이 표시되어 있는 것이 아니기 때문에 표준시나 날짜변경선도 역시 세계의 천문학자들이 협의하여 약속한 기점(起點)으로 계산이 이루어지는 것이다.

그 표준시의 시작점은 영국의 그리니치 천문대의 옥상 꼭지 점(點)을 기점으로 하여 같은 간격으로 12개의 경도선(經度線)을 그려 넣고, 태양이 지구 자전의 궤도를 따라 한 칸(一間)을 운행하는 거리를 2시간으로 약속하여 세계의 표준시로 삼았는데, 이를 다시 지구의 자전 시간인 24시간의 거리로 구체화하여 24개의 경도선(經度線)으로 삼고 있다.

12개의 경도선(經度線)을 황도12궁(黃道十二宮)이라 하며, 백양자리 항루(降婁戌), 황소자리 대양(大梁酉), 쌍둥이자리 실침(實沈申), 게자리 순수(鶉首未), 사자자리 순화(鶉火午), 처녀자리 순미(鶉尾巳), 저울(天秤)자리 수성(壽星辰), 전갈자리 대화(大火卯), 궁수자리 절목(折木寅), 염소자리 성기(星紀丑), 물병자리 현효(玄枵子), 물고기자리 취자(娵訾亥)가 그것이다.

③ 시차(時差)의 발생 : 태양이 그 지역의 자오선 통과하는 시간을 그날의 남중(南中) 시간이라 하며, 오늘의 남중 통과 시간에서 다음날 남중 통과 시간까지가 하루이니 전문용어로 진태양일(眞太陽日) 1일이라 하고, 진태양일(眞太陽日)의 24분의 1을 진태양시(眞太陽時)라 한다.

그러니까 실제로 태양이 관측자의 머리 위로 수직선상에 왔을 때가 관측자의 진태양에 의한 정오(正午) 남중 시간이 되는 것이다. 이 진태양시를 사용할 경우 모든 지점의 정오가 관측지마다 다를 수밖에 없으므로 복잡하여 시간 약속을 할 수 없게 되므로 불가피 경도선(經度線)으로 일정한 구역을 정해 놓고 그 구역 안에서는 모두 같은 시간으로 사용하도록 평균태양시를 설정하는 것이 필요하였던 것이다.

이처럼 24개의 경도(經度) 선상에 위치하는 지역에서는 시차(時差)가 나지 않는다. 그러나 태양이 그 경도선을 벗어나면 벗어난 거리만큼의 시차가 나게 되는데, 표준시를 사용하기에 따라서는 많게는 1시간이나 그 이상까지의 시차가 난다. 그러니까 평균태양시(平均太陽時)를 사용하는 경우, 우리나라처럼 경도선과 경도선(120도와 135도) 사이에 위치하는 지역에서는 진태양의 남중 시간보다 그 거리만큼이 빠를 수도 있고 늦을 수밖에 없는 어려움이 따르는 것이다.

④ 서머타임제의 유래 : 1908년 영국의회에 일광이용법안(Daylight Saving Bill)이라는 이름으로 윌리엄 윌릿에 의하여 제출되었는데, 4월 중에 매 일요일마다 20분씩 바늘을 앞당겼고 9월 중에는 매 일요일마다 20분씩을 늦춰 되돌리도록 한 것이다. 그러나 의회에서 통과되지 못한 이유는, 첫째, 시계를 1시간씩 앞당기면서 일찍 일어나는 것은 그 동기가 불순한 속임수이다. 둘째, 일찍 일어나 일찍 시작하면 될 것을 구태여 시계바늘을 왜 움직이는가 하는 것이다. 셋째, 시계를 변경시키는 것은 영국의 신용과 체면을 실추시킨다. 넷째, 이익이 뚜렷하지 않다 등이었다고 한다.

⑤ 우리나라 표준시의 수난
- 옛날에는 세계 각국이 각자 자기 나라만의 표준시를 설정하여 사용한 때도 있었으나 이에서 나타나는 시차 때문에 국제간의 거래에서 불편을 느낀 천문학자들이 모여 세계시(世界時)를 약속함으로써 위에서 설명한 바와 같이 경도선(經度線)이 결정된 것이다.
- 그러나 우리나라는 역시 경도선이 지나지 않고 선(線)과 선 사이에 위치하므로 조선 말기까지는 북경의 120도선을 채택하기도 하였으나, 다시 동경 135도 선을 채택하기도 하였고, 우리만의 127.5도를 설정하여 사용하여 보기도 하였기 때문에 복잡한 수난을 치르고 있었는데, 1948년부터는 서머타임제까지 두어 고통을 가중시키고 있으며 지금까지도 그에 따른 불편함이 이어져 왔다.
- 우리나라의 표준시 사용 내력을 보면, 조선 말기까지는 중국의 표준

시를 따라 동경 120도 선상의 평균태양시(平均太陽時)를 사용하였으니 실제로 태양이 우리 서울 상공으로 오는 진태양의 남중(南中) 시간보다 약 30분을 지난 시간을 정오(正午)로 삼았다. 아마도 이 때문에 신체적 에너지 소비를 많이 하는 근로자들은 배고픔을 참지 못하고 오전 한때 새 밥을 먹어야 했던 것이 아닌가 싶다. 만약 이때 서머타임을 사용하였더라면 진태양의 정오인 낮 12시 30분에 점심식사를 할 수 있으니 오히려 환영을 받았으리라 생각된다.

■ 그러다가 1910년에는 다시 동경 135도를 사용하게 되었으니 이때는 다시 서울의 경우 실제 남중 시간보다 32분을 앞당긴 11시 28분을 정오로 삼고 점심시간을 맞게 되었다.

■ 그 후 일본이 패망하고 우리의 표준시를 찾아 사용하자는 운동으로 1954년부터 동경 127도 30분을 우리의 표준시로 공포하고 7년 동안을 사용하여 보았으나 역시 불편하다 하여 국무회의 통과로 1961년 9월부터 종전대로 동경 135도를 사용하여 지금까지 이르게 된 것이다. 이번에는 우리의 실제 정오보다 32분을 빠르게 정오를 만났으니 체력소모를 많이 하는 근로자들이라도 아직은 배가 고프지 않은데도 점심을 먹어야 했으니 위장병 걸리지 않고 사는 우리 민족은 역시 강한가 보다.

■ 또 1948년 미군이 상륙하면서부터 들어보지도 못했던 서머타임(日光節約)이란 제도를 사용하게 되었는데, 이 제도는 절기의 변화로 낮 시간이 밤 시간보다 길게 나타나는 시기를 택하여 1시간 더 앞으로 당겨주는 것이니 지금의 08시가 09시로 변하는 것이다.

이로 인하여 우리나라는 이미 동경 135도를 사용하면서 32분을 앞당겼는데 또다시 1시간을 더 앞당기니 1시간 32분을 앞으로 당기게 되어 우리의 실제적인 진태양의 정오보다 1시간 32분을 앞당겼으니, 우리의 실시간으로 10시 28분에 점심식사를 맞이해야 하는 것이다. 이번에는 아무리 건강한 국민들이라도 위장병을 염려하지 않으면 안 될 것이다.

■또 한 가지 오류가 나서는 절대로 안 되는 큰 수난은, 동경 표준시가 서울의 진태양시(眞太陽時)보다 32분이 빠른 것을 사용하는 관계로 1961년 이후로 음력(陰曆) 날짜가 하루씩 틀리는 경우가 수십 차례 이상 나왔고 앞으로도 계속 반복될 수밖에 없다는 것이다.

《한서(漢書)》에 「세수는 동지요(歲首至也), 월의 시작은 초하루(月首朔也)라」하였으니 이는 삭(朔) 시간부터 그 달(月)이 시작하는 초하루(初一日)가 된다는 것이다. 날짜(日字)의 변경선은 야반(夜半) 24시까지가 오늘이고 자정(子正) 0시(零時)부터 다음날이 된다. 그렇다면 현재의 동경 표준시간으로 0시 00분에서 0시 32분 사이에 삭(朔)이 들었을 경우 이 시각부터 다음 달과 다음 날의 초하루(初一日)가 된 것이다. 그러나 서울의 진태양시(眞太陽時)로는 달과 날(月日)이 바뀌는 24시가 되려면 아직 32분이 모자라니 아직도 이 달(今月)의 그믐날인 것이다. 음력을 쓰지 않는 일본 같은 나라에서는 문제가 되지 않겠으나 음력 삭망(朔望)을 중요시하는 우리나라에서는 참으로 큰 사건이 아닐 수 없다.

이러한 경우가 너무도 많았지만, 하나만을 예를 들면 동경 135도의 시로 계산된 우리의 모든 만세력에 1995년 음력 6월 30일이 기미(己未)일, 7월 1일이 경신(庚申)일로 되어 있는데, 음력 7월이 되는 삭(朔)이 양력(陽曆)으로 7월 28일 0시 12분 57초에 들어오니 우리의 표준시를 찾을 경우 6월은 29일밖에 없고 7월 1일이 기미(己未)일이 되어야 하는 것이다. 이렇게 밀려서 그 달의 일개월(一個月)이 전체가 일진(日辰)에서 어긋났던 일이 있었다.

실제로도 지난 1961년부터 2008년까지 많은 음력 날짜 오류가 생겨서 일간지에도 여러 차례 대서특필하였고 필자에게도 많은 질문이 쏟아져 설명하느라 진땀을 뺀 일이 있었다. 그런데 다시 서머타임제를 도입하여 1시간 32분의 서머타임이 될 경우 이런 사건이 3배 정도로 늘어날 것 아닌가?

더욱 안타까운 것은 음력만으로 생일을 기억하는 데 익숙해진 사람들 가운데는 자기 아들의 생일이 하루 틀린다는 것을 아직도 모르고 있다는 것이다. 그렇기 때문에 필자는, 생일은 반드시 「양력으로 기억하라」고 권한다. 본시 육십갑자(六十甲子)는 태양의 운행에 맞추어 양력에다가 배치하였기 때문에 양력이어야 틀림이 없기 때문이다.

3) 24절기(節氣)의 성립

지구는 태양의 주위를 한 바퀴 공전하는 궤도를 황도(黃道) 또는 황경(黃經)이라 하는데, 그 궤도는 타 행성의 인력에 의하여 생기는 현상이다. 달이 지구 주위를 공전하는 궤도를 백도(白道)라 하며 일주(一週)하면 1삭망월을 얻게 된다. 또 지축(地軸)으로부터 평면 직각이 되도록 이어지는 선(線 ; 위도의 0도가 되는 선)을 적도(赤道)라 한다. 그런데 중요한 것은 적도와 황도의 운행궤도가 일치하지를 않고 그림처럼 23.7도로 어긋나 있는데 이를 황도(黃道) 경사각(傾斜角)이라 한다. 그렇기 때문에 지구상에는 춘하추동(春夏秋冬) 4계절과 24절기(節氣)가 나타날 수밖에 없는 것이다. 만약 황도의 궤도가 적도와 일치하여 차이가 없다면 4계절이 없고 더운 나라는 항상 덥고 추운 나라는 항상 추울 것이다.

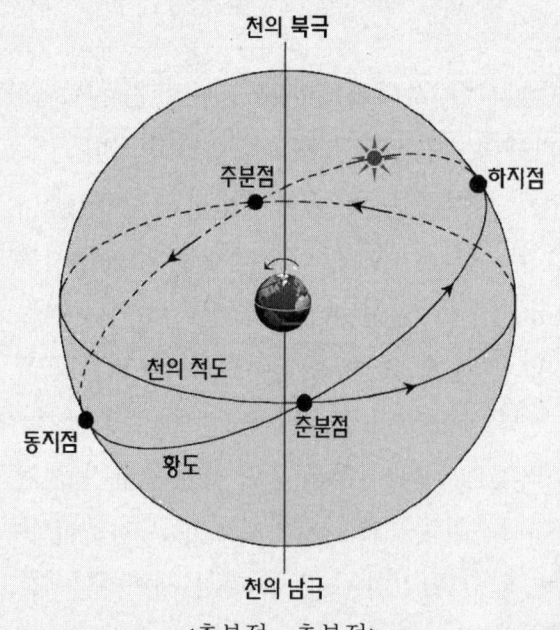
<춘분점·추분점>

그림에서 보면 적도와 황도가 만나는 점이 두 번 있는데 춘분과 추분 점(点)이 그것이다. 이때는 밤낮의 길이와 동서남북의 방위가 모두 정방(正方)으로 일치하는 때이다. 그러나 춘분 시간을 넘기고 황도를 따라 진행

하면서 차차 낮의 길이는 길어지고 밤의 길이는 짧아지는데, 원의 표면 황도(黃道)의 동극(東極)에 닿으면 적도의 동극과 가장 먼 거리에 이른다. 이때가 하지이며 낮이 가장 길고 밤이 가장 짧은 곳이다.

이때부터는 궤도를 따라 진행하는 날짜만큼씩 낮의 길이가 차차 짧아지는데 적도와 만나는 점이 되면 추분(秋分)이니 역시 밤낮의 길이도 12시간씩 일치하고 동서남북의 방위도 제자리를 정확하게 찾는 곳이다. 다시 계속 더 진행하면서 적도 밑으로 내려가며 가장 먼 거리가 되면 동지가 되니 이때는 일 년 중 낮이 가장 짧고 밤이 긴 때이다.

이렇게 하지와 동지에서는 밤낮의 차이가 18각(刻)이나 가감(加減)의 차가 생기는데, 계산 방법은 18을 2로 나누면 9이니 9일마다 1각의 차가 나기 때문이다. 이를 서울의 경우로 보면 해가 가장 늦게 뜨는 날은 12월 31~1월 13일 사이에 나오고, 가장 일찍 뜨는 날은 7월 9일~7월 18일 사이에서 나온다 하는데 시차(時差)가 약 2시간 37분이라 하였다.

이렇게 춘분·추분·하지·동지 사계(四季)가 결정되면 24절기도 평분하여 쉽지는 않지만 얻어진다.

우주의 관측은 지구 표면에서 관측자를 중심으로 천체의 위치와 이에서 나타나는 제(諸) 현상을 알아보는 것이다.

지구가 황도 위의 어느 지점을 출발하여 궤도를 따라 한 바퀴 돌아 제자리에 오는 시간은 1년이 걸리는데, 거의 정확한 시간은 365일 4시간 48분 45초 7344 동안 걸린다. 이를 1회귀년이라고도 한다. 그러니까 지구라는 원(圓) 360도를 365일 4시간 48분 동안 운행하니 1일에 1도가 조금 못되게 (0.9856도씩) 진행하는 셈이다.

중요한 것은 이 360도, 365일 4시간 48분, 1회귀년 안에는 물론 24절기(節氣)가 배속되어 있음을 알아야 한다.

4) 결론(結論)

우리나라처럼 음력과 양력을 혼용하는 나라에서는 득보다 실이 훨씬 많다는 것을 알아야 한다. 정부 발표는 수천억의 이익이 발생하는 것처럼 하였는데, 그 불분명한 이익의 계산 방법이 무엇이었는지는 알 수 없으나 분명한 것은 우리가 동경 135도 표준시를 당겨쓰는 나라는 손해이고, 과거처럼 동경 120도를 사용할 때처럼 늦춰 쓰는 나라에서는 이익이 될 수 있다는 점이다.

그러므로 서머타임제를 꼭 실시하려거든 시계의 바늘을 돌려 혼동시킬 것이 아니라 시계바늘은 건드리지 말고 출근 시간을 09시에서 08시 출근으로 앞당겨 실시하는 것이 훨씬 쉽고 지혜로우리라 생각한다.

― 2009년 8월 27일 지식경제부 접수 원고

제3부 하도·낙서

제1절 도서변화십법(圖書變化十法)

제1법 하도(河圖)

주자(朱子)가 이르기를, 「본 도서의 원 괘획(卦畫)은 음양가들로부터 유래하는 것이나, 그 속에는 역시 여러 충심(衷心)이 담겨 있으므로 이에 본원(本原 ; 일체 사물의 근원)으로 만든 것이다(本圖書原卦畫陰陽家者流 其亦衷諸此也作本原)」하였다.

하도(河圖)는 16수(水)를 북에 안쳤고, 27화(火)는 남(南)에 거(居)하게 하였으며, 38은 목(木)이니 동(東)에다 배치하였으며, 49금(金)은 서(西)에다 두고, 5 10토(土)는 중앙에다 두었다. 이를 보면 북방 수는 동방 목을 생하고, 동방 목은 남방 화를 생하며, 남방 화는 중앙의 토를 생하고, 중앙의 토는 서방 금을 생하며, 서방 금은 북방의 수를 생하니 이것은 「오행(五行) 상생(相生)의 차서(次序)」이다.

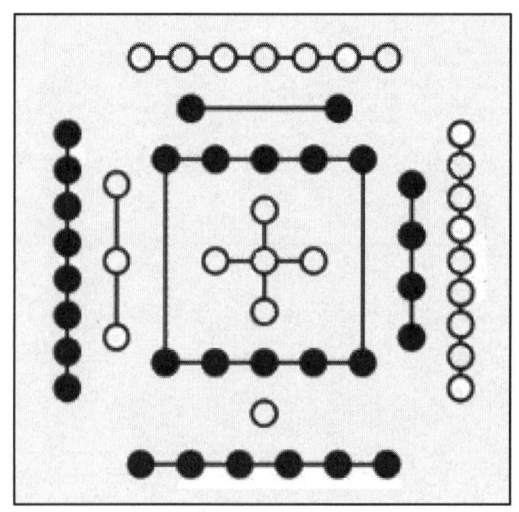

<하도(河圖)>

제2법 낙서(洛書)

낙서(洛書)는 9를 이고 1을 밟았으며, 3은 좌(左) 쪽에 갖고 7은 우(右) 쪽에 두었으며, 2와 4는 양쪽의 어깨로 하였고, 6과 8은 양다리로 삼았으며, 5는 중앙에다 두었다. 이는 1 6수(水)가 2 7화(火)를 극(剋)하고, 2 7화(火)는 4 9금(金)을 극(剋)하며, 4 9금(金)은 3 8목(木)을 극(剋)하고, 3 8목(木)은 5중토(中土)를 극(剋) 극(剋)하고, 5중토(中土)는 1 6수(水)를 극(剋)하도록 배치되어 있다. 이것은 「오행(五行) 상극(相剋)의 차서(次序)」이다.

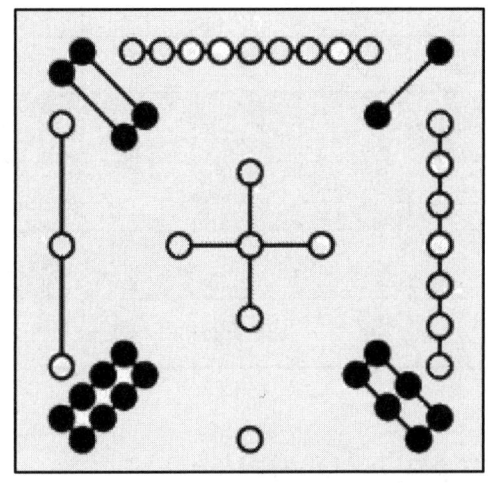

<낙서(洛書)>

제3법 선천팔괘(先天八卦) 차서(次序)<낙서(洛書)>

《주역(周易)》계사전(繫辭傳)에 이르기를, 「역유태극(易有太極) 시생양의(是生兩儀) 양의생사상(兩儀生四象) 사상생팔괘(四象生八卦)」라 하였다. 소자{邵子 ; 중국 송나라 때의 6군자(주돈이·소옹·정이·정호·장재·주희) 중의 한 사람인 소옹}가 이르기를, 「1건(乾) 2태(兌) 3리(離)

4진(震) 5손(巽) 6감(坎) 7간(艮) 8곤(坤)」이라 하였다.

건(乾)·태(兌)·이(離)·진(震)은 양위(陽位)로 하였고, 손(巽)·감(坎)·간(艮)·곤(坤)은 음위(陰位)로 하였다. 건(乾)·태(兌)는 태양이요, 이(離)·진(震)은 소음(少陰)이며, 손(巽)·감(坎)은 소양(少陽)이요, 간(艮)·곤(坤)은 태음(太陰)이다. 이것이 「선천(先天) 팔괘(八卦)의 차서(次序)」이다.

<선천팔괘 차서>

卦畫	☰	☱	☲	☳	☴	☵	☶	☷
卦序	一	二	三	四	五	六	七	八
卦名	乾	兌	離	震	巽	坎	艮	坤
卦象	天	澤	火	雷	風	水	山	地
八卦								
四象								
兩儀								
太極	태 극							

제4법 선천팔괘(先天八卦) 방위(方位)

《주역》설괘전(說卦傳)에 이르기를, 「천지정위(天地定位) 산택통기(山澤通氣) 뇌풍상박(雷風相薄) 수화불상사(水火不相射)라」하니 팔괘(八卦)는 상착(相錯)한다. 소자(邵子)가 이르기를, 「건남(乾南) 곤북(坤北) 이동(離東) 감서(坎西) 태거동남(兌居東南) 진거동북(震居東北) 손거서남(巽居西南) 간거서북(艮居西北)이라」하니 이른바 이것이 선천지학(先天之學)이다.

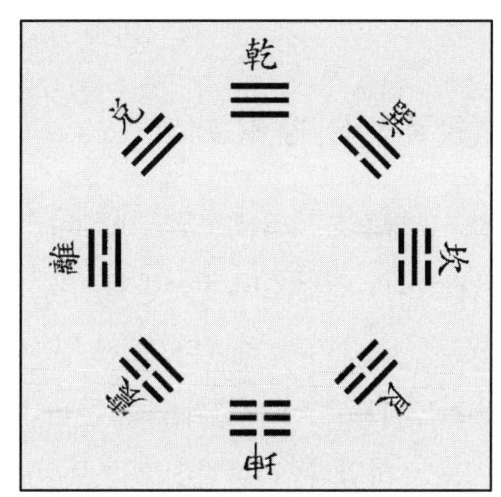

<선천팔괘 방위>

제5법 후천팔괘(後天八卦) 차서(次序)

《주역》설괘전(說卦傳) 왈, 「건(乾)은 천(天)이다. 그러므로 부(父)라 한다. 곤(坤)은 지(地)이다. 따라서 모(母)라 한다. 진(震)은 첫 번 만남으로 득남(得男)한 것이니 장남이 되었다. 손(巽)은 첫 번째 찾아가 득녀(得女)한 것이니 장녀(長女)가 되었다. 감(坎)은 두 번째 만남으로 득남(得男)한 것이니 중남(中男)이라 하였다. 이(離)는 두 번째 찾아가 득녀(得女)한 것이니 중녀(中女)라 하였다. 간(艮)은 세 번 만남으로 득남(得男)한 것이니 소남(少男)이라 하였다. 태(兌)는 세 번째 찾아가 득녀(得女)한 것이니 소녀(少女)라 하였다. 이것이 「후천(後天) 팔괘(八卦)의 차서(次序)」이다.

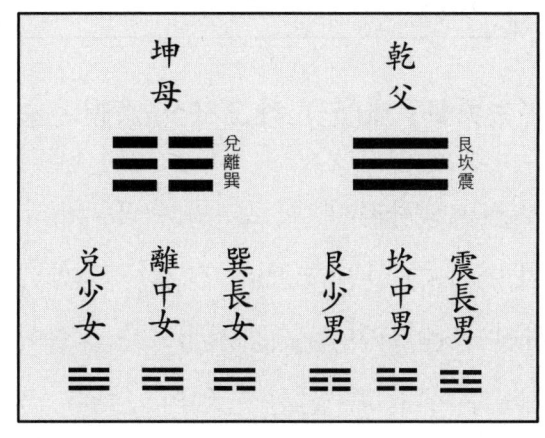

<후천팔괘 차서>

제6법 후천팔괘(後天八卦) 방위(方位)

설괘전(說卦傳) 왈, 「제출호진(帝出乎震) 제호손(齊乎巽) 상견호리(相見乎離) 치역호곤(致役乎坤) 열언호태(說言乎兌) 전호건(戰乎乾) 노호감(勞乎坎) 성언호간(成言乎艮)」이라 하였다. 소자(邵子)가 이르기를, 「건은 서북에서 삼남을 거느리고(乾統三男於西北), 곤은 서남에서 삼녀를 통솔한다(坤統三女於西南)」하였다. 건감간진(乾坎艮震)은 양괘(陽卦)라 하고 손리곤태(巽離坤兌)는 음괘(陰卦)가 된다. 이렇게 후천팔괘(後天八卦)의 방위가 된다.

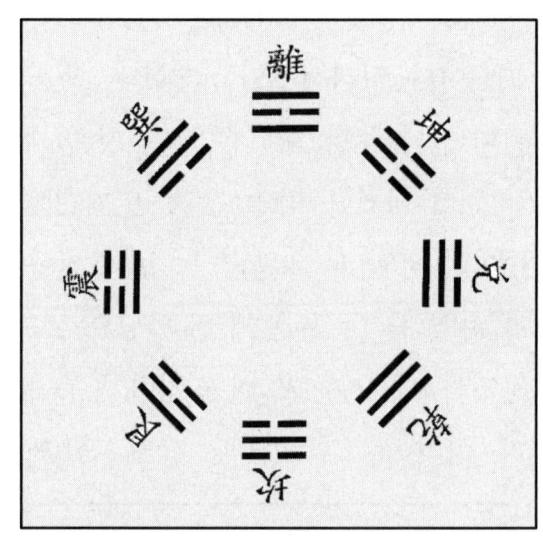

<후천팔괘 방위>

제7법 선천괘(先天卦) 배(配) 하도지상(河圖之象)

《주역》계몽부론(啓蒙附論)에 이르기를, 「도(圖)의 좌방(左方)은 양내(陽內) 음외(陰外)이니 즉 선천(先天)의 진(震)・리(離)・태(兌)・건(乾)이므로 양이 성장하면 음은 쇠약(陽長而陰消)하는 그림이고 그 우방(右方)은 음내양외(陰內陽外)이니, 즉 선천(先天)의 손(巽)・감(坎)・간(艮)・곤

(坤)이므로 음이 성장하면 양이 쇠약해지는(陰長而陽消) 그림이다」라 하였다. 대개 이로써 「두 기운은 번갈아 운행(二氣之交運)」함을 나타낸 것이다.

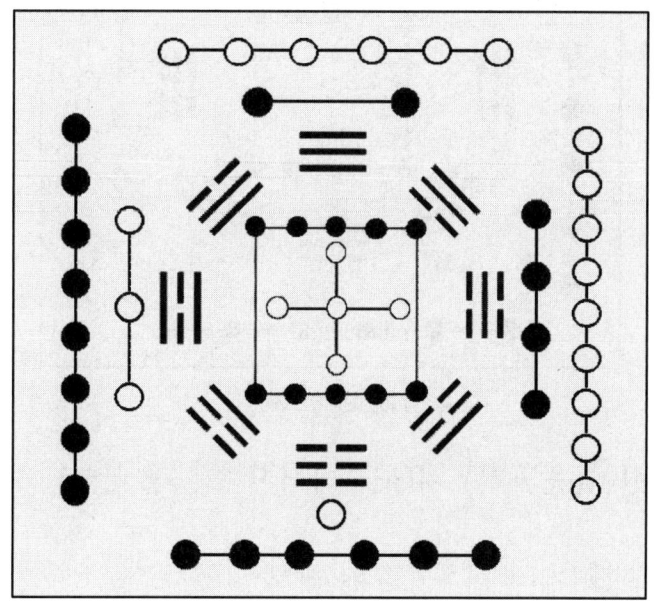

<선천괘 배 하도지상>

제8법 후천괘(後天卦) 배(配) 하도지상(河圖之象)

계몽부론(啓蒙附論)에 이르기를, 「하도에서 16이 水가 되었으니, 즉 후천(後天)에서도 감위(坎位)가 되었다. 38이 목(木)이니 즉 후천(後天)에서도 진(震)·손(巽)이 되었다. 27이 화(火)이니 즉 후천(後天)에서도 이위(離位)가 되었다. 49가 금(金)이니 즉 후천(後天)에서도 태(兌)·건(乾)이 되었다. 5 10이 토(土)가 되었으니 즉 후천(後天)에서도 곤(坤)·간(艮)이 되었다. 이렇게 4계절을 돌아다니면서 편벽된 축(丑)에서 왕(旺)한 것은 미(未)와의 교제 때문이다(周流四季 而偏旺於丑 未之交也)」라고 하였다.

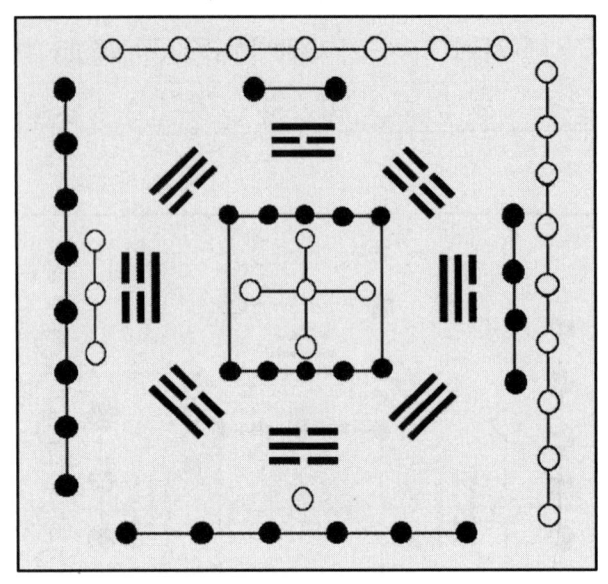

<후천괘 배 낙서지수>

제9법 선천괘(先天卦) 배(配) 낙서지수(洛書之數)

【원문】啓蒙附論曰 洛書九數 虛中五 以配八卦陽上陰下 故九爲乾一爲坤 因自九而逆數之 震八坎七艮六乾生三陽也 自一而順數之 巽二離三兌四坤生三陰也 以八數與八卦相配而先天之位合矣.

按, 術家以乾配九坤配一 離配三 坎配七 其數奇故爲陽 兌配四震配八巽配二艮配六 其數偶故爲陰.

계몽부론(啓蒙附論)에 이르기를, 「낙서의 9수(數)는, 중5는 허중수(虛中數)이니 제외하고 팔괘(八卦)만으로 배속하였는데, 양상(陽上) 음하(陰下)이므로 9가 건(乾)이고 1은 곤(坤)이 되었다. 때문에 9로부터 역(逆數)으로 가면 震8 坎7 艮6이 되니 이는 건(乾)에서 생한 삼양(三陽)이다. 또 1로부터 순행(順數)으로 가면 2손(巽) 3이(離) 4태(兌)가 되니 이는 곤(坤)에서 생한 삼음(三陰)이다. 8수를 8괘와 상배(相配)하면 선천(先天)의 위(位)와 합(合)하는 것이다」 라고 하였다.

안(按) : 술가들이 건(乾)을 9에 배속하고 곤(坤)은 1에 배속하고, 이(離)에는 3을 배속하고 감(坎)은 7을 배속하니 그 수는 기수(奇數)이므로 양(陽)이라 하고, 태(兌)는 4를 배(配)하고 진(震)에는 8을 배하고 손에는 2를 배속하였으니 그것들은 우수(偶數)이므로 음(陰)이 된 것이다.

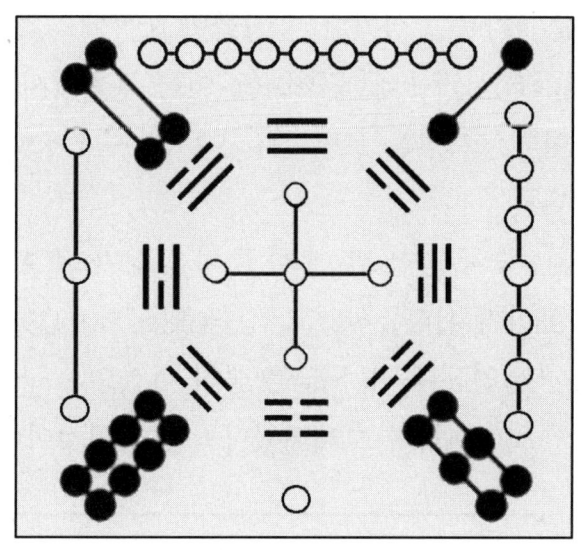

<선천괘 배 낙서지수>

제10법 후천괘(後天卦) 배(配) 낙서지수(洛書之數)

【원문】啓蒙附論曰 火上水下 故九爲離一爲坎 火生燥土 故八次構而爲艮 燥土生金 故七 六次八而爲兌 乾 水生濕土 故二次一而爲坤 濕土生木 故三 四次二而爲震 巽 以八數與八卦相配 而後天之位合矣.

《주역》계몽부론(啓蒙附論)에 이르기를,「화는 위에 있고(火上) 수는 아래에 있으므로(水下) 9가 이(離)가 되고 1이 감(坎)이 되었다. 화(火)는 조토(燥土)를 생하므로 8이 다음 차례에서 간(艮)이 된 것이다. 조토(燥土)이어야 생금(生金)하기 때문에 7을 다음에 두었고, 6 다음에 8이 아니라 태(兌)와 건(乾)을 둔 것이다. 수(水)는 습토(濕土)를 생하므로 2 다음에 1

이 아니라 곤(坤)으로 두었다. 습토는 목(木)을 발생시키므로 3 4다음에는 2가 되어야 하지만 진(震)과 손(巽)을 둔 것이다. 이는 8수를 8괘와 상배시키는 후천의 위(位)와 합하는 것이다」라고 하였다.

안(按) ; 소자(邵子)는 문왕팔괘로 입용하여 위치를 삼았다. 주자(朱子)는 낙서로 수(數)의 이용을 삼았다. 술가들이 구궁에다 번갈아가며 해당되는 것을 비포(飛布)시키는데(飛宮弔替), 이는 후천낙서를 배속시켜 함께 사용하는 것이다. 그 법을 보면 감1 곤2 진3 손4 중5 건6 간8 리9의 순서로 되어 있다.

유흠(劉歆, ?~23 중국 전한 말, 후한 초의 사상가)이 이르기를, 「팔괘와 구궁은 서로 표리가 된다」하였고, 장형(張衡, 78~139, 후한의 천문학자)이 이르기를, 「성인은 복서(卜筮)를 중히 여겼으나 구궁(九宮)으로 혼잡(混雜)시킨 것은 그 내력이 오래되었다」함이 이것이다.

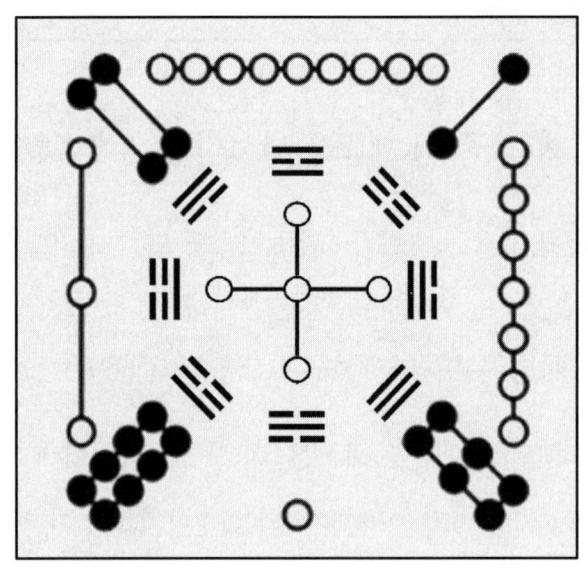

<후천괘 배 낙서지수>

*주(註) ; 하도(河圖)는 이(理) 기(氣) 상수(象數)의 체(體)요 낙서(洛書)는 방위

(方位)의 시작이었다. 옛날 복희씨는 대요(大僥)에게 명하여 비로소 팔괘의 방위를 세웠는데 그 이전에는 간지(干支)가 없었다. 그 후에 요(堯)에 이르러 희화(羲和)에게 명하여 중성(中星)을 고찰하고 처음으로 십이신(十二辰) 위(位)를 사용하였다는 기록은 전하고 있다.

제2절 도서(圖書) 각론(各論)

1) 하도(河圖)

【원문】伏羲時 河中出龍馬負圖 其數16在下 27在上 38在左 49在右 5.10居中 北方水位也 是爲 天1生水地6成之16共宗也 南方火位也 是爲 地2生火天7成之27同道也 東方木位也 是爲 天3生木地8成之38爲朋也 西方金位也 是爲 地4生金天9成之49作友也 中央土位也 是爲 天5生土地10成之 一生一成 皆見陰陽交媾之妙 此爲大玄空五行 只論生成不見生剋五行之體也, 圖中雖只四象已寓八卦之理 伏羲因而析之以畫先天八卦焉.

【해설】복희시(伏羲時)에 하중(河中)에서 용마(龍馬)가 출(出)하였는데, 부도(負圖)에 그 수(其數)가 일육(一六)이 재하(在下)하고 이칠은 재상(二七在上)하고 삼팔(三八)이 재좌(在左)하고 사구(四九)가 재우(在右)하며 오십(五十)이 거중(居中)이었다.

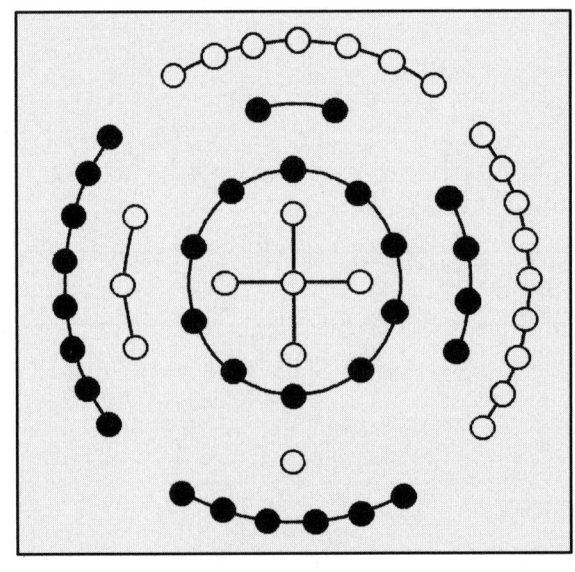

<하도(河圖)>

북방수위(北方水位也)를 보면 이에서 천일로 생수(天一生水)하고 지육으로 성지(地六成之)하니 일육이 공종한다(一六共宗也).

남방화위(南方火位也)에서는 지이로 생화(地二生火)하니 천칠로 성지(天七成之)하여 이칠이 동도이다(二七同道也).

동방목위(東方木位也)는 천삼으로 생목(天三生木)하니 지팔로 성지(地八成之)하여 삼팔이 벗이 되었다(三八爲朋也).

서방금위(西方金位也)에서는 지사로 생금(地四生金)하니 천구로 성지(天九成之)하여 사구가 친구를 작(四九作友也)하였다.

중안토위(中央土位也)에서는 천오로 생토하니 지십으로 선지(天五生土地十成之)하였으니 이로써 일생일성(一生一成)하는 속에서 다 음양이 교구하는 묘(皆見陰陽交媾之妙)를 알 수 있었다.

이것이 대현공오행(此爲大玄空五行)이니 다만 생성만을 논한(只論生成) 것이고 생극까지가 오행의 체인데 나타내지 아니하였다(不見生剋五行之體也). 도중에는 비록 사상만 볼 수 있으나(圖中雖只四象) 이미 팔괘의 이치가 우거하고(已寓八卦之理) 있는 것이다. 복희는 이로 인하고 분석(伏羲因而析之)하여 선천팔괘를 그릴 수 있었던(以畫先天八卦焉) 것이다.

2) 선천팔괘(先天八卦)

복희(伏羲)가 하도(河圖)에서 인(因)하였다는 수위(數位)를 보면, 구위(九位)는 남(南)에서 건(乾)의 이름을 하고, 일위(一位)는 북(北)에서 곤의 이름(名坤)으로 각각 자리 잡고 있으니 이것이 천지정위(天地定位)이다.

육위(六位)는 서북(西北)에 간명(艮名)으로 자리 잡고 동남에는 사위(四位)가 태명(兌名)으로 자리 잡으니 이것이 산택통기(山澤通氣)이다.

칠위(七位)는 서(西)쪽에서 감(坎)이라는 이름으로 자리 잡고, 삼위(三位)는 동(東)쪽에서 이(離)라는 이름으로 자리 잡으니 이것이 수화불상사(水火不相射)이다.

팔위(位八)는 동북(東北)으로 이름은 진(名震)이며 서남에는 이위가 손이라는 이름으로 자리 잡고(位二於西南而名巽) 있으니 이것이 뇌풍상박(是爲雷風相薄)이다. 그러므로 노양의 건은 노음의 곤을 상대(老陽之乾對以老陰之坤)하게 되니, 노양에서 소생한 태는 노음이 소생시킨 간을 상대(老陽所生之兌對以老陰所生之艮)하게 되며, 소양의 손은 소음의 진(少陽之巽對以少陰之震)을 상대하게 되니 소양이 소생시킨 감은 소음이 소생시킨 이(離)를 상대(少陽所生之坎對以少陰所生之離)하게 되어 십수(十數)로 합성(合成)하지 아니함이 없다. 양상(兩相)의 교구(交媾)는 곧 낙서의 남본(藍本)이 된다 하겠다.

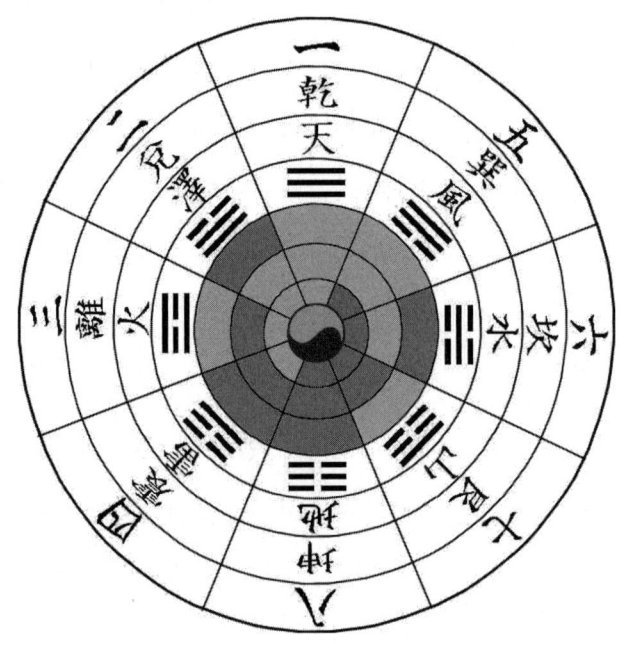

<선천팔괘 원도(圓圖)>

<논태극화생(論太極化生)>

【원문】一爲太極是黃道五行百千萬化也 二爲兩儀一陰一陽乾坤也 三爲三才天地人也 四爲四象東西南北也 五爲五行金木水火土也 六爲六甲六十花甲也 七爲七政日月五星也 八爲八卦乾坤艮巽震兌坎離也 九爲九宮貪巨祿文廉武破輔弼也 十爲成數洛書一得九而十也,

【해설】1은 태극이니 이는 황도로 오행 등이 백천만으로 변화한다.
2는 양의이니 일음일양으로 바꿔 말하면 건곤이라 할 수 있다.
3은 삼재이니 천지인이 그것이다.
4는 사상이니 동서남북으로 말할 수 있다.
5는 오행이니 금 목 수 화 토가 그것이다.
6은 육갑이니 육십 화갑이 그것이다.
7은 칠정이니 일월 오성이 그것이다.
8은 팔괘이니 건 곤 간 손 감 리 진 태가 그것이다.
9는 구궁이니 일백(一白) 이흑(二黑) 삼벽(三碧) 사록(四綠) 오황(五黃) 육백(六白) 칠적(七赤) 팔백(八白) 구자(九紫)가 그것이다.
10은 성수(成數)이니 낙서의 1득 9하면 10이 되는 류(類)이다.

3) 낙서(洛書)

(1) 낙서(洛書)와 오행상극도

【원문】夏禹治水 洛中出龜 負書 其數 戴九履一左三右七二四爲肩六八爲足五居中央 一色白 二色黑 三色碧 四色綠 五色黃 六色白 七色赤 八色白 九色紫 夏禹因之 以敍九疇焉 靑黃赤白黑五方之正色也 白間靑爲綠金克木也靑間黃位騮木剋土也黃間黑爲壁土剋水也黑間赤爲紫水剋火也

赤間白爲紅火剋金也 五行相剋而五方之間色出焉.

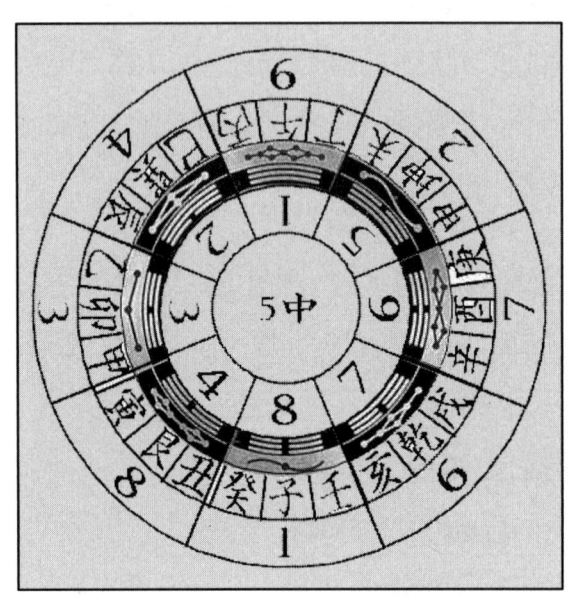

<하도낙서 수(數)의 배합>

【해설】 하(夏)나라 우(禹) 임금이 치수(治水)할 때에 낙수 속(洛水中)에서 거북이 나왔는데, 등에 그려져 있는 글이 있었다. 그 수(數)를 보니 9점은 머리 쪽에 있고 1점은 아래쪽에 있으며, 左에는 3이요 右에는 7이며 2 4는 어깨이고 6 8은 발(足)이며, 5는 중앙에 거하고 있었다. 1의 색은 백(白)이었고, 2흑(黑)·3벽(碧)·4녹(綠)·5황(黃)·6백(白)·7적(赤)·8백(白), 9는 자색(紫色)으로 되어 있었다.

하우씨는 이로 인하여 구주(九疇)의 차서(次序)를 배치하였다. 청·황·적·백·흑을 5방의 정색으로 하였다. 백색과 청색 사이의 색은 녹색이니 金克木함이요, 청황(靑皇) 사이는 유(騮 ; 털빛은 붉고 갈기는 검은 말)이니 목극토(木剋土)이다. 황간흑은 위벽(黃間黑爲碧)이니 토극수(土克水)요, 흑간적은 위자(黑間赤爲紫)이니 수극화(水剋火)요, 적간백은 위홍(赤間白爲紅)이니 화극금(火克金)이다. 오행(五行)이 상극(相剋)하는 것은 오방(五方)의 간색(間色)에서 나오는 것이다.

*필자 註 : 다만 선천(先天) 하도(河圖)의 지식은 이(理)와 기(氣)와 상수(象數)를 중심으로 나경의 방위와의 관계를 알아내는 것이다. 사실 이기상수(理

氣象數)라 하면 세상의 모든 것을 포함한다.

「이(理)」를 짧게 표현한다면 만유의 기능(萬有之機能) 자(者)이니 인간이 원하고 생각할 수 있는 모든 것을 만들어냈고, 앞으로도 무엇이든 생성시킬 수 있으며 소멸도 시킬 수 있는 이치를 지니고 있는 기능공이라 바꾸어 이해시킬 수 있다. 다시 말하면 우주의 천체인 각종의 행성을 포함하여 사람과 우리 주위의 모든 것을 생멸(生滅)시킬 수 있는 과학과 문명의 이치를 다 함축시켜 놓은 그림 또는 글이다.

「기(氣)」를 다시 짧게 표현하여 보면 만유의 소장(萬有之所藏) 자(者)이니 인간이 필요로 하고 원하는 모든 자료를 다 가지고 있으면서 필요할 때 내놓는다. 다시 보충하자면, 지구와 사람은 물론 그 안에 우리 주변의 모든 것을 우주의 행성까지도 만들어냈고 그 이상의 자료까지도 갖고 있으면서 필요할 때 제공하니 앞으로도 원하는 모든 자료를 보급하겠다는 약속도 이에서 읽을 수 있는 것이다.

「상(象)」은 수(數)이다. 이는 만유의 용량(萬有之用量) 자(者)이니 사물이나 형상(形象)에 원하는 만큼을 언제나 공급하여 왔기 때문에 세상에 물(物)이 있으며 앞으로도 계속 수(數)로써 용사하겠다고 약속하고 있음을 알 수 있다.

다시 말하면 형상(形象) 이전에 수(數)가 작용해 주어야 상(象)을 발생시킬 수 있으며, 상(象)이 이루어진 후에는 다시 수(數)의 승낙으로 상(象)에 의하여 유행하게 된다. 이처럼 하도의 이(理) 기(氣) 상수(象數)를 가리켜 전배(前輩) 학자는 「주재자리(主宰者理)요, 유행자기(流行者氣)요, 대대자수(待對者數)」라고 표현하기도 하였는데, 필자는 여기에서 이(理)는 주재자가 아니라 기능공이라는 것으로 바꾸어 말한 것에 불과하다.

그렇다면 주재자는 누구인가? 그가 바로 백광이라는 열(白光熱)인데, 처음 듣는 말이어서 믿기지 않을 수도 있으리라 생각되어 덧붙이면, 백광은 오색(五色)과 오광(五光)이 합성하여 이룬 영광(靈光)이므로 영혼을 받아 생명체가 될 수 있는 생명력이요, 열(熱)은 만유를 주재(主宰)하는 조물주이다. 열은 순환을 주재하고 순환은 조물(造物)하기 때문이다.

하도(河圖)와 낙서(洛書)의 특징을 좀 더 다른 방법으로 비교하여 설명하면 아래 도표와 같이 설명할 수 있다. 하도는 인간의 문명 이전에 그림으로 표현하였기 때문에 도(圖)란 말을 사용하였고, 낙서는 뒤에 글로써 나타낼 수 있었으니 서(書)란 말을 사용한 것이다.

<하도낙서의 비교>

	하도(河圖)	낙서(洛書)
先後天	선천(先天)=無爲自然 속의 理	후천(後天)=파괴하고 만들어 낸다
체용(體用)	본체(本體)=늘고 주는 변함이 없다	용사(用事)=함이 있어 일을 만든다
성명(性命)	본성(本性)=선악, 가감이 없다	연명(延命)=달하려는 꾸밈이 있다
본성(本性)	도(道)=정도이니 거짓이 없다	술수(術數)=속이고 거짓이 있다
형상(形象)	천원(天圓)=시작도 끝도 없다	지방(地方)=모나고 시작과 끝이 있다
용사(用事)	全形無虧 無限之事(이지러짐이 없는 완전한 형이니 쉼도 끝도 없는 무한한 일을 주재한다)	缺損不足 有限之事(결손되어 부족하므로 한계가 있고 끝도 있는 일을 주재한다)
운행(運行)	一氣流行 無爲自然 順行之道(일기로 유행하며 함이 없이도 자연이 이루는 순행의 도리다)	逆剋錯綜 有爲造化逆剋之道(역극착종으로 가하고 꾸밈이 있어야 조화를 이루어내는 상극의 도리다. 즉 과학의 발전을 지칭한다)
성정(性情)	渾然天理 無修無證(천리 속에 혼연되어 섞여 있으므로 닥지 않으면 증거도 내놓지 않는다)	有增有減 有善有惡(더함도 있고 덜함도 있으니 용서나 인정도 있고 선도 있고 악도 함께 존재한다)
생성(生成)	太極中에서 細胞分列로 流出(성과 형이 없으므로 태극 중에서 분열하여 유출하고 번식시킨다)	陰陽交媾로 受精以後에 出生(성과 형이 있으므로 반드시 암수나 음양이 짝짓기를 한 연후에 출생 번식한다)

(2) 선천팔괘(先天八卦)

【원문】蓋 先天八卦乃羲文二聖所作 與天地合其德 日月合其明 四時合其序 鬼神合其吉凶 從太極分動靜而生陰陽爲兩儀 從兩儀中生太陽少陰 從陰儀中生太陰少陽 是爲四象 從太陽中生乾一兌二 從少陰中生離三震四 從少陽中生巽五坎六 從太陰中生艮七坤八爲之八卦 八卦定吉凶 吉凶生大

業 卦畫奇遇 乾三連坤六斷震仰盂(下連)艮覆盌(上連)離虛中坎中滿兌上缺 巽下絶爲卦成也 取象則乾爲天 坤爲地 震爲雷 艮爲山 離爲火 坎爲水 兌 爲澤 巽爲風 分別五行乾兌金坤艮土離火坎水震巽木 分爲八方乾南坤北離 東坎西震東北艮西北兌東南巽西南.

易曰天地定位 山澤通氣 雷風相薄 水火不相射, 分別順逆 左旋自震至乾 皆得其已生之卦爲順 右旋自坤至巽皆具未生之卦爲逆 數往者順知來者逆 以待對爲義 出於陰陽消長之數有自然而然之妙 是以陽生於子極於午故正 南爲乾乾正陽之極也 陽極則一陰生 以西南爲巽巽正一陰生之始也 陰生則 氣必盛而包陽故正西爲坎坎正一陽中藏而包在盛陰之內 陰盛則陽漸消 時 當碩果將食之會 故西北爲艮 艮非二陰之盛而一陽之漸消乎?

陰生於午剋於子故以正北爲坤坤正陰之極也 陰極則一陽生故以東北爲 震震正一陽之始生也 陽生則氣必盛而包陰故以正東爲離離正一陰中藏而 包在盛陽之內 陽生則陰將漸消勢處無號終凶之會故以東南爲兌兌非二陽 之盛而盛陰之漸消乎?

是乾坤正位於南北者推之陰陽消長出於自然有若矣 坎離正位同書以觀 日月朔望弦晦盈虧之故 其由下弦馴至於圓明 乃陰之消陽之長 自下而漸長 故左旋之卦一陽震二陽兌三陽乾有以象之也 由上弦馴至於全晦乃陽之消 陰之息 故右旋之卦一陰巽二陰艮三陰坤有以象之也 所以然者陰明而陽晦 故月陰上稟一陽之光 晦則日光背而月晦 望則月光對而月且明也 知月之晦 明盈虧而日在其中矣 坎離正位列於西東陰陽消長出於自然世人知先天待 對之卦不知陰陽消長之妙 所以理氣之體包括無盡也.

【해설】 대개 선천팔괘라 하면 복희(伏羲)씨와 문왕(文王) 두 성인이 만든 것으로 전해진다. 「천지의 덕에 합(與天地合其德)하고, 일월의 밝 음에 합(日月合其明)하고, 사시의 질서에 합(四時合其序)하며, 귀신의 길

흉에 합(鬼神合其吉凶)한다」고 한다.

① 태극이 동(動)하고 정(靜)하면서 음양으로 나누어진다.

이것을 양의(兩儀)라 한다. 양의(兩儀) 중에서는 태양과 소음이 발생하고 음의(陰儀) 중에서는 태음과 소양이 발생하는데 이것이 사상(四象)이다.

태양(太陽) 중에서는 건일(乾一) 태이(兌二)를 생하고 소음(少陰) 중에서는 이삼(離三) 진사(震四)를 생하며, 소양(少陽) 중에서는 손오(巽五.) 감육(坎六)을 발생시키고 태음(太陰) 중에서는 간칠(艮七) 곤팔(坤八)을 생하니 이것이 팔괘이다. 팔괘가 성립하고서는 길흉을 결정할 수 있고, 길흉에서 대업(大業)이 나오게 된다.

② 괘획(卦畫)에는 기우(奇偶)가 있으니

건삼연(乾三連) : 건은 세 효가 모두 연결되었고,

곤육단(坤六斷) : 곤은 세 효가 모두 단절되었다(坤三絶).

진안배(震仰盂) : 진은 사발과 같으니 아래가 연결되었다(震下連).

간복완(艮覆盌) : 간은 사발을 엎어 놓은 상이니 상효가 연결되었다(艮上連).

이중허(離中虛) : 이는 중효 하나가 단절되어 있다(離虛中).

감중만(坎中滿) : 감은 중효가 차 있으니(坎中連),

태상결(兌上缺) : 태는 상효가 결손이다(兌上絶).

손허절(巽下絶) : 손은 하효가 단절되어 있다(巽下絶).

로 이루어져 있다.

③ 괘(卦)를 취상(取象)한 것을 보면

건은 하늘(乾爲天)이요, 곤은 땅(坤爲地)이며, 진은 우레(震爲雷)이다.

간은 산(艮爲山)이며, 이는 화(離爲火)이고, 감은 수(坎爲水)이며, 태는 연못(兌爲澤)이고, 손은 바람(巽爲風)이다.

④ 오행(五行)으로 분별하여 보면

건태금(乾兌金), 곤간토(坤艮土), 이화(離火), 감수(坎水), 진손목(震巽木)이다.

⑤ 팔방(八方)으로 나누면

건남(乾南), 곤북(坤北), 이동(離東), 감서(坎西), 진동북(震東北), 간서북(艮西北), 태동남(兌東南), 손서남(巽西南)이다. 《주역》에 이르기를, 「천지가 위(位)를 정하고 산택(山澤)이 기(氣)를 통하고 뇌풍(雷風)이 상박(相薄)하고 수화(水火)가 불상사(不相射)함이다(天地定位 山澤通氣 雷風相薄 水火不相射)」라 하였다.

⑥ 순역(順逆)으로 보면

좌선(左旋)은, 진(震)에서부터 건(乾)에 이르니 모두 생하는 괘(生之卦)를 득하였으므로 순행이라 함이요,

우선(右旋)은, 곤(坤)으로부터 손(巽)에 이르는데, 다 함께 생하지 아니하는 괘(未生之卦)이므로 역행이라 한다. 수왕자순(數往者順)이요 지래자역(知來者逆)이니 선천괘위로 대대(待對)의 의미이다. 음양소장지수(陰陽消長之數)에서 나온(出) 것으로 자연수이기 때문에 자연의 묘(有自然而然之妙)가 있음이다.

■ 이로써 양(陽)은 자(子)에서 생(生)하고 오(午)에서 극(極)한다. 그러므로 정남에다 건(乾)을 두었고, 건(乾)은 정양(正陽)의 극(極)하는 곳이다. 양이 극하면 일음(一陰)이 생(生)하므로 서남(西南)에다 손(巽)을 두었다.

손(巽)은 정일음(正一陰)이 발생하기 시작하는 곳이며, 음이 발생하면 기는 반드시 왕성하게 되어 양을 안아야(包陽) 하므로 정서(正西)에다 감(坎)을 배치하였다.

감(坎)은 정일양(正一陽)을 중(中)에다 소장(所藏)하고 왕성한 음 속에 쌓여 있기 때문에 양은 점소(漸消)하니 석과장식(碩果將食)의 시기를 당(當)하고 있다는 곳이다. 그러므로 서북에다 간(艮)을 두었다.

간은 이음(二陰)의 왕성한 곳은 아니지만 일양이 점소(漸消)치 않으리오?

■ 음(陰)은 오(午)에서 발생하고 자(子)에서 극(陰生於午極於子)한다.

그러므로 정북에다 곤(坤)을 두었으니 곤(坤)은 정음(正陰)의 극지(極地)이기 때문이다. 음이 극하면 일양(一陽)이 발생하므로 동북에다 진(震)을 배치하였다.

진(震)은 정일양(正一陽)이 시생(始生)하는 곳이기 때문이다. 양이 생하면 기는 반드시 왕성하게 되어 음을 감싸게 하였다. 그러므로 정동(正東)에다 이괘(離卦)를 두어 일음을 중장(中藏)시키고 왕성한 양 속에다 감싸게 하였다.

이(離)는 양이 생(生)하면 음은 장차 점소(漸消)하게 된다. 이러한 약세처에서는 내세울 것이 없고 마침내는 흉함을 만날(會) 수밖에 없으므로 동남에다 태(兌)를 배치하였다.

태(兌)는 이양(二陽)의 왕성함은 아닐지라도 음(陰)이 점소(漸消)하는 곳이 아닐 수 있겠는가?

이렇게 건곤(乾坤)이 남북으로 제 자리(正位)를 찾은 후에 팔괘의 방위와 음양(陰陽) 소장(消長)까지 추리할 수 있는 것은 자연에서 나온 것이기 때문에 가능하다.

감리(坎離)의 정위를 동서에 두고 일월(日月)·삭망(朔望)·현회(弦晦)·영휴(盈虧)를 나타낸 것이다. 그러므로 하현(下弦)을 경유하고 나아가 차츰 원명(圓明)에 이르는 과정을 보면 바로 음은 소(消)하고 양은 장(長)하는데, 그로부터 아래로 내려가며 점장(漸長)한다. 그러므로 좌선(左旋)의 괘(卦)는 일양(一陽)이 진(震)이요 이양(二陽)이 태(兌)이며 삼양(三陽)이 건(乾)의 상(象)으로 있는 것이다.

상현(上弦)으로부터 차츰 전회(全晦)에 이르는 과정은 바로 양이 소(消)하고 음은 식(息)하는데 우선(右旋)이라 하며, 그 괘는 일음(一陰)이 손(巽), 이음(二陰)이 간(艮), 삼음(三陰) 곤(坤)의 상(象)으로 한다. 소이(所以)로 연자(然者)는 음명(陰明)이면 양회(陽晦)한다. 그러므로 월음(月陰)은 항상 태양의 광(光)을 받아야 밝을 수 있다. 어두운 것은 일광을 등지고 있기 때문이고 월망(月望)은 일광을 대(對)하고 있기 때문에 월명(月明)이 된다.

달(月)의 회명(晦明) 영휴(盈虧)를 안다는 것은 일(日)도 그 중에 있는 것이다. 이렇게 감리(坎離)의 정위(正位)는 서(西)와 동(東)에 열립(列立)하고 있으나 음양(陰陽)의 소장(消長)은 자연에서 나온 것이다. 세상 사람들은 선천대대의 괘(卦)는 알고 있으나 음양소장의 묘는 알지 못하고 있기가 쉽다. 소이(所以)로 이기(理氣)의 체(體)는 포괄적이어서 다함이 없다.

【원문】文王後天則異位 卦取流行以成一歲之運 至於變先天之體而顯之於用者 其卦序不從太極兩儀四象生來乎? 又以乾之純陽 爲父而生震長男坎中男艮少男 以坤之純陰 爲母而生巽長女離中女兌少女 其氣分別陰陽 則乾之奇爲陽而震坎艮之二偶一奇亦爲陽 此三卦稟氣於乾父 陽從陽類 一奇爲主而二偶聽之 故易辭所謂「陽卦多陰一君二民君子之道」 以坤三偶

爲陰而巽離兌二奇一偶爲陰 此三卦各稟氣於坤母陰從陰類 一偶爲主而二奇聽之 故易辭所謂「陰卦多陽二君一民小人之道」 其分別八方爲後天 始震坎巽而終於艮發生於始收成於終 以象一歲流行之道 故易曰「帝出乎震 齊乎巽 相見乎離 致役乎坤 說乎兌 戰乎乾 勞乎坎 成言乎艮詳而論之,後天卦位以流行爲義耳.

　卦有陰陽純駁與其所居宮位 適相符合一毫無所牽強者 觀元化運用之樞紐 首以天地二極爲要樞非卦得陰陽之至純者不足以居之 故天之北極在亥而乾以純陽天象居西北 地之南極在申而坤以純陰地象居西南 俱是當極緊關切要去處 非徒謂其老亢退居無爲之地也.

　至哉! 乾坤爲陰陽之祖宗 衆卦之父母! 故文王所以安頓乾坤兩卦居二極之地 外此坎中男離中女 似非有長男代父長女代母之權也 何故以坎離代先天乾坤而正居南北之正位所以立八方之標準 非卦稟陰陽中正之氣者不足以居之 故離本先天乾體得坤中一陰而中虛 坎本先天坤體得乾中一陽而中寔 各得陰陽中之正氣與諸卦之上下 雜稟陰陽者不同 文王坎離正位於南北大有心意非偶然也 二卦各稟氣於乾坤之中 爻位在先天則正居於西東後天居於南北 合先天坎離各分出東南西北之正中 不識先天乾南坤北之本體故也.

　震本長男得氣在坎離之先何不代乾居南而東位之是出何哉誠以震一陽始生 卦既首冠於六子 則其所居之位必首冠於五方所生之令 必首冠於四時長男代父即不欲不居青宮以司春令而居正東豈可得哉? 既以長男代父而資始 豈不以長女代母而資生乎? 此巽所以繼震之後位 居東南者以長女附長男以陰木佐陽木互相協助而俾其資始資生之並茂焉.

　兌爲少女金之弱質乃陽之不能自生旺者 故以正西居之 兌左附乾父金資金助右依坤母金籍土生則兌如是乎. 艮爲少男似亦土之薄氣然艮與兌陰之柔弱無爲者不同 猶能附人成事而稍俾於歲力之萬一 故以艮居東北 時當貞

下起元之會 水將盡而木將繼之候也 於是水得之而有滋潤生息之機木得土而有栽培生長之勢不得不居東北以少男附長男 而協成一歲之功 妙矣哉! 文王之易施後天之用寔先天之體合洛書兼河圖地法 因之以母卦管五山合三八二十四位用後天不用先天卽用後天而先天之體在其中矣.

　此乃先天八卦自然待對夫婦 蓋先天如人之魂後天如人之體有魂則有人無魂則無人互相配合變化無窮而爲陰陽起化之根萬古不易之規者也何以見其爲根而不可易以先天待對八卦並論以九畫而應九宮 如天地正位共九畫 水火不相射共九畫 雷風相薄共九畫 山澤通氣共九畫四九三十六畫 以應三十六宮故乾遇巽時爲月窟坤逢雷地現天根 天根月窟閒來往 三十六宮都是春 而羅經因載化三十六層層層隱妙字字入玄 時師多不察其本原 究其體用兼該之妙 余因是逐一註解詳列分明以共世學不沒先聖苦心.

【해설】 문왕(文王)의 후천(後天)은 위치가 다르게(異位) 배치되었다. 괘(卦)를 유행시키며 취하고 일세(一歲)의 운(運)을 이루게 하였다.

　변화에 이르러서는 선천을 체(體)로 삼고 이용함에 따라 나타내게 하였다. 그 선천 괘서(卦序)를 좇지 아니하였는데 태극(太極) 양의(兩儀) 사상(四象)에서 생래하였다고 할 수 있겠는가?

　또 건(乾)의 순양을 부(父)로 하여 진(震) 장남, 감(坎) 중남, 간(艮) 소남(少男)을 생하고 곤(坤)의 순음을 모(母)로 하여서는 손(巽) 장녀, 이(離) 중녀, 태(兌) 소녀를 생하였다. 그 기(氣)의 음양을 분별하는 것은 건괘(乾卦)의 기(奇)를 양(陽)으로 한다면 진(震) 감(坎) 간(艮)의 이우(二偶) 일기(一奇)도 역시 양(陽)이다. 이 삼괘(三卦)는 건부(乾父)로부터 품기(稟氣)한 것이니 양은 양을 좇는 류(類)이다. 일기(一奇)를 위주로 하고 이우(二偶)는 청중(聽衆)이다. 그러므로 역사(易辭)에 소위 「양 괘에서 음이 많은 것(陽卦

多陰)은 일군이민(一君二民)의 상이니 군자지도(君子之道)」라 하였다.

곤(坤)의 삼우(三偶)는 음(陰)이나 손(巽) 이(離) 태(兌)가 이기일우(二奇一偶)이니 음인 것이다. 이 삼괘(三卦)는 각기 곤모(坤母)로부터 품기(稟氣) 받은 것으로 역시 음이 음을 좇은 류(類)이다. 일우위주(一偶爲主)하면 이기(二奇)가 청중(聽衆)이니 역사(易辭)에 이르기를, 「음괘에서 다양(陰卦多陽)하니 이군일민(二君一民)으로 소인지도(小人之道)」라 하였다.

그 분별은 후천팔방으로는 진(震) 감(坎) 손(巽)에서 시작하고 간(艮)에서 마치는 것이다. 시작하는 곳이 발생처이기도 하며 종(終)하는 곳이 이룬 것을 거두는 곳이다.

상(象)으로 일세(一歲)를 유행한다 함은 《주역》에 이르기를, 「제출호진(帝出乎震) 제호손(齊乎巽) 상견호리(相見乎離) 치역호곤(致役乎坤) 열호태(說乎兌) 전호건(戰乎乾) 노호감(勞乎坎) 성언호간(成言乎艮)」이라 하였으니 자상하게 논하면 후천괘위(後天卦位)의 유행으로 뜻(義)을 삼은 것이다. 괘에는 음양과 순박(純駁)이 있으니 그 소거(所居)하는 궁위와 함께 정확히 상부하여 털끝만큼도 억지스러움이 없다.

원화(元化) 운용(運用)으로 추유{樞紐 : 사물의 중요한 관건, 요점, 중추. 북극성과 북극성좌의 주성(主星 : 帝王)}를 보면 수괘(首卦)에다 천지(天地) 이극(二極)으로 요추(要樞)를 삼았으니 괘(卦)에서 음양의 지순(至純)함을 득하지 아니하면 거처 자체가 부족함이 따를 수 있을 것이다.

천(天)의 북극성좌가 해(北極在亥)에 있으므로 건 순양(乾純陽)으로 천상(天象)의 서북(西北)에 거(居)하게 하였고, 지(地)의 남극은 신(南極在申)방(方)에 있기 때문에 곤(坤) 순음(純陰)으로 지상(地象)으로 하여 서남(西南)에 거(居)하게 하였으니 이는 마땅히 함께 극긴관절(極繁關切)의 중요한 처소에로 물러나 있는 것이다. 그것은 아무런 할 일이 없는데 공연히 노항퇴거(老亢退居)하고 있는 것이 아니다.

지극하도다, 건곤이여! 음양의 조종(祖宗)이 됨이요, 중괘(衆卦)의 부모가 됨이로다. 이리하여 문왕은 건곤(乾坤) 양괘(兩卦)를 두 극의 자리(二極之地)에 안돈(安頓)시킨 것이다.

이 밖에도 감(坎) 중남(中男)과 이(離) 중녀(中女)는 장남처럼 부(父)를 대신하고 있는 것 같으나 아니며, 장녀처럼 모의 권한(母之權)을 대신하고 있는 것 같으나 아닌 것이다. 왜냐하면 감리(坎離)로서 선천 건곤을 대신하게 하려면 남북의 정위에 정거(正居)하였어야 할 것이기 때문이다. 소이(所以)로 음양을 중분(中分)하였을 때 팔방의 표준을 세울 수 있어야 하는데 그렇지 못한 것이다.

괘(卦)가 아니면서 음양의 중정지기(中正之氣)를 받으려는 것은 거지(居之)가 부족하기 때문이다. 그러므로 이(離)는 본시 선천의 건체이므로 곤중(坤中)의 일음(一陰)을 득(得)하였으므로 중(中)이 허(虛)하고 감(坎)은 본시 선천으로 곤체(坤體)이므로 건중(乾中)의 일양(一陽)을 득(得)하였으므로 중이 진식(中寔)하다. 이들은 각기 음양의 중정지기(中正之氣)를 득(得)한 것들이므로 제괘(諸卦)의 상하 효(上下爻)처럼 음양의 잡된 기(雜氣)를 품수(稟受)한 것들과는 같을 수가 없다.

문왕이 감리(坎離)를 남북(南北)의 정위(正位)에다 둔 것은 깊고 큰 뜻이 있는 것이지 결코 우연한 것이 아니다. 이렇게 감리(坎離) 두 괘는 각종의 기(氣)를 건곤의 중(中)에서 받았으므로 선천에서 효위(爻位)가 정거(正居)하는 곳은 서동(西東)이니 후천으로 남북(南北)에 거(居)하므로 선후천의 감리(坎離)는 합(合)하는 것이다. 각각 동남서북(東南西北)의 정중(正中)에서 분출(分出)한 것인데 선천 건남(乾南) 곤북(坤北)의 본체를 알지 못하였을 때는 혼동하는 것이다.

진본(震本) 장남(長男)이니 기(氣)를 득한 것도 감리(坎離)보다 먼저인데 어찌하여 남(南)에 거(居)하면서 건(乾)을 대신하게 하지 아니하고 동위(東位)에서 출(出)하게 하였는가? 진실로 진(震)에서 일양(一陽)이 처음 생(生)하게 하였으니 진괘(震卦)는 이미 육자(六子)에서 수관(首冠)이 되었으니 그렇다면 그 소거(所居)하는 위치도 반드시 오방(五方)이 소생하는 월령이어야 수관(首冠) 자리일 것이고, 반드시 사시(四時)에서도 수관(首冠)자리어야 장남으로 부(父)를 대신할 수 있을 것이다.

　곧 청궁(靑宮)을 욕심내지도 아니하고 정동(正東)에 거(居)하지도 아니하면서(不欲不居) 어찌 춘령(春令)을 맡아 이룰 수(豈可得哉) 있을 것인가? 이미 장남(長男)으로 부(父)를 대신하여 자시(資始)하였다면 손(巽)은 어찌 장녀(長女)로서 모(母)를 대신하여 자생하지 않았겠는가? 이러한 이유로써 손(巽)을 진(震)의 뒷자리에 이어 동남(東南)에 두었고 장녀(長女)로 하여금 장남 곁에 붙어서 음목(陰木)으로 양목(陽木)을 보좌하도록 하였으니 자시(資始) 자생(資生)이 아울러 무성(茂盛)할 수 있는 것이다.

　태(兌)는 소녀(兌爲少女)이니 금(金)의 약질(弱質)이기도 하지만 양(陽)의 스스로는 생왕(自生旺)함을 갖지 못한다. 그러므로 정서(正西)에 거한다. 태(兌)의 좌측에 건부(乾父)를 붙인 것은 금(金)의 자질을 강한 금(金)으로 돕기 위함이고, 우측의 모신(母神)에 의지하여 금(金)이 토(土)에 적(籍)을 두고 생을 받게 하였으니 태(兌)가 이와 같지 않은가?

　간(艮)은 소남(艮爲少男)이니 역시 토(土)의 박기(薄氣)와 흡사하다. 그러나 간과 태는 음의 유약한 무위 자와는 다르다. 지금은 마치 사람에 부쳐져서 성사할지라도 세월의 보살핌으로 조금씩 점점 자라서 능히 만일(萬一)을 이루어내는 것과 같기 때문이다. 그러므로 간은 동북에 거하게 하여 시기의 어긋남을 만나더라도 근본적인 정절을 능히 일으켜 주게(時

當貞下起元之會) 하였으며 수(水)가 장차 능력이 다 되더라도 목(木)이 연계하여 살피도록 하였다. 이에서 수(水)를 득(得)하여 자윤(滋潤)케 하면 생식지기(生息之機)이니 목(木)이 토(土)를 득하여서만이 재배(栽培) 생장(生長)하는 세(勢)를 탈 수 있게 된다. 그러므로 부득불 동북(東北)에 거하게 하였다. 소남(少男)으로 장남 곁에 부쳐서 일세의 공을 협성(協成)케 한 것이다.

묘(妙)하도다, 문왕의 역(文王之易)이여! 후천지역(後天之易)으로 시용(施用)하게 하였음이다.

진실로 선천(先天)의 체(體)에다 낙서(洛書)를 겸하고 하도(河圖)를 합(合)하여 지법(地法)에 쓰도록 하였으며, 인(因)하여 매괘(每卦)로써 오산(五山)을 관리하게 하였음은 삼팔(三八) 이십사(二十四)에 합(合)한 것으로 후천(後天)을 사용하고 선천(先天)을 불용(不用)케 하였을지라도 곧 후천(後天)을 사용하면 선천(先天)의 체(體)는 그 가운데 포함되어 있기 때문이다.

【원주】이는 바로 선천팔괘를 자연 속에서 부부로 대대(對待)시킨 것이다. 대개 선천(先天)은 사람의 혼(魂)으로 말할 수 있고 후천은 사람의 체(體)라 할 수 있으니 혼이 있으면 사람이 있는 것이요, 혼(魂)이 없으면 사람도 없는 것이니 상호 배합시키면 무궁한 변화가 나오고, 음양으로 보아도 변화의 뿌리가 된다는 것은 만고에 바뀔 수 없는 법규인 것이다. 그것이 근(根)이라는 것을 어찌 알겠는가? 역(易)으로는 불가하나 선천으로 대대시켜 팔괘(八卦)를 아우르고 구획(九畫)하여 논하더라도 그것은 구궁(九宮)에 응하기 때문에 가능하다.

가령 천지정위(天地定位) 공히 9획이요, 수화불상사(水火不相射)도 공히 9획이며, 뇌풍상박(雷風相薄)도 공히 9획이며 산택통기(山澤通氣)도 공히 9획이니 사구삼십육(四九三十六) 획(畫)은 삼십육궁(三十六宮)에 응한다.

그러므로

「건우손시월굴(乾遇巽時月窟) ; 건이 손을 만나면 월굴(月窟)이 되고,
곤봉뇌지현천근(坤逢雷地現天根) ; 곤이 진뇌를 만나면 천근이 나타나니
천근월굴한내왕(天根月窟閒來往) ; 천근과 월굴이 한가히 왕래하면서
삼십육궁도시춘(三十六宮都是春) ; 36궁에 춘풍을 일으킨다」

라 하니 이로 인(因)하여 나경의 36층에다 싣게 된 것이다.

그러므로 층층이 은묘(隱妙)하고 자자(字字)가 입현(入玄)이다. 이를 시사(時師)들은 그 본원을 다 살피지 못하는 실정이다. 나 역시 한 가닥의 주해(註解)를 좇을 정도이고, 그 체용(體用)과 겸해(兼該)의 묘(妙)를 다 사용할 줄 모르며, 분명한 것은 뒤에 계속 상열(詳列)하여 세상의 모든 학자가 함께 알아서 선성(先聖)이 고심한 바를 몰락하지 않게 하는 것이다.

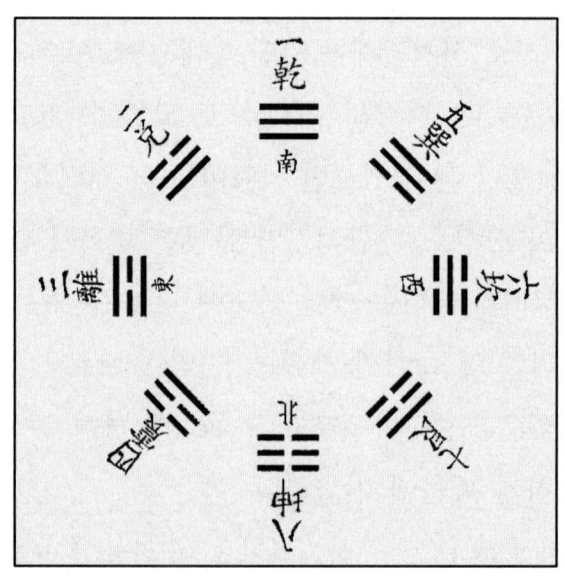

<선천팔괘 방위도>

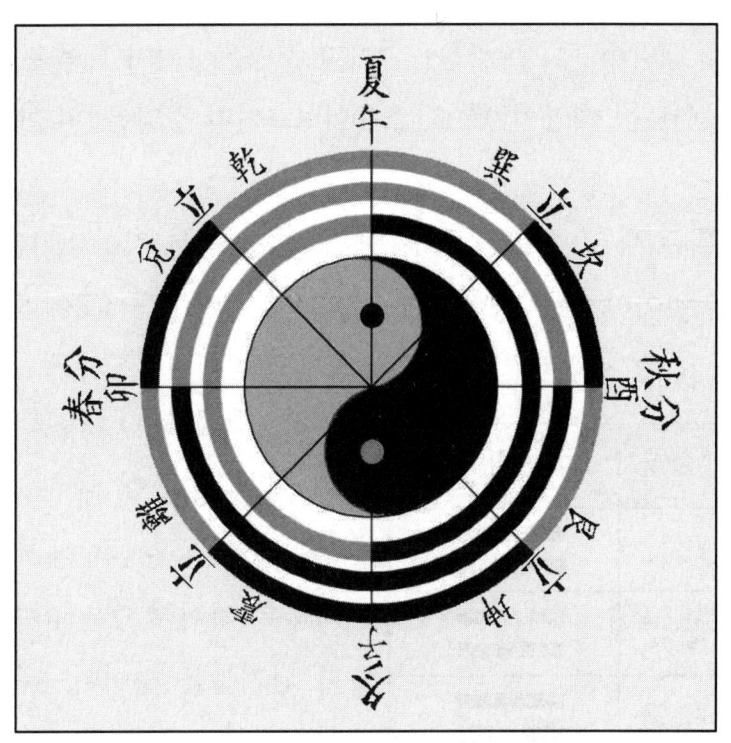

<음양(陰陽) 소식(消息)*과 先天八卦의 生成>

*소식(消息) ; 기별이란 뜻으로, 지식정보를 이르는 말이다.

(3) 사상(四象)

【원문】兩儀之上 各生一奇一偶 而爲2畫者4 是爲四象 其位則太陽一 少陰二 少陽三 太陰四 其數則太陽九 少陰八 少陽七 太陰六 以河圖之言 六者一而得五者也 七者而得於五者也 八者三而得於五者也 九者四而得於 五者也 以洛書言之則九者十分一之餘也 八者十分二之餘也 七者十分三之 餘也 六者十分四之餘也 周子所謂「水火木金」邵子所謂「二分爲四」皆 謂此也.

【해설】 양의(兩儀) 위에서는 각각 다시 하나씩의 홀수와 짝수를 생 하는데 이 두 효에서는 4개가 되니 이것이 사상(四象)이다. 그것을 자리

(位)로 보면 태양이 1이요 소음은 2이며 소양은 3이며 태음은 4가 된다. 그것의 수(數)로는 태양이 9수요 소음이 8수이며 소양은 7수이며 태음은 6수가 된다.

하도(河圖)로써 설명하면 6은 1수에서 5수를 득한 것이요, 7은 2수에서 5수를 득한 것이며, 8은 3수가 5수를 받은 것이며, 9는 4수에 5수를 부여한 것이다.

이것을 다시 낙서(洛書)로 말하면 9수는 10수(數)에서 1을 남겨놓은 것이며, 8은 10수에서 2수를 남겨놓은 것이며, 7은 10수에서 3수를 남겨놓은 수이며, 6은 10수(數) 가운데서 4수(數)를 득하지 못한 수(數)이다. 주자(周子)는 이것이 「수화(水火) 목금(木金)」이라 하였고 소자(邵子)는 「2를 나누어 4가 된 것이라」하였다.

사상(四象)	괘
태양(太陽)1	
소음(少陰)2	
소양(少陽)3	
태음(太陰)4	

<사상도(四象圖)>

(4) 후천팔괘(後天八卦)

【원문】夫洛書者戴九履一左三右七二四爲肩六八爲足五居其中　此爲洛中神龜負圖以成變化無窮一爲坎水二爲坤土三爲震木四爲巽木五爲中宮六爲乾金七爲兌金八爲艮土九爲離火　八卦由此而生　曆法因此有　一白二黑三碧四綠五黃六白七赤八白九紫　取象以化四象　太陽居一而連九　四九三十六　太陰居四而連六四六二十四三十六二十四共合六十數以成六十甲子　少陽居三而連七　四七二十八　少陰居二而連八　四八三十二　二十八三

十二 共合六十數以成六十花甲 合前六十重之化一百二十分金之源也 化
奇偶陰陽之數一三五七九奇數屬陽 二四六八十偶數屬陰 乾坤坎離四卦屬
陽震巽艮兌四卦屬陰 後天一得九而成十坎離卽子午向也 二得八而成十坤
艮向也 三得七而成十震兌卯酉向也 四得六而成十乾巽向也 爲後天待對
夫婦從洛書數之 坎一乾六艮八共十五數居北 巽四離九坤二共十五數居南
震三巽四艮八共十五數居東 兌七坤二乾六共十五數居西 總共六十以應六
十龍由來之源也 四正四維及中央共六十數 合前六十數又是一百二十數
縱橫十六个十五數合之二百四十分每山十分以應二十四山旺相孤虛煞曜
分金作用也.

【해설】 대개 낙서는 위쪽에 9, 아래쪽에 1, 좌측에 3, 우측에 7, 좌측 어깨 4, 우측 어깨에 2, 좌측 아래에 8, 우측 아래에 6, 중앙에 5로 배치되어 있다. 이는 낙수(洛水) 가운데서 거북의 등에 지고 나온 그림인데 무궁한 변화를 이룬다.

1은 감수요 2는 곤토(坤土)이며, 3은 진목(震木)이며, 4는 손목이며, 5는 중궁토이고, 6은 건금이요, 7은 태금이며, 8은 간토요, 9는 이화이다. 팔괘는 이로 말미암아 발생하였고 역법(曆法)도 이로 인해서 만들어졌으니, 1백(白) 2흑(黑) 3벽(碧) 4녹(綠) 5황(黃) 6백(白) 7적(赤) 8백(白) 9자(紫)가 그것이다. 상(象)으로 취하여 말하면 4상(象)이 변화(變化)한 것이니

태양은 1에 거하며 9로 연결하여 4×9=36이 되고,

태음은 4에 거하며 6으로 연하니 4×6=24이다.

36+24로 공합 60수로 60화갑을 이룬다.

소양은 3에 거하며 7로 연결하여 4×7=28이 되어서

소음은 2에 거하며 8로 연결하여 4×8=32가 되어서

28+32로 공합 60수로 60화갑을 이룬다.

앞의 60을 거듭하면 120이 되니 120분금의 근원이 된다. 기수(奇數)와 우수(偶數)가 음양의 수가 된 것이니 1 3 5 7 9는 기수요 양수에 속하고, 2 4 6 8 10은 우수이며 음수에 속한다.

건곤감리(乾坤坎離) 4괘는 양괘(陽卦)이고 진손간태(震巽艮兌) 4괘는 음괘에 속한다. 후천(後天)에서,

1감(坎)이 9리(離)를 합하여 10수(數)가 된다. 감리(坎離)는 곧 자향(子向)이거나 자오향(子午向)이 됨을 말한다.

2곤(坤)이 8간(艮)을 만나면 10수가 된다. 곤향(坤向)이거나 간향(艮向)이 됨을 말한다.

3진(震)이 7태(兌)를 만나면 10수가 되는데 진태(震兌)는 묘유(卯酉) 향(向)이다.

4손(巽)이 6건(乾)을 만나면 10수가 되는데 이것은 건손(乾巽) 향(向)이 됨을 말함이다.

후천으로 대대가 되는 것은 부부의 관계와 같은 것인데 낙서의 수를 따랐기 때문이다.

감1 건6 간8은 모두 15수이며 북(北)에 거하고,

손4 이9 곤2는 합하여 15수를 이루고 남(南)에 거하고,

진3 손4 간8은 공히 15수를 이루며 동(東)에 거하고,

곤2 태7 건6은 모두 합하면 15수로 서(西)쪽에 거한다.

이렇게 사방의 수는 모두 60수이며 60룡에 응하도록 하였으니 그 유래한 근원인 것이다.

4정방과 4유방의 수도 중앙 5수를 합하면 모두 60수이고, 앞의 60수와 합하면 120수이니 종횡으로 16개 15수가 되며, 이를 합하면 240수가 되

니 매 24산에 10수씩 분배하여 응하게 하였다. 이것이 24산에서 왕상(旺相)이거나 고허(孤虛), 살요(煞曜)로 분금(分金)작용을 하게 되는 원리다.

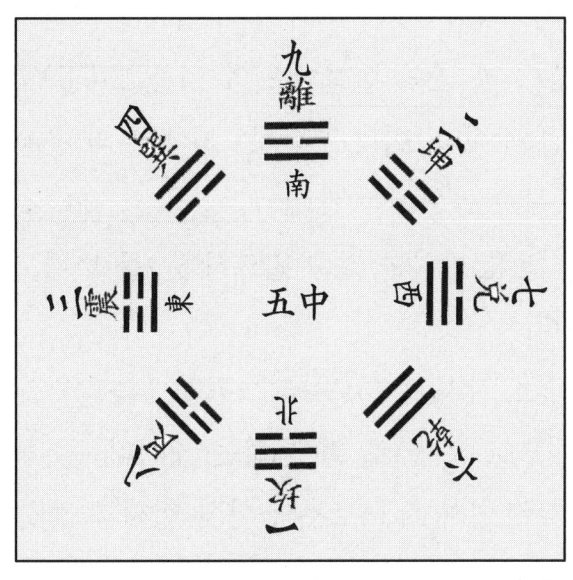

<후천팔괘 방위도>

【원문】至於河圖一六共宗甲與己合 二七同道乙與庚合 三八爲朋丙與辛合 四九爲友丁與壬合 五十同途戊與癸合 可見河圖洛書運用者廣矣 且逢合則化必得五而成十 故甲己起甲子至五位逢戊辰化土 乙庚起丙子至五位逢庚辰化金 丙辛起戊子至五位逢壬辰化水 丁壬起庚子至五位逢甲辰化木 戊癸起壬子之五位逢丙辰化火 此相合相化 皆從五子原遁 逢寅而生遇辰而變理之常也 與甲己起甲子至寅爲丙火生戊辰土後四宮同推 洛書1得而5爲6則甲與己合 2得5而爲7則乙與庚合 3得5而爲八則丙與辛合 4得5而爲9則丁與壬合 5得5而爲10則戊與癸合 河圖16水 27火 38木 49金 510土 天1地2天3地4天5地6天7地8天9地10 言天數者 甲丙戊庚壬5陽干 言地數者乙丁己辛癸5陰干 凡大衍之數 天數25地數30共55數 至精至微妙用無窮.

【해설】 하도에 이르러서는 1 6이 공종(共宗)이라 하는 것은 甲과 己가 합하는 것이고, 2 7이 동도(同道)라 하는 것은 乙과 庚의 합하는 것이요, 3 8 위붕(爲朋)이라 한 것은 丙과 辛의 합함을 이른 것이요, 4 9 위우(爲友)라 한 것은 丁과 壬의 합함이요, 5 10 동도(同途)라 한 것은 戊와 癸의 합함을 이른 것이다. 이것으로 하도와 낙서의 운용이 넓다는 것을 알 수 있다.

또 합(合)하면 화(化)한다는 것은 반드시 5수를 만나고서야 10을 이룰 수 있다는 것이다.

갑기토(甲己土)는 갑자(甲子)로부터 5위가 되는 곳은 무진(戊辰)이니 무(戊)가 토(土)이므로 토(土)로 화(化)하는 것이다.

을경금(乙庚金)은 병자(丙子)로부터 다섯 번째가 경진(庚辰)이니 경금을 따라 화금(化金)한 것이다.

병신수(丙辛水)는 무자(戊子)로부터 5번째가 임진(壬辰)이니 임수(壬水)를 따라 수(水)로 화(化)한 것이다.

정임목(丁壬木)은 경자(庚子)로부터 다섯 번째가 갑진(甲辰)이니 갑목을 좇아 목(木)으로 화(化)한 것이다.

무계화(戊癸火)는 임자(壬子)로부터 5위가 병진(丙辰)이니 병화(丙火)를 좇아 화(火)로 변한 것이다. 이것이 상합(相合) 상화(相化)의 원리인데 모두 오자(五子)로부터 다섯 번째에서 둔득(遁得)하였음을 알 수 있다.

또 이는 인(寅)을 만났을 때로부터 생지(生地)를 찾는 것이기도 하니 진(辰)이 나오면 변하는 이치로 된 것이다.

甲과 己는 甲子에서 일으키는 것이니 인(寅)에 이르면 병인(丙寅)이 되고 병화(丙火)는 무진(戊辰)에서 무토(戊土)를 생하는 것임을 알 수 있다. 뒤의 4궁(宮)도 모두 이와 같이 유추하기 바란다.

낙서(洛書)에서 1이 5를 득하면 6이 되므로 1이 6번째는 합(合)하는 수가 된다. 예를 들면, 갑(甲)에서 6번째는 기(己)이니 갑기가 합하는 것이다.

2가 5를 득하면 7이며 갑(甲)에서 7번째는 경(庚)이니 을경(乙庚)이 합되는 것이다.

3이 5를 득하면 8이 되는데 병신(丙辛) 합(合)은 갑(甲)에서 8번째가 신(辛)이기 때문이다.

<사상수(四象數)의 변화도>(*필자 註)

太陽位	4×9=36	1										9
少陰位	4×8=32	2										8
少陽位	4×7=28	3										7
太陰位	4×6=24	4										6
太極中 數不用	5×8=40 5×4=20	5										5
太陰數	4×6=24	6										4
少陽數	4×7=28	7										3
少陰數	4×8=32	8										2
太陽數	4×9=36	9										1

4가 5를 득하면 9이며, 갑에서 9번째가 합(合)이 되는데 정임(丁壬) 합이 그것이다.

5가 5를 득하면 합(合)이 되는데 무계(戊癸) 합(合)이 그것이다.

하도(河圖)에서 1 6수, 2 7화, 3 8목, 4 9금, 5 10토와 천1 지2 천3 지4 천5 지6 천7 지8 천9 지10에서 천수(天數)는 갑(甲)·병(丙)·무(戊)·경(庚)·임(壬)이니 5양간(陽干)을 말하고, 지수(地數)는 을(乙)·정(丁)·기

(己)·신(辛)·계(癸) 5음간(陰干)을 말한다.

무릇 대연(大衍)의 수(數)는 천수(天數) 25와 지수(地數) 30이니 합(合)하여 55수(數)이다. 이는 지정(至精) 지미(至微)하므로 묘용(妙用)함이 무궁무진하다.

*주(註) ; 易學啓蒙 河圖主全故極於十 奇偶數之位均 洛書主變 故極於九 奇贏而偶乏 必皆虛其中也 然後陰陽之數均於二十而無偏耳

주자(朱子)의 《역학계몽(易學啓蒙)》에, 하도(河圖)의 수는 10이니 완전수(完全數)를 주재(主宰)한다. 홀수 합은 25요 짝수 합은 30으로 짝수가 5수가 많다. 낙서(洛書)의 수는 9이므로 변화수(變化數)를 주재(主宰)한다. 홀수 합은 25요 짝수 합은 20이니 5수가 적다. 그러므로 하도중수 5와 10을 제하고 낙서중수 5를 쓰지 않으면 하도낙서의 음양수가 20으로 같게 되므로 중수는 불용이라 했다. 완전수와 변화수를 설명한 것이다. (147쪽 표 참조)

제4부 나경(羅經)

제1절 나경(羅經)과 그 종류

1) 표준규격 9층 나경

표준 규격의 나경(羅經)이란 재혈(裁穴)할 때 반드시 필요한 최소한의 핵심 자료만을 모아놓은 것을 말하는데 예부터 가장 많이 사용해왔던 9층 나경이 그것이다. 이에는 ① 황천대살(黃泉大煞), ② 사로(四路) 반복 황천(反復黃泉), ③ 쌍산 오행(雙山五行), ④ 지반정침(地盤正針), ⑤ 천산(穿山) 72룡(龍), ⑥ 인반중침(人盤中針), ⑦ 투지(透地) 60룡(龍), ⑧ 천반봉침(天盤縫針), ⑨ 120분금(分金)의 순으로 되어 있다.

대부분의 지리가들이 음 양택(陰陽宅) 간에 공용으로 가장 오랜 세월을 전해오면서 사용한 대표적인 나경이다.

2) 나경의 종류

나경의 종류는 단순히 남북만을 가리키는 지남철의 특수성을 이용한 기물이기 때문에 기본적으로 큰 차이나 종류가 많을 수 없다. 지리가들이 사용하는 것으로는 대충 두 종류로 나뉘어져 있는데 음택 재혈(裁穴)에서 주로 사용하는 투지반(透地盤)과 양택 재혈에서 주로 사용하는 현공반(玄空盤)이 그것이다.

본래는 표준 9층 나경뿐이었는데 사용자들이 필요한 정보와 자료를 반침(盤) 내에 증보하다 보니 음 양택 간에 쓰임에 편리한 자료를 각기 달리 나타낸 것이 되어서 자연히 분류된 것이라 할 수 있다.

① 투지반(透地盤) : 투지반이란 천산(穿山)과 투지(透地)를 위주로 지칭하는 말인데 「음지일선(陰地一線)」이라 하였으므로 내룡(來龍) 입수(入首) 좌향(坐向) 분금(分金) 등을 처리할 때 무기(戊己)·살요(煞曜)·공망(空亡) 등 살기(殺氣)를 피하고 왕상(旺相)한 기운만을 받기 위해 선(線) 하나하나를 중요시하는 법이다. 음택(陰宅)의 묘지는 한 번 하장(下葬)하면 영원히 안치할 목적으로 쓰기 때문에 정적(靜的)이어서 처음부터 왕기(旺氣)를 받아야 하는 것이 양택에서와는 다르다.

② 현공반(玄空盤) : 현공반은 양택(陽宅 ; 집터의 坐向 등) 재혈에서 주로 사용하는 것인데 나경의 기본이 다른 것은 아니다. 다만 「양택취궁(陽宅取宮)」이니 하나의 선(線)이 중요하지 않고 구궁(九宮)으로 분류한 좌궁(坐宮)의 한 자리를 기준으로 하여 응처(應處)인 향궁(向宮)에 길성(吉星)이 모이는 것이 중요하다. 양택은 산 사람이 활동하면서 생활하는 공간이므로 동적(動的)이기 때문에 무기(戊己) 살(煞)이라든가 살요(煞曜)·공망(空亡)·분금(分金) 등의 신살(神煞)이 의미가 적기 때문에 선(線)을 사용하지 않고 궁(宮)을 중요시한다. 다만 형승(形勝)함을 득한 지역에서 구궁으로 배치되는 궁에서 왕기(旺氣)를 받는 것이 가장 소중하다. 따라서 화복도 그 궁의 길흉에 따라 나타나는 것이 음택에서와 다르다.

③ 나경의 층수(層數) : 층수별로는 매우 다양하여 휴대하기에 편리한 4층 정도로 간단한 것으로부터 필요한 자료를 모두 구비한 36층까지 다양하다. 그러나 휴대하기에도 간편할 뿐만 아니라 재혈(裁穴)까지도 충분히 할 수 있는 9층 표준 나경에서부터 좀 더 정밀한 재혈에서는 14층까지를 많이 쓴다. 그 이상 많은 층은 휴대에 불편하므로 달리 자료를 사용하기 위해서 많이 사용한다.

제2절 9층 표준나경 층차(層次) 해설

제1층 팔살황천(八煞黃泉)

【원문】七言詩=坎龍坤兎震山猴 巽鷄乾馬兌蛇頭 艮虎離猪爲煞曜 宅墓逢之一時休(此煞爲諸惡之首 造葬最忌).

世人用法呼爲八煞黃泉皆畏忌之 殊不知寔有九煞 如坎龍辰戌水來 其煞有二 至坤龍卯水來 震龍申水來 巽龍酉水來 乾龍午水來 兌龍巳水來 艮龍寅水來 離龍亥水來류 皆一龍一煞 其訣總在因龍變水 依水立向 倘變殺爲官 皆爲大貴之地 若不知此則危矣 宜詳細之 至於選日造命 則在年月日時忌用.

坎山忌戊辰戌 坤山忌乙卯 震山忌庚申 巽山忌辛酉 乾山忌壬午 兌山忌丁巳 艮山忌丙寅 離山忌己亥 皆渾天官鬼爻.

凡造葬修方 三者 年月先將太歲入中宮吊替順輪數之 次將月建日時吊九宮 如遇癸巳癸亥年月日時 入中宮 則戊辰戌到一白萬不可修坎方造葬坎山 己酉年己酉月己酉日己酉時 入中宮吊乙卯二黑到坤山可修坤山造葬坤山 癸丑年癸丑月癸丑日癸丑時 入中宮吊庚申辛酉到三碧四綠不可修葬震巽山 辛巳年月日時 入中宮吊壬午 六白到乾不可修葬乾山 乙卯年月日時 入中宮吊丁巳 七赤到兌 不可修葬兌山 癸亥年月日時 入中宮吊丙寅 八白到艮 不可修葬艮山 乙未年月日時 入中宮吊己亥九紫到離不可修葬離山 皆爲八煞歸宮 定主百日內 大生凶禍最宜避之.

【해설】 子山 ; 辰. 坤山 ; 卯. 震山 ; 申. 巽山 ; 酉.

　　　　乾山 ; 午.　兌山 ; 巳.　艮山 ; 寅.　離山 ; 亥.

　위 황천팔살(黃泉八煞)은 여러 악살 중에서도 으뜸가는 살이니 양택에서나 음택에서 만나는 것은 대흉(大凶)하다.

　세상 사람들은 팔살(八煞) 황천(黃泉)으로 오는 물을 크게 꺼리는 살이라고 무서워 할 줄은 알면서도 팔살 황천이 9개라는 것은 거의 모르고 있다. 이 살은 1용에 1살이나 감용(坎龍)에서만은 특별하게 진(辰)과 술(戌) 2개가 함께 황천살(黃泉煞)이 되는 것이다. 그 결을 보면 모두「인용변수(因龍變水)」라 하니, 오고가는 물을 보고 그 물에 의지(依)하여 입향(立向)해야 함을 말하는 것이다.

　대개 대귀의 자리(大貴之地)는 살(煞)이 변하여 벼슬이 되는 경우가 많기 때문이다. 그러므로 이를 상세히 알아두어야 한다. 또 조명택일(造命擇日)에 있어서도 연월일시에서 모두 꺼리는 것이다. 진황천(眞黃泉)의 활용하는 예를 보면,

　　감산(坎山)에서는 무진(戊辰) 무술(戊戌) 연월일시(年月日時)를 꺼리고,
　　곤산(坤山)에서는 을묘(乙卯) 연월일시를 꺼리고,
　　진산(震山)에서는 경신(庚申) 연월일시를 꺼리고,
　　손산(巽山)에서는 신유(辛酉) 연월일시를 꺼리고,
　　건산(乾山)에서는 경오(庚午) 연월일시를 꺼리고,
　　태산(兌山)에서는 정사(丁巳) 연월일시를 꺼리고,
　　간산(艮山)에서는 병인(丙寅) 연월일시를 꺼리고,
　　이산(離山)에서는 기해(己亥) 연월일시를 더욱 꺼리는 것이니
　　이 모두 혼천(渾天)의 관귀효(官鬼爻)이기 때문이다.

　무릇 조장(造葬) 수방(修方)에서 대개 3자(年月日)를 먼저 사용하는데,

태세(太歲)를 중궁(中宮)에 넣고 구궁(九宮)에 순포(順佈)하고, 다음으로 월건(月建)을 중궁에 넣고 역시 구궁에다 순포하여 행사하는 방위의 좌(坐)나 향(向)에 황천살(黃泉煞)이 이르는 것이 가장 무섭다.

가령 계사(癸巳) 계해(癸亥) 연월일시를 사용한다면 무진(戊辰) 무술(戊戌)이 감궁(坎宮)에 이르게 되니 감방(坎方)에는 수방(修方)이건 조장(造葬)을 포함하여 흥왕하기를 바라는 어떤 일이라도 할 수 없다.

기유(己酉) 년(年) 기유월(月) 기유일(日) 기유시(時)를 입중(入中)하면 을묘가 이흑(二黑) 곤궁에 이르니 곤산(坤山)에 수조가 모두 가하다.

계축년 계축월 계축일 계축시를 입중시키면 경신신유(庚申辛酉)가 삼벽 사록(三碧四綠)에 이르니 진손(震巽) 방은 수(修) 장(葬) 간에 모두 불가하다.

신사(辛巳) 연월일시를 중궁에서 비포하면 육백(六白) 건궁(乾宮)에 임오가 이르니 수장이 함께 불가하다.

을묘(乙卯) 연월일시를 입중시키면 정사(丁巳)가 칠적(七赤) 태(兌)에 이르니 태산에는 수장(修葬) 간(間)에 일체 불가하다.

계해(癸亥) 연월일시를 입중시키면 병인(丙寅)이 팔백(八白) 간궁(艮宮)에 이르니 간궁에는 수장(修葬) 간에 일체 불가하다.

을묘(乙卯) 연월일시(年月日時)를 입중시키면 기해(己亥)가 구자(九紫) 이궁(離宮)에 이르니 이궁에는 수장(修葬) 간에 일체 용사를 못한다.

대개 팔살(八煞)이 귀궁(歸宮)하면 결단코 주(主)는 100일 내에 흉화(凶禍)가 발생하므로 가장 무서운 것이다.

① 혼천오행가(渾天五行歌)
乾金甲子外壬午(건금갑자외임오) 坎水戊寅外戊申(감수무인외무신)

艮土丙辰外丙戌(간토병진외병술)　震木庚子外庚午(진목경자외경오)
巽木辛丑外辛未(손목신축외신미)　坤土乙未外癸丑(곤토을미외계축)
離火己卯外己酉(이화기묘외기유)　兌金丁巳外丁亥(태금정사외정해).

② 팔살황천가(八煞黃泉歌)

坎龍忌辰戌向 ; 감용에서는 진술 향을 꺼리고
艮龍忌寅向 ; 간용에서는 인향을 꺼린다.
震龍忌申向 ; 묘용에서는 신향을 꺼린다.
巽龍忌酉向 ; 손용에서는 유향을 꺼린다.
離龍忌亥向 ; 오용에서는 해향을 꺼린다.
坤龍忌卯向 ; 곤용에서는 묘향을 꺼린다.
兌龍忌巳向 ; 유용에서는 사향을 꺼린다.
乾龍忌午向 ; 건용에서는 오향을 꺼린다.

③ 팔살황천(八煞黃泉) 괘식(卦式)

乾卦(龍) 金宮	兌卦(龍) 金宮	離卦(龍) 火宮	震雷(龍) 木宮
父母 戌壬 － 世	父母 丁未 － 世	兄弟 己巳 － 世	財物 庚戌 -- 世
兄弟 申壬 －	兄弟 丁酉 －	子孫 己未 --	**官鬼 庚申** --
官鬼 午壬 －	子孫 丁亥 －	財物 己酉 －	子孫 庚午 －
父母 甲辰 － 應	父母 丁丑 － 應	**官鬼 己亥** － 應	財物 庚辰 -- 應
財爻 寅甲 －	財物 丁卯 －	子孫 己丑 --	兄弟 庚寅 --
子孫 子甲 －	**官鬼 丁巳** －	父母 己卯 －	父母 庚子 －

*필자 註 ; 위 괘식의 요점을 종합하여 보면, 황천 팔살(굵은 서체)은 대살(大煞)이므로 그 살 방위로는 물의 내거(來去)도 안 되고, 좌향(坐向)을 놓아서도 안 되고, 택일(擇日)을 하여서도 안 된다는 것이다.

巽卦(龍)	坎卦(龍)	艮卦(龍)	坤卦(龍)
木宮	水宮	土宮	土宮
兄弟 辛卯 ─ 世	兄弟 戊子 -- 世	**官鬼 丙寅 ─ 世**	子孫 乙酉 -- 世
子孫 辛巳 ─	**官鬼 戊戌 ─**	財物 丙子 --	財物 乙亥 --
財物 辛未 --	父母 戊申 --	兄弟 丙戌 --	兄弟 乙丑 --
官鬼 辛酉 ─ 應	財物 戊午 -- 應	子孫 丙申 ─ 應	**官鬼 乙卯 -- 應**
父母 辛亥 ─	**官鬼 戊辰 ─**	父母 丙午 --	父母 乙巳 --
財物 辛丑 --	子孫 戊寅 --	兄弟 丙辰 --	兄弟 乙未 --

제2층 팔로사로황천(八路四路黃泉, 일명 反復黃泉)

【원문】坤向丁庚是黃泉 丁庚向坤方黃泉

巽向忌行乙丙上 乙丙須防巽水先

艮逢甲癸禍連連 甲癸向中憂見艮

乾向辛壬禍亦然 辛壬乾路最宜忌

此煞只忌 向上來水 開門放水 尤忌以坐山起例 用長生掌 數至絶墓方上 消防是也 如甲山庚向甲木長生亥 墓木絶在坤方是也 餘山倣此.

此皆向上以論坐山 庚向則坐甲山 丁向則坐癸山 乃金羊收癸甲之靈 是坤未之水宜去而不宜朝 倘朝入穴前卽黃泉大煞 主少亡孤寡 專以坐山爲主 不論龍左旋右旋 聖人云 生旺墓弔合而孟仲季收分 言生旺二方宜來 墓庫方宜去 蓋宜來反去是生養水去則孟房敗 帝旺水去則仲房敗 如當去反來是死墓來也則季房敗 定此一局餘三局同推.

【해설】 곤향(坤向)에는 정경(丁庚) 방(方)의 물이 황천이다.

정경(丁庚) 향(向)에는 곤(坤) 방의 물이 황천이다.

손향(巽向)에는 을병(乙丙) 방의 물이 황천이다.

> 을병(乙丙) 향(向)에서는 손(巽) 수를 먼저 방지하라,
> 간향(艮向)에서는 갑계(甲癸) 방의 수는 화(禍)가 연속한다.
> 갑계(甲癸) 향에서는 간(艮) 방의 물이 근심이 된다.
> 건향(乾向)에서는 신임(辛壬) 수가 화(禍)가 된다.
> 신임(辛壬) 향에서는 건(乾) 방의 물을 가장 꺼린다.

이 살은 단지 향(向) 상으로 보아 오는 물을 끼리는 데 그친다. 더욱 두려운 것은 개문방수(開門放水)에서 좌산으로 12운성법(運星法)을 기례(起例)하여 절묘(絶墓) 방과 이 살(煞)이 겹치는 것이다.

예를 들어보면, 갑산(甲山) 경향(庚向)에서 갑목(甲木)의 생왕(長旺)이 해묘(亥卯)이고, 목(木)의 절지(絶地)가 곤신(坤申)인데, 물이 곤방(坤方)으로 내거하면 살(煞)과 절지가 합한 것이다. 나머지도 이와 같이 추리한다.

이는 모두 향 상에서 좌산을 논한 것이니 경향(庚向)은 갑좌(甲坐)이고 정향(丁向)은 계좌(癸坐)이기 때문이다. 이것이 바로 「금양수계갑지령(金羊收癸甲之靈)」이니 이 곤미(坤未) 수(水)는 거(去)하는 것은 마땅하나 조수하는 것은 마땅치 못하다. 만약 혈전(穴前)으로 조입(朝入)하는 것이라면 황천(黃泉) 대살(大煞)이 되므로 주(主)는 소망(小亡) 고과(孤寡)하게 된다. 오로지 좌산으로서 위주하고 용의 좌선(左旋) 우선(右旋)은 논하지 않는다.

성인(聖人)이 말하기를, 「생왕묘(生旺墓)로 조합하는 것은 맹중계(孟仲季)의 수분(收分)과 같다」하니, 말하자면 생왕(生旺) 두 방위로는 마땅히 와(來)야 하고 묘고(墓庫) 방(方)으로는 흘러가는 것이 마땅하기 때문이다.

대개 오는 것이 마땅한데 도리어 간다면 이는 생양(生養) 수(水)가 거(去)하는 것이니 맹방(孟房)이 패절(敗絶)하고 제왕(帝旺) 수(水)가 도망가면 중방(仲房)이 패절한다. 가령 거(去)하는 것이 마땅한데 반대로 들어오면 이는 사묘(死墓) 수(水)가 오는 것이니 계방이 패절한다. 일국(一局)의 예(例)가 이러하니 나머지 3국도 이같이 유추하라.

① 지지황천(地支黃泉)
卯辰巳午怕**巽**宮(묘진사오 파손궁) 午未申酉**坤**莫逢(오미신유 곤막봉)
酉戌亥子**乾**宮是(유술해자 건궁시) 子丑寅卯**艮**遭凶(자축인묘 간조흉)

② 백호황천(白虎黃泉)
乾甲坎癸申辰山 白虎轉在丁未間 ; 건갑감계신진산(乾甲坎癸申辰山)은 丁未가 백호이다.

更有離壬寅兼戌 亥宮流水主憂煎 ; 다시 이임인술산(離壬寅戌山)은 해궁이 백호이다.

震庚亥未四山奇 水若流申却不宜 ; 진경해미(震庚亥未) 4산은 申방이 백호이다.

更有兌丁巳兼丑 犯著乙辰白虎欺 ; 태정사축산(兌丁巳丑山)은 乙辰방이 백호이다.

坤乙二宮丑莫犯 水來殺男定無疑 ; 坤乙 2산은 축수(丑水)를 보지 말라.
艮丙愁逢離上下 巽辛遇坎禍難移 ; 艮丙은 離요, 巽辛은 坎이 백호 살이다.

이상 두 황천 살은 향(向)으로 위주하여 전론(專論)한다. 이 살은 개문(開門) 방수(放水)에도 꺼린다(此二黃泉專論向爲主 忌開門放水).

<팔로황천식>

(1) 立庚向·忌水流出坤申位·

(2) 立丁向·忌水流出坤申位·

(3) 立丙向·忌水流出巽巳位·

(4) 立乙向·忌水流出巽巳位·

(5) 立甲向・忌水流出艮寅位・　　(6) 立癸向・忌水流出艮寅位・

(7) 立壬向・忌水流出乾亥位・　　(8) 立辛向・忌水流出乾亥位・

(9) 立坤向·忌水流出庚酉位· (10) 立巽向·忌水流出丙午位·

(11) 立艮向·忌水流出甲卯位· (12) 立乾向·忌水流出壬子位·

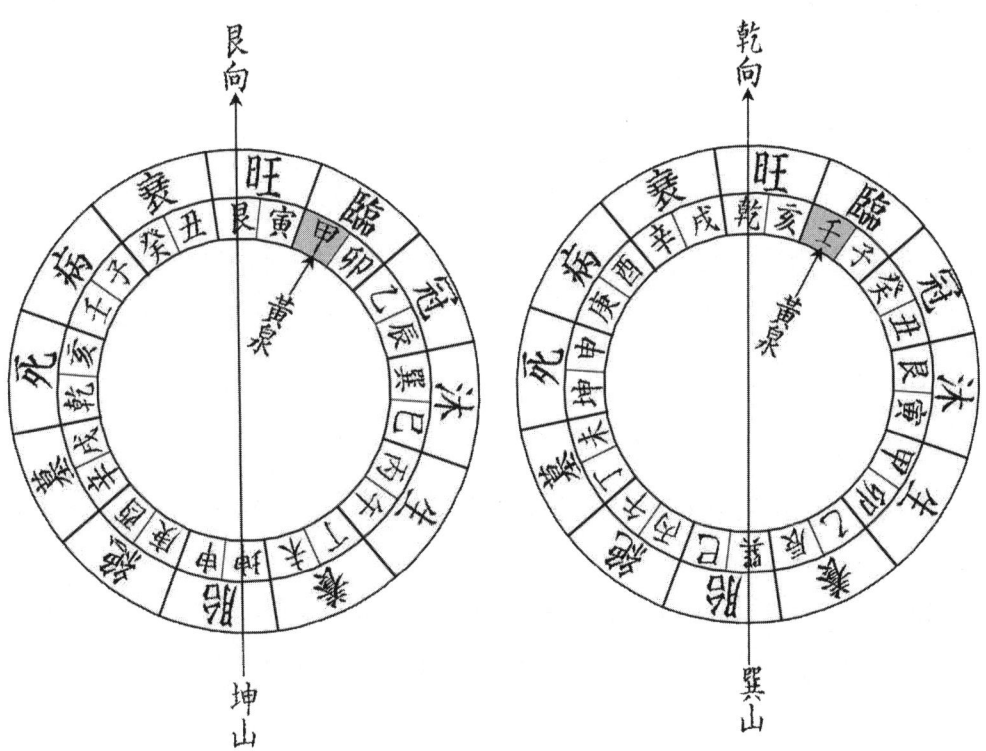

제3층 쌍산오행(雙山五行)

쌍산(雙山)이란 인반중침은 지반정침보다 반 방위 뒤따라간다. 그러므로 인반 자위(子位)는 지반정침의 임(壬)과 자(子)를 걸터앉았다고 하여 붙여진 이름이다.

지지(地支) 12궁위에는 천간(天干)이 한 자씩 더 붙여져서 쌍산(雙山)을 이루고 있는데 무기 토(戊己土)만 없다.

오행(五行)은 금・목・수・화・토(金木水火土) 5자를 말한다. 그러나 쌍산(雙山)에서는 토가 빠지고 금・목・수・화 4행만으로 되어 있다. 하도(河圖)에서 토(土)는 중앙에 거하면서 4방위에 붙여져야 변화를 이룰 수 있으므로 비록 없다고 하더라도 사방에 포함되어 있으므로 그러하다.

하도(河圖)에 1생수(生數)는 중앙의 5토수(土數)를 더하면 6수(數)가 되므로 16수(水) 속에는 토(土)가 포함되어 있다. 이하 27화(火) 38목(木) 49금(金)도 모두 그러하다.

사용법으로는 내용(來龍)을 격정(格定)할 때만 사용되는데 12운성(運星)법으로 양생(養生)으로 발출한 용(龍)이라면 관왕처(官旺處)에서 결작(結作)하고, 관왕(官旺)으로 출발하였으면 양생(養生)으로 입수(入首) 결작하여야 길하다.

1) 재천구성은 4원국에 응한다(在天九星 以應 四垣局)

【원문】九星者 貪狼 巨門 祿存 文曲 廉貞 武曲 破軍 輔弼是也 二十四山配合 須用地母卦定之 從八卦變曜 坤卦對宮起貪狼以配向也 艮丙貪狼

木 巽辛巨門 乾甲祿存土 離壬寅戌文曲水 震庚亥未廉貞火 兌丁巳丑武曲金 坎癸申辰破軍金 坤乙輔弼木土是也

易曰天垂象見吉凶 在天成象在地成形下映二十四山 星有美惡故地有吉凶 所謂天之所覆地之所戴

是以天皇星在亥上映紫微垣 艮映天市垣 巽映太微垣 兌映少微垣 此四垣爲天星之最貴者 天貴映丙 天乙映辛 南極映丁合艮巽兌爲六秀 又天屛映爲紫微垣之對宮稱帝都明堂故亥巳合六秀人稱八貴 離居正南爲天地之中俱吉 若諸陽龍則爲下也 總以 紫微垣少微垣天市垣太微垣爲天星四貴 四垣中 紫微垣天市垣太微垣3垣有立國建都之驗合三垣爲妙 至於少微垣無帝座立都不取 此以二十四位天星配山砂水應驗 又以三陽六建之龍三陽者巽丙丁 六建者天亥地艮人丁財卯祿巽馬丙

星辰者五吉丁玉門巽 文筆辛 學堂丙 舍堂卯 長壽丙丁 金帶庚酉辛 銀帶卯艮 驟富文秀巽辛以上三吉六秀之內 陽宅大旺人丁富貴綿遠 陰地主無水蟻發福悠久 此天星之宮位 砂水之美惡由是而定 砂貴出人貴砂賤出人賤,

至若尋龍捕穴 過峽變(辨)土色求穴情 過峽是石穴亦石 紅是廉貞 黃巨門 皆以九星論之.

【해설】 재천구성(在天九星)이란 탐랑(貪狼)·거문(巨門)·녹존(祿存)·문곡(文曲)·염정(廉貞)·무곡(武曲)·파군(破軍)·보필(輔弼)이 그것이다.

24산에 배합하여 반드시 지모괘(地母卦)를 결정한 후 사용한다. 팔괘의 변요를 좇아 곤괘의 대궁에서 탐랑을 기(起)한 후 배향해 나간다. 그러면 간병(艮丙)이 탐랑목(貪狼木), 손신(巽辛)이 거문토(巨門土), 건갑(乾甲)이 녹존토(祿存土), 이임인술(離壬寅戌)이 문곡수(文曲水), 진경해미(震庚

亥未)가 염정화(廉貞火), 태정사축(兌丁巳丑)이 무곡금(武曲金), 감계신진(坎癸申辰)이 파군금(破軍金), 곤을(坤乙)이 보필목(輔弼木)이 된다.

《주역》에 이르기를, 「하늘에서 상을 드리웠으므로 길흉이 나타나(天垂象見吉凶)는 것」이라 하고, 또 「하늘에 상(象)이 있으므로 땅에서 형(形)을 이룬다(在天成象在地成)」하니 아래로 24산에 비추기 때문에 성신(星辰)에서 미악(美惡)이 나타나고 지(地)에는 길흉이 있게 되는 것이다. 이른바 하늘에서는 덮어주고 땅에서는 실어주는 것이다.

이로써 천황성(天皇星)은 해방(亥方)에서 자미원국(紫微垣局)을 비추어 주고 있다. 천시원(天市垣)은 간방(艮方)에서 비춰주고, 태미원(太微垣)은 손방(巽方)에서 비춰주고, 소미원(小微垣)은 태방(兌方)에서 비춰주니 이것이 천성의 4원국(垣局)으로 가장 귀한 것들이다.

또 천귀(天貴)는 병(丙)이요 천을(天乙) 신(辛), 남극(南極) 정(丁)이니 이들과 합하는 글자 간(艮) 손(巽) 태(兌)까지 모두 육수(六秀)로 삼는다.

또 천병(天屛)은 자미원(紫微垣)의 대궁(對宮)이니 제도(帝都)의 명당(明堂)이라 칭한다. 이것까지 합하여 8귀(貴)라 한다. 이(離)도 정남(正南)에 거하므로 이른바 천지의 중(中)에서 길함을 갖춘 곳으로 삼는다. 만약 제(諸) 양용에서 하장(下葬) 등으로 사용하는 것은 길하다.

총론하면 자미원·소미원·천시원·태미원은 천성중에서 사귀(四貴)이지만, 자미원·천시원·태미원은 입국(立國) 건도(建都)로 쓸 수 있으나 소미원만은 제좌(帝座)가 없으므로 건도(建都) 입국에서는 취하지 않는다. 이렇게 천성이 24위에 배치되었으니 산(山)·사(砂)·수(水)에 응용하면 증험이 있으리라.

또 삼양(三陽) 육건(六建)의 용(龍)이 있으니 삼양(三陽)이란 손(巽) 병(丙) 정(丁)이요 육건(六建)이란 천해(天亥)·지간(地艮)·인정(人丁)·재묘(財卯)·녹손(祿巽)·마병(馬丙)을 말한다.

성신(星辰)이란 오길(五吉)이 정(丁)이요, 옥문(玉門) 손(巽), 문필(文筆) 신(辛), 학당(學堂) 병(丙), 사당(舍堂) 묘(卯), 장수(長壽) 병정(丙丁), 금대(金帶) 경(庚) 유(酉) 신(辛), 은대(銀帶) 묘(卯) 간(艮), 취부(驟富) 문수(文秀) 손(巽) 신(辛)이니 이상 삼길(三吉) 육수(六秀)를 양택에서 사용하면 인정(人丁)이 대왕(大旺)하고 부귀가 길게 이어진다. 음지(陰地)에서 사용하면 수(水) 의(蟻)가 없이 발복이 유구하다.

이상 천성(天星)의 궁위는 사수의 미악(美惡)으로 연유하여 결정한다. 사(砂)가 귀하면 출인(出人)이 귀하고 사(砂)가 천하면 출인 또한 천하다.

심용 보혈(尋龍捕穴)에서는 과협의 토색으로 혈정(穴情)을 분변하는 것이니 과협이 석(石)이면 혈 역시 석(石)이요 과엽이 붉으면 염정이니 혈 역시 붉은색이며 황색은 거문(巨門)이니 모두 구성(九星)으로 추리한다.

*필자 註 ; 이곳 현공풍수에서 주로 사용하는 구궁(九宮)은 1탐랑(貪狼), 2거문(巨門), 3녹존(祿存), 4문곡(文曲), 5염정(廉貞), 6무곡(武曲), 7파군(破軍), 8보필(輔弼)인데, 그 출처는 주로 출행 택일에서 사용하는 생기 복덕법(生氣福德法)의 1상생기(生氣), 2중천의(天醫), 3하절체(絶體), 4중유혼(遊魂), 5상화해(禍害), 6중복덕(福德), 7하절명(絶命), 8중귀혼(歸魂)을 인용한 것으로 그 차서(次序)나 길흉도 모두 같으나 다만 이름만 바꾸어 놓은 것이다.

《인자수지(人子須知)》에 의하면 「이 구성법(九星法)의 입명(立名)이 북두경(北斗經) 주문(呪文)에서 나왔다고 하나 북두의 명은 1천추(天樞), 2선(璇), 3기(璣), 4권(權), 5형(衡), 6개양(闓陽), 7요광(瑤光), 8보(輔), 9필(弼)로 탐랑(貪狼)과 거문(巨門)의 설은 없었다. 또 그 길흉설에 탐랑이 상길이고 거문과 무곡이 다음이고 보필이 그 다음으로 길하다 하고, 녹존·문곡·염정·파군은 흉하다 하는데 그 입법(立法)이 그릇되었다」고 해서 《인자수지》의 〈비리(非理)와 제류(諸謬) 조(條)〉에 입명·길흉·오행 배치가 잘못되었다고 비판하고 있다.

2) 토색은 과협의 토색과 같다(土色專看 龍過峽 峽與穴情 一般法)

【원문】變土色之法 務要以入首過峽處 格定羅經 如艮丙貪狼木龍穴土必靑 巽辛巨門土穴土必黃 乾甲祿存土穴土亦黃 離壬寅戌文曲水穴土必黑 震庚亥未廉貞火穴土必紅 兌丁巳丑武曲金穴土必白 坎癸申辰破軍金穴土必黑白 坤乙輔木弼土穴土必靑黃 取紅黃光潤爲佳 乾枯黑色爲凶 土厚爲佳堅硬爲凶頑石亦凶 此前九星作用之功 與後列四垣以應垣局二十四位天星分野宮度一盤相爲表裏.

【해설】토색을 분변하는 법은 입수(入首)의 과협(過峽) 처(處)에서 힘써볼 것이니 나경으로 격정(格定)한다. 가령 간병(艮丙)이면 탐랑목용(貪狼木龍)이니 혈(穴)의 토색은 필청(必靑)이요, 손신(巽辛)이면 거문(巨門) 토이니 혈토의 색은 필황(必黃)이다. 건갑(乾甲)은 녹존토용(祿存土龍)이니 혈토의 색은 적황(赤黃)이다. 이임인술(離壬寅戌)이면 문곡(文曲) 수용(水龍)이니 혈토 색은 필흑(必黑)이다. 진경해미(震庚亥未)는 염정(廉貞) 용이니 혈토는 필홍(必紅)이다. 태정사축(兌丁巳丑)은 무곡(武曲) 금(金)이니 혈토는 필백(必白)이다. 감계신진(坎癸申辰)은 파군(破軍) 금이니 혈토는 필 흑백(必黑白) 색이다. 곤을(坤乙)은 보목(輔木) 필토(弼土)이니 혈토는 필 청황(靑黃)이다. 홍(紅) 황(黃)을 취할 때는 광윤(光潤)함이 아름답고 건고(乾枯)하면 흉하다. 또 토(土)층이 후중(厚重)해야 하고 견경(堅硬)하면 흉하며 완석(頑石)도 역시 흉하다. 이것이 앞의 구성(九星)작용의 공(功)이다. 후열의 4원국(垣局)으로 24위 천성 분야의 궁도와 일반으로 표리(表裏)가 된다.

3) 토색 보는 법(占土色法)

【원문】催官篇云 峽紫定知穴亦紫 紅是廉貞黃巨門 先賢葬說云 卜其宅兆卜其地之美惡 取其土色之光潤草木之茂盛 他時不爲溝池城郭道路所逼 貴勢所奪則爲美 蓋地美則亡魂安而子孫盛理固然也 故古人定穴外看山川形勢內占土色紋理土色美惡 務要堅寔溫潤 如裁肪如切玉者爲上 枯槁髮泛爲凶 金氣凝者多白 水氣應者多黑 木氣應者多靑 火氣應者多赤 土氣應者多黃 或有其土如英石如龍腦石 花恙石 碧玉石之類 皆是吉土 更要取其特異者爲眞耳 若滿山皆常土唯穴中得細膩之土最妙 若滿山土皆與穴中土一樣不變色者亦屬平平 至於開穴見生物 如龜如魚者天地精氣所結故其旺盛凝結如此 倘見蛇鼠虫蟻者必凶 不可誤認爲生氣.

【해설】최관편(催官篇)에 이르기를, 협이 자색이면 결단코 혈 역시 자색임을 알 수 있고 홍색이면 염정(廉貞)이요 황색은 거문이다.

선현의 장설(葬說)에 이르기를, 「복기택조하고 복기지 미악(卜其宅兆卜其地之美惡)」 하라 하니 그 토색의 광윤(光潤)함을 취하고 초목도 무성하여야 하며, 어느 때 구지(溝池)나 성곽 도로가 될 가능성이 있다거나 너무나 좁다거나 귀세(貴勢)에 빼앗길(奪取) 만한 걱정이 없는 곳이어야 아름다운 곳이다.

대개 「땅이 좋아서 망인의 혼령이 편안하여야 자손이 왕성할 수 있다」는 것이 확고한 자연의 이치이다. 그러므로 고인은 혈을 결정하기 이전에 주위의 산천 형세를 보았고, 안으로는 토색(土色)과 문리(紋理)를 결정하였는데, 토색의 미악이란 견정(堅貞)한지를 보는 것이고(務要堅) 진실로 온윤(寔溫潤)한지를 보는 것이다. 재방(裁肪 ; 비계를 잘라놓은 것)과 같이 부드럽고 절옥(切玉)과 같이 고우면 최상이고 고고발범(枯槁髮泛)이면 흉(凶)이다.

금기(金氣)가 응고(凝固)한 곳은 백색이 많고, 수기(水氣)가 응집(凝集)하였으면 흑색(黑色)이 많으며, 목기(木氣)가 응집한 곳은 청색이 많으며, 화기(火氣)가 응집한 곳은 적색이 많으며, 토기(土氣)가 응집된 곳은 황색이 많다. 혹 그 흙에 영석(英石)이 있기도 하고 용뇌석(龍腦石)이 있기도 하고 화양석(火恙石)이 있을 수도 있고 벽옥석(碧玉石)의 류(類)가 있을 수도 있는데, 그것은 모두 길토(吉土)이다.

다시 중요한 것은 그 특이한 것을 취하는 것이 있는데 만산이 모두 상토(常土)인데 혈중에서만 세이(細膩)한 흙이라면 가장 묘(妙)한 것이다. 만산이 또 혈중의 흙과 같고 변색이 없으면 평범한 것에 불과하다. 또 개혈하였을 때 거북이라든지 물고기 같은 생물이 보이는 것은 천지의 정기(精氣)가 왕성하게 결집한 것이다. 그러나 뱀이라든지 쥐 흰개미 등이 보이는 것은 필흉(必凶)이니 생기로 오인하지 말 것이다.

제4층 지반정침(地盤正針)

【원문】謂先天經盤辨方 定位立向爲羅經之始 先天地支只載有12位 一名十二雷門爲胎骨龍以正針論之 子午卯酉爲天地四正之位 寅申巳亥爲五行長生之地 辰戌丑未爲五氣歸元之所 故後天正針運用地支相頂 夫屬陰靜不動也後天增之四維八干 四維者乾坤艮巽八干者甲庚丙壬乙辛丁癸屬陽主動以居十二支位之界縫 當氣候遁代之間 所以天地間有陰不可無陽 陰支中得陽干 是不得錯 雜其間 則陰資陽而不至於虛陽藉陰而不至於孤 二氣自有化生之妙矣 後天正針之制 不外先天十二支而變矣 地盤全爲縫針中

針之根 穿山透地之本五行生旺休囚之異位 陰陽順逆旋轉之殊例 自此而推上參日纏舍過將下察九州分野諸妙具備 智者熟此 後人以正針二十四山本於文王八卦母卦管三山 子午卯酉居坎離震兌四正之位爲四藏卦 乾坤艮巽居四維之地爲四顯卦 四正得金木水火之正氣 坎居正北左右壬癸付之 離居正南左右丙丁付之 震居正東左右甲乙付之 兌居正西左右庚辛付之 四維者乃地支中之四庫四生附也 乾居西北戌亥付之 坤居西南未申付之 巽居東南辰巳付之 艮居東北寅丑付之 偏正兼該顯藏互用經天緯地無所不貫 格龍定向 立穴乘風(氣인 듯)消砂納水 建宅安墳陰陽選配 作用最廣 其中排六甲在八門 推五運定六氣 五行顚倒異用無窮矣, 古仙云 「識得五行顚倒顚 便是人間地中仙」且又合龍玄關通竅 其用當於龍脊上 先分四大水口次以左右旋論 古聖云 乙丙交而趨戌 辛壬會而聚辰 丑牛納丁庚之氣 金羊收癸甲之靈 論先天後天之理 詳明某局水口

　右旋甲卯爲乙木 當配丙火出戌口爲妻與夫相配 若配庚出丑 配甲出未 配壬出辰 便爲路遇之夫犯陽差病 左旋丙午爲丙火 當配乙木出戌口爲夫與妻相配 若配辛出辰 配癸出未 配丁出丑 便爲路遇之妻犯陰錯病 如右旋丙午爲丁火 當配庚金出丑口爲妻與夫相配 若配丙出戌 配甲出未 配壬出辰 便爲路遇之夫犯陽差病 左旋庚酉爲庚金 當配丁火出丑口爲夫與妻相配 若配辛出辰 配癸出未 配乙出戌 便爲路遇之妻犯陰錯病 右旋庚酉爲辛金 當配壬水出辰口爲妻與夫相配 若配庚出丑 配甲出未 配丙出戌 便爲路遇之夫犯陽差病 左旋壬子爲壬水 當配辛金出辰口爲夫與妻相配 若配丁出丑 配癸出未 配乙出戌 便爲路遇之妻犯陰錯病 右旋壬子爲癸水 當配甲木出未口爲妻與夫相配 若配庚出丑 配丙出戌 配壬出辰 便爲路遇之夫犯陽差病 左旋甲卯爲甲木 配癸水出未口爲夫與妻相配 若配辛出辰 配丁出丑 配乙出戌 便爲路遇之妻 犯陰錯病 此四局以龍與坐山配 水入堂出口 愼勿忽

之 又如甲乙寅卯巽五龍入首 左旋爲甲木生亥旺卯墓未 右旋爲乙木生午旺寅墓戌 丙丁巳午四龍入首 左旋爲丙火生寅旺午卯戌 右旋爲丁火生酉旺巳墓丑 庚辛辛酉乾五龍入首 左旋爲庚金生巳旺酉墓丑 右旋爲辛金生子旺申墓辰 壬癸亥子坤艮辰戌丑未十龍入首 左旋爲壬水戊土生申旺子墓辰 右旋爲癸水生卯旺亥墓未,己土生酉旺巳墓丑, 其訣以入首水出論之 立向宮位當依納水消砂 先賢已經詳察明辨 後學愼勿任情自誤 正針紅針對地盤午中正南 黑針對地盤子中正北 以八干從其祿 四維從其墓.

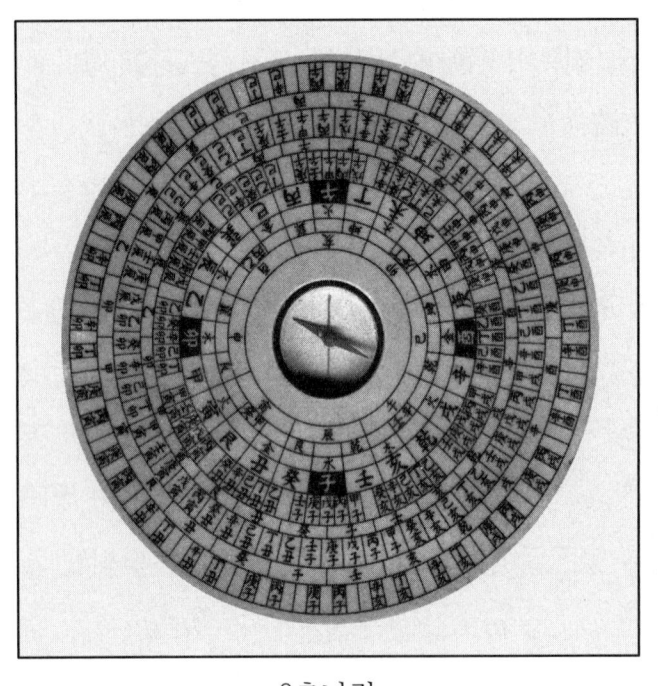

<9층나경>

【해설】 선천경반으로 방위를 분변하고 위치를 정한 후 향(向)을 세우기 위하여 나경이 처음으로 활용되기 시작하였다. 선천의 지지(地支)는 12위인데 이름을 12뇌문(雷門)이라 하며 태골용(胎骨龍)으로 삼았으며 이를 정침(正針)으로 논하였다. 子午卯酉는 천지(天地)의 4정위(正位)에 두었고 寅申巳亥는 오행(五行)의 장생지(長生地)로 삼았고, 辰戌丑未는 오기(五氣)가 귀원(歸元)하는 장소로 삼았다. 그러므로 「후천 지반정침으로 운용(運用)하여야 지지에 상당하는 것이다」

*필자 註 ; 봉침(縫針)에 대한 지반(地盤) 정침(正針)을 사용하여야 한다는 것

으로 착각하기 쉬우나 방위학의 원리상 자침(磁針)이 가리키는 자북(磁北)이 진북(眞北)임을 전제로 한 말이기 때문에 주의해야 한다. 반드시 우리가 사용하고자 하는 지역의 정 자오선(子午線)을 통과하는 진북(眞北 ; 지구의 자전축)을 찾아 기준 방위로 설정해 놓고 사용해야 함이 정답이다.

대개 음(陰)에 속하는 것들은 정(靜)하고 부동(不動)이므로 후천으로 사유(四維) 팔간(八干)을 증보하였다. 사유란 건곤간손(乾坤艮巽)이고 팔간은 갑병경임 을신정계(甲丙庚壬 乙辛丁癸)로 양(陽)에 속하며 동적인 것이다. 12지지(地支)의 사이사이에서 경계를 봉(縫)하도록 하여 기후의 이탈을 담당하도록 하였다. 이로써 천지 간에는 음만 있고 양이 없는 것은 불가하므로 음지(陰支) 중에 양간을 득하게 한 것이다. 이는 사이사이에서 착잡(錯雜)시키는 것이 아니고 음(陰) 양(陽)이 서로 의지할 수 있는 바탕을 만들어 준 것이다. 그러므로 음은 양에다 적(籍)을 두므로 허(虛)에 이르지 않고, 양은 음에다 의지하여 고(孤)에 이르지 않게 한 배려이니 두 기운은 스스로 화생(化生)의 묘(妙)를 갖게 된 것이다.

후천정침의 제작은 선천(先天) 12지지(地支)를 벗어나지 않도록 변용한 것이다. 지반(地盤)은 오로지 봉침(縫針)과 중침(中針)의 뿌리이다. 천산(穿山) 투지(透地)는 오행 생왕휴수의 이위(異位)이니, 음양(陰陽) 순역(順逆)과 선전(旋轉)으로 수례(殊例 ; 구분하여 예로 삼다)하면 이를 스스로 추리할 수 있을 것이다. 위로는 태양의 전사(纏舍)를 추적하여 처리하고, 아래로는 구주(九州)의 분야(分野)로 여러 가지 묘(妙)함을 구비하여야 하니 지혜로운 사람은 이를 숙지해야 한다.

후인이 정침 24산을 문왕팔괘로 근본을 삼고 매 괘마다 3산을 관리하게 하였다. 자오묘유(子午卯酉)에는 감리진태(坎離震兌)가 거하게 하여 4정위(正位)를 4장괘(藏卦)로 삼았고, 건곤간손(乾坤艮巽)은 4유방(維方)에 배치하여 4현괘(顯卦)로 삼았다. 4정위(正位)는 금(金) 목(木) 수(水) 화(火)의 정기(正氣)를 득하게 하였다.

감(坎)은 정북(正北)에 거하며 좌우(左右)에 임계(壬癸)를 붙여놓았다.
이(離)는 정남(正南)에 거하며 좌우로 병정(丙丁)을 붙여놓았다.
진(震)은 정동(正東)에 거하며 좌우로 갑을(甲乙)을 붙여놓았다.
태(兌)는 정서(正西)에 거하며 좌우로 경신(庚辛)을 붙여놓았다.
간(艮)은 동북(東北)에 거하며 좌우로 축인(丑寅)을 붙여놓았다.

이는 편정(偏正)이나 현장(顯藏)을 겸해(兼該)하며 호용(互用)하도록 하였고, 경천위지(經天緯地)를 불문하고 무소불관(無所不貫)으로 격용(格龍)·정향(定向)·입혈(立穴)·승풍(乘風)·소사(消沙)·납수(納受)를 하도록 하였으니 건택(建宅) 안분(安墳) 간에 음양만 선배(選配)하면 작용이 가장 넓다. 그 가운데다 육갑(六甲)을 배치하는데, 팔문(八門)에 있어서는 오운(五運)을 추리하고 육기(六氣)를 결정하며 오행(五行)의 전도(顚倒) 등 이용(異用)이 무궁하다.

고선(古仙)이 말하기를, 「오행의 뒤집히고 뒤집어 쓸 줄 알면 이 사람은 지상의 선인이다(識得五行顚倒顚便是人間地中仙)」하였고, 또 합용(合龍) 현관통규법(玄關通竅法)이 있는데, 그 쓰임을 보면 마땅히 용의 척상(脊上)에서 먼저 사대수구(四大水口)를 분류하여 보고 다음으로 좌선(左旋)인지 우선(右旋)인지를 논(論)한다.

고성(古聖)이 말하기를, 을병교 이추술(乙丙交而趨戌)하고
　　　　　　　　　　　신임회 이취진(辛壬會而聚辰)하며
　　　　　　　　　　　축우납 정경지기(丑牛納丁庚之氣)하며
　　　　　　　　　　　금양수계 갑지령(金羊收癸甲之靈)이라 하니
선천(先天) 후천(後天)의 이치로서 수구(水口)는 모국(某局)인지를 상세

히 밝히는 것이다.

① 좌선(左旋) 갑묘(甲卯) 용(龍)은 갑목(甲木) 용이니 계수(癸水)를 배(配)하고 미(未) 수구(水口)로 출거(出去)해야 남편(夫)은 처(妻)와 바르게 상배(相配)된 것이다.

만약에 신(辛)을 배(配)하고 진(辰)으로 출거(出)한다거나 정(丁)을 배(配)하고, 축(丑)으로 출거(出)한다거나 을(乙)을 배(配)하고 술(戌)로 출거(出)한다면 이는 도중에서 만난 처(妻)이니 음(陰)이 차착(差錯)되어 병(病)이 된 것이다.

우선(右旋) 갑묘용(甲卯龍)이면 을목(乙木) 용(龍)이니 마땅히 병화(丙火)와 배필(配匹)이 되므로 술(戌) 수구(水口)로 유거(流去)하여야 처(妻)와 부(夫)의 상배(相配)가 바르게 된 것이다.

만약에 경(庚)을 배(配)하여 축(丑)으로 출(出)한다거나, 갑(甲)을 짝으로 하고 미(未)로 출거(出)한다거나, 임(壬)을 배(配)하고 진(辰)으로 출(出)한다면 이것은 노중(路中)에서 만난 남편(夫)이니 양이 차착(陽錯)을 범(犯)하여 병(病)이 된 것이다.

② 좌선(左旋) 병오(丙午) 용이라면 병화(丙火)는 을목(乙木)을 만나 술(戌) 수구(口水)로 출거(出)하여야 부(夫)와 처(妻)가 바르게 만난 배필이 된다.

만약에 신(辛)을 배필(配)로 하여 진(辰)으로 출(出)한다거나, 계(癸)를 배하고 미(未)로 출거(出)한다거나, 정(丁)을 배(配)하고 축(丑)으로 출거(出)한다면 도중(途中)에서 만난 처(妻)가 되어 음착(陰錯)을 범(犯)하여 병(病)이 된 것이다.

우선(右旋)으로 병오용(丙午龍)은 정화용(丁火龍)과 같으니 마땅히 경금(庚金)을 배(配)하여 축(丑) 수구(水口)로 출(出)하여야 처(妻)와 부(夫)는 바르게 만난 배필이다.

만약에 병(丙)을 배(配)하고 술(戌)로 출거(出)한다거나, 갑(甲)을 만나 미(未) 수구로 출거(出)한다거나, 임(壬)을 배하고 진(辰) 수구로 출거(出)한다면 노중(路中)에서 만난 남편이니 양(陽)이 착잡(錯雜)하여 병이 된 것이다.

③ 좌선(左旋) 경유(庚酉) 용(龍)이라면 경금(庚金) 용이니 마땅히 정화(丁火)를 배(配)하고 축(丑) 수구로 출(出)하여야 부(夫)는 처(妻)와 바르게 만난 배필이다.

만약에 신(辛)을 배(配)하고 진(辰)으로 출거(出)한다거나, 계(癸)를 배(配)하고 미(未)로 출거(出)한다거나, 을(乙)을 배(配)하고 술(戌)로 출거(出)한다면 이는 도중(途中)에서 만난 처(妻)이므로 음(陰)이 차착(差錯)한 병(病)이다. 우선(右旋) 경유(庚酉) 용(龍)이라면 신금(辛金) 용(龍)이니 마땅히 임수(壬水)를 배(配)하고 진(辰)으로 출(出)하여야 처(妻)는 부(夫)와 바르게 만난 배필이다.

만약에 경(庚)을 배하고 축(丑)으로 출거(出)한다거나, 갑(甲)을 배(配)하고 미(未)로 출거(出)한다거나, 병(丙)을 배(配)하고 술(戌)로 출거(出)한다면 이는 중간에서 만난 남편이니 양(陽)이 차착(差錯)을 범하여 병(病)이 된 것이다.

④ 좌선(左旋)으로 임자(壬子) 용(龍)이라면 임수(壬水) 용(龍)이니 마땅히 신금(辛金)을 배(配)하고 진(辰)으로 출거(出)하여야 부(夫)는 처(妻)를 바르게 만난 배필이다.

만약에 정(丁)을 배(配)하여 축(丑)으로 출(出)한다거나, 계(癸)를 배(配)

하여 미(未)로 출(出)한다거나, 을(乙)을 배(配)하여 술(戌)로 출(出)한다면 이는 도중에서 만난 부부이니 음(陰)이 차착(差錯)을 범하여 병(病)이 된 것이다.

우선(右旋) 임자(壬子)는 계수(癸水)이니 마땅히 갑(甲)을 배(配)하여 미(未) 수구(水口)로 유출(流出)해야 처(妻)는 부(夫)와 바르게 만난 배필이다.

만약에 경(庚)을 배(配)하여 축(丑)으로 출거(出)한다거나, 병(丙)을 배(配)하고 술(戌)로 출거(出)한다거나, 임(壬)을 배(配)하고 진(辰)으로 출거(出)한다면 이는 도중에서 만난 부부이니 양(陽)이 차착(差錯)을 범하여 병(病)이 된 것이다.

이상 4국은 용(龍)으로 좌산(坐山)과의 배합을 보는 것이니, 수(水)가 입당(入堂)하였다가 빠져나가는 수구(水口)로 위주하는 것이니 신중하고 소홀히 하지 말 것이다.

또 가령 갑을인묘손(甲乙寅卯巽) 5용(龍)으로 입수(入首)하였는데 좌선(左旋)이면 갑목(甲木)이니 해(亥)에서 생(生)하고 묘(卯)에서 왕(旺)하며 미(未)에서 묘(墓)가 된다. 우선(右旋) 입수면 을목용(乙木龍)이니 생오(生午) 왕인(旺寅) 묘술(墓戌)이 된다.

병정사오(丙丁巳午) 4용(龍) 입수(入首)인데 좌선(左旋)이면 병화(丙火)이니 생인(生寅) 왕오(旺午) 묘술(墓戌)이요, 우선(右旋)이면 정화(丁火) 용이니 생유(生酉) 왕사(旺巳) 묘축(墓丑)이다.

경신신유건(庚申辛酉乾) 5용(龍)으로 입수한 것은 좌선(左旋)이면 경금(庚金)이니 생사(生巳) 왕유(旺酉) 묘축(墓丑)이다. 우선(右旋)이면 신금(辛金) 용이니 생자(生子) 왕신(旺申) 묘진(墓辰)이다.

임계해자(壬癸亥子) 곤간(坤艮) 진술축미(辰戌丑未) 10용(龍)으로 입수하였는데 좌선(左旋)이면 임수(壬水)와 무토(戊土)이니 생신(生申) 왕자(旺

子) 묘진(墓辰)이요, 우선(右旋)이면 계수(癸水) 용이니 생묘(生卯) 왕해(旺亥) 묘미(墓未)이며, 기토(己土)는 생유(生酉) 왕사(旺巳) 묘축(墓丑)이다. 그 결(訣)을 보면 「입수로서 수출은 묘고로 논지(以入首水出墓庫論之)하고 입향궁위는 마땅히 납수와 소사에 의지(立向宮位當依納水消沙)한다」 하였다. 선현은 경서에 이미 상찰명변(詳察明辨)하였으니 후학들의 삼가고 안하고는(愼勿) 각자의 성정에 맡긴다.

<4대국 향상수법분류도>

水局=乙辰 巽巳 丙午로 水去함
木局=丁未 坤申 庚酉로 水去함
金局=癸丑 艮寅 甲卯로 水去함
火局=辛戌 乾亥 壬子로 水去함

이것을 원관(元關) 통규법이라고도 하는데, 元은 向을, 關은 용을, 규(竅)는 水를 통과시켜 일고(一庫)로 동귀시킨다는 뜻이다.

• 乙丙交而 趨戌 火局 입향도

잿빛으로 표시한 여섯 곳만이 입향할 수 있으며 그 밖의 입향은 혹 발복하였다가도 금세 패절하거나 불규칙한 흉화를 받는다.

• 辛壬會而 聚辰 水局 입향도

乙辰 水口로 출수하는 水局의 경우, 잿빛으로 표시한 6격 12향만이 입향할 수 있다. 그 밖의 설명은 火局의 논설에 준할 것이다.

• 丑牛納 丁庚之氣 金局 입향도

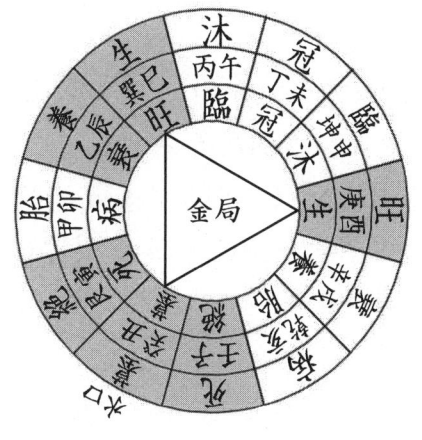

癸丑 水口로 출수하는 金局의 경우, 잿빛으로 표시한 6격 12향만이 입향할 수 있다. 그 밖에는 火局의 논설에 준한다.

• 金羊收 癸甲之靈 木局 입향도

丁未 水口로 출수하는 金局의 경우, 잿빛으로 표시한 6격 12향만이 입향할 수 있다. 그 밖의 설명은 火局의 논설에 준한다.

• 정왕향(正旺向)

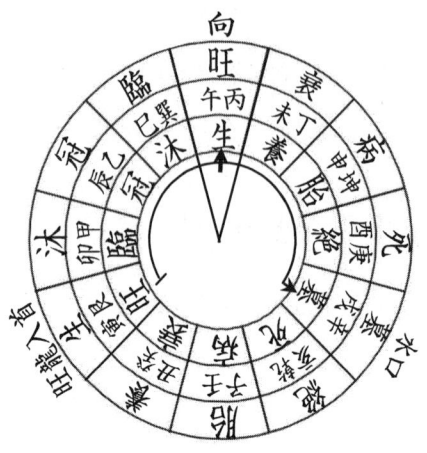

간인왕룡(艮寅旺龍)으로 입수한 용에서 左水가 도우(倒右)하여 辛戌 수구로 출수할 경우, 子坐午向이나, 壬坐丙向으로 입향한다. 이는 왕룡(旺龍)이라는 처녀와 생수(生水)라는 총각이 좌측 艮寅方에서 출발하여 向上 丙午方에서 건전하게 만나 辛戌 수구라는 이름의 묘고(墓庫)까지 동귀하는 수법이니 만국이 생왕하여 대발한다.

• 정생향(正生向)

병오생룡(丙午生龍)으로 입수한 용에서 右水가 도좌하여 辛戌 수구로 출수할 경우, 신좌인향(申坐寅向)이나, 곤좌간향(坤坐艮向)으로 입향하면 정생향이 된다. 이 또한 만국이 생왕하여 대발하는 수법이다.

• 정묘향(正墓向)

병오생룡(丙午生龍) 입수와 간인왕룡으로 입수한 용에서 좌측의 임왕수(臨旺水)와 우측의 장생수(長生水)가 향상에서 합금(合襟)하여 신술정묘(辛戌正墓)로 출수하는 수법이다. 진좌술향(辰坐戌向)이나, 을좌신향(乙坐辛向)을 놓을 경우 합법인데, 이 또한 자손이 흥왕하고 부귀하는 것으로 대국에서 많이 볼 수 있다.

• 정양향(正養向)

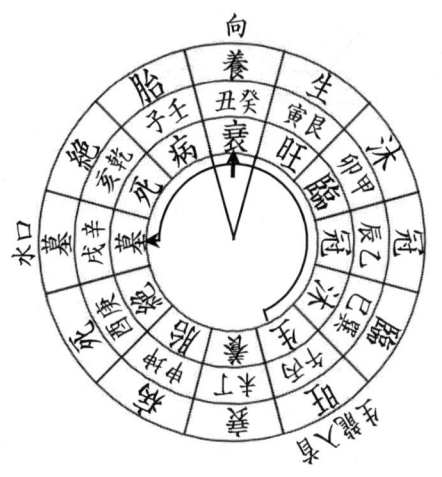

병오생룡(丙午生龍) 입수한 火局에서 우수(右水)가 도좌하여 辛戌 수구로 출수할 경우, 미좌축향(未坐丑向)이나 정좌계향(丁坐癸向)을 놓는다. 이 또한 우측의 제왕수(帝旺水)가 입당하여 정고(正庫)로 출류하므로 대발한다.

• 차고소수(借庫消水) 자생향(自生向)

右水가 도좌하는 辛戌 수구에서 甲卯方으로 용이 입수하였다면 巳坐亥向이나 巽坐乾向으로 입향할 수 있다. 이는 乾亥는 火局으로는 절지이나 木局으로는 생지가 되므로 木局의 생왕기를 빌려 쓰는 것이라 하여 차고소수법이 성립되며 절처봉생(絶處逢生)이 된 것이다. 이는 水가 丁未까지 못 가고 辛戌로 유출하기 때문이다.

• 차고소수(借庫消水) 자왕향(自旺向)

巽巳로 입수한 용에서 左水가 도우하는데 水가 癸丑까지 가지 못하고 辛戌로 유거(流去)한다면 甲坐庚向이나 卯坐庚向으로 입향해야 한다. 이는 庚酉는 火局으로 사지이나 金局으로는 왕지가 되므로 금국의 생왕을 빌려 입향하니 자왕향이 된 것이다. 이상과 같이 6격 12향만이 합법이며 그 밖의 向은 불가하다. 나머지 3국도 모두 같은 방법으로 추리한다.

제5층 천산칠십이용(穿山七十二龍)

【원문】昔人用七十二龍穿山六十龍透地 穿山者穿定來龍屬何甲子 名曰地紀端論 來龍於峽中定盤針 無峽在入首主星後來龍起伏束咽處 分水脊上定盤針 看何龍用納音以斷生剋 如子龍水 內有五子 得丙子水龍庚子土龍 俱爲旺氣 甲子金龍爲敗氣 戊子火龍爲死氣 壬子木龍爲生(洩이듯)氣之類 故必定其來脈 從何方來龍屬何干支 當以先賢傳授72龍有吉凶之別 總以地盤中每地支下 有五子龍 係六十甲子爲十二地支之數 地盤 地支共六十甲子 四維八干十二位 每干維之下內載十二紅正字湊成七十二龍穿山之用也 內避差錯空亡 孤虛龜甲 不得相侵爲妙 又必要趨旺相生氣 一脈貫注至結穴處爲佳 至於72龍分孤虛煞曜旺相 皆從八卦納甲九六冲合 八干內而出.

若遇甲壬爲陽而孤 乃出於乾卦之納甲 以六爻屬陽除中一爻上下二爻孤陽 爲二男子無女子相配故也 若遇乙癸爲虛 出於坤卦之納甲 以六爻純陰除中一爻上下二爻無陽媾 是二女子無男子納配故也 若遇丙庚爲陽而旺出於艮震之納甲二卦 六爻內除中爻上下 一陽爻交一陰爻媾爲陰陽冲合而旺也 若遇丁辛爲陰而相出於巽兌之納甲以二卦六爻內除中爻上下坐 一陰媾一陽交爲陰陽冲合陽而相也 戊己爲龜甲空亡堅硬而氣不入也 出於坎離之納甲除中爻爲卦體上下俱純一不交故爲龜甲空亡 用之最宜避.

避甲乙爲龜甲也如甲子一旬至乙亥 此乃十二龍中 (孤)氣脈
取丙丁爲旺氣(也)以丙子一旬至丁亥 此乃十二龍中 正氣脈
避戊己爲煞曜(也)以戊子一旬至己亥 此乃十二龍中 敗氣脈
(取)庚辛爲相氣(也)以庚子一旬至辛亥 此乃十二龍中 相氣脈
(避)壬癸爲虛氣(也)以壬子一旬至癸亥 此乃十二龍中 退氣脈

此爲旺相者 寔得先天 兌震巽艮四卦居四隅養生之地而成卦 則四卦六爻
爲陰陽冲合 多配丙丁庚辛爲旺相也 若遇先天乾坤坎離居四正虛僞之間 則
四卦六爻純一不交 又配甲乙壬癸戊己是爲龜甲煞曜謂之九六不冲合必主
財人耗散敗絶.

凡取用 宜詳細之 至於丙龍來脈必宜丙龍氣直穿 前對壬午架線上對下結
穴處方爲准的.

地支寅龍來脈當依丙子一旬數至寅支係戊寅氣穿山爲旺氣.

又或壬寅龍來脈入首 係庚子一旬數至寅支爲相氣脈 余得吾師心授登山
行龍審氣入穴全憑以72龍爲主 凡驗人已往之禍福將來之吉凶在於主星處
一覽毫髮不爽 後學欲知此驗務 知某龍氣係甲子一旬爲孤氣下穴必主敗絶
知某龍係丙子一旬是爲旺氣脈下穴必主富貴 擧此二句餘旬莫不皆然72龍
合六十四卦皆從八卦初爻變起渾天納甲定發福年命 從下爻起變由初爻上
而二而三而四而五第六爻不變返下而變四爻爲遊魂卦又復下將內卦三爻一
齊盡變歸元本卦爲歸魂卦 地理家用之 以入首一節龍爲本卦 看生旺之砂以
定發福年. *註 ; ( ) 안은 필자의 보완.

【해설】옛사람들은 72룡 천산(穿山)과 60룡 투지(透地)를 사용하였다.
천산(穿山)이란 내룡(來龍)이 어느 갑자에 속하는지를 천정(穿定)하는 것이
다. 명왈(名曰), 「지기(地紀)의 단적(端的)을 논(論)하는 것이다.」

요령은 내룡(來龍)의 과협중(過峽中) 분수척(分水脊) 위에다 반침(盤針)
을 고정시켜 놓고 격정(格定)하는 것인데 표준 나경(羅經)의 5층 72룡(龍)
이 어느 갑자(甲子)에 소속하는지를 알아내어 왕상휴수(旺相休囚) 별로
길흉을 알아내고 납음(納音) 오행(五行)으로 투지(透地)와의 생극(生剋)을
단정하는 것이다. 만약에 협(峽)이 없을 경우는 입수(入首) 맥(脈) 주성(主

星) 뒤로 가서 내룡의 기복처(起伏處) 분수척(分水脊) 위에서 어느 천산 (穿山)으로 오는지를 알아야 한다.

가령 자룡(子龍)이라면 갑자(甲子), 금룡(金龍)은 패기(敗氣) 맥이요, 병자(丙子) 수룡(水龍)은 왕기(旺氣) 맥이요, 무자(戊子) 화룡(火龍)은 사기(死氣) 맥이요, 경자(庚子) 토룡(土龍 ; 土水同)은 상기(相氣) 맥이요, 임자(壬子) 목룡(木龍)은 퇴기(退氣) 맥이 되는 등으로 다섯 갑자(甲子) 용중(龍中)에서 어느 용(龍)에 속하는지를 알아내고, 다시 납음 오행으로도 생극(生剋)을 처리하는 것이다.

매 12지지(地支) 중에는 5개씩의 자룡(子龍)이 있어서 모두 60갑자용(甲子龍)이 된다. 이렇게 60갑자용에다 다시 4유(四維) 팔간(八干) 12위를 합하여 72룡(龍) 천산(穿山)을 성립시켜 사용하는 것이다. 옛날에는 이 사유(四維) 팔간(八干)에다 붉은색으로 표시하였는데 요즈음 나경에는 표시가 없는 것이 대부분이다.

다시 72천산(穿山) 중에서 흉(凶)하므로 피하여야 할 것을 분류해 보면 차착공망(差錯空亡)과 고허귀갑(孤虛龜甲)이니 반드시 피하여야 하고 왕상생기(旺相生氣) 맥(脈) 중에서 하나를 득하여 관주(貫注)시키고 투지(透地)와 비화(比和)이거나 상생으로 결혈처(結穴處)에 이르는 것이 중요하다.

72룡을 고허(孤虛)·왕상(旺相)·살요(煞曜)로 구분하는 출처를 보면 팔괘(八卦)의 납갑(納甲)으로 쓰이는 팔간(八干 ; 甲庚丙壬乙辛丁癸) 내에는 구육충합(九六沖合) 간(干)이 있는데 그것으로 법(法)으로 삼았다.

만약 갑임(甲壬) 양룡(陽龍)을 만났다면 고기(孤氣) 맥이니 건괘의 혼천납갑(渾天納甲)을 보면 갑임(甲壬)인데 여섯 효가 모두 양효(陽爻)이니 건효(☰)에서 중효(中爻) 하나를 제하고 상하 효로 보더라도 모두 양이니 두

남자만 있고 여자의 배합이 없는 상이므로 고양(孤陽)이라 하였다.

을계(乙癸) 음용(陰龍)이라면 혼천(渾天)으로 곤괘(坤卦)의 납갑(納甲)에서 나왔으니 곤효(☷)에서 중효(中爻) 하나를 제하고 보면 상하 두 효는 모두 음효(陰爻)이니 두 여자만 있고 남자의 상배가 안 되었으므로 교구(交媾)할 수 없다 하여 허음(虛陰)이라 한 것이다.

병경(丙庚) 양용(陽龍)을 만났다면 혼천납갑(渾天納甲)으로 간괘(☶)와 진괘(☳)이니 중효(中爻) 하나를 제(除)하고 보면 상양(上陽) 하음(下陰)과 상음(上陰) 하양(下陽)으로 모두 남녀 음양이 교구(交媾)되는 상(象)이므로 구육충합(九六冲合)이 되었으니 생식(生殖)의 능력이 있는 것으로 본 것이다.

천산이 정신(丁辛) 음용을 득하였다면 혼천 갑자로 손괘(☴)와 태괘(☱)에서 온 것이니 중효 하나를 제하고 보면 상양(上陽) 하음(下陰)과 상음(上陰) 하양(下陽)이니 모두 남녀로 음양이 교구되는 효(爻)를 득하였으므로 96충합이 되었으므로 지리(地理)에서 귀히 여기고 사용하는 것이다.

무기(戊己)는 귀갑공망(龜甲空亡) 용(龍)이므로 견경(堅硬)하여 기운이 막혀서 흩어지고 들어오지 못한다. 혼천(渾天)으로 감괘(☵)와 이괘(☲)이니 중효(中爻) 하나를 제하면 상하(上下) 효(爻)가 함께 음(陰)끼리거나 양끼리 중첩되므로 교구(交媾)가 안 되어 불교(不交)이니 가장 흉하여 피해야 한다.

갑자순(甲子旬) 을해까지 12용(龍)은 귀갑맥(龜甲脈)이니 공망(空亡).
병자순(丙子旬) 정해(丁亥)까지 12용은 정기맥(正氣脈)이니 왕기(旺氣).
무자순(戊子旬) 기해(己亥)까지 12용은 고기맥(孤氣脈)이니 살요(煞曜).
경자순(庚子旬) 신해(辛亥)까지 12용은 상기맥(相氣脈)이니 진기(進氣).

임자순(壬子旬) 계해(癸亥)까지 12용은 패기맥(敗氣脈)이니 퇴기(退氣).

이에서 왕상(旺相)한 것은 간괘(艮卦)·진괘(震卦)·손괘(巽卦)·태괘(兌卦) 등 4괘이니 모두 선천(先天)으로 4우(隅)에 거(居)하는 양생지지(養生之地)이기 때문에 성괘(成卦)하여 보면 4괘의 여섯 효는 모두 음양이 충합(沖合)되어 있다. 그러므로 병정(丙丁)과 경신(庚辛)만을 왕상(旺相)이라 하여 대길(大吉)하다 한 것이다.

만약 건·곤·감·리(乾坤坎離) 4괘는 선천으로 허위지간(虛僞之間)인 4정위에 거(居)하므로 이들 괘의 육효(六爻)를 그려놓고 보면 순일(純一)하여 불교(不交)이니 96 불충합(不沖合)이라 하여 귀갑(龜甲) 살요(煞曜)가 된 것이다. 이를 어기고 사용하면 재물과 사람(財人)이 함께 모산(耗散)되고 패절(敗絶)한다고 되어 있다.

무릇 취용함에 상세하여야 할 것이다. 병용(丙龍) 내맥(來脈)이라면 반드시 병용(丙龍)의 기(氣)에 의지해야 하니 직천(直穿)하면 앞에는 임오(壬午) 가선(架線)을 타고 결혈처(結穴處)가 이루어져야 상대하(上對下)가 바야흐로 준적(方爲准的)이 된다.

지지(地支) 인맥(寅脈) 내룡(來龍)이라면 마땅히 병자순(丙子旬)에 매였으니 헤아려 보면 무인기(戊寅氣) 천산(穿山)이어야 왕기(旺氣)가 된다. 또 혹 입수(入首)가 임인(壬寅) 내맥(來脈)이면 경자순(庚子旬)에 매였으니 인지(寅支)까지 헤아려보면 상기맥(相氣脈)임을 알 수 있다.

나는 스승으로부터 심수(心授)하여 등산하였을 때 행용(行龍)에서 입혈(入穴)하는 기운을 살필 때(審氣) 전적으로 72룡 천산을 위주로 믿고 사용한다.

무릇 사람의 이미 지난날의 화복(禍福)으로도 증험할 수 있었거니와 장래의 길흉은 내룡(來龍) 주성처(主星處)에 달려있었음을 일람(一覽)으로도 털끝만큼의 틀림도 없이 알아낼 수 있었다. 후학들도 이를 알고 경험해 보고자 한다면 천산(穿山) 입수(入首)가 모 용기(某龍氣)인데 그 용기(龍氣)는 갑자순(甲子旬), 병자순(丙子旬), 무자순(戊子旬), 경자순(庚子旬), 임자순(壬子旬) 중 어느 순(旬)에 매여 있으며, 고기(孤氣) 살요(煞曜)인지 왕기(旺氣) 상기(相氣)인지로 반드시 증험할 수 있을 것이다. 즉 고기(孤氣) 살요(煞曜)에 하혈(下穴)하였다면 반드시 패절하였을 것이고 왕기(旺氣) 상기(相氣)에 하장(下葬)하였다면 그 자손은 반드시 부귀하였을 것이다.

72룡 천산(穿山)으로 64괘에 부합시키는 요령은 모두 팔괘의 혼천(渾天) 납갑(納甲)으로 발복의 연명을 결정하는데 초효(初爻)로부터 변기(變起)하여 2효 3효 4효 5효 유혼괘(遊魂卦)까지 변화하였다가 6효는 불변이므로 귀혼괘(歸魂卦)라 하니 아래쪽의 내괘(內卦) 세 효가 한꺼번에 변화하면서 본괘로 귀혼(歸魂)한다. 지리가(地理家)는 입수(入首) 일절용(一節龍)으로 본괘(本卦)로 삼고 전후좌우를 살펴보고 생왕(生旺)한 사(砂)로 발복년(發福年)을 알아낸다.

1) 천산본괘(穿山本卦) 합주역위천통(合周易爲天統)

【원문】或問內卦本卦外卦三盤卦例 亦理氣之一端也, 以六十甲子透地配坎爲水卦 一百二十分金甲子配山雷頤卦 以穿山七十二龍甲子配水地比卦 配卦當以透地爲內卦 穿山爲本卦 分金爲外卦 此三卦 一曰連山夏得人統易以艮爲首 艮爲山連連不絶也 二曰歸藏殷得地統易以坤爲首 坤爲地言萬物歸藏乎中也 三曰周易周得天統易以乾爲首言天道變化運行不窮也 此

三卦至精至微 非時術明師不能究其蘊 余得吾師心傳頗知一二願與天下共
識故書於此.

　　蓋三易乃六十龍分配 取用得宜所主天地氣運 謂之地脈氣行於地形麗於
天 所以天之生氣皆付卦爻通乎律呂 氣感而應專論選擇 取卦爻渾天補助
來龍坐穴則萬全 皆係天星地曜主之也 而地理之學有專用巒頭有專用天星
分門別戶各自爲用 殊不知巒頭爲體天星爲用是體用相爲表裏者也天分星
宿布列山川氣行於地形麗於天言地乘天之氣而行也 李淳風言天體東南西
北徑三十五萬七千里 每一方八萬九千二百五十里 自地而上共八萬四千里
故曰立向有毫釐之差必至千里之謬.

　　經曰地有四勢氣從八方 四勢者寅申巳亥也 此爲五行初生之地 故寅爲東
方之始巳爲南方之始申爲西方之始亥爲北方之始 四生之氣行爲地而運於
天 在天者論時在地者論形 卽時以觀形因形以驗氣 故氣有衰旺氣有盈虛
四勢之山生八方之龍 四勢爲五行化生之始 八方爲五氣來止之踪 故理氣穿
山必得巒頭乘其生氣入穴則福自歸矣.

【해설】 혹인(或人)이 묻기를, 내괘(內卦) 본괘(本卦) 외괘(外卦) 등 삼
반괘례(三盤卦例)로 역시 이기(理氣)의 일단(一端)이라 하는데 무엇인가?

60룡 투지(透地)에서는 갑자(甲子)에 감위수(坎爲水) 괘가 배속되었고,
120분금(分金)에서는 갑자(甲子)에 산뢰이(山雷頤) 괘가 배속되었으며,
72룡 천산(穿山)에서는 갑자(甲子)에 수지비(水地比) 괘가 배속되었다.
배괘(配卦)는 투지를 내괘(內卦)로 삼고 천산(穿山)은 본괘(本卦)가 되
며 분금(分金)은 외괘(外卦)로 하는데 이 3괘는,

　1왈(一曰), 연산(連山)으로, 하(夏)에서는 인통(人統)을 득하였으니 역
　　　　　 (易)으로는 간(艮)을 수괘(首卦)로 삼아 연연부절(連連不絶)을

도모하였다.

2왈(二曰), 귀장(歸藏)으로, 은(殷)에서는 지통(地統)을 득하였으니 역(易)으로는 곤(坤)을 수괘(首卦)로 삼고 만물은 지중(地中)으로 귀장(萬物歸藏)함을 이른 것이다.

3왈(三曰), 주역(周易)에서는 천통(天統)을 득하였으니 역(易)으로는 건(乾)으로 수괘(首卦)로 삼고 천도는 변화(天道變化)하며 운행은 다함이 없음(運行不窮)을 가르쳤다.

이상 3괘는 지정지미(至精至微)하여 시술명사(時術明師)가 아니고서는 그 온오(蘊奧)함에 능하기가 어렵다. 나는 스승으로부터 전수하였어도 한두 부분만을 알고 있으나 원컨대 천하의 학자가 함께 알았으면 좋겠기에 글로써 전하는 바이다.

대개 삼역(三易)을 바로 60룡에 분배시키는데 취용법은 마땅히 천지의 기운을 득함을 위주로 한다. 이른바 지맥(地脈)을 이르는데, 「기는 땅에서 유행하나 형은 하늘에 걸려있다(氣行於地形麗於天) 하니 하늘(天)의 생기는 다 괘효(卦爻)에 부쳐져서 율려(律呂)에 통할 수 있고, 기(氣)의 감응(感應)은 선택으로 전론할 수 있다(氣感而應專論選擇)」하니 괘효(卦爻)로 취하고 혼천(渾天)으로 보조하여야 한다.

그리하면 내룡(來龍) 좌혈(坐穴)에서는 더없이 만전(萬全)이다. 이 모두 천성(天星 ; 理氣)과 지요(地曜 ; 龍과 砂이니 즉 만두(巒頭) 형세)를 위주로 서로는 함께 연계되어 있다.

이 부분을 지리학자 간에는 만두(巒頭) 형세를 전용(專用)으로 하는 이가 있고 천성(天星) 이기(理氣)를 전용으로 하는 이가 있어서 문호별(門戶別)로 각자가 달리 사용하는 것이 있는데 이는 만두(巒頭)가 체(體)이고 천성(天星)이 용(用)이므로 서로는 표리가 된다는 것을 알지 못하는 것이다.

또 천분성숙(天分星宿)이니 포열산천(布列山川)하고 기행어지(氣行於地)이나 형려어천(形麗於天)이라 한 말은 땅(地)에서는 하늘(天)의 기(氣)를 타야만 지기(地氣)를 유행(流行)시킬 수 있다는 것이다.

이순풍의 말(言)에, 「천체는 동남서북의 경(俓)이 35만 70리이며, 매(每) 일방(一方)은 8만 9천 2백 50리이고 땅(地)으로부터 위(上)로는 공히 8만 4천리이므로 입향(立向)에서 호리(毫釐)의 차(差)만으로도 그 이르는 곳(必至)은 천 리(里)의 오류가 난다」하였다.

경(經)에 이르기를, 「지에는 사세(四勢)가 있고 기는 팔방을 좇는다(地有四勢氣從八方)」하니 사세란 인신사해(寅申巳亥)이니 오행(五行)의 초생지지(初生之地)이다. 인(寅)은 동방(東方)의 시(始)요, 사(巳)는 남방의 시(始)요, 신(申)은 서방의 시(始)요, 해(亥)는 북방의 시(始)다.

사생(四生)의 기(氣)는 지상으로 유행하지만 운(運)은 하늘(天)에 매여 있으므로 하늘에서는 때(時)로 논하고 땅에서는 형(形)으로 논하는(在天者論時在地者論形) 것이니, 곧 시기로 형세를 알 수 있고 형으로 인하여 기(氣)를 증험할 수 있는(卽時以觀形 因形以驗氣) 것이다.

그러므로 기에는 쇠왕이 있고 영허(故氣有衰旺氣有盈虛)가 있는 것이니 사세(四勢)의 산(山)으로 팔방의 용을 생(生八方之龍)하는 것이다. 사세는 오행 화생의 시초(四勢五行化生始)이고 팔방은 오기 내지의 자취(八方五氣來止之踪)이다.

그러므로 천산(穿山) 이기(理氣)는 반드시 만두(巒頭)에서부터 득하여야 하고 그 생기(生氣)를 타고 입혈한다면 복은 스스로 돌아올 것이다.

천산 72룡 주역 괘식(穿山卦 周易天統式)

	癸亥穿山	자손이 번성하고 의식이 풍족하며 관록이 있다. 申子辰년에 응(應)이 있고, 辰방의 수를 꺼리니 관중이 정결치 못하다.	觀卦
壬山	正		
	甲子穿山	소착(小錯)이다. 황종(黃腫), 풍파(瘋파), 여자는 벙어리 남자는 뇌점(女啞男癆)으로 고생한다. 丙水는 관내에 니장수(泥漿)가 찬다. 巳酉丑年에 응이 있다.	比卦
	丙子穿山	대길창이다. 부귀쌍전하고, 인구도 불어난다. 신자진(申子辰) 사유축(巳酉丑)년에 응(應)이 온다.	剝卦
子山	戊子穿山	화갱이니 인륜에서는 비할 수 없는 파패를 당한다. 木根穿棺白蟻生, 손방수가 보이면, 寅午戌 申子辰年에 응이 온다.	復卦
	庚子穿山	대길하며 부귀(富貴) 쌍전(雙全)한다. 신자진(申子辰年)에 풍영한 응(應)이 온다.	頤卦
	壬子穿山	출인이 소망하고 적침을 불러들인다. 손처극자하고, 모든 일에 다 흉하다. 申子辰年에 응이 온다.	屯卦
癸山	正		
	乙丑穿山	을축용에서는 인정이 반드시 왕성하다. 부귀형통하나, 만약 오(午) 정(丁) 수를 보면 니수(泥水)하고 巳酉丑年에 응이 온다.	益卦
	丁丑穿山	역시 대길용이다. 출인이 총명하고 부귀 쌍전하며 장구하다. 만약 미방수를 보면 관내에 물이 들고, 申子辰年에 응이 온다.	震卦
丑山	己丑穿山	이 용은 흑풍이니 여요남뇌(女妖男癆)하며 백사가 흉하다. 풍질이 가장 두려우며 패절한다. 寅午戌年에 응이 온다.	噬嗑
	辛丑穿山	최길용이다. 30년을 부귀하고 크게 흥융한다. 인재와 육축이 왕성하고, 자공효우(慈恭孝友)하고 오래 간다.	隨卦
	癸丑穿山	고허용이니 장후에 관재가 끊임없이 이어지고, 모든 형제가 다 흉하다. 만약 乾水가 보이면 흰개미가 관을 뚫고 亥卯未년에 應이 온다.	无妄
艮山	正		
	丙寅穿山	병인용은 평상하다. 종횡간에 발복이 장구하지 못하다. 寅午戌年中에 諸事가 길상(吉祥)으로 나타난다.	明夷
	戊寅穿山	원래 부용으로 부귀영화를 세대로 이어가며 융성한다. 申子辰年에 등과로 응(登科應)이 온다.	賁卦
寅山	庚寅穿山	고허용이니 화갱 흑풍 공망이다. 장후 3.6.9年에 풍질로 인륜에서 패절한다. 만약 申水를 보면 물구덩이가 된다.	旣濟

		壬寅穿山	대길용이니 부귀쌍전하고 인재에 왕성하다. 巳酉丑年에 응(應)이 온다. 午水가 보이면 물에 잠긴다.	家人
		甲寅穿山	본시 흉용이다. 1대는 흥발할 수 있으나 후세로 가면 눈병으로 고생하는 자가 나오고 곤수가 보이면 흰개미가 침관한다.	豊卦
	甲山	正		
		丁卯穿山	평상의 용이다. 주색으로 나태한 자가 나오고 寅午戌년에 응이 온다. 해방의 수가 보이면 관내가 정결치 못하다.	革卦
		己卯穿山	주보 길용이다. 사람과 재물이 양왕(兩旺)하고 의식이 풍족하다. 손방 수는 늙은 쥐가 드나들고 신자진년에 응이 있다.	同人
	卯山	辛卯穿山	본시절용이다. 화갱이니 도둑질과 관재로 망신한다. 셋째가 먼저 패절 하고 모두에게 퍼진다. 申수는 흉하고 결국 절손한다.	臨卦
		癸卯穿山	본시 길창 용이다. 출인이 총명하고 부귀 쌍전하며 백사가 다 형통하나 巳수는 나무뿌리가 관을 묶는다. 巳酉丑년에 응이 있다.	損卦
		乙卯穿山	본시 천용이다. 단명으로 과부 홀아비가 나오며 결국은 자손을 유지 못한다. 戌방의 수가 더욱 나쁘다.	節卦
	乙山	正		
		戊辰穿山	평상의 길용이다. 부귀가 가능하며 수명도 있다. 申酉방의 수가보이는 것은 흰개미가 관을 뚫고 사유축년에 응이 온다.	中孚
		庚辰穿山	원래의 길용이다. 발복이 크고 길며 7대까지 부귀한다. 자손은 관세영웅이 나온다. 亥卯未년에 응한다. 丁수는 화재이다.	歸妹
	辰山	壬辰穿山	본시 패절용이다. 화갱이니 구설과 관재 소망이 끊이지 않고 이향하며 절손까지도 할 수 있다. 戌방 수는 泥水한다.	睽卦
		甲辰穿山	본래의 길용이다. 75년간 부귀가 끊이지 않는다. 만약 子방의수가 보이면 관이 물에 잠긴다.	兌卦
		丙辰穿山	평상의 용이 못되나 소발은 있고 의식은 평상이다. 안방으로 외인이 드나들고 후대로 가면 패절한다. 寅申수는 나무뿌리가 침관한다.	履卦
	巽山	正		
		己巳穿山	부귀가 균평한 반길 용이다. 亥卯未년에 응이 있다. 만약 건상으로 보이는 물은 시골이 물속에 빠진다.	泰卦
		辛巳穿山	본시 길용이다. 부귀영화하고 가문을 빛낸다. 巳酉丑年에 반드시 응이 온다. 丁수는 火災이고 흰개미가 穿棺한다.	大畜

巳山	癸巳穿山	絶龍이다. 火坑으로 패절뿐 아니고 백사에 다 흉하다. 장후 5~7년이면 실패하기 시작한다. 丑方水가 보이면 늙은 쥐가 출입한다.	需卦
	乙巳穿山	길용이다. 부귀와 영화가 있으며 寅午戌년에 응이 온다. 계수가 와서 충하면 광중에 물이 든다.	小畜
	丁巳穿山	흉용이다. 장후 3~7년이면 시비구설이 발생하고 결국은 절손한다. 묘수가 더욱 흉하다.	大壯
丙山	正		
	庚午穿山	유익한 용이다. 용진이면 재물과 사람이 왕성할 수 있다. 새대로 길하며 신자진년 인오술 년에 응이 온다. 갑 인수 꺼린다.	大有
	壬午穿山	복용이다. 부귀 쌍전하고 영웅이 나며 誥封을 받는다. 37대왕성운이다. 갑수는 大忌한다.	夬卦
午山	甲午穿山	화갱용이다. 개장하지 않으면 후손을 볼 수 없다. 午丁水는 더욱 흉하다. 사유축년이 더욱 해롭다.	姤卦
	丙午穿山	길용이다. 가업은 평탄하고 出人은 총명하다. 巳酉丑년에 응이 오고 丑艮水가 보이는 것은 해롭다.	大過
	戊午穿山	길용이다. 대대로 부하고 방방이 길하다. 子癸수가 보이는 것은 흉하고 寅午戌 년에 응이 온다.	鼎卦
丁山	正		
	辛未穿山	길용이다. 출인이 준수하고 심성은 결백하다. 부로는 돈꾸러미가 밑에서 썩을 정도이다.	恒卦
	癸未穿山	길용이다. 출인이 부귀하고 가난을 모른다. 亥卯未年에 응이 있다. 庚水는 陰魂不安水이니 양인에게 흉하다.	巽風
未山	乙未穿山	고허용이다. 火坑敗絶한다. 巳水는 광중에 물이 찬다. 사유축년에 응이 있다.	井卦
	丁未穿山	본길용이다. 부귀쌍전한다. 신자진년에 반드시 응이 나타난다. 寅午戌年에는 재물로 응이 온다. 丑艮水는 물이 찬다.	蠱卦
	己未穿山	대단히 마땅치 못하다. 재앙과 퇴패로 패절한다. 인오술년에 응이 온다. 해임수가 보이면 아손의 횡사(橫事)가 발생한다.	昇卦
坤山	正		
	壬申穿山	길용이 된다. 용진이면 장후 아손이 비의(緋衣)를 입는다. 만약 오방수가 보이는 것은 이롭지 못하다.	訟卦
	甲申穿山	본길용이다. 자손이 총명하고 부귀쌍전한다. 신자진년에 반드시 징조가 온다.	困卦

申山		丙申穿山	흑풍 화갱용(火坑龍)이다. 가업이 곤궁하다. 패절한다. 만약 子癸水가 보이면 수중으로 든다.	未濟
		戊申穿山	본시 복용이다. 출인이 총명하고 장수하며 오래간다. 부귀쌍전에 쉬임이 없다. 甲方水는 해롭다.	解卦
		庚申穿山	孤虛한 흉용이다. 상과(孀寡)가 나오고 패절한다. 만약 건방수가 보이는 것은 해롭다.	渙卦
庚山	正			
		癸酉穿山	용진하고 혈정하면 부귀할 수 있으나 용흉하면 흉하다. 정방수가 보이면 해롭다.	蒙卦
		乙酉穿山	본길용이다. 출인이 총명하고 지혜롭다. 만약 辰方水가 보이면 水滿壙中한다.	師卦
酉山		丁酉穿山	火坑龍이다. 백사가 순조롭지 못하고 패절한다. 만약 癸方의 水가 보이면 더욱 해롭다.	遯卦
		己酉穿山	본시 복용이다. 문무(文武)간에 삼공의 벼슬이 나온다. 申子辰年에 반드시 응이 온다. 卯方水는 흰개미가 생긴다.	咸卦
		辛酉穿山	평상이 못되는 용이다. 혈이 적실하면 一發은 하나 길지는 못하다. 亥卯未년에 응이 오고 乾水는 해롭다.	旅卦
辛山	正			
		甲戌穿山	흉악용이다. 혈길이면 일대는 발하나 결국은 패절한다. 승려나 도사가 나고, 寅午戌년에 응이 온다. 壬方水는 괴이가 발생한다.	小過
		丙戌穿山	본길용이다. 인정이 왕하고 등과가 있으며 부귀장구한다. 신자진년에 응이 있다. 甲卯水는 목근이 침범한다.	漸卦
戌山		戊戌穿山	고허한 화갱용이다. 우환이 많고 손처극자하며 소망 고과가 난다. 午未年이 해롭고 申方水는 해롭다.	蹇卦
		庚戌穿山	본시 복용이다. 부귀영화하고 巳酉丑년에 기쁜 응이 있다. 만약 午丁수가 보이면 광중에 물이 든다.	艮山
		壬戌穿山	길하지 못한 용이다. 손처 극자하고 이향승도가 나온다. 신자진년에 응이 온다. 辰方水는 해롭다.	謙卦
乾山	正			
		乙亥穿山	흉용이다. 청상과부가 나오고 고질 우환이 끝나지 않는다. 寅午戌年에 응이 온다. 곤방의 수는 해롭다.	否卦
		丁亥穿山	본시 길용이다. 부귀대발하며 신자진년에 길경이 나타난다. 다만 손방수는 해로우며 광중에 물이 고인다.	萃卦
亥山		己亥穿山	대흉한 화갱용이다. 소망 고과하고 우환이 끝나지 않는다. 庚酉水는 해롭다.	晉卦
		辛亥穿山	본시 길용이다. 人物이 왕성하고 발복이 유구하다. 만약 午丁水가 보이는 것은 해롭다.	豫卦

제6층 인반중침(人盤中針)

【원문】中針二十四山卽人盤也 較之地盤少有參差爲天道健地道順人道平之理 先有天地後有人故 人盤居天地盤之中 此以子午進一位 子午居天盤壬子內午之縫故爲縫針 子午居地盤之止故爲止針 人盤居子癸午丁之中故曰中針 昔先聖造此三才用之廣也 法以人盤上關天星躔度氣運進退 下關山川分野地脈藏否 故以盤爲天地二盤作用之主宰卽人爲萬物之靈 成天地而成三才也 人力勝天故有人盤而合用參地是完全之功也.

  昔太素先師曰審龍以爲消砂作用也 楊公以之納水正合司馬頭陀水法放去黃泉謂之出煞 名曰貴人祿馬上御街 歌曰「貴人三合連珠水 隔八相生爛了錢 其貴貪狼並祿馬 三合連珠貴無價 辛入乾宮百萬莊 癸歸艮爲發文章 乙向巽流淸富貴 丁從坤去萬斯箱」正合此人盤 太素消砂要訣 砂雖在地關寔在天何以見之 聖人云「爲政以德」譬如北辰居其所而衆星拱之 辰在斗內斗有九星居中建極 以運四方二十八宿 周天經布 列於外環拱北辰 堪輿之法穴場者北辰也龍神者九星也砂水者二十八宿也 楊均松則用九星看龍神 賴太素用二十八宿看砂水 所謂在天者正在此耳 昔廖公以及楊賴二公撥砂一法歷來秘而不傳 務口傳心授 授若輕洩必遭天譴 故其法至今不敢洩露 然聖人云 「道理不可埋沒」如其隱秘後世何以得其傳哉 夫聖人尤慮失傳而余豈敢再秘哉 余是以甘願遭譴 將楊賴二公撥砂之旨註解詳明以爲天下後世同學望以救世人耳.

  砂法歌云 乾坤艮巽是木鄕 此一句屬二十八宿屬七政五行也 四星屬木 乾爲奎木狼 坤名井木犴 艮爲斗木獬 巽爲角木蛟 消砂當以木論之也.

  寅申巳亥水神當 宿之言水者言寅名箕水豹申名參水猿巳名軫水蚓亥名

壁水貐消.

　　子午卯酉火依相 宿之亦言火者言子爲虛日鼠 危日燕 午爲星日馬張月鹿 卯爲房日兎心月狐 酉爲昴日鷄畢月烏 日月何以言火蓋日爲君火月爲相火 子午卯酉居四正之地取日月同宮故雙星配之如山一宿配之也 砂當以水論之也.

　　甲庚丙壬眞是火 宿之言火者言甲名尾火虎 庚名觜火猴丙名翼火蛇壬名室火猪 消砂當以火論之也.

　　辰戌丑未金爲局 言四山皆金 辰爲亢金龍 戌名婁金豹 丑名牛金牛 未爲鬼金羊消砂當以金論之也.

　　乙辛丁癸土相傷 言四山皆屬土 乙名氐土貉 辛名胃土雉 丁名柳土獐 癸名女土蝠 消砂當以土論 砂數別來有五種 煞洩奴兮生與旺 生我食神居兩榜 比和人財發科場 我剋是財爲儲奴 剋我七煞最難當 洩我文章窮到底 文邊功名好又强,其法當以坐山爲主 如坐乾山則屬木薦坤艮巽砂卽比肩人財發科場 辰戌丑未宮有山是剋我七煞最難當 若見甲庚丙壬子午卯酉山卽洩我文章窮到底 乙辛丁癸山卽我剋是財爲儲奴 寅申巳亥砂生我食神居兩榜 餘山倣此 詳覽明辨登山自知其妙其訣看左右前後之砂 務要面對宮位砂 近應生人速遠應生人遲 張九儀云 砂若離火三兩丈卽到産英豪 又云第一要識前面砂定人禍福毫不差.

　　此法非余私議另立門戶寔出於沿彈子學者詳三卷中分房分宮位吉凶之砂自效如神 閱四卷考龍上九星入宮定禍福貧賤之驗閱五卷舊地發福論砂水公位百無一失閱一二卷中論水法破局合局避黃泉煞曜自然了然胸中矣.

【해설】 중침(中針) 24산은 즉 인반(人盤)을 말한다. 지반(地盤)과 비교하여 약간의 차이를(반 방위) 두고 있는데 천도(天道)가 건장(健壯)하다면

지도(地道)는 이에 순종하고 인도(人道)는 균평(均平)을 지킨다는 의미이다. 먼저 천지가 있고 난 연후에 사람이 있으니 〈인반(人盤)은 반상(盤上)의 층수로는 천지반의 중간에 거(居)하도록〉 하였고 〈기후(氣候)로는 천반(天盤)보다 한 방위, 지반보다 반(半) 방위를 뒤따라간다〉 이는 지반 자침(地盤磁針)의 자오(子午)로부터 반 방위를 뒤처져 가니(半位) 인반(人盤) 중침(中針)의 자오(子午)가 거하는 곳은 지반 자침으로 임자(壬子)와 병오(丙午)를 꿰매고(縫) 있다. 다시 지반 자침의 자위(子位)를 기준으로 이해를 더 돕는다면 인반 중침으로는 자계(子癸)와 오정(午丁)이 된다. 그러므로 중침이라 한 것이다.

옛 성인이 이와 같이 삼재(三才)로 사용하도록 넓혀 놓은 것이다. 인반(人盤)의 용법은 위로는 천성(天星) 전도(躔度)와 기운의 진퇴(進退)를 관계하고, 아래로는 산천(山川) 분야와 지맥(地脈) 장부(藏否)에 관계하고 있다. 그러므로 천지이반의 작용이 주재(主宰)하지만 삼재로서 만물 중의 영장인 사람을 돕게 한 것이다. 천지를 이루고 삼재를 이루게 한 것은 인력(人力)이 승천(勝天)하여 인반(人盤)으로 합용(合用)케 하였으니 완전한 공(功)이라 하겠다. (*원문이 古文인 데다가 地盤 磁針을 眞北으로 삼고 쓴 글이므로 오류가 많아 〈 〉 부분은 필자가 수정한 것임)

옛적 태소선사(太素先師)가 이르기를, 「용을 살피는 것은 소사(消砂) 작용(作用)을 보는 것이라」 하였다. 양공은 「이로써 납수(納水)」 한다 하니 사마두타의 수법(水法)과 정확히 합치한다. 방거 황천(放去黃泉)은 이른바 출살(出煞)법을 이르는 것이다.

명왈(名曰), 귀인녹마상어가(貴人祿馬上御街)라 하였고,
가왈(歌曰), 귀인삼합연주수(貴人三合連珠水)이나,

격팔상생난료전(格八相生爛了錢*)이라.

　　　기귀탐랑병녹마(其貴貪狼竝祿馬)이니,

　　　삼합연주귀무가(三合連珠貴無價)라.

　　　신입건궁백만장(辛入乾宮百萬莊)이라,

　　　계귀간위발문장(癸貴艮位發文章)이라.

　　　을향손유청부귀(乙向巽流淸富貴)요,

　　　정종곤거만사상(丁從坤去萬斯箱)하였으니

이는 인반(人盤)으로 정합(正合)하는 것이다.

*난료전(爛了錢) ; 爛은 문드러지고 헤진다는 뜻으로, 쓸모없이 해진 옛날 돈을 이르는 말.

　태소(太素) 소사(消砂) 요결(要訣)에, 「사(砂)는 비록 땅에 있으나 관계하는 곳은 하늘이다(砂雖在地關寔在天)」라 하는데 어떻게 볼 수 있나?,
　성인(聖人)이 이르기를, 「위정이덕(爲政以德)이라」하니 비유하면 북신(北辰)이 그곳에 거(居)하면 뭇별이 손을 맞잡고 호위(拱之)하고 북신은 그 두내(斗內)에 거하는 것과 같다. 이곳의 두(斗)란 구성(九星)에 있는 중궁(中宮)으로 그곳에 건극(建極)하고 사방을 운영(運營)하는데 28숙이 주위로 늘어서서(經布) 외부로 큰 고리처럼 둘러쌌다는 것이 북신의 상이며, 감여(堪輿)법에서는 혈장(穴場)을 북신으로 비유하였고, 용신(龍神)은 구성(九星)을 말하며, 사수(砂水)란 28숙을 이른다.
　양균송(楊筠松)은 구성(九星)을 사용하여 용신의 선악을 알아보았고, 뇌태소(賴太素)는 28숙으로 사수(砂水)를 알아보았으니 이른바 재천(在天) 자(者)가 바로 이것이다.
　옛날 요공(廖公)으로부터 양뢰(楊賴) 이공(二公)에 이르기까지 사용한

발사법(撥砂法) 한 가지가 있었는데 오랫동안 감추어져 전(傳)해지지 않았으나 힘들여 구전심수(口傳心授)로 전수(傳授)받은 것이 있다. 이를 섣불리 설로(泄露)시키면 하늘로부터 반드시 꾸지람(罰)을 받는다 하는데, 지금 그 법을 설로시키지 않을 수 없으니 성인의 말씀에「도리(道理)는 불가매몰(不可埋沒)이라」하였으니 성인이 더욱 염려하는 것은 실전(失傳)인데 나까지 비밀이라고 감춘다면 후세 동학자들이 어떻게 전수하여 천하의 사람들에게 도움을 줄 수 있겠는가? 나는 감추고 후학들에게 죄를 짓기보다 차라리 설로하여 하늘의 꾸지람을 받는 길을 택하는 것이다.

사법(砂法) 가운(歌云) 성수(星宿) 오행(五行)은 28숙의 칠정(七政) 오행(五行)에 소속된 것들이다.

건곤간손시목향(乾坤艮巽是木鄕) ; 이 4성은 모두 목(木)에 속한다는 것이니 건(乾)은 규목으로 이리에 속한다(乾奎木狼). 곤명은 정목으로 들개이다(坤名井木犴). 간(艮)은 해태로 두목이다(艮爲斗木獬). 손(巽)은 각목이니 교룡(蛟龍)이다(巽爲角木蛟). 그러므로 소사에서는 목으로 논하는 것이다.

인신사해수신당(寅申巳亥水神當) ; 28숙에 말하기를, 인(寅)은 기수(箕水)이니 표범(豹)이며, 신(申)은 삼수(參水)이니 원숭이(猿)요, 사(巳)는 진수(軫水)이니 지렁이(蚓)다. 해(亥)는 벽수(壁水)이니 유(貐 ; 짐승이름)이니 소사에서는 수(水)로 사용한다.

■ 갑경병임진시화(甲庚丙壬眞是火) ; 28숙에 언(言) 화(火)가 된 것은 갑은 미화(尾火)이니 호랑이이며, 경은 자화(觜火)이니 원숭이이며, 병은 익화(翼火)이니 뱀이며, 임은 실화(室火)이니 돼지이다. 소사(消砂)에서는 모두 화(火)로 논하여야 한다.

■ 자오묘유화의상(子午卯酉火依相) ; 28숙에 말하기를, 자(子)는 허일(虛日)이니 쥐(鼠)이고 위일(危日)이니 제비(燕)이다. 오(午)는 성일(星日)이니 말(馬)이요 장월(張月)은 사슴이다. 묘(卯)는 방일(房日)이니 토끼(兎)요 심월(心月)은 여우(狐)이다. 유(酉)는 묘일(昴日)은 닭(鷄)이요 필월(畢月)은 까마귀(烏)이다. 일월을 어떻게 화(火)라 하는가? 대개 태양을 군화(君火)라 하고 달을 상화(相火)라 하는 것이다. 자오묘유는 4정방(正方)에 거하므로 일월을 동궁으로 취한 것이다. 그러므로 쌍성을 배치하였고 나머지는 1산에 1숙만을 배치한 것이다.

■ 진술축미금위국(辰戌丑未金爲局) ; 28숙에 이 4산은 모두 금(金)으로 하였다. 진(辰)은 항금(亢金)이니 용이요, 술(戌)은 누금(婁金)이니 표범(豹)이요, 축(丑)은 우금(牛金)이니 소요, 미(未)는 귀금(鬼金)이니 양이다. 소사에서는 마땅히 금(金)으로 논해야 한다.

■ 을신정계토상상(乙辛丁癸土相傷) ; 이 4산은 다 토(土)에 속하니 을(乙)은 저토(氐土)이니 오소리(貉)요, 신(辛)은 위토(胃土)이니 꿩(雉)이요, 정(丁)은 유토(柳土)이니 노루(獐)요, 계(癸)는 여토(女土)이니 박쥐(蝠)이다. 소사에서는 마땅히 토(土)로 논(論)해야 한다.

사수별래유오종(砂數別來有五種) ; 사법에 달리 전해오는 5종의 설이 있으니,

살설노혜생여왕(煞洩奴兮生與旺) ; 살을 설하는 것은 노복이니 생활에서 왕성(旺盛)함이라.

생아식신거양방(生我食神居兩榜) ; 내가 생하는 것은 식신이니 양방에 거하고,

비화인재발과장(比和人財發科場) ; 비화는 사람과 재물이니 과거에서 발하고,

아극시재위저노(我剋是財爲儲奴) ; 내가 극함은 재물이니 노복을 쌓는 것이고

극아칠살최난당(剋我七殺最難當) ; 나를 극하는 것은 칠살이니 가장 감당치 못할 것이다.

설아문장궁도저(洩我文章窮到底) ; 나를 설하는 것은 문장이나 궁색하기가 밑바닥이라,

문변공명호우강(文邊功名好又强) ; 여덕으로 공명하지만 또한 강하기도 하다.

그 법은 마땅히 좌산으로 위주한다.

가령 좌가 건산(乾山)이라면 목(木)에 속하니

손(巽)・간(艮)・곤(坤) 방의 사(砂)가 보이면 즉 비견인재발과장(比肩人財發科場)이 된 것이고,

진술축미(辰戌丑未) 궁(宮)에 산이 있으면 이는 극아칠살최난당(剋我七煞最難當)인 것이며,

만약 갑경병임(甲庚丙壬)이나 자오묘유(子午卯酉) 방(方)에 산(山)이 있으면 곧 설아문장궁도저(洩我文章窮到底)에 해당하는 것이고,

을정신계(乙辛丁癸) 방에 산이 보이면 아극시재위저노(我剋是財爲儲奴)이며, 인신사해(寅申巳亥) 방의 산은 생아식신거양방(生我食神居兩榜)이니, 나머지 다른 산에서도 이와 같이 처리하면 된다.

이는 학자들이 자세히 살펴보면 쉽게 분변할 수 있으니 등산에서 전후좌우 산으로 그 결(訣)의 묘(妙)함을 느낄 수 있을 것이다. 이에서 중요한

것은 정면으로 대하는 사(砂)가 가까이에서 응하면 생인이 빠르고, 전대(前對)하는 사(砂)가 멀면 생인(生人)이 늦다.

장구의(張九儀)가 이르기를,

사약이화삼양장(砂若離火三兩丈) ; 오방(午方)의 사가 2, 3장으로 가까우면,

유년즉도산영호(流年卽到産英豪) ; 유년에 즉시 영웅호걸을 낳으리라.

제일요식전면사(第一要識前面砂) ; 가장 먼저 중요하게 알 것은 전면 사이니,

정인화복호불차(定人禍福毫不差) ; 결단코 사람의 화복에 털끝만큼도 어긋나지 아니한다.

이와 같은 법은 나의 사의(私議)가 아니고 달리 세워진 문호(門戶)가 있으니 연탄자(沿彈子)에서 나온 것이다. 학자들은 3권 중의 분방(分房) 분궁위(分宮位)의 길흉사(吉凶砂)를 보면 신(神)과 같은 효능이 있을 것이다. 4권 중에서는 용상(龍上) 구성(九星)에 입궁하여 보면 화복과 빈천을 증험할 수 있으리라. 5권을 열람하면 구지 발복론과 사수(砂水) 공위(公位) 논이 있는데 백무일실(百無一失)이다. 1, 2권 중에는 수법(水法)을 논하였고 파국(破局)과 합국(合局) 황천(黃泉) 살요(煞曜) 등을 자연스럽게 흉중에 간직할 수 있을 것이다.

1) 인사편(認砂篇)

【원문】形貌之姸蚩必肖山川之美惡 故嵩嶽生仲尼丘字孔 吳景鸞曰 福壽之地人多福壽 秀穎之地人多輕淸 濕下之地人多重濁 高元之地人多狂躁 散亂之地人多遊蕩 尖惡之地人多殺傷 頑硬之地人多執拗 平夷之地人多忠

信 楊均松曰 山肥人飽山瘦人飢 山消人美山濁人媸 山完人喜山破人悲 山歸人聚山走人離 山伸人壽山縮人低 山明人達山暗人迷 山向人順山背人欺 司馬頭陀云 以端方而知其忠 以傾側而知其佞 以柔亂而知淫卑 以卑劣而知賤 以粗猛而知惡 瘦薄知貪粹美知慈 威武知斷 分窮源大江而知出身之遠近 觀外城內局知力量之宏隘 況其出脈有偏正卓展有大小 所謂砂管人丁 人丁相平其砂者正人盤收砂之謂耳

且. 砂不抬頭砂不力水不彎環水無情 外砂不及內砂力外水不及內水親.

【해설】형모(形貌)의 연치*(妍蚩 ; 妍痴)란 사람의 태어남도 반드시 산천의 미악에서 본(本)을 받는다는 것이다. 이는 숭악(嵩嶽)에서 공자(孔子)를 배출한 것도 이와 무관하지 않다.

*연치(妍蚩 ; 妍痴) : 아름다운 것과 못생긴 것을 이르는 말로서, 풍수지리에서는 높고 강력한 산과 낮고 미약하며 흩어져 개성이 없이 추한 산을 의미한다.

오경난 왈, 복수지지(福壽之地) 인다복수(人多福壽)요
　　　　　수영지지(秀穎之地) 인다경청(多人輕淸)이며
　　　　　습하지지(濕下之地) 인다중탁(人多重濁)하고
　　　　　고원지지(高元之地) 인다광조(人多狂躁)하며
　　　　　산란지지(散亂之地) 인다유탕(人多遊蕩)하고
　　　　　첨악지지(尖惡之地) 인다살상(人多殺傷)하였고
　　　　　완경지지(頑硬之地) 인다집요(人多執拗)하였고
　　　　　평이지지(平夷之地) 인다충신(人多忠臣)이 많았다.

양균송 왈, 산비인포(山肥人飽)요 산수인기(山瘦人飢)이며
　　　　　산소인미(山消人美)며 산탁인치(山濁人媸)며

산완인희(山完人喜)며 산파인비(山破人悲)요,
산귀인취(山歸人聚)요 산주인리(山走人離)이다.
산신인수(山伸人壽)요 산축인저(山縮人低)이다.
산명인달(山明人達)이며 산암인미(山暗人迷)이다.
산향인순(山向人順)이요 산배인기(山背人欺)라.

사마두타는,

이단방이지기충(以端方而知其忠) ; 단방함을 보면 그 충성을 알 수 있고,
이경측이지기영(以傾側而知其佞) ; 경측함을 보면 그 아첨을 알 수 있다.

유란지음(柔亂知淫)하고, 비열지천(卑劣知賤)하며,
조맹지악(粗猛知惡)하고, 수박지빈(瘦薄知貧)하고,
수미지자(粹美知慈)하며, 위무지단(威武知斷)이라.

분궁원대강이지출신지원근(分窮源大江而知出身之遠近) ; 궁원대강으로 나누어 출신의 원근을 알 수 있으며,
관외성내국지역량지굉애(觀外城內局知力量之宏隘) ; 외성내국을 보고 역량의 크고 작음을 알 수 있는 것이다.

하물며 그 출맥에도 편정이 있는 것이고 탁전(卓展 ; 높게 낮게 넓게 좁게 개장함)함에도 대소가 있는 것이다. 이에서 이르기를 사(砂)는 인정을 관리하는 것이니 인정이 상평(相平)하면 그 사가 바르다는 것이다. 이상의 사(砂)는 인반(人盤)으로 사용함을 이르는 말이다. 또 사는 태두(抬頭 ; 현연하게 나타내다)하지 않으면 힘을 못 쓰는 것이고, 물은 만환(彎環)하지 않으면 무정한 것이고, 울 밖에 있는 사(砂)는 안에 있는 사(砂)의

역량을 따르지 못하고, 밖에 멀리 있는 물은 안에 가까이 있는 물의 친절함에 따르지 못한다.

2) 뇌공발사가(賴公撥砂歌)

消砂別來有五種(소사별래유오종) ; 소사법으로 5종의 글이 달리 전해오니
奴旺煞分洩與生(노왕살분설여생) ; 노·왕·살·설·생으로 나눈 것이 그것이다.
彼來剋我爲七煞(피래극아위칠살) ; 저가 나를 극함을 칠살이라 하고,
我生彼也是洩名(아생피야시설명) ; 내가 저를 생하여 주면 설기로 하며,
旺神卽是我見我(왕신즉시아견아) ; 왕신은 나와 같은 자를 또 만남이요,
我生彼神號食神(아생피신호식신) ; 내가 저를 생함을 식신이라 하고,
食發科甲人丁誕(식발과갑인정탄) ; 식신이 발하면 과갑하는 인정이 태어나고,
旺司財祿多子孫(왕사재록다자손) ; 왕성함은 재록과 많은 자손을 맡는다.
生不正向只及旺(생불정향지급왕) ; 생향은 정향의 왕함에는 미치지 못한다.
兩旺高明過一生(양왕고명과일생) ; 양왕은 고명으로 일생 동안 어려움이 없다.
煞見則禍絶(살견즉화절) ; 살이 보이는 것은 재앙이요, 절손까지도 하고,
洩氣漸消伶(설기점소영) ; 나를 설기하는 것은 점점 줄어들고 고독하게 된다.
我剋奴砂爲財帛(아극노사위재백) ; 내가 극함은 노복사이며 재백이 된다.
居官得祿又和平(거관득록우화평) ; 관지에 거하면 관록이며 또 화평하다.

大地由來多帶煞(대지유래다대살) ; 대지는 유래로 살기를 많이 대동한다 한다.

兩間公位從不勻(양간공위종불균) ; 이 사이의 공위는 정균하지 못하다.

龍氣盛旺煞無力(용기왕성살무력) ; 용기가 왕성하면 반대로 살기는 약해진다.

閃脈脫脈煞最靈(섬맥탈맥살최령) ; 섬맥, 탈맥에서는 살기가 가장 신령하다.

龍弱砂强洩旺秀(용약사강설왕수) ; 용은 약한데 사만 강하면 왕수를 빼앗기나,

女嫁豪門坦腹英(여가호문탄복영) ; 딸이 부호의 가문으로 시집가 평탄히 산다.

爲生爲旺貴在內(위생위왕귀재내) ; 생왕함을 만나면 귀함이 집안에 있다.

旺秀兼洩在外門(왕수겸설재외문) ; 왕수라도 설기를 겸하면 외문의 귀이다.

此爲賴公眞口訣(차위뇌공진구결) ; 이것이 뇌공(賴公)의 진구결이다.

惟有挨星法最靈(유유애성법최령) ; 이는 오직 애성법이 최령함을 알아야 한다.

3) 소사현묘(消砂玄妙)

乾坤艮巽是木鄕(건곤간손시목향) ; 건곤간손은 목향(木鄕)으로 한다.

寅申巳亥水神當(인신사해수신당) ; 인신사해는 수신(水神)으로 한다.

甲庚丙壬眞是火(갑경병임진시화) ; 갑경병임은 진화(眞火)이다

子午卯酉火依廂(자오묘유화의상) ; 자오묘유는 의상(依廂)의 화(火)이다.

辰戌丑未金爲局(진술축미금위국) ; 진술축미는 금(金)의 국(局)에 든다.
乙辛丁癸土相狀(을신정계토상상) ; 을신정계는 토(土)를 형상(相狀)한다.
生我食神居兩榜(생아식신거양방) ; 내가 생하면 식신이니 문무양방이 된다.
比和人財發科場(비화인재발과장) ; 비화는 사람과 재물이니 과장에서 발한다.
我剋是財爲儲奴(아극시재위저노) ; 내가 이기는 것은 재물과 노복으로 한다.
剋我七煞最難當(극아칠살최난당) ; 나를 극하면 칠살이니 감당하기 어렵다.
洩我文章窮搗杵(설아문장궁도저) ; 나를 설하는 것은 문장이나 궁도저* 이다.
文邊功名好又强(문변공명호우강) ; 글 가에서 강력하게 공명도 하기도 한다.

*궁도저(窮搗杵) ; 가난이 밑바닥을 드러낸다는 뜻 같은데, 고수의 가르침을 기다린다.

【원문】備言天體 則有七政以司元化日月五星是也 有四垣以鎭四方紫微天市太微少微是也 有二十八宿以分布周天 蒼龍七宿角亢氐房心尾箕 朱雀七宿井鬼柳星張翌軫 白虎七宿奎婁胃昴畢觜參 玄武七宿斗牛女虛危室壁是也 四垣卽四象也 政卽陰陽消砂五行之根 其樞在北斗而分四方爲二十八宿故房虛昴星應日 心危畢張應月 角斗奎井應歲星 尾室觜翌應熒惑 亢牛婁鬼應太白 箕壁參軫應 氐柳女胃應鎭星 象懸於天光照於地所以砂雖在地關寔在天 非經無以立極非緯無以嬗化 一經一緯眞陰眞陽之交道也.

【해설】 천체로 비유하여 말하면 칠정(七政)이 있어서 원화(元化)를 맡고 있으니 일월오성(日月五星)이 그것이다. 또 사원(四垣)이 있어서 사방을 진압하니 자미원(紫薇垣)·천시원(天市垣)·태미원(太微垣)·소미원(少微垣)이 그것이다.

또 28숙이 있어서 하늘 주위에 분포하였으니 창룡(蒼龍) 7숙은 각항저방심미기(角亢氏房心尾箕)요, 주작(朱雀) 7숙은 정귀유성장익진(井鬼柳星張翌軫)이며, 백호(白虎) 7숙은 규루위묘필자삼(奎婁胃昴畢觜參)이요, 현무(玄武) 7숙은 두우여허위실벽(斗牛女虛危室壁)이 그것이다.

또 사원은 즉 사상이며 정(政)은 음양 소사를 말하니 오행의 근본이 된다. 그 추(樞)는 북두에 있으나 사방으로 분포시켜 놓은 것이 28숙이다. 그러므로 방허묘성(房虛昴星)은 태양에 응하며, 심위필장(心危畢張)은 달(月)에 응하고, 각두규정(角斗奎井)은 세성(歲星)에 응하며, 미실자익(尾室觜翌)은 형혹(熒惑)에 응하고, 항우루귀(亢牛婁鬼)는 태백(太白)에 응하며, 기벽참진(箕壁參軫)은 진성에 응하고, 저류여위(氐柳女胃)는 진성(鎭星)에 응하니 이것이 천상에 비치는 현상이다.

광이 땅에 비추어주니 사(砂)는 비록 땅에 있으나 하늘에 관계하고 있음이다. 이들은 경(經)이 아니면 입극(立極)할 수 없고, 위(緯)가 아니면 선화(嬋化)*할 수도 없으므로 일경(一經) 일위(一緯)가 진음진양(眞陰眞陽)의 교도(交道)인 것이다.   *선화(嬋化) ; 물려주다, 변천하다, 탈바꿈하다.

4) 분방궁위(分房宮位)

【원문】 一子滿盤皆他管 二子左邊長房臨 前後右邊皆是小 此處偏枯已不均 三子分公位 朝坐二房輪 六子排來三六右 四在孟前次第分 二房朝與

案五子 主星平 此從房分挨次立 變換詳砂難泥論

六子宮位是 靑龍 從後過去則長房之砂 從案山過來則四房之砂

白虎 從後過去則三房之砂 從案山過來則六房之砂

總看砂勢親何宮位卽吊入也 如此置宮位無砂卽絶 如子山午向 艮寅甲 爲內靑龍長管 卯乙辰爲外靑龍四管 乾戌辛爲內白虎三管 酉庚申爲外白虎六管, 左砂屬一四七房 前砂屬二五八房 右砂屬三六九房 一子滿盤皆他管. (*이곳은 원문의 오류가 많아 필자가 의역하고 번역은 생략하였다.)

【해설】

일자만반개타관(一子滿盤皆他管) ; 독자이면 만반을 다 함께 관리한다.

이자좌변장방임(二子左邊長房臨) ; 이자는 전방이니 장방의 앞이다.

전후우변개시소(前後右邊皆是小) ; 전후와 우변은 다 소방이 된다.

차처편고이불균(此處偏枯已不均) ; 이곳이 편고하면 이미 고르지 못한 것이다.

이는 세 아들일 때의 공위설(公位說)이고, 두 아들은 조좌(朝坐)로 논한다. 6자로 배래하면 147이 청룡 쪽이고, 258은 조산 안산이며, 369는 백호를 볼 것이며, 1자일 때는 만반을 다 보는 것이다.

5) 육갑(六甲) 혼천후괘(渾天後卦)

(1) 후천 60괘(後天六十卦) 배 갑자도(配甲子圖)

【원문】此後天卦流行之易入用之卦也 法以 雷 風 火 地 澤 天 水 山 加於八卦之上 而成六十四卦 內除乾坤坎離四卦 以爲主宰 而居無爲之天 實統諸卦之氣 以六十四卦 配六十甲子 而推排爻象 運於週天 地法 因之以

驗吉凶者 本乎此也 八宮皆首雷者帝出乎震也.

【해설】이는 후천괘(後天卦)를 역(易)에다 유행시키고 대입시켜 사용하는 것이다. 그 법은 9궁(宮)의 뇌(雷)·풍(風)·화(火)·지(地)·택(澤)·천(天)·수(水)·산(山) 8괘를 9궁의 시계방향 순으로 8괘 위에다 가하여 64괘를 만든 다음 그 안에서 건(乾)·곤(坤)·감(坎)·리(離) 4괘(卦)를 제거하니 이 4괘는 하늘의 「무위지천(無爲之天 ; 함이 없는 곳)」에 거하는 「주재자(主宰者)」삼아 제괘(諸卦)의 기(氣)를 통솔하게 하기 위함이다.

그리고 나머지 60괘에다 육십갑자 효상(爻象)을 추배(推排)한 것이다. 그러므로 건곤감리(乾坤坎離) 4위에는 7괘가 배치되고 진손간태(震巽艮兌) 4위에는 8괘가 배치되어 총 60괘가 된 것이다.

운은 하늘의 주천(運於週天) 운행으로 결정되는 것이므로 지법(地法)에서는 이를 본떠서 길흉을 증험하기 때문이다. 「제출호진(帝出乎震)」이라 하였으니 진궁(震宮)은 팔궁(八宮) 중에서 수궁(首宮)이 된다.

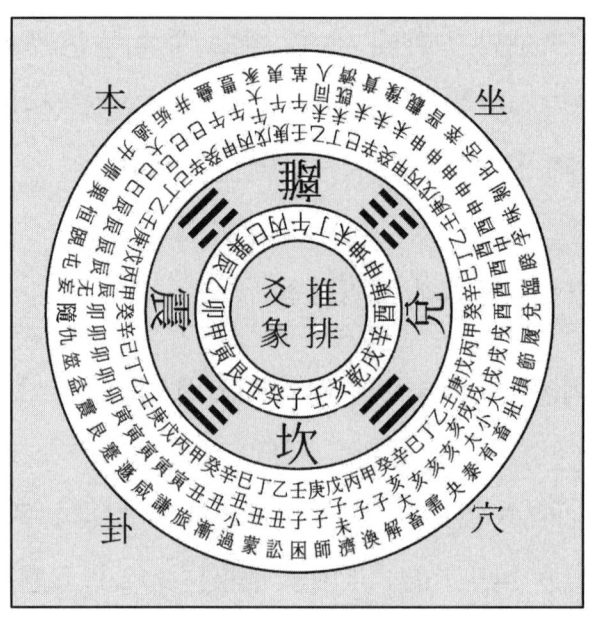

〈후천 60괘 배 갑자도〉

제7층 투지 60룡(透地六十龍)

【원문】蓋平分六十龍透地 名曰天紀 起甲子於正針亥末屬乾宿 後天之乾卽係先天之艮 艮爲山 此故亦謂之連山也 平分六十龍 起甲子正針之壬初屬坎 後天之坎卽係先天之坤 坤爲地 此乃謂之透地 不言穿而言透者以透乃通透之透 如管吹灰氣由竅出 此可得透地說 不言山而言地者謂五氣行乎地中發生萬物 地有吉氣土隨而起 可見形之見於地上 皆由五行之氣透於地中 氣雄則地隨之而高聳 氣弱則地隨之而平伏 氣淸則地隨之而秀美 氣濁則地隨之而凶惡 此可以得地之說也 不言虎而言龍者 蓋龍有氣無形變化莫測無非論龍 透於穴中變化無端可以識六十龍透地之妙 可以得而名之也 而作用之功「葬乘生氣」必先定其來龍「其法於來脈入首穴星後分水脊上定盤針定來脈 入首」如六十龍辛亥納音屬金 從右來以左耳乘氣 則穴宜坐乾向巽于透得丁亥氣屬土正乾龍坐穴土 生辛亥金是穴生來龍其家發福 (乾坐)透得乙亥七亥三乾(乾七戌三인 듯)火音坐穴剋辛亥金 是來龍 穴剋山 其家小祿 透得己亥氣五乾五亥是煞曜名曰火坑主子孫多出癆疾吐血損妻剋子 水蟻食棺之驗

先聖云「二十四山顚顚倒 二十四山有珠寶 二十四山順逆行 二十四山有火坑」此言「到頭差一指如隔萬重山 可見穿山透地各自爲用 七十二龍只論 來龍定山崗則在分水脊上定盤針 穴後八尺巒頭用六十龍透地盤 穿山則不必用矣, 六十龍審氣入穴 一龍有五子氣當尋旺氣 丙子庚子二旬之龍 則有二十四位珠寶爲全吉 又要避空虛煞曜差錯空亡 如甲子壬子及戊子三旬中之龍三十六穴爲差錯關煞爲全凶 又要 渾天度不可剋分金 分金不可剋坐穴 坐穴不可剋透地 透地不可剋來龍 剋宜順剋以下剋上吉(凶) 生宜逆生以

下生上吉, 可見透地作用最宜細心 愼勿輕忽.

經盤內載有正字 二十四位合二十四山 正氣脈入首爲珠寶載有十二个五字爲火坑 二十四位三七龍爲差錯空亡 世人盡知穴在山不知方寸穴一線.

【해설】 이는 24산(山)을 60룡으로 평분(平分)해 놓은 것이니 이른바 천기(天紀)가 되는 것이다. 천산(穿山)에서는 24산을 1년의 72후(候)로 분류한 것으로 일산을 3등분하여 일후로 삼았으니, 즉 일후는 5일씩이 되는 셈이며 임궁(壬宮)의 15일 가운데서 10일 말(末)과 11일 중간을 분계선으로 하여(자초를 0°로 할 때 355°선) 갑자를 일으켜 5°씩 갈라 운행한다. 후천의 건(乾)은 선천으로 간위(艮位)가 되며, 간(艮)은 산(山)이므로 천산(穿山)이라 하였다.

평분 60룡에서는 정침(正針)의 해말(亥末)과 임초(壬初)인 중간점을 분계선으로 하여 갑자를 일으켜(자초를 0°로 할 때 345°선) 24산 360°를 6°씩 평분해 놓은 것이다. 이는 감궁(坎宮)이니 수(水)에 속하며, 후천의 감(坎)이 선천으로는 곤(坤)이 되고, 곤(坤)은 지(地)이므로 투지라 이름하였다.

* 註 1 : 천산(穿山)은 후천이니 지기(地氣)라 하고, 투지는 선천이니 천기(天紀)라 한다.
* 註 2 : 120분금(分金)은 임말(壬末)과 자초(子初)의 분계선에서 갑자를 일으켜 24산을 120으로 나눴으니 일분금(一分金)은 3°씩이 된다.

천(穿)이라 하지 않고 투(透)라 한 것은 투는 통한다는 뜻의 투인 까닭이다. 가령 대통으로 재를 불듯이 기(氣)는 구멍을 따라 출행(出行)하는 것이라면 투에 대한 설명이 될 것이다. 또 산(山)이라 하지 않고 지(地)라 하였음은 오기(五氣)는 지중(地中)으로 행하므로 만물이 발생할 수 있다는 데서 연유되었다. 지(地)에는 길기(吉氣)가 있어서 토(土)는 이에 의하여 기(起)하게 되는데 지상에서는 형(形)으로서 알아볼 수 있다. 이 모두 오기(五氣)는 지중(地中)으로 투과함을 말한 것이다.

따라서 기가 웅(雄)하면 지(地)는 고용(高聳)하게 되고, 기가 약하면 지(地)는 졸복(卒伏)하게 되며, 기가 청(青)하면 지(地)는 이를 따라 수미(秀美)하게 되고, 기가 탁하면 지(地)는 이를 따라 흉악하게 된다. 이상은 득지설(得地說)의 한 부분이다.

또 호(虎)라 하지 않고 용이라 한 것은 용기(龍氣)는 무형으로 그 변화도 헤아릴 수 없는 것이니 용이 그러하다는 데서 따온 이름이다. 따라서 용기는 혈중(穴中)으로 투과하지 않는 게 없고, 변화도 무단이니 60룡 투지의 묘함과 작용의 공을 가히 알 수 있으리라.

장승생기(葬乘生氣)이니 반드시 먼저 그 내룡(內龍)을 정해야 한다. 그 법은 내맥(來脈)으로부터 입수(入首)하는 혈성후(穴星後) 분수척상(分水脊上)에 반침(盤針)을 놓고 내맥입수(來脈入首)를 정하는 것이다.

가령 60룡이 신해(辛亥)라면 납음은 금(金)인데 종우래(從右來)하여 좌이(左耳)로 승기(乘氣)한다면 혈은 마땅히 건좌손향(乾坐巽向)을 하여서 정해토기(丁亥土氣)를 투득(透得)하여야 정건룡(正乾龍)의 생혈(生穴)이 될 것이다. 이때 정해토(丁亥土)로 신해금(辛亥金)을 생하게 하면 혈생내룡(穴生來龍)이 되어 어김없이 발복하게 되는 것이다. 그러나 만약 정해토기(丁亥土氣)가 아니고 을해화기(乙亥火氣)를 투득한다면 해칠건삼(亥七乾三)인 을해화혈(乙亥火穴)은 신해금(辛亥金) 내룡을 극하여 주(主)는 소록(少祿)이 있을 뿐 해가 될 뿐이다.

또 만약 기해목기(己亥木氣)를 투득한다면 해오건오(亥五乾五)로 살요(殺曜)가 되니 이른바 화갱살(火坑殺)을 범하게 되어 자손은 노질(癆疾), 토혈 등 질(疾)과 처자를 극하는 일이 다출(多出)하고, 수의(水蟻)가 식관

(食棺)하는 응(應)이 있을 것이다. 선성(先聖)이 말하기를, 「24산에 전전도(顚顚倒)요, 24산에 유주보(有珠寶)요, 24산에 순역행(順逆行)이며, 24산에 유화갱(有火坑)」이라 하였고, 또 「도두차(到頭差) 일지(一指)가 여격만중산(如隔萬重山)」이라 하였다.

천산과 투지는 각각 쓰임이 따로 있으나 천산 72룡은 다만 내룡(來龍)을 논함에 있어서 산강(山崗)을 정하는 것이니, 즉 분수척상(分水脊上)에 반침을 놓고 혈후(穴後) 팔척만두(八尺巒頭)까지의 길흉을 보는 것에 불과하다. 60룡 투지반을 용(用)할 때는 사실상 불필요하다. 60룡은 기가 입혈(入穴)함을 살피는 것이다.

즉 일용에 오자기(五子氣)가 있는데 왕상기(旺相氣)인 병자, 경자 이순(二旬)에 해당되는 24개의 용을 찾는 것인데 이것이 곧 「24위 유주보(有珠寶)」라 한 것으로서 전길(全吉)한 것이다. 다시 말하면 혈허(穴虛), 살요(殺曜), 차착공망(差錯空亡)을 피하는 것이기도 하니 가령 갑자 임자 무자 등 삼순(三旬)에 해당하는 용은 나머지 36위의 혈이 될 것이니 차착관살(差錯關殺)이 되어 전흉(全凶)하다는 것이다.

또 중요한 것은 혼천도(渾天度)가 분금(分金)을 극하는 것과, 분금이 좌혈을 극하는 것과, 좌혈이 투지를 극하는 것과, 투지가 내룡(來龍)을 극하는 것 등이 모두 불가하다. 그러나 극이라도 하에서 상을 극하는 것은 순극(順剋)이라 하여 길하고, 같은 생이라도 하에서 상을 생하는 것은 역생(逆生)이라 하여 길하다. 이와 같이 투지작용이 복잡하므로 세심한 주의를 요하여 절대로 가볍게 판단하지 말 것이다.

경반을 보면 정자(正字)가 24개가 있는데 이것이 24산의 정기맥(正氣脈)인 입수주보(入首珠寶)이고, 5자가 12개 있는데 이것이 화갱(火坑)이며, 삼칠자가 24개가 있는데 이것이 차착공망(差錯空亡)이다. 세인술사(世人術士)들은 모두 혈이 산에 있다는 것은 잘 알지만, 방촌지간(方寸之間)의 일선(一線)에 혈이 있다는 것은 모르니 60룡 투지를 이름이다.

1) 험 신구분단(驗 新舊墳斷)

【원문】一个山頭葬十墳 一墳富貴九墳貧 同山同向同朝水 更有同堆共井塋 一邊光榮生富貴 一棺泥水絶人丁 穴坐火坑招泥水 金牛坐穴起紫藤 時師若能知此理 打破陰陽玄妙精.

일개산두(一介山頭)에 장십분(葬十墳)이라도
일분(一墳)만 부귀하고 구분(九墳)은 빈(貧)하다.
동산동향(同山同向)에 동조수(同朝水)인데
경유동퇴(更有同堆)에 공정영(共井塋)이라도
일변(一邊)만 광영하고 생부귀(生富貴)하니
일관이수(一棺泥水)에 절인정(絶人丁)이라
시사약능(時師若能) 지차리(知此理)하면
타파음양(打破陰陽) 현묘정(玄妙精)이리라.

2) 정미현기(精微玄機)

八尺巒頭要識眞 中間脊水兩邊分 看他生氣歸何處 十字當中正立身 更觀兩邊無强弱 定心方可下羅針 珠寶火坑安排定 富貴貧賤驗如神 二十四山前前倒 二十四山有珠寶 有人坐了此一穴 榮華富貴此中討 二十四山倒倒顚 二十四山有火坑 有人坐了此一穴 家業退敗絶人丁 只因不識巒頭氣

火坑將來作珠寶 有人知道其中妙 能救世間貧窮人.

팔척만두(八尺巒頭)를 요식진(要識眞)이니
중간척수(中間脊水) 양변분(兩邊分)이라
간타생기(看他生氣) 귀하처(歸何處)하여
십자당중(十字當中)에 정입신(正立身)하라
갱관양변(更觀兩邊) 무강약(無强弱)이면
정심방가(定心方可)에 하라침(下羅針)하고
주보화갱(珠寶火坑)을 안배정(安排定)이라
부귀빈천(富貴貧賤)의 험(驗)이 여신(如神)이라
이십사산(二十四山)은 전전도(顚顚倒)이며
이십사산(二十四山)은 유주보(有珠寶)이니
유인좌료(有人坐了)에 차일혈(此一穴)이면
영화부귀(榮華富貴)가 차중토(此中討)니라
이십사산(二十四山)은 도도전(倒倒顚)이며
이십사산(二十四山)은 유화갱(有火坑)이니
유인좌료(有人坐了)에 차일혈(此一穴)이면
가업퇴패(家業退敗)하고 절인정(絶人丁)이라
지인불식(只因不識) 만두기(巒頭氣)이니
화갱장래(火坑將來)에 작주보(作珠寶)니라
유인지도(有人知道)에 기중묘(其中妙)이면
능구세간(能救世間)과 빈궁인(貧窮人)이라
입재만두(立在巒頭) 심정기(尋正氣)하며
금우좌혈(金牛坐穴) 기자등(起紫藤)이라

3) 양공오기론(楊公五氣論)

甲子一旬至乙亥 此乃楊公冷氣脈=爲孤,
丙子一旬至丁亥 此乃楊公正氣脈=爲旺
戊子一旬至己亥 此乃楊公敗氣脈=爲煞,
庚子一旬至辛亥 此乃楊公旺氣脈=爲相
壬子一旬至癸亥 此乃楊公退氣脈=爲虛.

갑자순(甲子旬)은 을해(乙亥)까지이니
이는 양공(楊公)의 냉기맥(冷氣脈)으로서 고(孤)가 되고,
병자순(丙子旬)은 정해(丁亥)까지이니
이는 양공(楊公)의 정기맥(正氣脈)으로서 왕(旺)이 되고,
무자순(戊子旬)은 기해(己亥)까지이니
이는 양공(楊公)의 패기맥(敗氣脈)으로서 살(殺)이 되고,
경자순(庚子旬)은 신해(辛亥)까지이니
이는 양공(楊公)의 왕기맥(旺氣脈)으로서 상(相)이 되고,
임자순(壬子旬)은 계해(癸亥)까지이니
이는 양공(楊公)의 퇴기맥(退氣脈)으로서 허(虛)가 된다.

4) 60룡 투지 즉오자기(卽五子氣) 길흉 비결

【원문】甲子氣 七壬三亥 爲小錯 甲子冲棺出黃腫 瘋跛羅癩女啞男癆 若見丙上水棺內有泥漿 口舌官非巳酉丑年應.

■ 갑자기(甲子氣)는 칠임삼해(七壬三亥)로 소착(小錯)이니 갑자 충관

(沖棺)으로 황종(黃種)·풍벽(瘋癖)·나라(羅癩)가 출하며 여아남로(女啞男癆)가 나온다. 만약 병상수(丙上水)가 침관(侵棺)이면 안으로 이장(泥漿)이 있고, 관송(官訟)과 구설이 사유축년(巳酉丑年)에 나타난다.

【원문】丙子氣 正壬龍 大吉昌 添人進口置田莊 富貴雙全定有應諸事尤吉祥 若見未坤水棺槨內外是小塘 申子辰巳酉丑年應.

■병자기(丙子氣)는 정임룡(正壬龍)으로 대길창(大吉昌)하며 식구가 늘고 재산이 늘고 반드시 부귀쌍전하며, 제사(諸事)가 더욱 길상(吉祥)하다. 만약 미곤수(未坤水)를 보면 관곽(棺槨) 안팎에 소당(小塘)이 된다. 신자진(申子辰)과 사유축년(巳酉丑年)에 응(應)이 온다.

【원문】戊子氣 五子五壬 是火坑 出人風流敗人倫 不惟木根穿棺內白蟻依此生 若見巽方水共內泥水二三分 寅午戌申子辰年應.

■무자기(戊子氣)는 오자오임(五子五壬)의 기이니 화갱(火坑)이다. 풍류(風流)와 패륜인(敗倫人)이 생하며, 목근(木根)이 천관(穿棺)하며 백의(白蟻)가 생한다. 만약 손방수(巽方水)가 공내(共內)하면 이삼분(二三分) 이수(泥水)한다. 인오술(寅午戌) 갑자진년(甲子辰年)에 응한다.

【원문】庚子氣 正子龍 富貴雙全福悠隆人財六畜盛 申子辰年豊 若見巽方水棺內泥難容

■경자기(庚子氣)는 정자룡(正子龍)이니 부귀쌍전하고 복이 유륭(悠隆)하며 인재(人財)와 육축이 성하고 신자진년(申子辰年)에 풍(豊)한다. 만약 손방수(巽方水)를 보면 관내(棺內)에 이난용(泥難容)한다.

【원문】壬子氣 七子三癸 是羊刃 出人少亡招賊侵 損妻剋子多禍事 申子辰年應 又見庚辛水棺內作撐船.

■임자기(壬子氣)는 칠자삼계(七子三癸)의 양인(羊刃)이니 소망(少亡)하며 적침(賊侵)을 부르고 손처극자(損妻剋子)하며 화사(禍事)가 많다. 신자진년(申子辰年)에 응이 있으며 경신수(庚辛水)를 보면 관내(棺內)에 탱선(撐船 ; 배를 띄움)을 작(作)한다.

【원문】乙丑氣 七癸三子 旺人丁 食足衣豊富貴亨 倘見午丁水棺內濫泥五寸深 巳酉丑年應.

■을축기(乙丑氣)는 칠계삼자(七癸三子)로서, 인정(人丁)이 왕하고 의식이 풍족하며 부귀한다. 만약 오정수(午丁水)를 보면 관내(棺內)가 5촌(寸) 깊이로 남니(濫泥)한다. 사유축년(巳酉丑年)에 응(應)이 있다.

【원문】丁丑氣 正癸龍 出人聰明 又 伶瓏富貴悠長久諸事樂時雍 若見未方水棺內若塘中申子辰年應.

■기축기(己丑氣)는 오축오계(五丑五癸)로서 흑풍(黑風)이 된다. 여요남로(女妖男癆)하고 백사(百事)가 흉하다. 풍질(瘋疾)이 가장 참혹하고 패절이 가통(可痛)한다. 해방수(亥方水)를 보면 우물에 수의충(水蟻虫)이 있고 인오술년(寅午戌年)에 응이 있으며, 수(水)로 인하여 화갱(火坑)에 든다.

【원문】己丑氣 五丑五癸 是黑風 女妖男癆百事凶瘋疾最加添 敗絶寔可痛 又見亥方水井有水蟻虫 寅午戌年應 水因火坑中.

■ 기축기(己丑氣)는 오축오계(五丑五癸)로서 흑풍(黑風)이 된다. 여요남로(女妖男癆)하고 백사(百事)가 흉하다. 풍질(瘋疾)이 가장 참혹하고 패절이 가통(可痛)한다. 해방수(亥方水)를 보면 우물에 수의충(水蟻虫)이 있고 인오술년(寅午戌年)에 응이 있으며, 수(水)로 인하여 화갱(火坑)에 든다.

【원문】辛丑氣 正丑龍 三十富貴大興隆 人丁大旺諸事吉 忠孝友邁* 若見寅上水棺入泥漿. *邁 ; 멀리 갈 매.

■ 신축기(辛丑氣)는 정축룡(正丑龍)이니 삼십부귀 대흥륭이라 하여 인정(人丁)이 대왕하고 제사(諸事)가 길하고 충효와 우애가 깊다. 만약 인상(寅上)의 수(水)를 보면 관입이장중(棺入泥漿中)이라.

【원문】癸丑氣 七丑三艮 犯孤虛 葬後官災寔可必 諸事不稱意 衆房皆不遂 口舌退財多敗絶 亥卯未年期 又見乾方水 木根穿棺定不疑.

■ 계축기(癸丑氣)는 칠축삼간(七丑三艮)으로서 고허(孤虛)를 범하였기 때문에 장후(葬後)에 관재(官災)가 꼭 따르고 제사(諸事)가 뜻대로 되지 않고 중방(衆房)이 모두 흉하며, 구설과 퇴재(退財)하며 끝내는 패절한다. 해묘미년(亥卯未年)에 응하며 건방(乾方)으로 목근(木根)이 천관(穿棺)하는 데 의심의 여지가 없다.

【원문】丙寅氣 七艮三丑 穴平常 縱然發福不久長 寅午戌年應諸事皆吉祥 若見亥方水棺入泥漿.

■ 병인기(丙寅氣)는 칠간삼축(七艮三丑)으로 혈은 평상(平常)하나 발복을 하여도 오래 가지 못하며 제사(諸事)는 평상하다. 인오술년(寅午戌年)

에 응이 있고, 만약 해방수(亥方水)를 보면 관난입이장(棺爛入泥漿)한다.

【원문】戊寅氣 正艮龍 富貴榮華世代隆 申子辰年登科應 只怕卯水冲棺定 有凶.

■무인기(戊寅氣)는 정간룡(正艮龍)으로서 부귀영화를 세대로 누리고 신자진년(申子辰年)에 등과(登科)하며 제사(諸事)가 길상하다. 그러나 묘수(卯水)가 충관(沖官)하면 대단히 흉하다.

【원문】庚寅氣 五艮五寅 是孤虛 火坑黑風空亡的 葬後三六九年風疾見 人倫敗絶最堪啼 又見 申方水 井內有水泥.

■경인기(庚寅氣)는 오간오인(五艮五寅)으로 고허(孤虛)하니 화갱(火坑)과 흑풍(黑風) 공망(空亡)이 되어 장후(葬後) 3·6·9년에 풍질(風疾)이 생하고 인륜 패절이 크게 나타난다. 신방수(申方水)를 보면 정내(井內)에 수니(水泥)한다.

【원문】壬寅氣 正寅龍 寅貴人財豊 田業廣置多福澤 巳酉丑年逢 倘見午方水 棺在水泥中.

■임인기(壬寅氣)는 정인룡(正寅龍)으로 부귀하고 인재(人財)가 풍족하며 전산(田産)을 넓히며 복택(福澤)이 장구하다. 사유축(巳酉丑)년에 응이 오고 오방수(午方水)를 보면 관재수이중(棺在水泥中)한다.

【원문】甲寅氣 七寅三甲 主平隱 一代興發好 後世多眼病若見坤方水 棺中白蟻烹.

■갑인기(甲寅氣)는 칠인삼갑(七寅三甲)으로 평온하나 1대(代)는 흥발

한다. 후세에는 안병(眼病)이 다생(多生)하고 곤방수(坤方水)를 보면 관중(棺中)에 백의(白蟻)를 팽(烹)한다.

【원문】丁卯氣 七甲三寅 人平常 酒色飄流懶惰揚寅午戌年應 方忌亥水多泥漿.

■정묘기(丁卯氣)는 칠갑삼인(七甲三寅)이니 인(人)은 평상이나 주색에 표류하고 게으르다. 인오술년(寅午戌年)에 응이 있고 해수(亥水)를 꺼리니 다이장(多泥漿)한다.

【원문】己卯氣 正甲龍 人財兩發衣食豊 若見巽方水老鼠穿棺中 申子辰年應不爽 人子哀親莫糊凶.

■기묘기(己卯氣)는 정갑룡(正甲龍)으로 인정(人丁)과 재물이 양왕(兩旺)하고 매사에 길하다. 만약 손방수(巽方水)를 보면 노서(老鼠)가 천관(穿棺)한다. 신자진년(申子辰年)에 응이 틀림없이 온다. 또한 인자애친(人子哀親)에는 막호흉(莫糊胸)하다.

【원문】辛卯氣 五辛五卯是黑風 火坑敗絕出盜翁 三方先絕後及衆官災疊見事多凶 若見庚申水來現 濫泥 一尺入棺中 此墳若還不改移 人財兩敗永無踪.

■신묘기(辛卯氣)는 오신오묘(五辛五卯)로서 흑풍(黑風)이니 화갱(火坑)으로 패절하고 도옹(盜翁)이 난다. 삼방(三房)이 선절(先絕)하고 후에 중방(衆房)으로 미치는데 관재(官災)가 나고 흉사가 거듭된다. 만약 경신수(庚申水)를 보면 남니(濫泥) 일척입관중(一尺入棺中)하는데, 이장하지 않으면 인재(人財)를 양패(兩敗)하여 영원히 종적도 없게 된다.

【원문】癸卯氣 正卯龍 富貴雙全出人聰 田莊廣進多美境 人安物阜百事通 若見巳方水木根穿棺定不容 巳酉丑年應.

■ 계묘기(癸卯氣)는 정인룡(正印龍)이니 부귀쌍전하고 출인(出人)이 총명하며 전재(全財)가 불어나고 백사(百事)에 길안(吉安)하다. 만약 사방수(巳方水)를 보면 목근(木根)이 틀림없이 천관(穿棺)한다. 사유축년(巳酉丑年)에 응이 있다.

【원문】乙卯氣 三乙七卯 孤寡敗絶多壽夭 後代腰駝並曲脚 縱然有人亦難保 又見戌方水井內泥水養魚好.

■ 을묘기(乙卯氣)는 삼을칠묘(三乙七卯)로서 고과패절(孤寡敗絶)하며 수요(壽夭)하고 후대에 요타(腰駝)와 곡각(曲脚)이 나며 마침내는 보세(保世)하기조차 어렵다. 또 술방수(戌方水)를 보면 정내(井內)에 이수(泥水)가 가득 찬다.

【원문】戊辰氣 七乙三卯 富貴壽長把名標 倘見申酉水棺內有虫蟻 巳酉丑年應.

■ 무진기(戊辰氣)는 칠을삼묘(七乙三卯)로서 부귀수장하여 자손만은 유지된다. 만약 신유수(申酉水)를 보면 관내(棺內)에 충의(虫蟻)가 생한다. 사유축년(巳酉丑年)에 응이 온다.

【원문】庚辰氣 正乙龍 出入發福永不窮 七代富貴出人秀 超群冠世雄 亥卯未年見 只怕丁水主火凶.

■ 경진기(庚辰氣)는 정을룡(正乙龍)이니 출인(出人)이 뛰어나고 발복이

끝남이 없고 7대(代) 부귀에 초군관세(超群冠世)한다. 해묘미년(亥卯未年)에 응이 있고 정수(丁水)를 보면 대흉하다.

【원문】 壬辰氣 五辰五乙 是黑風 火坑敗絶最足痛 口舌官非少亡慘 離鄕和尙永別踪 若見戌方水 棺內泥水濃.

■ 임진기(壬辰氣)는 오진오을(五辰五乙)로서 흑풍(黑風)이니 화갱(火坑)이 되어 패절이 가장 빠르고 구설과 관송(官訟)이 극심하고 소망(少亡)하며 이향화상(離鄕和尙) 영별종(永別踪)한다. 만약 술방수(戌方水)를 보면 관내(棺內)에 이농(泥濃)한다.

【원문】 甲辰氣 正辰龍 七十五年富貴豊 若見子癸水 井內泥水攻.

■ 갑진기(甲辰氣)는 정진룡(正辰龍)으로서 75년 부귀가 풍하다. 만약 자계수(子癸水)를 보면 정내(井內)가 이수공(泥水攻)이라.

【원문】 丙辰氣 七辰三巽 主外發福 衣食平穩招贅入房 後代人敗絶 申子辰年應 若見寅甲水 木根穿棺 亡人不安.

■ 병진기(丙辰氣)는 칠진삼손(七辰三巽)으로 의식은 평온하나 외발(外發)이며 초췌입방(招贅入房)하고 후대에 패절한다. 신자진년(申子辰年)에 응이 있고 만약 인신수(寅申水)를 보면 목근(木根)이 천관(穿棺)하여 망인이 불안하다. *초췌(招贅) ; 데릴사위, 양자.

【원문】 己巳氣 七巽三辰 富貴均平 亥卯未年應 若見乾上水 屍骨入泥坑.

■ 기사기(己巳氣)는 칠손삼진(七巽三辰)으로 부귀균평하다. 해묘미년(亥卯未年)에 응이 있고 만약 건수(乾水)를 보면 시골(屍骨)이 이갱(泥坑)

에 든다.

【원문】癸巳氣 五巳五巽 是黑風火坑 敗絕百事凶 葬後五年並七載 老丁六畜散風 又見丑方水 老鼠棺內作巢攻.

■ 계사기(癸巳氣)는 오사오손(五巳五巽)으로 흑풍이니 화갱(火坑)으로 패절하고 백사에 흉하다. 장후(葬後) 5·7년에 노정(老丁)과 육축이 산(散)한다. 만약 축방수(丑方水)를 보면 노서(老鼠)가 관 속에 집을 짓고 공략한다.

【원문】乙巳氣 正巳龍 榮華富貴福最隆 寅午戌年應有驗 癸水來冲 棺泥水.

■ 을사기(乙巳氣)는 정사룡(正巳龍)으로 부귀영화와 복륭이 홍대하다. 인오술년(寅午戌年)에 응이 있고 계수(癸水)가 내충(來沖)하면 관니수(棺泥水)한다.

【원문】丁巳氣 七巳三丙 三年七載口舌 並若見卯水來 棺木內外水泥侵.

■ 정사기(丁巳氣)는 칠사삼병(七巳三丙)으로 삼년칠재(三年七載)에 구설이 생한다. 만약 묘수(卯水)가 내관(來棺)하면 내외에 수니침(水泥侵)한다.

【원문】辛巳氣 正巽龍 富貴榮華定光宗 巳酉丑年應不爽 只怕午正水來冲.

■ 신사기(辛巳氣)는 정손룡(正巽龍)으로 부귀영화가 정광종(定光宗)한다. 사유축년(巳酉丑年)에 복응이 틀림없다. 오정수(午丁水)가 내충(來沖)함을 꺼린다.

【원문】 庚午氣 七丙三巳 人興財旺有其目 世代進田多吉慶 申子辰寅午戌年俟 忌見甲寅水 泥水損丁.

■ 경오기(庚午氣)는 칠병삼사(七丙三巳)로서 인흥재왕(人興財旺)이 유기목(有其目)이라, 세대로 진전(進田)하고 길경(吉慶)이 많고 신자진(申子辰) 인오술년(寅午戌年)에 응이 있고 꺼리는 것은 갑인수(甲寅水)로서 이수손정(泥水損丁)한다.

【원문】 壬午氣 正丙龍 富貴全 生出英雄 三十七代人丁旺 庚星庚雲授誥封 忌見申方水 井內泥漿凶.

■ 임오기(壬午氣)는 정병룡(正丙龍)으로 부귀쌍전하고 영웅이 나오며 37대 인정(人丁)이 왕하고 경성경운(景星慶雲) 수고봉(授誥封)한다. 신방수(申方水)를 꺼리니 견즉정내(見則井內)에 이장(泥漿)으로 흉하다.

【원문】 甲午氣 五丙五午 是火坑 巳酉丑年家敗傾 又見午丁水 棺木底爛崩.

■ 갑오기(甲午氣)는 오병오오(五丙五午)로서 화갱(火坑)이니 사유축년(巳酉丑年)에 가패경(家敗傾)하고 오정수(五丁水)를 보면 관목저란붕(棺木底爛崩)한다.

【원문】 丙午氣 正午龍 家業平平發人聰 謀事隱妥諸般吉 申子辰巳酉丑年應若見丑艮水 泥水入棺中.

■ 병오기(丙午氣)는 정오룡(正午龍)으로 가업이 평발(平發)하고 생인(生人)이 청명하며 모사(謀事)에 달성하고 제반사에 길함이 있다. 신자진

년(申子辰年)에 응이 있고, 만약 축간수(丑艮水)를 보면 이수(泥水)가 관 중에 든다.

【원문】戊午氣 七午三丁 官訟口舌紛 人丁平常過 歲招橫事臨 若見子癸水 寅午戌年應.

■ 무오기(戊午氣)는 칠오삼정(七午三丁)으로 관송(官訟) 구설이 분분하나 인정(人丁)만은 평상하다. 자계수(子癸水)를 보면 불리하다. 인오술년(寅午戌年)에 응이 온다.

【원문】辛未氣 七丁三午 出人 俊秀性不魯 戶發如雷嚮 粟陳貫朽庫 若見午方水 棺內木穿出.

■ 신미기(辛未氣)는 칠정삼오(丁七午三)로 출인(出人)이 준수(俊秀)하고 성품은 뇌향(雷響)이며 속진관후(粟陳貫朽: 큰 부자)이다. 만약 오방수(午方水)를 보면 관내에 목천(木穿)이 있다.

【원문】癸未氣 正丁龍 出人富貴壽不窮 若見庚方水 亡人災厄凶 亥卯未年應.

■ 계미기(癸未氣)는 정정룡(正丁龍)으로 출인이 부귀하고 장수한다. 만약 경방수(庚方水)를 보면 망인재액(亡人災厄)이라 하여 흉하며 해묘미년(亥卯未年)에 응이 있다.

【원문】乙未氣 五丁五未 犯孤虛 火坑敗絶最堪啼 又見巳水來 屍骨已成泥 巳酉丑年應.

■ 을미기(乙未氣)는 오정오미(五丁五未)로 고허(孤虛)를 범하였으며,

화갱패절(火坑敗絶)한다. 만약 사수(巳水)가 내(來)하는 것이 보이면 시골(屍骨)이 이수(泥水)한다. 사유축년(巳酉丑年)에 응이 있다.

【원문】丁未氣 正未龍 雙全富貴長久逢 申子辰年應不爽 寅午戌歲定遭凶 倘見丑艮水棺在水泥中.

■정미기(丁未氣)는 정미룡(正未龍)으로 부귀가 장구하게 쌍전하며 신자진년(申子辰年)에 틀림없이 응이 있다. 그러나 인오술년(寅午戌年)에는 흉하다. 만약 축간수(丑艮水)를 보면 관이 수니(水泥)에 든다.

【원문】己未氣 七未三坤 犯孤虛 殃禍退財定不移 寅午戌年出瘋迷 己惡人見疑 若見亥壬水 兒孫橫事必.

■기미기(己未氣)는 칠미삼곤(七未三坤)으로 고허가 되어 앙화와 퇴재(退財)이며 인오술년(寅午戌年)에 풍미(瘋迷)가 출하고 해임수(亥壬水)를 보면 악인을 만나거나 아손(兒孫)의 횡사가 반드시 있다.

【원문】壬申氣 七坤三未 破家財瘋 涎消索*寔可哀 巳酉丑年應 諸藥亂調災 若見午方水棺內水洋來. *消索 ; 쇠퇴, 몰락, 소진.

■임신기(壬申氣)는 칠곤삼미(七坤三未)로서 가재를 파하고 불치병까지 들어 탄식하게 된다. 사유축년(巳酉丑年)에 응이 있고 만약 오방수(午方水)를 보면 관내에 수(水)가 양래(洋來)한다.

【원문】甲申氣 正坤龍 出人聰俊富貴豊 申子辰年必有兆世代樂無窮 若見艮流水 棺內兩分凶.

■갑신기(甲申氣)는 정곤룡(正坤龍)으로서 출인이 준수하고 청명하며

부귀쌍전한다. 신자진년(申子辰年)에 반드시 응이 와서 세대로 낙(樂)이 다함이 없다. 만약 간유수(艮流水)를 보면 관내 양분으로 흉하다.

【원문】丙申氣 五申五坤 是黑風 火坑敗絶 主貧窮 若見子癸水 井內泥水凶.

■ 병신기(丙申氣)는 오신오곤(五申五坤)으로 흑풍(黑風)이며 화갱(火坑)이니 패절하고 빈궁이 말할 수 없다. 자계수(子癸水)를 보면 정내(井內)에 이수(泥水)로서 흉하다.

【원문】戊申氣 正申龍 出人聰明壽長 富貴雙全 若見甲方水 棺內有泥水.

■ 무신기(戊申氣)는 정신룡(正申龍)으로 출인이 청명하고 장수하며 부귀쌍전한다. 만약 갑방수(甲方水)를 보면 관내에 이수(泥水)가 찬다.

【원문】庚申氣 七申三庚 犯孤虛 寡灾事出奇 又見乾方水 亡人受災逼.

■ 경신기(庚申氣)는 칠신삼경(七申三庚)으로 고허(孤虛)이니 과재(寡災)가 많다. 건방수(乾方水)를 보면 망인이 재핍(災逼)을 받는다.

【원문】癸酉氣 七庚三申 富貴揚 人財兩發福壽長 若見丁方水 棺內小塘.

■ 계유기(癸酉氣)는 칠경삼신(七庚三申)으로 부귀하며 인재양발(人財兩發)하고 장수도 한다. 만약 정방수(丁方水)를 보면 관내에 소당(小塘)이 된다.

【원문】乙酉氣 正庚龍 出人富貴最聰明 若見辰宮水 棺內泥水坑.

■ 을유기(乙酉氣)는 정경룡(正庚龍)으로 출인이 가장 청명하고 부귀한

다. 만약 진수(辰水)를 보면 관내에 수니갱(水泥坑)이 된다.

【원문】丁酉氣 五庚五酉 是火坑 百事不遂絶人丁 若見癸上水 棺內泥水.

■ 정유기(丁酉氣)는 오강오유(五庚五酉)로서 화갱(火坑)이니 백사불성하고 절인정(絶人丁)한다. 만약 계수(癸水)를 보면 관내 이수영(棺內泥水永)이라.

【원문】己酉氣 正酉龍 文武近三公 申子辰年應 世代富貴豊 若見卯方水 棺板不全空.

■ 기유기(己酉氣)는 정유룡(正酉龍)으로 문무간(文武間)에 삼공(三公)이거나 그에 가까운 벼슬이 있고 세대로 부귀가 풍성하다. 신자진년(申子辰年)에 응이 있으며 만약 묘방수(卯方水)를 보면 관판부전공(棺板不全空)이라.

【원문】辛酉氣 七酉三辛 富貴悠 人丁旺財兩無憂 亥卯未年應 乾水沖棺又堪愁.

■ 신유기(辛酉氣)는 칠유삼신(七酉三辛)으로 부귀가 오래 가며, 인정(人丁)과 재(財)가 왕하다. 해묘미년(亥卯未年)에 응이 있고 만약 건수(乾水)가 충관(沖棺)하면 감수(堪愁)한다.

【원문】甲戌氣 辛七三酉 一代富貴發不久後出僧廟道 寅午戌年應 孤寡又敗絶 諸事疊見憂若見壬方水 墓生奇怪醜.

■ 갑술기(甲戌氣)는 신칠삼유(辛七三酉)로서 1대(代)는 부귀가 발하나 오래가지 않고 후에는 승묘도인(僧廟道人) 등이 나온다. 인오술년(寅午戌

年)에 고과(孤寡) 패절하고 제사(諸事)에 근심이 거듭 생한다. 만약 임방수(壬方水)를 보면 묘에서 기괴한 추(醜)가 생한다.

【원문】丙戌氣 正辛龍 人丁發達樂時雍登科及第早 申子辰年應 若見甲卯水 木根穿棺中.

■ 병술기(丙戌氣)는 정신룡(正辛龍)으로서 인정(人丁)이 왕발(旺發)하고 소년등과가 나며 신자진년(申子辰年)에 응이 있다. 만약 갑묘수(甲卯水)를 보면 목근(木根)이 천관(穿棺)한다.

【원문】戊戌氣 五戌五辛 犯孤虛 火坑敗絶人多疾 和尙少亡孤寡慘 損妻剋子定無疑 午未年應受害奇 若見申方水棺木不全的.

■ 무술기(戊戌氣)는 오술오신(五戌五辛)으로 고허(孤虛)를 범하니 화갱(火坑)으로 패절한다. 인인(人人)이 다질(多疾)이며 소망(少亡) 고과(孤寡)나 손처극자(損妻剋子) 등 흉사가 겹친다. 만약 신방수(申方水)를 보면 관목부전적(棺木不全的)이라.

【원문】庚戌氣 正戌龍 富貴榮華衣食豊 巳酉丑年多見喜 三十六年出人聰 若見午丁水棺骨入泥中.

■ 경술기(庚戌氣)는 정술룡(正戌龍)으로 부귀영화와 충식(沖食)이 풍족하고 사유축년(巳酉丑年)에 즐거운 일이 다생(多生)하며 36년간 생인(生人)은 청명하다. 만약 오정수(午丁水)를 보면 관골(棺骨)이 이중(泥中)에 든다.

【원문】壬戌氣 七戌三乾 出人無財損少年離鄕僧與道 損妻剋子2房佔

申子辰年應 敗退無其質 若見辰戌水棺內泥水灌.

■ 임술기(壬戌氣)는 칠술삼건(七戌三乾)으로 무재(無財)하고 소년을 손(損)하고 이향(離鄕)하여 승도(僧道) 등이 되기도 하고 손처극자(損妻剋子)하며 신자진년(申子辰年)에 응이 있고, 만약 진술수(辰戌水)를 보면 관내에 이수(泥水)한다.

【원문】乙亥氣 七乾三戌 出人孀寡少亡孤 風疾瘖瘂寔可慘 寅午戌年疊見哭 倘見墳宮水棺內白蟻屋.

■ 을해기(乙亥氣)는 칠건삼술(七乾三戌)로 출인이 소망(少亡)하여 과부가 많고 질병 음아(瘖啞)가 나고 인오술년(寅午戌年)에는 쌍곡(雙哭) 소리가 난다. 분궁수(墳宮水)를 보면 관내에 백의(白蟻)가 생한다.

【원문】丁亥氣 正乾龍 富貴大發衣食豊 申子辰年多吉慶 只怕巽水冲棺水泥凶.

■ 정해기(丁亥氣)는 정건룡(正乾龍)으로 부귀대발(富貴大發)하고 의식이 풍족하며 신자진년(申子辰年)에는 길경(吉慶)이 다생(多生)한다. 다만 두려운 것은 손수(巽水)가 충관(沖棺)하는 것이니 수니(水泥)되어 흉하다.

【원문】己亥氣 並五乾五亥 黑風火坑主絶敗 申子辰年寅午戌 人走他鄕多奇怪 若見庚酉水 木根穿棺害.

■ 기해기(己亥氣)는 오건오해(五乾五亥)로서 흑풍이니 화갱이 되어 절패한다. 신자진인오술년(申子辰寅午戌年)에 이향(離鄕)하고 기괴한 일이 생한다. 만약 경유수(庚酉水)를 보면 목근(木根)이 천관(穿棺)하여 해(害)

를 본다.

【원문】辛亥氣 正亥龍 人財兩發福悠隆 若見午丁水 棺板不全水.

■ 신해기(辛亥氣)는 정해룡(正亥龍)으로 인재양왕(人財兩旺)하여 발복이 유륭(悠隆)하다. 만약 오정수(午丁水)를 보면 관판불금(棺板不金)으로 흉하다.

【원문】癸亥氣 七亥孟三壬 出官享豊亨 人丁昌熾多美境申子辰年應 又見辰方水 棺內不潔淨.

■ 계해기(癸亥氣)는 칠해삼임(七亥三壬)으로 관형(官亨)하고 인정(人丁)이 창성(昌盛)하며 발복이 오면 치열(熾烈)하다. 신자진년(申子辰年)에 응이 오고 진방수(辰方水)를 보면 관내가 정결하지 못하다.

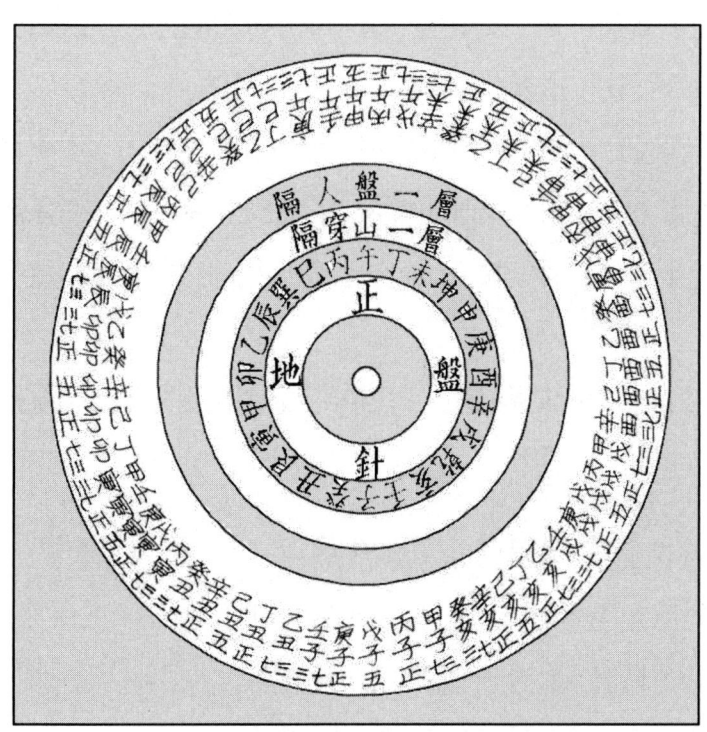

<투지(透知) 60룡 분도식(分度式)>

5) 24산(山) 화갱신단(火坑神斷)

【원문】戊子甲午氣難當 陰差陽錯是空亡 忽聽師人眞口訣 立宅安墳見損傷

申子辰寅午戌年　疾病官災損二房　軍賊牽連房房佔　泥水入墓不非常
己丑乙未氣胸强　其中火坑最不良　巳酉丑年亥卯未　疾病官災退田莊
白蟻先從底下入　損妻剋子在三房　此墳若還不改移　兒孫恰似瓦上霜
庚寅丙申氣不良　立宅安墳損長房　申子辰年寅午戌　損妻剋子最難當
疾病官災房房佔　水火牽連損幼房　白蟻先從低下入　田地退敗守空房
辛卯丁酉不爲强　立宅安墳損二房　亥卯未年巳酉丑　疾病官災損三房
水火見連多橫死　因親連果房房當
壬辰癸巳氣如銀　立宅安墳損三房　申子辰年寅午戌　疾病官災損小房
後代兒孫多僧徒　損妻剋子不安康
戊戌己亥是空亡　立宅安墳損長房　巳酉丑年亥卯未　疾病官災損小房
水火牽連出外死　田地人財如雪霜　白蟻先從低下入　兒孫忤逆走他鄕

先聖云「坐下無有眞氣脈 前面空疊萬重山 坐下十分龍 縱少前砂亦富貴」正此耳.

夫丙子庚子二旬爲珠寶 謂之「葬乘生氣 得山川之靈」蓋羅經三十六層之首吉也.

무자갑오(戊子甲午) 기난당(氣難當)이니
음차양착(陰差陽錯)이 시공망(是空亡)이라
홀청사인(忽聽師人) 진구결(眞口訣)하면
입택안분(入宅安墳) 견손상(見損傷)이리니

신자진(申子辰) 오인술년(午寅戌年)에
질병관재(疾病官災) 손이방(損二房)이라
군적견련(軍賊牽連) 방방점(房房佔)이며
이수입묘(泥水入墓) 불비상(不非常)이라
기축을미(己丑乙未) 기흉강(氣凶强)이니
기중화갱(其中火坑)이 최불량(最不良)이라
사유축년(巳酉丑年) 해묘미(亥卯未)에
질병관재(疾病官災)에 퇴전장(退田莊)이라
백의선종(白蟻先從) 저하입(底下入)하여
손처극자(損妻剋子) 재삼방(在三房)이라
차분약환(此墳若還) 불개이(不改移)면
아손흡사(兒孫恰似) 와상상(瓦上霜)이라
경인병신(庚寅丙申) 기불량(氣不良)이니
입택안분(入宅安墳) 손장방(損長房)이라
신자진년(申子辰年) 인오술(寅午戌)에
손처극자(損妻剋子) 최난당(最難當)이라
질병관재(疾病官災) 방방점(房房佔)이며
수화견련(水火牽連) 손유방(損幼房)이라
백의선종(白蟻先從) 저하인(底下人)이며
전지퇴패(田地退敗) 수공방(守空房)이라
신묘정유(辛卯丁酉) 불위강(不爲强)이니
입택안분(立宅安墳) 손이방(損二房)이라
해묘미년(亥卯未年) 사유축(巳酉丑)에
질병관재(疾病官災) 손삼방(損三房)이라

수화견련(水火牽連) 다횡사(多橫事)이며
인친련재(因親連災) 방방당(房房當)이라
임진무술(壬辰戊戌) 기여창(氣如鋹)하니
입택안분(立宅安墳) 손삼방(損三方)이라
신자진년(申子辰年) 인오술(寅午戌)에
질병관재(疾病官災) 손소방(損小房)이라
후대아손(後代兒孫) 다승도(多僧道)이며
손처극자(損妻剋子) 불안강(不安康)이라
계사기해(癸巳己亥) 시공망(是空亡)이니
입택안분(立宅安墳) 손장방(損長房)이라
사유축년(巳酉丑年) 해묘미(亥卯未)에
질병관재(疾病官災) 손소방(損小房)이라
수화견련(水火牽連) 출외사(出外死)이며
전지인재(田地人財) 여설상(如雪霜)이라
백의선종(白蟻先從) 저하입(底下入)이며
아손오역(兒孫忤逆) 주타향(走他鄕)이라.

선성(先聖)이 이르기를,「좌하무유(坐下無有) 진기맥(眞氣脈)이면 전면공첩(前面空疊) 만중산(萬重山)이라. 그러나 좌하십분룡(坐下十分龍)이면 종소전사(縱少前砂) 역부귀(亦富貴)이니 정차이(正此耳)니라」하였다. 대개 병자경자(丙子庚子) 이순(二旬)이어야 주보(珠寶)가 되는 것이니, 이른바 장승생기(葬乘生氣)가 되어 산천(山川)의 영기를 득한다. 이것이 나경 36층 가운데 수길(首吉)이 되는 것이다.

6) 투지기문(透地奇門 ; 子父財官祿馬貴人)

【원문】先言穿山虎 方行透地龍 渾天開寶照 金水日月逢 穿一虎者七十二龍接脈 先言(識)者須先察其來脈是何龍入首 不言龍而言虎者 其法 用五虎原遁之義以應氣候也 方行者 旣識入首之龍然後可坐穴乘氣 透地者卽坐穴六十龍也 與七十二龍爲表裏 透者如管吹灰貫氣入穴 穿者如線穿針串其所來也 渾天者乃渾天六甲 以起遁而尋四吉三奇之砂水也 寶照(者)如明鏡照物 可見渾天轉而四吉之星 備見金水日月四禽星相會合一處 取收本山來龍坐穴砂水作用 共合經盤五層爲例

先從六甲之節 定上中下三候 旣分用遁甲九宮 起甲子於何宮 後遁卦例 識符頭之所住 本龍之所泊子父財官 因此而推日月金水 從此而會 三奇八門 依此而遁 則星度內卦之事畢矣.

【해설】본 층에서는 앞서 말한 천산호(穿山虎)와 지금 말하고자 하는 투지룡(透地龍)과 혼천(渾天)으로 개(開)하여 보조(寶照)와 금수(金水) 일월(日月)을 만나게 하는 법이다.

천일호자(穿一虎者)는 72룡의 접맥이니 반드시 먼저 내맥(來脈)이 하룡(何龍)으로 입수(入首)하였는지를 알아야 한다. 용(龍)이라 아니하고 호(虎)라고 한 것은 그 법용(法用)이 오호원둔지의(五虎原遁之義)인 까닭이며 기후(氣候)의 응(應)인 것이다.

방행자(方行者)는 이미 입수한 용을 안 연후에야 좌혈승기(坐血乘氣)할 수 있음을 말하는 것이다.

투지자(透地者)는 즉 좌혈에 따르는 60룡을 말하니 72룡과는 표리가 된다. 투자(透者)는 여관취회(如管吹灰)이니 관기입혈(貫氣入穴)함이며,

천자(穿者)는 여선천침(如線穿針)이니 관기소래(串其所來)인 것이다.

혼천자(渾天者)는 혼천육갑(渾天六甲)을 말하는 것으로 기둔(起遁)함에 4길3기(四吉三奇)의 사수(砂水)를 찾아보는 것이다.

보조(寶照)란 명경으로 조물(照物)하는 것과 같으니 혼천을 돌려서 4길성(四吉星)을 알아보는 것이다. 금수일월 4금성(四禽星)이 상회(相會)하여 1처에 합하게 함으로써 본산 내용의 좌혈과 사수를 거두어 작용케 하는 것이니 이는 경반 5층과 견주어 공합(共合)시키는 것이다.

먼저 육갑(六甲)의 절기가 상 중 하 어느 원중(元中)에 해당하는지를 정하고 이미 분용한 구궁둔갑(九宮遁甲)으로 어느 궁에서 갑자를 일으켜야 할 것인지를 알아낸 연후에 둔괘하여 부두(符頭)의 소주(所住)를 알아내고 본 용이 매여 있는 곳과 자부재관(子父財官) 등을 이로 미루어 알아내는 것이다. 일월금수(日月金水)도 이를 따라 모이게 하고, 3기8문(三奇八門)도 이에 의하여 둔하게 하면 성도내괘(星度內卦)가 모두 세워지는 것이다.

*註 ; 천산호(穿山虎)=오호원둔(五虎原遁)이며, 투지룡(透地龍)=대롱(管)으로 관기입혈(貫氣入穴)함을 말하고, 방행(方行)=입수(入首) 후여야 좌혈승기(坐穴乘氣)할 수 있음을 말하고, 혼천(渾天)=혼천육갑(渾天六甲)을 말한다.

① 양둔기절가(陽遁起節歌)

冬至驚蟄174 小寒285爲次 大寒春分396 立春852相逐 淸明立夏417 雨水963無失 小滿穀雨528 芒種639數之.

동지 경칩은 174요 소한은 285위차(爲次)이며
대한 춘분은 396이요 입춘은 852상수(相遂)이니라
청명 입하는 417이요 우수는 963무실(無失)이라

소만 곡우는 528이요 망종은 639수지(數之)니라.

② 음둔기절가(陰遁起節歌)

夏至白露936 大雪471宮住 大暑秋分714 小暑825中推 立冬寒露639 立秋258宮參 小雪霜降582 處暑147內涵,

하지 백로는 936이요 대설은 471궁주(宮住)니라
대서 추분은 714요 소서는 825중추(中推)니라
입동 한로는 693이요 입추는 258궁삼(宮參)이니라
소설 상강은 582요 처서는 147내함(內涵)이라.

삼원절기(*필자 주)

절기 상중하	절기 상중하	절기 상중하
입하 4 1 7	춘분 3 9 6	경칩 1 7 4
소만 5 2 8	청명 4 1 7	우수 9 6 3
망종 6 3 9	곡우 5 2 8	입춘 8 5 2
하지 9 3 6		대한 3 9 6
소서 8 2 5		소한 2 8 5
대서 7 1 4		동지 1 7 4
입추 2 5 8	상강 5 8 2	대설 4 7 1
처서 1 4 7	한로 6 9 3	소설 5 8 2
백로 9 3 6	추분 7 1 4	입동 6 9 3

㉮ 상중하원법(절기로부터 5일씩 상중하가 된다)

1원(一元)은 5일이며, 3원(三元)은 일절(一節)이며, 일절(一節)은 15일이다.

양둔=동지 후 하지 전까지 순행
음둔=하지 후 동지 전까지 역행

㉯ 생상두경(生傷杜景)의 순

戊午 ③ 己未 庚申	甲午 庚午 乙未 丙申	辛酉 ④ 丁酉 壬戌 癸亥	癸酉 甲戌 乙亥	乙酉 ⑧ 丙戌 丁亥	己酉 庚戌 辛亥		壬午 ⑦ 丙午 癸未 丁未 戊申 甲申	己卯 ⑥ 癸卯 庚辰 甲辰 乙巳	丁卯 ② 乙卯 戊辰 丙辰 己巳 丁巳
	⑦ 壬午 丙午 癸未 丁未 甲申 戊申		**陽遁** 順行		乙卯 ② 辛卯 丙辰 壬辰 丁巳 癸巳		⑧ **陰遁** 逆行	⑧ 乙酉 己酉 丙戌 庚戌 丁亥 辛亥
壬子 ① 癸丑 甲寅	戊子 己丑 庚寅	甲子 ⑤ 乙丑 丙寅	丙子 庚子 丁丑 辛丑 戊寅 壬寅	癸卯 ⑥ 己卯 甲辰 庚辰 乙巳 辛巳		壬子 ① 癸丑 甲寅	戊子 己丑 庚寅	甲子 ⑤ 乙丑 丙寅 丙子 庚子 丁丑 辛丑 戊寅 壬寅	辛酉 ④ 癸酉 壬戌 甲戌 癸亥 乙亥

㉰ 팔문신장법(八門神將法)

입춘부터 갑자를 기(起)하여 각 궁에 3일식(式) 들어가며 양둔(陽遁)은 순행하고 음둔(陰遁)은 역행한다.

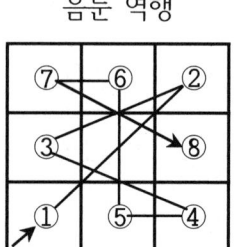

양둔 순행   음둔 역행

생상두경 배치법

{ 동지 후 하지 전은 양둔이니 간궁(艮宮)에서 생문을 기(起)하여 순행하고
하지 후 동지 전은 음둔이니 간궁에서 생문을 기하여 역행한다.

| 生門 | 傷門 | 杜門 | 景門 | 死門 | 驚門 | 開門 | 休門 |

의 順

*일주(日主)를 중심으로 펴나가는데, 가령 병신(丙申) 일주(日主)에 양둔이라면 병신(丙申)이,

손궁(巽宮)인 ③번에 있으니 이곳이 생문(生門)이 되고
이궁(離宮)인 ④번에 있으니 이곳이 상문(傷門)이 되고
감궁(坎宮)인 ⑤번에 있으니 이곳이 두문(杜門)이 되고
건궁(乾宮)인 ⑥번에 있으니 이곳이 경문(景門)이 되고
진궁(震宮)인 ⑦번에 있으니 이곳이 사문(死門)이 되고
곤궁(坤宮)인 ⑧번에 있으니 이곳이 경문(驚門)이 되고
간궁(艮宮)인 ①번에 있으니 이곳이 개문(開門)이 되고
태궁(兌宮)인 ②번에 있으니 이곳이 휴문(休門)이 된다.

*{ 戊己 庚辛 壬癸 乙丙丁 (양둔) 순행
戊己 庚辛 壬癸 丁丙乙 (음둔) 역행

■ 어느 절기에 속하는 것을 찾아 상중하원을 결정한다.

[예] 생일(生日) 2월 30일은 청명 후 4일째이니까 양둔이며 상원에 속하니, 청명절의 상원 숫자가 4이니까 사궁(四宮)인 손궁(巽宮)에 무자(戊字)를 붙이고 구궁법(九宮法)에 의한 순행을 하면 된다.

7) 득지괘(透地卦) 배(配) 60룡

【원문】其法以二十四向分配六十龍 每一向 管二龍半 二十四山共六十龍 除坎離震兌爲體 名曰四正皆管八龍 乾坤艮巽名曰四隅皆管七龍.

自甲子至丙戌庚壬五子乙丁己三丑八龍皆屬坎 辛癸二丑丙戌庚壬甲五寅7龍皆屬艮 丁己辛癸乙五卯戊庚壬三辰八龍皆屬震 甲丙二震己辛癸乙丁五巳7龍皆屬巽 庚壬甲丙戊五午辛癸乙三未八龍皆屬離 丁己二未壬甲丙戊庚五申7龍皆屬坤 癸乙丁己辛五酉甲丙戊三戌八龍皆屬兌 庚壬二戌乙丁己辛癸五亥7龍皆屬乾以六龍分配於二十四氣 自甲子丙子戊子爲大雪 庚子壬子爲冬至 乙丑丁丑己丑爲小寒 而艮宮之辛丑癸丑爲大寒 丙寅戊寅庚寅爲立春 壬寅甲寅爲雨水 前節氣管三卦中節氣二卦 後六宮之卦 皆以上六十龍 各有分屬八卦 此管定位 如在管之卦爲內卦 凡遁來之卦爲外卦 合成二卦 辟如甲子至己丑八龍屬坎此八龍內外皆坐定坎宮 外遁加來者爲外卦共成一卦 先排六十甲子卦例 後知子父財官 渾天甲子起例 六十龍配卦例 圖列後.

凡登山閱地則有六十龍透地 余只錄二十四位爲旺相珠寶穴 避去三十六龍爲孤虛煞曜 學者照余二十四位珠寶穴圖 五親 四吉砂水以驗發福榮地無有不應 凡取二十四位透地珠寶穴 穴中裝卦例 以三奇 八門 子父財官 貴人 祿馬 四吉五親 諸峰秀美 周圍相應 速發富貴 或六爻諸峰有不全者 當造塔閣 亭台 培築土墩 竹樹以補完造化 必發福久遠.

【해설】이 법은 24항(向)에 60룡을 배분한 것이니 매 일항(一向)에 2룡 반씩 들어가므로 24산 속에는 모두 60룡이 들어가게 된다. 진태감리(震兌坎離) 4정괘(四正卦)는 체가 되므로 8룡을 관리하며, 건곤간손(乾坤

艮巽) 4우괘(四隅卦)는 7룡을 관리하게 되어 있다.

갑자(甲子)로부터 병무경임(丙戊庚壬)까지 5자(五子)에 을정기(乙丁己) 3축(三丑)을 더하여 8룡은 감괘(坎卦)에 속하고, 신계(辛癸) 2축(二丑)에다 병무경갑임(丙戊庚甲壬) 오인(五寅)을 더하여 7룡은 간괘(艮卦)에 속하고, 정기신계을(丁己辛癸乙) 5묘(五卯)에다 무경임(戊庚壬) 3진(三辰)을 더하여 8룡은 진궁(震宮)에 속하며, 갑병2진(甲丙二辰)에다 기신계을정(己辛癸乙丁) 5사(五巳)를 더하여 7룡은 손괘(巽卦)에 속하며, 경임갑병무(庚壬甲丙戊) 5오(五午)에다 신계을(辛癸乙) 3미(三未)를 더하여 8룡은 이궁(離宮)에 속하며, 정기(丁己) 2미(二未)에다 임갑병무경(壬甲丙戊庚) 5신(五申)을 더하여 7룡은 곤괘(坤卦)에 속하며, 계을정기신(癸乙丁己辛) 5유(五酉)에다 갑병무(甲丙戊) 3술(三戌)을 더하여 8룡은 태궁(兌宮)에 속하며, 경임(庚壬) 2술(二戌)에다 을정기신계(乙丁己辛癸) 5해(五亥)를 더하여 7룡은 건궁(乾宮)에 배속함으로써 24기(氣)에 60룡이 모두 분배된 것이다.

갑자·병자·무자는 대설에 매이고, 경자·임자는 동지에 매이며, 을축·정축·기축은 소한에 매이고, 간궁(艮宮)에 있는 신축·계축은 대한에 매이고, 병인·무인·경인은 입춘에 매이고, 임인·갑인은 우수에 매이니 전(前) 절기는 3괘를 관리하고 중절기는 2괘를 관리한다. 나머지 6궁괘도 이상과 같이 60룡이 각각 8괘에 분속(分屬)된다. 이에서 8괘가 관리하는 괘를 내괘로 하고 둔래(遁來)한 괘를 외괘로 하여 합성 2괘가 된다.

가령 갑자에서 기축까지 8룡은 감에 속하니 이 8룡 속에는 내외괘가 다 감수괘(坎水卦)로 정해진다. 외둔가래자(外遁加來者)는 외괘이니 공성(共成)하여 1괘가 되는데 먼저 60갑자 괘례(卦例)를 붙이고 다음에 자부재관(子父財官)을 찾아 혼천갑자(渾天甲子)를 기례(起例)하는 것이다. 뒤의 60룡은 배괘도(配卦圖)를 보라.

나는 등산(登山)하여 열지(閱地)함에 60룡 투지(六十龍透地)가 있는데 24위 왕상주보혈(旺相珠寶穴)을 사용하고 36룡 고허살요(孤虛殺曜)를 피거(避去)하였으니 24위 주보혈(珠寶穴)에다 5친(五親) 4길(四吉)이 사수(砂水)의 응험이 있으면 발복이 틀림없었다.

무릇 24위 투지주보혈(透地珠寶穴)이라도 혈중 괘례(卦例)를 장(裝)하여야 하니 3기(三奇) 8문(八門)과 자부재관(子父財官) 귀인녹마(貴人祿馬) 4길(四吉) 5친(五親) 등과 주위의 수미(秀美)한 제봉(諸峰)이 상응할 때 부귀속발하는 것이다.

혹 6효로 보아 주위에 봉(峰)이 있으나 부전(不全)하다거나 허함(虛陷)하면 마땅히 탑정(塔亭) 등을 축조한다거나 돈대(墩臺)를 쌓는다거나 죽림(竹林) 등으로 보완하면 반드시 발복이 구원(久遠)하리라.

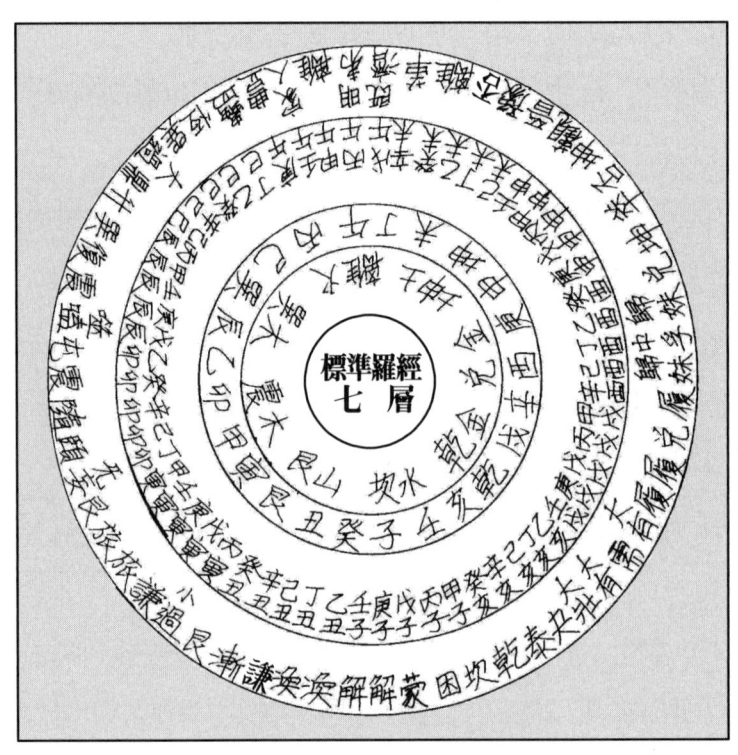

<투지연산괘식(透地連山卦式)>

투지괘 배 60룡 구궁배치도(透地卦配六十龍九宮配置圖)

60甲子渾天	節氣, 三元	休宮	乙宮	丙宮	丁宮	子宮	父宮	財宮	官宮	金水日月宮
甲子,3亥7壬	大雪上坎卦	1궁	5	6	7	8	5	4	9.6	3宮
丙子,正壬	大雪下坤卦	3	2	3	4	5	7	3	1	8
戊子,5壬5子	大雪中師,蒙	4	8	9	1	2	4	7	3	2
庚子,正子	동至中解卦	7	6	5	4	4		2	9	1
壬子,7子3癸	冬至上解卦	7	9	8	7	1		2	3	4
乙丑,3子7癸	小寒上渙卦	2	1	9	8	6	2			3
丁丑,正癸	小寒下渙卦	2	4	3	2	3	1.2			6
己丑,5癸5丑	小寒下未濟 謙	9	4	3	2	6.9.1.8	1.39	5.7		1.6
辛丑,正丑	大寒中漸卦	7	8	7	6	5	8.6		9	3
癸丑,7丑3艮	大寒上艮卦	1	2	1	9	8	9	6	5	9
丙寅,3丑7艮	立春上小過	6	7	6	5		6.9	2	5	8
戊寅,正艮	立春下謙卦	9	1	9	8	7	9.6		8	3
庚寅,5艮5寅	立春下旅卦	2	1	9	8	9.3		2.7		3
壬寅,正寅	雨水中旅卦	2	5	4	3	4.7		2.6		7
甲寅,7寅3甲	雨水中艮卦	1	5	4	3	2	3	9	8	3
丁卯,3寅7甲	驚蟄 无妄	4	9	8	7	1	1	2	9	4
己卯,正甲	驚蟄中頤卦	8	9	8	7		1	2		5
辛卯,5甲5卯	驚蟄下隨卦	9	3	2	1		9	2	1	1
癸卯,正卯	春分中震卦	1	8	7	6	6	9	1	2	3
乙卯,7卯3乙	春分中屯卦	3	8	7	6	8	8		7	5
戊辰,3卯7乙	清明上噬嗑	7	3	2	1	9	4	2	4	4
庚辰,正乙	清明上震卦	1	3	2	1	1	4	2	6	7
壬辰,5乙5艮	清明下復,大過	1	6	5	4	7	3.9	3.2	6.4	4
甲辰,正辰	穀雨下巽卦	1	7	6	5	7	1	9.6	2	8
丙辰,7辰3巽	穀雨中升卦	7	1	9	8	1	4.7	3.6	3	4
己巳,3辰7巽	立夏中鼎卦	6	9	8	7	2		1.4	3	6
辛巳,正巽	夏上大過	2	3	2	1	1	9.6	2	1	1
癸巳,5巽5巳	立夏下巽卦	1	6	5	4	6	9	2.8	1	7
乙巳,正巳	小滿下恒卦	8	7	6	5	2	1	9	2.1	3
丁巳,7巳3丙	小滿中蠱卦	3	1	9	8	1	2	2	2	6

庚午,3巳7丙	亡種中豐卦	3	2	1	9	9	2	9	1	5
壬午,正丙	芒種上家人	8	5	4	3	2	2	4	9	9
甲午,5甲5午	芒種上離卦	1	5	4	3	4	3	6	2	2
丙午,正午	夏至下明夷	6	7	8	9	1	6		1.8	4
戊午,7午3丁	夏至中既濟	9	4	5	6	6	4	3	2	1
辛未,3午7丁	小暑中革卦	7	3	4	5	2	2		4	5
癸未,正丁	小暑上離卦	1	9	1	2	1	2	8	9	3
乙未,5丁5未	小暑上革否	7	9	1	2	2	2		1.8	2.5
丁未,正未	大暑下豫卦	4	5	6	7	8	7	3	2	3
己未,7未3坤	大暑下晉卦	8	5	6	7		9	7	8	3
壬申,7坤3未	立秋中觀卦	3	6	7	8	2	1	2	6.9	3
甲申,正坤	立秋中坤卦	1	6	7	8	2	9	9	8	8
丙申,5坤5申	立秋上否卦	7	3	4	5	2	7	2	2.6	5
戊申,正申	處暑下萃卦	6	8	9	1	2	3.9	1	2	7
庚申,7申3庚	處暑下坤卦	1	8	9	1	7	2	2	1	1
癸酉3申7庚	白露中兌卦	1	4	5	6	7	2.8	9	4	8
乙酉,正庚	白露中歸妹	8	4	5	6	8	2.8	9	4.6	3
丁酉,5庚5酉	白露上中孚	4	1	2	3	4	1	6	6.9	7
己酉,正酉	秋分上歸妹	9	8	9	1	2	6	4	1.8	7
辛酉,7酉3辛	秋分下履卦	6	5	6	7	2	4		1	9
甲戌,3酉7辛	寒露下兌卦	1	4	5	6	7	2	9	4	8
丙戌,正辛	寒露上履卦	6	1	2	3	1	1		6	5
戊戌,5辛5戌	寒露霜降上需	6	7	8	9	7	6.7	3.9.6.9	3.1	2.9
庚戌,正戌	霜降上大有	4	6	7	8	2	1.4	9	9	9
壬戌,7戌3乾	霜降下需卦	7	3	4	5	3		2	6	5
乙亥,3戌7乾	立冬下大有	4	4	5	6	3	2.8	7	7	7
丁亥,正乾	立冬中大壯	2	1	2	3	7	3	9	4	9
己亥,5乾5亥	立冬小雪夬需	8	1	2	3	3		4.9	4	4
辛亥,正亥	小雪上泰卦	3	6	7	8	2		2.9	9	9
癸亥,7亥3壬	小雪下乾卦	1	3	4	5	2	7	6	2	5

이상은 소서(素書)에서 인용한 것이나 60룡 중에서 24주보(珠寶)혈을 취하고 삼기(三奇) 사길(四吉)을 취한 다음 자부재관(子父財官) 방에 산수가 상응하면 대길하다.

8) 석자부재관 형제 오친(釋子父財官 兄弟 五親)

【원문】夫 透地奇門六甲分爲陰陽二道 一陽生於甲子爲陽遁順起之儀 逆佈三奇 一陰生於甲午爲陰遁逆起之儀順佈三奇 所切者 收四吉之山 發三奇之水 生祿馬貴人之方 忌五行官煞之鄕 避陰陽差錯之位 去星辰暗伏之所 收八干淸奇之度 以此量砂步水毫髮無差, 其收定穴之法 須以渾天甲子爲主, 蓋六十龍之中.

十二支神各占五位 分甲子五行星度佈而乘之 透地六十龍坐穴爲內卦 由渾天甲子以推山水吉凶爲繁切 取貴人祿馬 或三奇乙丙丁 四吉金水日月 五親砂水兄弟以坐穴 合得八方之山金水日月 或得之照向 或三奇秀拔有力之山 或子父財官兄弟方峰高圓秀有力 或貴人祿馬拱扶合化(和)爲上地 定出公侯卿相忠貞仁厚之才 若含得三奇四吉必生經魁豪傑之士 此法今人皆所不知也 先聖造此奇門卦例宿度則出乎自然而用之後世學者多則未知也 今以錄出4層以免失傳用不用自在人心.

【해설】대개 투지기문(透地奇門)은 육갑을 음양 이도(二道)로 나누어 놓은 것이다. 일양(一陽)이 갑자(甲子)에서 생하고 양둔(陽遁)이 되며 순기지의(順起之儀)가 되고 삼기(三奇)는 역포(逆佈)한다. 또 일음(一陰)은 갑오(甲午)에서 생하고 음둔(陰遁)이라 하며 역기지의(逆起之儀)가 되고 삼기(三奇)는 순포(順布)한다.

이에서 중요한 것은 사길지산(四吉之山)을 수(收)하고 삼기지수(三奇之

水)를 발하여 좌(坐)의 녹마귀인지방(祿馬貴人之方)을 거두어들이며, 꺼리는 것은 오행으로 관살지향(關殺之鄕)이 되는 것이며, 음양차착지위(陰陽差錯之位)를 피하고 성신(星辰)의 암복지소(暗伏之所)로 거(去)해야 될 것이다. 이에 팔간청기지도(八干淸奇之度)로서 사보수(砂步水)를 헤아린다면 털끝만큼의 어긋남도 없으리라. 그 수정혈지법(收定穴之法)으로서는 모름지기 혼천갑자(渾天甲子)를 위주로 한다.

대개 60룡은 12지신에다 각각 오위(五位)씩을 붙여 놓은 것이며 갑자(甲子) 오행 성도(星度)를 분포하여 승지(乘之)한 것이다. 투지 60룡의 좌혈을 내괘(內卦)로 하고 혼천갑자(渾天甲子)로서 산수의 길흉을 보는 것인데, 가장 긴절(繁節)한 것은 귀인녹마(貴人祿馬)를 취할 것이며, 혹 삼기(三奇)인 을병정(乙丙丁)과 사길(四吉)인 금수일월(金水日月)과 오친사수(五親砂水)인 자부재관형제(子父財官兄弟) 등 팔방지산(八方之山)을 합득(合得)케 하는 것이다.

혹 금수일월(金水日月)이 조향(照向)하고, 혹 삼기가 수발(秀拔)하여 유력한 산이 되고, 혹 자부재관(子父財官) 형제방(兄弟方)의 봉(峰)이 고원수미(高圓秀美)하며, 혹 귀인녹마 등이 공부(拱扶)한다면 상지(上地)에 합격되므로 틀림없이 공후경상(公侯卿相)과 충정인후(忠貞仁厚)한 재사(才士)가 나올 것이며, 만약 삼기(三奇) 사길(四吉)만 함득(含得)하여도 경괴호걸지사(經魁豪傑之士)는 필생(必生)하는 것인데 이 법을 금인(今人)들은 거의 모르고 있다.

*선성(先聖)이 이와 같은 기문괘례숙도(奇門卦例宿度)를 만들어 자연(自然)에서 인용하여 쓰이고 있는데, 오늘날의 학자들은 아무도 모르고 있는 실정이다. 이제 그 기록이 나왔기에 실전(失傳)이나 면하고자 출간하는 바이니 사용하고 아니하고는 각자의 인심(人心)에 있을 것이다.

9) 총주금비(叢珠金秘)의 특지 60룡 해설

(*《총주금비(叢珠金秘)》에서 발췌하고 필자가 증보.)

◆ **갑자금산(甲子金山)** = 해(亥)3 임(壬)7을 겸한 금룡(金龍)이다

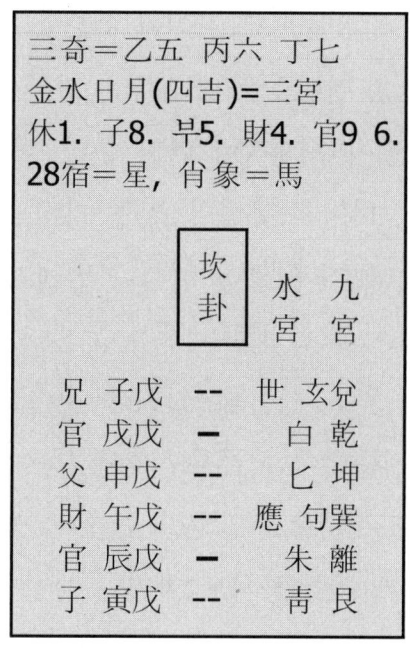

(1) 〔詩〕

천괴성룡침상의(天魁星龍寢相宜) ; 천괴성은 용의 침상으로 마땅하니
중자영화세취지(中子榮華世取之) ; 둘째가 세속에서 영화를 취한다.
하저차산다흥왕(下著此山多興旺) ; 이 산은 낮게 결작하면 흥왕함이 많아
아손명예입천지(兒孫名譽入天墀) ; 아손에게 명예를 주어 하늘에 오른다.

(2) 〔특징〕

이 용은 목산(木山)일 때 길하며 수토명인(水土命人)이 득하면 戊癸年에 식록이 유여하고 부(富)를 크게 한다.

(3) 감괘(坎卦)는 戊癸를 납(納)하니 戊癸命人이 획복(獲福)한다.

(4) 28수로 각목교(角木蛟)가 관리하는 국이며 실(室) 5°로부터 실 10°까지가 해당된다.

이 투지룡(透地龍)은 비록 부와 귀가 나오기는 하나 풍파(瘋跛 ; 절름발이와 바람, 머리 두통증)가 따르고 여자 쪽으로 말을 더듬거나 벙어리가 나오고, 남자는 노(癆) 점병으로 고생하며, 젊어서 사망하는 자가 많고 장손 쪽으로 산액(産厄)이나 패절이 먼저 온다. 이는 화도(火度) 때문이며, 화도에 가까이함은 마땅치 못하다. 가령 기벽도(箕壁度) 쪽으로 산이 높고 험하거나 수조(水潮)가 있으면 뱀이나 범에게 상하는 사람이 나온다. 계해 쪽의 관살(關煞)을 침범하면 주(主)는 풍전(瘋顚)과 음란(淫亂)이 있고, 전방입사(塡房入舍)면 살장패소(殺長敗少)한다. 비록 의식이 넉넉하다 해도 마침내는 절름발이나 곱사(척추병) 등이 나오고 중풍이 든다.

병자기(丙子氣) 쪽으로 관살을 범하면 주(主)는 농아 질액(疾厄)이 나온다. 아니면 군에서 아사(餓死)하기도 한다.

(5) 유신(流神)이 자참(觜參) 등 수도(水度)가 됨이 마땅하므로 중자(中子)가 입조(入朝)한다. 주는 부귀하나 금수중(金水中)에 수가 내조(來朝)하면 주로 장손이 발재(發財)하지만 중소(中少) 방에도 함께 좋아진다. 유토도중(柳土度中)에서는 흉만 오고 길은 없다.

진오도(軫五度)에서 18°에는 내거(來去) 간에 모두 길하다. 유금목토도중(柳金木土度中)의 산이 높고 기수(奇秀)하면 정관(正官)의 벼슬이 나와 조읍(朝揖)하나 1대(代)만 좋고 2대부터는 점점 퇴보하는데 먼저 자손에 오고 뒤에 중소(中少)에도 후퇴한다. 오직 화도중(火度中)으로 오는 것을 꺼리는데 거(去)하는 것은 더욱 대흉하다.

◆ 병자수산(丙子水山) = 정임(正壬)

```
三奇 = 乙二 丙三 丁四
金水日月(四吉) = 8宮
休3. 子5. 父7.6. 財3. 官1.
28宿 = 奎木,  肖象 = 狼
```

困卦	兌金	九宮
父 未丁 --		青 震
兄 酉丁 —		玄 巽
子 亥丁 — 應		白 坤
官 午戊 --		匕 坎
父 辰戊 —		句 乾
才 寅戊 -- 世		朱 坤

(1) 〔詩〕

진기룡신총시의(進氣龍神寵是宜) ; 진기(進氣)의 용이므로 영광을 주는 가장 마땅한 용이다.

극귀정태복유여(極貴鼎台福有餘) ; 극귀한 용으로 복록이 유여하고 큰 업적을 남기게 된다.

문장수기인중서(文章秀氣人中瑞) ; 문장에 수기가 넘치므로 세상에서는 따를 자가 없다.

우마장전편리려(牛馬庄田遍里閭) ; 전답이 많아 우마가 아니면 걸어서는 다닐 수가 없다.

(2) 〔특징〕

이 산에서 도주(陶朱)*와 같은 부가 나오며 목명(木命)에서 득복하나 대발하나 인친(因親)이 왕재(旺才)를 발한다.

*도주(陶朱) ; 중국 월왕(越王) 구천(句踐)의 신하였던 범여(范蠡). 재산을 모으는 재주가 있어 많은 부(富)를 축적해 부호의 표본으로 일컬어짐.

(3) 괘상을 보면 초효 무인(戊寅)이 변하여 정사(丁巳)가 되니 정사(丁巳)년에 무명인(戊命人)이 부귀한다.

(4) 실화(室火)인 저(猪)의 관국(管局)에 든다. 이 산은 위(危) 15°로부터 실(室) 4°까지 화도(火度)에서 출생하는 사람은 총명하여 벼슬길에 나아가 부귀하는데, 장(長)・중・소가 함께 관록의 중임을 맡아 귀하게 된다.
　무자관살(戊子關煞)의 경계를 범하면 주는 쌍생(雙生)으로 하고 외성(外姓)이 동거하며 암중(暗中)에서 실재(失財)한다. 또한 부인들의 다툼이나 요란한 시비가 따르며 소인들의 무사(誣詐)가 되어 한 번쯤 일어나다가도 오래가지 않는다. 이 용은 대길창이니 문무(文武) 급제자가 속출하는 곳이다. 유신(流神)이 정목화도(井木火度)나 진수도(軫水度)로 오는 것이 마땅하니 주(主)는 부귀하나 이곳으로 거하는 것은 흉하다.
　만약 익진목화도중(翼軫木火度中)으로 출하는 것은 부귀는 하지만 후대에 고과소망(孤寡少亡)이 있다.
　장수화도(張宿火度)의 산이 높으며 석(石)으로 조악(粗惡)하면 주는 실화하게 되니 이곳은 역시 마땅치 못하다. 이 도(度)로는 수(水)가 내거(來去) 간에 관형재액(官刑災厄)과 적해(賊害)가 따른다.

(5) 유신은 실(室) 1°에서 4°사이로 수가 내(來)하거나 거하면 총명을 주(主)하므로 준사(俊士)가 나와 크게 길하다. 오직 이곳으로는 토도수(土度水)를 꺼리는데 내거 간에 대흉하다.

250

◆ 무자화산(戊子火山)=오임오자(五壬五子)를 겸한 용이다

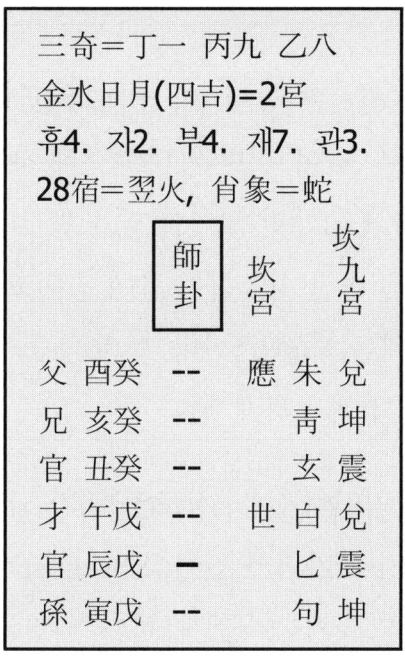

(1) [詩]

광록지산복총수(廣祿之山福寵殊) ; 복록이 넓은 산으로 영광이 남다르다.
주자지가부유여(朱紫之家富有餘) ; 주자의 반열에 드는데 부 또한 유여하다.
은병잔주다창성(銀瓶盞注多昌盛) ; 은병잔주에 온 집안이 창성한다.
일대성명호독서(一代成名好讀書) ; 1대는 성명을 크게 이루고 독서를 좋아한다.

(2) [특징]

전 병자기(前丙子氣)에 들면 이 산에서도 부귀쌍전할 수 있는데 금수명인(金水命人)이 등과하고 토명인(土命人)은 부하며 그 밖에 사람은 평평하다.

(3) 감궁의 戊申이 변하여 癸丑이 되었으니 무년에 계명 을명이 획복한다.

(4) 성일마(星日馬) 관국에 든다. 이 산이 위(危) 11°~14°사이로 오면 황전누실(荒田陋室)이라 하여 질병과 타향걸식 하는데, 중소(中少) 방에서 먼저 패절한다. 장자는 1대만 의록이 있을 뿐 2대 이후로는 역시 패절한다. 무자산(戊子山)은 쌍신이라 하여 용이 참되고 혈이 길할지라도 3대를 넘기지 못하고 쉽게 절사(絶嗣)한다. 만약 처를 바꾸고 배다른 자식이 생기면 그 뒤는 반드시 패절하게 된다.

(5) 유신(流神)이 장익진(張翌軫) 삼도(三度)가 되면 산은 화(火)인데 금도(金度)가 되므로 오거나 가거나 간에 길하고, 미기토목금도(尾箕土木金度)로는 오는 물만 길하고 가는 물은 흉하다. 익진금목화토도(翌軫金木火土度) 및 정(井) 11°~18°까지는 나가야만이 귀를 하는데 세 아들이 고루 발한다. 익화도(翌火度)로 나가는 물이면 한 번 발한 후에 즉시 실패한다. 귀수화도(鬼宿火度) 중으로 나가는 물은 한 번 발한 다음에 즉시 패한다.

오직 꺼리는 것은 수도(水度)로 흐르는 물이니 내거 간에 대흉하다.

◆ **경자토산(庚子土山)** = 정자룡(正子龍 : 24珠寶穴 중의 하나)

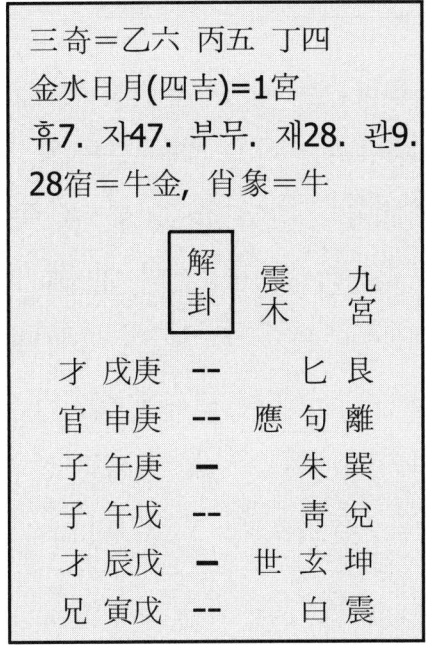

(1) 〔詩〕

수성오복록편의(壽星五福祿偏宜) ; 수성이며 오복(五福)에는 다 갖춰지지 않기도 하지만,

진시영문의자비(盡是盈門衣紫緋) ; 주자가 만문하는 귀용에 든다.

부유부귀인정왕(不唯富貴人丁旺) ; 만약 부귀가 다소 모자라면 인정이 왕성하고

갱유장전곡백여(更有庄田穀帛餘) ; 다시 장전곡백에는 유여하다.

(2) 〔특징〕

오복룡(五福龍)이라 하여 대길하다. 곤수(坤水)가 오면 대길하고 화명(火命)인 사람이 부하고, 수명(水命)인 사람은 귀하며 신자진년(申子辰年)에 발복한다.

(3) 진괘(震卦)의 초효(初爻) 2효(爻)가 변하여 감괘(坎卦)가 되었으니 경인(庚寅)년에 무(戊) 명인(命人)이 발복한다.

(4) 우금(牛金)이 관리하는 국이다. 이 산이 위(危) 15°까지로 되면 부귀하는데, 크면 나라를 경영하고 작을 때는 고을에서 으뜸가며, 문무 간에 관료가 나오는 대부귀룡이다. 만약 장(張) 8°~9° 쪽의 산이 높고 빼어나면 도지사 이상 오마(五馬)의 귀인이 된다. 유(柳) 12°로 금성(金星)이 면조(面朝)하면 문장 과갑이 나오고 세 아들이 고루 발복한다. 임자(壬子)의 경계를 침범하면 관살이 되어 첫째 셋째에 실패가 있는데 혹 한 번쯤 발하다가도 쉽게 패한다. 산(山)이 6°~18°가 되면 산수가 조응(朝應)하므로 자손이 흥왕하고 높은 벼슬이 나와 오래간다.

(5) 흐르는 물이 갑신(甲申) 8°로 내조하면 자손도 왕성하고 크게 발복한다. 병오화수도(丙午火水度)로 나가는 물은 먼저 부하고 뒤에 귀하며, 묘(昴) 13°로 나가는 물은 큰 재물을 발하고 미(尾) 9°~10°로 나가는 물은 세대로 벼슬이 끊이지 않고 오래 나온다.

오직 꺼리는 것은 목도(木度)로 흐르는 수(水)인데 오건 가건 모두 대흉하다.

◆ **임자목산(壬子木山)** = 칠자삼계(七子三癸 : 先文後武)하며 장손은 발하지 못한다

```
三奇＝乙九 丙八 丁七
金水日月(四吉)＝4궁
휴7. 자17. 부무. 재2. 관3.
28宿＝牛金, 肖象＝牛
```

	解卦	震宮	九宮
才	戌庚	－－	白 坤
官	申庚	－－ 應	匕 震
子	午庚	－	句 兌
子	午戊	－－	朱 坎
才	辰戊	－ 世	靑 坤
兄	寅戊	－－	玄 乾

(1) 〔詩〕

차산불귀부유여(此山不貴富有餘) ; 이 산은 귀가 부족하면 반드시 부를 크게 하므로

우마장전편리려(牛馬庄田遍里閭) ; 우마가 아니면 전답을 관리하지 못하며

이성이명가업립(異姓異名家業立) ; 이성(異姓)이나 이명인(異名人)이 가업을 세운다.

창고풍영족보주(倉庫豊盈足寶珠) ; 창고를 가득 채우고 주보(珠寶)도 다 갖추고 산다.

(2) 〔특징〕

이 산은 부귀장수하며 해묘미년(亥卯未年)에 대왕(大旺)한다. 이 산은

본시 반길하므로 산수가 좋을 때만 쓸 수 있는 것인데, 주(主)는 문무 양쪽으로 다 발복할 수 있지만, 대대로 고향을 등지게 되고 조업을 파한다. 만약 국세가 편고하면 사용할 수 없다.

(3) 진목궁(震木宮)의 초효 2효 경자경인(庚子庚寅)이 변하여 무인무진(戊寅戊辰)이 되었으니 경년에 무명인이 발복한다. 그러나 앞 경자투지의 해괘를 따를 수는 없다.

(4) 참수(參水)인 원(猿)의 관리 속에 든다. 이 산은 위(危) 1°로부터 4°까지이니 목산(木山)에 목국(木局)을 형성하였으므로 목(木)이 왕성한 땅이다. 원(猿)은 숲이 깊고 목(木)이 무성함을 좋아할 것이니 왕목(旺木)을 득함이 중요하다. 수(水)는 감(坎)에서 왕성할 수 있으므로 종묘를 지킬 수 있으니 수기성신(水氣星辰)이 유력하여야 하기 때문이다. 좌혈(坐穴)이 임자룡(壬子龍)과 함께 격에 잘 맞으면 대부(大夫) 후백과 경상(卿相)이 나오고 자손은 전답을 많이 갖게 된다.

좌(坐)가 위(危) 11°~12°인 수도(水度)가 되면 이는 수목상생(水木相生)이 되므로 자손이 번성하고 먼저는 부하고 뒤에는 귀발한다. 이에서는 가운데 아들이 먼저 발복하게 된다. 만약 위(危) 4°~5°로 용과 좌혈(坐穴)이 되더라도 금목(金木)관살을 범하게 되면 비록 부귀하다고 하더라도 재앙을 받아 사망하는 일이 생기기도 하지만, 공사 간에 일이 막혀 파재 병환이 따르며 손처극자한다.

좌(坐)가 여(女) 9°~12°인 수도(水度)가 되면 수생목(水生木)하여 뿌리를 깊이 내릴 수 있고 지엽이 무성하여 자손과 인정이 왕성하다. 큰집 작은집이 함께 부귀한다. 꺼리는 것은 좌(坐)가 허(虛) 2°~3°인 수토(水土) 관살을 범하는 것인데, 비록 부하다 할지라도 요절하며 고과(孤寡)를 면

치 못하고, 식구가 줄고 소년 죽음을 당하며 병고로 고생한다.

좌혈(坐穴)에 마땅한 것은 허(虛) 3°~5°이니 이때의 토(土)는 재성이 되어 선부후귀(先富後貴)하고 우음(羽音), 궁음(宮音)으로 나가기 때문에 중장자(中長子)가 전답을 늘리고 벼슬도 나온다. 좌혈에서 꺼리는 것은 허(虛) 7°~8°의 수토(水土) 관살을 범하는 것인데, 역시 백병과 고과, 소망 등이 따른다. 좌혈이 여(女) 2°~3°가 되면 금목(金木) 관살이 되는데 이때는 본처에게는 절손하고 다른 부인에게서 자식을 두는데 역시 장자는 손패하고 소방(小房)에서도 공사 간에 되는 일이 없고 손재객사하며 여인들에게도 질병이 많다. 좌혈에 마땅한 것은 여(女) 9°~허(虛) 2°까지 수도(水度)이니 부귀할 수 있다.

(5) 또 좌혈이 허(虛) 9°에서 위(危) 4°까지는 모두 목도유신(木度流神)이기 때문에 대길하다. 또 정(井) 6°~11°로는 내거 간에 부귀왕인한다. 또 유(柳) 13°~성(星) 12°로는 나가는 물이어야 부귀하고, 유(柳) 11°로도 사람과 재물이 왕성하며 효자가 난다. 장(張) 3°~10°로는 나가는 물이어야 길(吉)하다. 오직 꺼리는 것은 금도중(金度中)으로 흐르는 물이니 내거 간에 모두 대흉하다.

◆ 을축금산(乙丑金山) = 칠계삼자(七癸三子)

```
三奇 = 乙一 丙九 丁八
金水日月(四吉) = 3궁
휴2. 자69. 부27. 재관무.
28宿 = 昴日, 肖象 = 鷄
```

渙卦	火宮	離九宮
父 卯辛	―	玄 坤
兄 巳辛	― 世	白 坎
子 未辛	--	匕 離
兄 午戊	--	句 坤
子 辰戊	― 應	朱 乾
父 寅戊	--	靑 兌

(1) 〔詩〕

금복룡중유소의(金福龍中有所宜) ; 금복용 중에서는 유여한 바가 많은 것이니,

금은재고귀무의(金銀財庫貴無疑) ; 금은과 재물이 창고를 채우니 귀 또한 의심이 없음이다.

기간정유군오총(其間定有君五寵) ; 그 사이에서 임금의 총애까지 있으므로

대대표명괘자의(代代標名掛紫衣) ; 대대로 이름이 기록되고 자줏빛 옷을 걸게 되리라.

(2) 〔특징〕

금(金)은 복룡에 해당하므로 혈이 좋고 용(龍)이 참되다면 가히 장사할

수 있다. 화목명인(火木命人)에게는 화(火)가 부귀국이 되지만 편고하면 장사할 수 없다.

이 산은 장소방(長少房)에 식록이 있는 대왕혈이다. 이 용은 분금으로 봉침 쪽으로 이끌어 자귀(子貴)의 경계를 껴안아야 한다. 이 용은 계(癸) 아래에 있으므로 편고하기 때문이다. 그러므로 분금수의 다소를 사용하여야 한다. 나머지도 기둥 괘에서 이탈되는 것들은 모두 이와 같이 유추하여 쓰는 것이다.

(3) 이궁(離宮)의 초 2 3 4 5효가 변하여 환괘(渙卦)가 되었으니 기미(己未)년에 신사(辛巳)생이 발한다.

(4) 항금룡(亢金龍)이 관리하는 국에 든다. 이 산은 입수가 허(虛) 2°~3° 중으로 오는 용이므로 좌혈(坐穴)에 수토관살(水土關煞)을 범하였기 때문에 절룡(絶龍)이 된다. 그러나 절룡으로 보지 않는 것이니 본시 본수(本宿) 중에서 범하는 관살은 가볍기 때문이다. 그래서 부귀는 할 수 있지만 절상(折傷)의 환을 면할 수는 없으며, 그런 연후에는 복과 경사를 받을 수 있는 것이다.

꺼리는 좌는 입수(入首)가 허(虛) 9°중으로 오는 것과 위(危) 5°로부터 오는 것이니 이에는 관살을 바로 범하기 때문에 이성과방(異姓過房)의 해가 있고 쇠천다병하고 공사 간에 요절이 많다. 만약 내룡이 허(虛) 7°로부터 오는 것은 비록 차착을 범하였을지라도 마땅하며, 부는 크게 할 수 있으나 역시 고과천질은 면할 수 없고 언청이와 쌍생을 한 후에 주(主)는 패절한다. 또한 형상(刑傷)과 벙어리 등이 나오기도 하며 천질과 패절이 따른다. 장중소방(長中少房)에 모두 퇴패가 있다.

만약 여(女) 9°~허(虛) 1° 사이로 입수하거나 좌혈이 되면 금수(金水)가

상생되어 주(主)는 대부(大富)하고 경상의 벼슬과 감시시랑 등의 벼슬이 나오고, 임금 앞에서 조회하는 직을 맡게 된다. 만약 허(虛) 8°토도(土度)로 내룡(來龍)하여 혈에 들면 부모 격인 인수가 되어 그 자손이 장수하고 인과 덕을 갖추며 남에게 인자하고 부모에게 효도하고 부귀쌍전하여서 누대로 등과자가 나온다.

(5) 흐르는 물이 실기수토금수도(室箕水土金水度)로 흘러서 산수가 조읍하는 것은 내거 간에 부귀가 나오는데, 대체로 군수가 나오거나 그에 버금가는 직을 맡게 된다. 또 각항금목토도(角亢金木土度) 중으로는 나가야 길하고, 정금목토도(井金木土度) 중으로 산수가 조대(朝對)하면 도지사나 임금 앞에 조회하는 관직이 나온다.

그러나 크게 꺼리는 것은 화도(火度) 중으로 오가는 수(水)이니 대흉하다.

◆ 정축수산(丁丑水山) = 정계룡(正癸龍)

```
三奇＝乙四 丙三 丁二
金水日月(四吉)＝6乾宮
휴2. 자39. 부12. 재관무.
28宿＝昴日, 肖象＝鷄
```

渙卦	火宮	離九宮
父 卯辛 —		青 坤
兄 巳辛 —	世	玄 巽
子 未辛 --		白 震
兄 午戊 --		匕 坤
子 辰戊 —	應 句	離
父 寅戊 --		朱 坎

(1) [詩]

금고룡신길(金庫龍神吉) ; 금고(金庫) 용신으로 대길하기 때문에
이자총영화(二子總榮華) ; 둘째아들이 모든 영화를 다 누리게 되고
우화가인발(遇火家因發) ; 화업을 만나면 그로 인하여 가업이 발하고
아손급제다(兒孫及第多) ; 아손에는 급제자가 많이 나오리라.

(2) [특징]

금(金)의 고지(庫地)이니 반길(半吉)하다. 수와 산이 참으로 아름다우면 가히 하장(下葬)할 수 있다. 그러나 산수가 추악하면 천장(扦葬)할 수 없다. 주로 최관지(催官地)로 기술자나 박사가 나오도록 재촉한다.

이 산에서 부귀가 많이 나오는데 집안의 명예를 크게 떨치지는 못한다. 화재(火災)를 가끔 당하게 되며 수토화명인(水土火命人)이 길하다.

(3) 이궁의 초2 3 4효가 모두 변하여 환괘(渙卦)가 되었으므로 기유(己酉)년에 신생(辛生 ; 특히 신미생)이 발복한다.

(4) 벽수(壁水)인 유(貐)가 관리하는 국이 된다. 이 산이 여(女) 8°~허(虛) 2°중으로 용이 오고 좌혈이 되면 수도(水度)이니 대부귀혈이 된다. 이는 작은 물이 많이 모여 큰 물이 되는 격이니 교룡(蛟龍)이 생수(生水)하므로 청(淸)하기도 하여 대부귀혈(大富貴穴)이 되는 것이다. 따라서 전답도 많고 자손도 왕성하며 벼슬은 장관 이상의 관리를 비롯하여 그 이하의 벼슬은 끊임없이 많이 배출되는 용이다.

만약 허(虛) 2°~3°로 입혈(入穴)한다면 수토관살(水土關煞)을 범하는데 허수목도(虛宿木度)중으로 오는 용이니 살(煞)이 힘을 쓰지 못하여 역시 경미하고 대패(大敗)까지는 이르지 아니한다. 그러나 살(煞)은 살이므로 부귀를 하는 가운데 고과 천질·소망·관재·실패·창상 등은 일시적으로 따를 수밖에 없다.

여(女) 9°~11°수도(水度)중으로 내룡입혈한다면 역시 득지되므로 부귀하다. 만약 좌혈이 허(虛) 11°중으로 오는 것은 수산(水山)을 극하므로 흉하며, 여(女) 2°~3°중으로는 관살을 범하니 주(主)는 한번 발한 후에 퇴패한다. 또 좌혈이 두도(斗度)중으로 오는 것은 재백도(度)라 하여 주는 복록을 크게 발하는데, 먼저는 부하고 뒤에는 귀하며, 중소방에서 먼저 발하고 장자(長子)는 그 뒤에 발하는데 대대로 영화가 끊임이 없다.

(5) 흐르는 물이 정금목수화도(井金木水火度)중으로 내조(來朝)하는 것은 대단히 마땅하여, 주가 크게 발하고 금수화도(金水火度)중으로 나가는 물도 세대로 영화를 누린다. 또 곤신수(坤申水)가 수금도(水金度)중으

로 오는 것과 정삼도(井參度)중으로 오는 것은 모두 마땅하며 사병오(巳丙午) 금화수도(金火水度)중으로는 나가야 마땅하다.

오직 꺼리는 물이 있는데 토도(土度)중으로는 내거 간 모두 대흉하다.

◆ 기축화산(己丑火山) = 오계오축(五癸五丑)

```
三奇=乙四 丙三 丁二
金水日月(四吉)=坎1. 乾6.
휴9. 자689. 부139. 재57. 관無.
28宿=翌火, 肖象=蛇
```

	未濟	火宮	離九宮	
兄	巳己	―	應 句	坎
子	未己	--	朱	乾
才	酉己	―	靑	坤
兄	午戊	--	世 玄	坤
子	辰戊	―	白	離
父	寅戊	--	匕	坎

(1) [詩]

유룡필정주류이(遊龍必定主流移) = 유용에서는 주(主)를 반드시 타향으로 유리(遊離)시키는 것이고

노질전신불가의(癆疾纏身不可醫) = 노질 같은 나쁜 질병으로 고생하여도 의약이 없다.

정출무관조살륙(定出武官遭煞戮) = 결단코 무관이 나와서 살육(殺戮)을 만나리라

아손종차필경거(兒孫從此必傾居) = 아손도 이에 따라 가운을 기울이게 된다.

(2) [특징]

이 산에서는 화토명(火土命)만은 평하나 목명인(木命人)은 마땅치 못

하고, 그 외의 사람은 흉하다.

 (3) 이괘(離卦)의 초23효가 변하여 감괘(坎卦)가 되었으니 기해년에 戊命人(戊命人)이 획복(獲福)한다.

 (4) 장일록(張日鹿)이 관리하는 국이다. 이 산이 여(女) 3°~7°까지로 오면 금도(金度)가 되니 화산화혈(火山火穴)일 경우 재물이 되므로 길하다. 만약 여(女) 9°~허(虛) 2°까지 수도(水度)중으로 들어오거나 좌혈이 될 때 용혈(龍穴)이 특히 좋고, 수(水)가 조읍한다면 1대는 크게 발복하나 2대에서 점락(漸落)하고, 3대에 가면 빈천하게 되며 혹 패하지 아니한다 하더라도 절손한다.

 중소방(中少房)에 화형(火刑)이 따르고 공사 간에 막히는 것이 많으며 풍질, 결순, 악한 병질이 끊임없이 나타난다. 용혈이 좋으면 화토명인(火土命人)에게 선부후귀(先富後貴)의 기회가 오기는 하나 한 차례로 끝나고 편생과방(偏生過房)의 응이 있으며 결코 전길할 수는 없다.

 (5) 유신(流神)이 여(女) 3°~ 8°까지로 흐르면 금(金)에 속하므로 재(財)가 되어 대길하나 1대에 그친다. 그러나 이것이 산이라면 불길하다. 기축룡(己丑龍)은 계(癸)와 축(丑)을 각각 반씩 겸하고 있으므로 불길하다. 나머지 봉상혈(縫上穴)도 이와 같이 유추하기 바란다.

◆신축토산(辛丑土山)=정축룡(正丑龍)

```
三奇=乙八 丙七 丁六
金水日月(四吉)=3宮
휴7. 자5. 부86. 재무. 관9.
28宿=心月, 肖象=狐
```

	漸卦	艮土	九宮
官 卯辛	―	應 匕	離
父 巳辛	―	句	艮
兄 未辛	--	朱	兌
子 申丙	―	世 青	坤
父 午丙	--	玄	乾
兄 辰丙	--	白	兌

(1) [詩]

인룡필정권병인(印龍必正權兵印) ; 인끈의 용은 바르게 권병을 잡아 반드시 인증을 받는다.

무직위관지기추(武職爲官志氣推) ; 무관직의 관리로 뜻을 펴게 된다.

본위목관성입묘(本位木官星入廟) ; 본위가 목 관성으로 입묘하게 된다.

영병백만유위풍(領兵百萬有威風) ; 백만의 영병을 거느리고 위풍을 뽐내리라.

(2) [특징]

산수가 좋다면 세대를 이어가며 주자인(朱紫人 : 높은 벼슬)이 배출하여 영화를 누리나, 산수가 불리하면 불충불효가 나오는데, 신자진년(申子辰年)에 길흉 간에 그 응이 나타난다.

(3) 간괘의 4효귀혼괘가 모두 변하니 병술년에 신생이 획복한다.

(4) 여토복(女土蝠)이 관리하는 국이다. 구성(九星)으로는 무곡성(武曲星)에 해당되니 역시 능히 귀가 배출된다.

이 산이 우(牛) 2°~여(女) 2°로 된 것이 최상인데 발조입로와 좌혈(坐穴)이 이와 같고 용(龍)이 상격(上格)이면 토도(土度)와 함께 크게 길경(吉慶)이 있어서 먼저는 귀(貴)가 나고 뒤에는 재물을 발하며 인정 또한 왕성하다.

만약 우(牛) 4°~여(女) 1°중으로 수목도(水木度)가 된 것은 반대로 능히 본산(本山)을 극하므로 귀혈(鬼穴)이 된다. 여(女) 6°~7°로 좌혈(坐穴)이 되거나 입수하는 것은 불가하니 차착도(差錯度)이기 때문이다. 이를 범하면 마침내 패산절사하게 된다.

두화도(斗火度)중으로 내룡(來龍)하였거나 좌혈이 되면 부귀가 크며 여(女) 2°~3°중으로 좌혈이 되면 금목(金木)관살을 범하여 1대 이내에 패절하고 고신과숙과 소망, 풍질 등이 나타나기도 하며 혹 과방생자하거나 관재가 따르게 된다.

만약 우(牛) 4°~7°중으로 입수하거나 좌혈이 되면 위로 목(木)관살을 범하게 되는데, 이는 목관수도(木官宿度)가 있는 것이므로 재앙은 비교적 가볍다.

용혈이 좋으면 부귀를 한 후에 1대가 지나 절사하며 과방고과가 나오기도 한다. 만약 우(牛) 2°토도(土度)중으로는 역량이 가중되어 방해가 없으며, 만약 우(牛) 5°~여(女) 2°로 입수하거나 좌혈이 되면 병룡혈(病龍穴)이 되므로 주는 절사한다. 이때 비록 부귀를 한다 해도 3대를 넘기지 못하고 절사하는 불길룡이 된다.

만약 귀화도(鬼火度)중으로 첨수한 산이 있어서 빼어났다면 주는 오부팔좌(五府八座)의 귀가 나온다.

(5) 흐르는 물이 미(尾) 1°~9°중으로 나가면 천관(天官)이 나오고, 필(畢) 11°~12°로는 내거간에 재물이 되므로 부귀한다.

오직 꺼리는 물은 목도(木度)중으로 흐르는 물인데 이는 내거 간에 모두 흉하다.

◆ 계축목산(癸丑木山)＝칠축삼간(七丑三艮)

```
三奇＝乙二 丙一 丁九
金水日月(四吉)＝9宮
휴1. 자8. 부9. 재6. 관5.
28宿＝尾火, 肖象＝虎
```

艮卦	土宮	艮九宮
官 寅丙	― 世	白 坤
才 子丙	― ―	匕 乾
兄 戌丙	― ―	句 兌
子 申丙	― 應	朱 艮
父 午丙	― ―	靑 離
兄 辰丙	― ―	玄 坎

(1) 〔詩〕

천수룡도길(天授龍度吉) ; 천에서 받은 용으로 길하니

일거정성명(一擧定成名) ; 결단코 일거에 이름을 내리라

오행동인묘(五行同人廟) ; 5인이 함께 입묘하게 되며

주자좌조정(朱紫佐朝廷) ; 주자복으로 조정을 도우리라.

길성조래수(吉星朝來水) ; 길성에 길한 조래수면

상응기중험(相應其中驗) ; 상응하는 증험이 있으리라.

〔又詩〕

천수룡신위(天授龍神位) ; 하늘이 내린 용신위이니

기명귀절룡(其名貴絶龍) ; 이름은 귀하나 절용이니라

길성수귀현(吉星須貴顯) ; 길성이면 반드시 귀현하리라

일대편수휴(一代便須休) ; 1대에 쉽게 그칠 것이니
　　보여시사도(報與時師道) ; 보은의도를 시사와 하게 되면
　　천만막천유(千萬莫扦留) ; 천만으로 꽂아두지 말 것이다.

(2) 〔특징〕

이 산은 귀는 하는데 부는 별로 없다. 수금명인(水金命人)에게는 식록(食祿)이 있으며, 토명인(土命人)에게는 부가 있으며, 1대 동안은 쉽고 상쾌한 복록을 누리는데, 크면 왕후요 작으면 공경이며, 더 작게는 주(州) 목사(牧使)나 백의인(白衣人)이 나온다.

(3) 간토궁(艮土宮)은 丙을 납(納)하므로 병명인(丙命人)이 부귀한다.

(4) 정목한(井木犴)이 관리하는 국(局)이다. 그 산이 우(牛) 2°~6°중으로 입수한 좌혈은 조살(阻煞)이 되나 다행한 것은 본산(本山)의 수도(宿度)와 함께 목산(木山)이므로 비교적 가벼워 크게 패절하지는 않고 장소방(長少房)에 막히고 체하는 정도이며 한편으로 부귀할 수 있다. 두(斗) 20°~21°중으로 입수하거나 좌혈(坐穴)이 되면 관살이 되고 또한 차착(差錯)공망이 되어 장방(長房)은 패절하고 삼자(三子)는 도박 등 주색잡기로 인하여 관재가 일어나고 나중에는 고과(孤寡), 환처(換妻)한 후 반드시 패절한다.

만약 우(牛) 4°~여(女) 2°까지 목룡(木龍)인데 다시 계축목룡(癸丑木龍)을 가하여 입혈(入穴)하였다면 동기왕성하여 부귀한다. 만약 두(斗) 20°~23°까지로 입수하고 좌혈이 되면 대부귀하며 탄생하는 사람이 효도는 물론 정의로운 인격자가 나온다. 다만 장방에만은 고과 등 손해가 있으며 승도나 역술인이 출생하기도 하는데 그 외는 발복하여 재백이 많고 오래

되면 관직을 맡는 벼슬도 나온다. 이는 마땅히 우수(牛宿)의 목도(木度)에서 좌혈이 되어야 아름다운데, 주는 크게 발하여 부귀하며 먼저 작은아들이 발한 후 다음으로 가운데와 장남 쪽에도 함께 발한다.

또 마땅한 좌혈(坐穴)은 허(虛) 1°~2°수도(水度)이니 수생목(水生木)하여 대발재하고 인정도 대왕하며 부귀가 크기도 하지만 오래도 간다. 또 마땅한 좌혈은 우수화도(牛宿火度)에서 되는 것인데 목생화(木生火)하여 가운데 자손이 먼저 발하고 뒤에 장소(長少)방 모두 함께 발복한다. 또한 좌혈이 미(尾) 12°~16°까지 목도(木度)에서 되는 것이 길(吉)한데 경상(卿相)의 벼슬이 나온다.

기(忌)하는 좌혈은 여금도(女金度)중에서 되는 것인데 귀혈(鬼穴)이 되므로 기피하며 절사(絶嗣)하고 병환, 관재, 파재 등의 흉함이 있기 때문이다. 또 좌혈이 두금도(斗金度)가 되어도 목혈산(木穴山)에서는 귀혈(鬼穴)이니 흉패가 나타난다. 이는 이치에 맞지 않았으므로 당연한 응험이라 할 수 있다. 더욱 자상하게 살펴야 할 것이다.

(5) 흐르는 물이 수도(水度)로 오는 것이 가장 아름다워서 장명, 발재하기 때문이다. 또 위토도(胃土度)로 오는 물도 재백이 되므로 주는 귀할 수 있고, 묘토도(昴土度)로는 나가야 길하고 오는 것은 흉하며, 필수도(畢水度)중으로는 오는 물이면 부귀하고 자손이 총명하며 왕성하고 전잠(田蠶)도 풍성하다. 진수도(軫水度)로는 내거 간에 두 아들이 함께 발복하는데 세대로 계속된다. 위(胃) 4°~8°로는 나가는 물이어야 큰 벼슬을 하는 자가 나온다.

오직 꺼리는 것은 금도(金度)가 되는 수(水)이니 오거나 가거나 간에 모두 꺼린다.

◆ 병인화산(丙寅火山)＝삼축칠간(三丑七艮)

```
三奇＝乙七 丙六 丁五
金水日月(四吉)＝艮8宮
휴6. 자무. 부69. 재2. 관5.
28宿＝箕水, 肖象＝豹
```

小過卦	金宮		兌九宮
父 戌庚	--		靑 離
兄 申庚	--		玄 坎
官 午庚	—	世	白 坤
兄 申丙	—		匕 巽
官 午丙	--		句 坤
父 辰丙	--	應	朱 乾

(1) 〔詩〕

천선룡최현(天仙龍最顯) ; 천선용이 가장 현출하니
오마점괴명(五馬占魁名) ; 5마의 무과에 합격하고
척지문장미(擲地文章美) ; 척지에 문장까지 뛰어나다.
주자좌조정(朱紫佐朝廷) ; 주자도포에 조정을 보좌하니
천선룡혈길(天仙龍穴吉) ; 천선용이 길하기 때문이니라.

(2) 〔특징〕

  입로(入路)가 관성(官星)이면 수목토명(水木土命)이 길귀(吉貴)하고 금명(金命)인 사람은 부한다. 다만 손사병방(巽巳丙方)의 수(水)를 득하고 곤신방(坤申方)으로 거하면 대길하며 해술임자수(亥戌壬子水)를 만나는 것은 평탄하다.

(3) 태괘는 丁을 납(納)하므로 정해년에 경명인(庚命人)이 부귀한다.

(4) 저토학(氐土貉)이 관리하는 국이다. 이 산이 두(斗) 15°~20°로 내룡(來龍)하거나 입수가 되거나 좌혈이 되는 것은 화성(火星)이 화성 자리에 앉은 것이니 병인(丙寅)의 화(火)는 자생된다. 이는 구성으로 탐랑 목성(木星)에 해당되며, 다시 화도(火度)로 운행되면 주는 대발하여 부귀를 크게 누릴 수 있다. 만약 두(斗) 20°~여(女) 2°까지 입수하거나 좌혈이 된 것은 차착(差錯)되었으나 크게 패절하지는 아니하고 부귀를 할 수 있는데 장방(長房)에만은 손해가 따르고 수명도 짧은 것은 어찌할 수 없으며, 혹 처를 바꾸고 상처하기도 하는데 이러하면 큰 부귀를 기대할 수 없게 된다. 만약 두(斗) 14°~17°까지 화도(火度)중으로 입혈(入穴)한 것은 삼원(三元)급제가 대대로 끊임없이 배출되는데 먼저 부하고 다음으로 귀하게 된다. 마땅한 바는 좌혈(坐穴)이 우(牛) 5°~여(女) 1°까지 목도(木度)로 되는 것이니 목생화(木生火)하여 주는 부귀는 물론 장수를 누리는데 먼저 장방(長房)에 응이 오고 다음으로 소방(小房)에도 균발한다.

기피하는 좌(坐)는 여(女) 2°로 이는 금목(金木)관살을 범하게 되어 주는 과방(過房)하고 장손(長孫)에게 손해가 있으며, 좌(坐)가 금도(金度)가 되는 것은 재백궁이니 주는 발재하고 길경이 따른다. 좌에 또 꺼리는 것은 여(女) 9°~허(虛) 2°이니 화산(火山)을 반극(反剋)하여 귀혈(鬼穴)로 변하나 주에게 나타나는 것은 반흉반길이라 할 수 있다. 대개 병인산(丙寅山)은 저학(氐貉)이 관리하는 국이므로 토성(土星)이 수(水)에 드는 것과 같아 내가 극지(剋地)하는 것은 재백과 같으므로 반길반흉이라 한 것이다. 그래서 능히 복도 될 수 있고 화도 될 수 있다고 보는 것이다.

혈좌(穴坐)가 실화금도(室火金度)가 되는 것은 부귀왕인(富貴旺人)하는데, 먼저 장자가 발복하고 다음으로 중소(中少)에게도 균발한다. 꺼리는 것은 또 위(危) 1°~15°까지인데 이것 역시 귀혈(鬼穴)이 되어 主는 살인 패절한다. 마땅한 좌는 저(氐) 7°~12°까지 화도(火度)로 큰 벼슬을 하는 관리가 나오는데 먼저는 작은아들이며 다음으로 장자에게까지 부귀한다.

기(忌)하는 좌는 3°~6°까지 수도(水度)가 본산을 극하는 것이니 주는 살인 패절한다. 또다시 꺼리는 좌가 있는데 심(心) 4°~미(尾) 4°까지 수도(水度)인데 산을 극하므로 흉하여 역시 살인 패절한다.

또 길한 것이 있는데 위(危) 5°~17°중으로 오는 것은 인수(印綬)이니 부모가 되고 재성혈이 되므로 먼저 장방이 발하고 다음으로 중소방(中少房)까지도 부귀하게 된다. 이때 주(主)는 소년등과(少年登科) 또는 장원급제하는데 벼슬이 크게는 삼공(三公)에까지도 이른다. 그러나 이 도수(度數)에 맞지 않으면 흉하다.

(5) 흐르는 물은 마땅히 실(室) 15°~16°중으로 내거하여야 함께 길하며 발재할 수 있다. 진화도(軫火度)와 목토도(木土度)로는 조입(朝入)하면 재를 발하고 벼슬운도 가중된다. 또 익토도(翌土度)중으로는 내거간에 모두 길한데 벼슬도 나오지만 부귀도 크게 한다. 유토도(柳土度)중으로도 수(水)의 내거간에 모두 길하며, 정(井) 1°~20°까지로는 오든 가든 간에 주는 평선(平善)하다. 필화목토도(畢火木土度)중으로는 거해야 길하고, 위토금도(胃土金度)중으로는 내거간에 대길하며, 묘(昴) 15°~필(畢) 16°로는 거해야 길하며, 위(胃) 4°~14°중으로는 내거 간에 벼슬길이 열려 관료가 나온다. 오직 꺼리는 것은 수도(水度)중으로 내거하는 수(水)이니 주(主)는 대흉하다.

◆ 무인토산(戊寅土山) = 정간룡(正艮龍)이니 상귀(上貴)의 길룡이다

```
三奇＝乙一 丙九 丁八
金水日月(四吉)＝3宮
휴9. 자7. 부96. 재무. 관8.
28宿＝房日, 肖象＝免
```

謙卦	金宮	兌九宮
兄 酉癸 --		朱 坤
子 亥癸 --	世	青 兌
父 丑癸 --		玄 乾
兄 申丙 -		白 兌
官 午丙 --	應	匕 艮
父 辰丙 --		句 離

(1) [詩]

천귀입룡관(天貴入龍官) ; 천귀용은 관을 주관하니
대대관벌봉(代代官罰封) ; 대대로 관벌에 봉하리라.
금자포당귀(金紫蒲堂貴) ; 금자에 포당의 귀를 하고
급제지삼공(及第至三公) ; 급제하여 삼공에 이르리라.

(2) [특징]

이 산은 구성(九星)이 입묘(入廟)하였으므로 5대 동안 관운이 끊이지 아니하고 방방이 모두 득복한다. 금명(金命)인 사람이 먼저 응험이 오고, 화명(火命)인 사람은 중귀(中貴)한다.

(3) 태괘(兌卦)의 4효는 丁亥이므로 丁亥년에 계을명인(癸乙命人)이 발

복한다.

　(4) 규목랑(奎木狼)이 관리하는 국(局)이다. 이 산이 두(斗) 18°~22°까지 화도중(火度中)으로 발출하여 내룡(來龍), 입수, 좌혈이 된 경우에 부귀를 하지 않는 법이 없다. 두(斗)는 28수에서 존귀한 성신으로 내룡이 장원할 경우 지극히 존귀 존엄하므로 삼성(三星) 장원이 나온다.

　조선배가 말하기를, 「천문내룡(千文來龍)에 일품관(一品官)」이라 하였고, 현녀(玄女)가 말하기를, 「간(艮)은 지중(地中)에서는 탐랑(貪狼)이요 천상(天上)으로는 무곡(武曲)이니 팔괘지장(八卦之長)이요, 육수지괴(六秀之魁)며, 좌장우무(左丈右武)하여 귀역이상(貴亦異常)이라」하였다.

　무인(戊寅)은 정간산(正艮山)이니 두(斗) 1°~6°금도(金度)중으로 용이 온다면 역시 두수(斗宿)의 소임지관(所臨之官)이니 어떤 벼슬로 인연되어 임금 앞에서 조회하리요? 부는 거만(巨萬)을 이룰 수 없고 복기(福氣)는 더욱 얕다.

　대개 금도(金度) 아래에서는 경인목산(庚寅木山)이 극을 받는 것이 그 첫째 흉함이요, 금(金)이 인(寅)에서는 절지(絶地)가 됨이 그 둘째 흉함이기 때문이다. 이로써 복(福)은 얕은데다가 또한 무인(戊寅)중에서 아래로 토도(土度)를 받아 무기력함을 가중시켰기 때문이다.

　무인토도(戊寅土度)는 화(火)가 생할 경우 부모이며 인수(印綬)라 하니 첫째 길함이 되고, 화도(火度)가 되면 인에서 생을 받으니 둘째 길함이요, 두(斗) 13°~14°는 목(木)이니 생화(生火)함이 그 셋째로 길함이 된다. 그러므로 최고의 귀지가 되는 것이다.

　만약 발조입로(發祖入路)가 두(斗) 8~20°까지 화도(火度)중으로 내룡

(來龍)하거나 혹 13~14°목도(木度)중으로 내룡(來龍) 입혈하여도 대귀(大貴)할 수 있다. 또 두(斗) 21°~우(牛) 3°까지 토도(土度)중으로 내룡입혈(來龍入穴)한 것은 중귀(中貴)한다.

마땅한 좌는 저(氐) 2°~6°까지 수도(水度)로 입수하거나 좌혈이 되면 발재 출귀혈이라 하며 좌가 자미궁(紫微宮)에 드니 네 번째 길함이 되어, 임금 앞에 조회하는 벼슬이 나온다. 다시 마땅한 좌는 저(氐) 7°~11°까지 화도(火度)가 되면 역시 귀인이 배출된다.

꺼리는 좌혈은 저(氐) 6°~7°중으로 와서 좌나 혈이 되면 수화(水火) 관살을 범하게 되므로 비록 부귀를 한다고 하더라도 마침내는 손인(損人)하고 천질로 고생하지만 다만 크게 패절하지는 아니하니 본수도(本宿度) 내에서 매인관살이기 때문이다. 또 꺼리는 좌혈은 저(氐) 13°~방(房) 1°까지 목도(木度)이니 반드시 부귀는 하나 재난이 주장함을 명심할 것이다.

혈좌(穴坐)가 심수토도(心水土度)중으로 된 것은 평선(平善)하고 좌가 미(尾) 1°~10°까지로 된 것도 역시 길하다. 좌가 미(尾) 10°~13°까지로 되면 금(金)의 관살이 되므로 역시 부귀는 할 수 있으나 중소방(中少房)이 소망(少亡)하고 재난이 많다. 그러나 그 이상의 대해(大害)는 없다. 좌가 미(尾) 12°~16°까지로 되면 입조(入朝)되어 주(主)는 대부귀(大富貴)한다.

필토도(畢土度) 쪽으로 산(山)이 첨조(尖朝)함을 만나면 명성이 궁궐에까지 떨쳐 임금의 부름을 받으니 간(艮)은 팔백토(八白土)이고 병진(丙辰)도 토(土)이며, 또 둔(遁)하여 찾아보면 무인토룡산(戊寅土龍山)에 해당되기 때문이다. 또 토도중(土度中)으로 좌혈이 되면 이것을 토성교합(土星交合)이라 하여 주는 부귀가 끝날 날이 없다.

꺼리는 좌는 미(尾) 17°~기(箕) 15°내의 토도(土度) 중으로 된 것이니 부귀를 할 수는 있으나 장손을 손상한다.

마땅한 좌는 기(箕) 6°~10°까지 수도(水度)이니 재백이 되어 먼저는 부하고 뒤에는 귀하는데, 궁중의 우인(羽人)으로 진출하고 전답이 늘어나고 지위도 높아지는데 다만 자손이 왕성하지는 못한다. 또 마땅한 좌는 두(斗) 2°~6°까지 금도(金度)이니 자손복덕관(子孫福德官)이 되어 그 안에 부귀와 길한 경사가 따른다.

(5) 흐르는 물(流神)은 위수토도(胃水土度)중으로 내거(來去)하는 것은 평선(平善)하고, 필참화토수도(畢參火土水度)중으로의 내수(來水)는 평선하고 거수(去水)는 대길하여 장원급제가 끝날 줄을 모른다. 만약 목도(木度)중으로 흐르는 물은 다 살인하는 대흉수가 된다. 정수도(井宿度)중으로는 내거 간에 모두 흉하며, 유수금토도(柳水金土度)중으로는 내거 간에 길하여 자손의 벼슬길이 열린다. 장도(張度)로는 거하면 소흉(小凶)하고 내(來)하면 대흉하다. 익수토금도(翌水土金度)로는 내거간에 대길하여 관록 먹는 자가 끊임없이 나온다. 진화토도중(軫火土度中)으로 내거하는 것은 소장방(小長房)에 귀발이 평상을 뛰어넘는다.

오직 꺼리는 수(水)는 목도(木度)중으로 내거하는 것이니 대흉함을 주장한다.

◆ 경인목산(庚寅木山)=오간오인(五艮五寅)

```
三奇=乙一 丙九 丁八
金水日月(四吉)=震3宮
휴2. 자9. 부무. 재27. 관무.
28宿=星日, 肖象=馬
```

	旅卦	火宮	離九宮
兄	巳己	ー	匕 兌
子	未己	--	句 震
才	酉己	ー 應	朱 坤
才	申丙	ー	靑 兌
兄	午丙	--	玄 艮
子	辰丙	-- 世	白 離

(1) 〔詩〕

서룡위삼태(瑞龍位三台) ; 삼태의 상서로운 용이면

성진열묘태(星辰列廟台) ; 성신이 묘태에 나열한 것이니

남후여위비(男侯女爲妃) ; 남자는 후작이요 여는 비이다.

상유장원래(常有狀元來) ; 원래 장원용으로 떳떳하니라.

* 필자 註 ; 이 용은 무기용으로 대흉한 것이므로 시를 보면 뒤의 임인시(壬寅詩) 와 바뀐 것 같다.

(2) 〔특징〕

익화사(翌火蛇)가 관리하는 국이다. 현녀(玄女)가 말하기를, 「차착(差錯)으로 쌍의(雙扆)를 범했다」하였고 또 「금화관살(金火關煞)을 범했다」하니 아무리 형세가 좋고 분명하다고 하더라도 한 때만 발복이 있을

뿐, 1대가 지나면 점점 쇠락하여 방방이 패퇴가 일어나 견딜 수가 없으리라. 먼저 큰아들에게 손실이 오고 연달아 다른 자손에게도 패절하는데, 성(姓)이 바뀌는 편생(偏生)이 발생한 후 오래가면 패절하고 만다. 그 가운데서는 조(祖)를 구하는 입로(入路)가 조금 있을 뿐이다.

(3) 이궁(離宮) 초효(初爻)가 변하여 간괘(艮卦)가 되니 기묘년에 병생인(丙生人)이 부귀한다.

(4) 만약 두(斗) 1°~7°까지 금도(金度)가 된즉 경인목산(庚寅木山)이 금(金)으로부터 단극(斷剋)을 받아 3대 부귀를 할 수 없고 쉽게 패절한다. 만약 두(斗) 8°~12°중으로 내룡(來龍)이 발조입로(發祖入路)하면 형세가 좋을 경우 3대까지는 다소의 부귀가 따르나 그 이후로는 헐멸(歇滅)하고 만다. 이 용에서는 아무리 용세(龍勢)가 좋다고 하더라도 임금 앞에 조회하는 관록은 나올 수 없고 조금 부귀가 나타나다가도 패절한다.

만약 기(箕) 6°나 우(牛) 1°로 수목도(水木度)가 되므로 간신히 3대까지는 견딜 수 있으며 임인(壬寅) 경계의 토도(土度)와 두(斗) 1°의 수도(水度)를 만나는 것은 길하다 할 수 있다.

(5) 유신(流神)이 아무리 좋다고 하더라도 3대를 갈 수 없으며 오래가면 반드시 절멸한다. 이 산은 좌혈이 흉한 것뿐이므로 비록 길수(吉水)를 만났다고 하더라도 고르게 일어날 수가 없고 3대 안에 패절하니 달리 좋은 땅을 구하여 이장한다면 가히 패절과 흉화는 면할 수 있으리라.

◆ 임인금산(壬寅金山) = 정인(正寅)

```
三奇 = 乙五 丙四 丁三
金水日月(四吉) = 兌7宮
휴2. 자47. 부무. 재26. 관무.
28宿 = 星日, 肖象 = 馬
```

	旅卦 火宮	離九宮
兄	巳己 ―	白 坤
子	未己 ― ―	匕 兌
才	酉己 ―	應 句 乾
才	申丙 ―	朱 坤
兄	午丙 ― ―	靑 震
子	辰丙 ― ―	世 玄 巽

(1) [詩]

천살신룡굴(天煞神龍掘) ; 천살은 신용이 우뚝 솟은 것이니

조관화편강(遭官禍便强) ; 관록이 크게 나타나고도 재앙 또한 또한 쉽게 나타난다.

약향중천혈(若向中扦穴) ; 만약 향중으로 천혈한 것이라면

아손곡불상(兒孫哭不祥) ; 아손들의 곡성이 범상치 아니하니

대살룡대흉(大煞龍大凶) ; 대살용으로 대흉하기 때문이다.

기산수가천(其山水可扦) ; 그 산수에다 천장은 가하나

불구천장후(不久扦葬後) ; 천장한 후 얼마 안되어

입견흉패야(立見凶敗也) ; 흉패를 쉽게 만나리라.

 *필자 註 : 임인룡(壬寅龍)은 24주 주보(珠寶) 혈이므로 복택이 장구한 것인

데, 이 시를 보면 잘못 표현된 것 같다. 아마도 앞의 경인시(庚寅詩)와 바뀐 것 같으므로 독자들의 연구가 있기를 바란다.

(2) [특징]

이 산에 만약 이 혈(穴)로 장사지낸다면 조관살인(遭官殺人)하고 장방위(長房位)에 질병 고통이 올 것이니 불길하다.

(3) 이궁(離宮)의 초효(初爻)가 변하여 간괘(艮卦)가 되었으니 기묘년에 병생(丙生)이 획복한다.

(4) 허일(虛日)이 서(鼠)로 관리하는 국이다. 현녀(玄女)가 말하기를, 「허일서(虛日鼠)는 지극히 천(賤)한 형세가 된다」하였다. 이 산이 미(尾) 17°~기(箕) 5°인 토도(土度)중으로 내룡(來龍)한다면 비록 길하기는 하나 세 번 발하고 다섯 번 실패하는 현상을 주장한다. 용이 왕성하고 혈이 분명하다면 때때로 권력과 의식이 풍족할 수 있다. 출생하는 사람이 교활(狡猾)하며 잔꾀가 많고 서두(鼠頭) 형태를 띠며 부를 한다고 하더라도 정의로움이 없다. 그러나 산수가 아름답고 용신(龍神)이 길하면 시장 군수 정도의 작은 관록은 배출된다.

이에서는 효응이 빨라서 3대 이상의 작위를 이어가지 못하고 헐멸(歇滅)하니 조심해야 한다. 또한 형제간에 재물을 가지고 불목하고 다투면 자손이 쇠약해진다.

부를 먼저하고 뒤에 귀를 한다. 만약 갑인(甲寅)의 경계를 침범하면 관살(關煞)을 범하게 되어 주는 소망(少亡), 고과, 재난 등의 우환이 따른다.

(5) 유신(流神)이 삼금목도(參金木度)로 내조(來朝)하는 혈은 길하고, 장수목도(張宿木度)로 흐르는 것은 평선(平善)하며, 항저(亢氐) 목토수도

(木土水度)중으로도 길(吉)하며, 허위실금목도(虛危室金木度)로 내거(來去)하는 것은 세 아들이 고르게 발복하고, 토도(土度)중으로 내거하는 것은 평선하다.

오직 꺼리는 수(水)는 화도상(火度上)으로 내거하는 수(水)이니 대흉하기 때문이다.

◆ 갑인수산(甲寅水山)＝칠인삼갑룡(七寅三甲龍)

```
三奇＝乙五 丙四 丁三
金水日月(四吉)＝震3宮
휴1. 자2. 부3. 재9. 관8.
28宿＝氐土, 肖象＝貉
```

艮卦		土宮	九宮
官 寅丙	―	世 玄	艮
才 子丙	--	白	離
兄 戌丙	--	匕	坎
子 申丙	―	應 句	坤
父 午丙	--	朱	震
兄 辰丙	--	靑	巽

(1) 〔詩〕

대경지룡길(大慶之龍吉) ; 대경한 용으로 길하다.

권위고여립(權位高如立) ; 높은 권위를 곧게 세운 것이다.

화성래상응(火星來相應) ; 화성이 와서 서로 응하면

장원삼급제(狀元三及第) ; 장원급제가 나온다.

〔又詩〕

천재룡불상(天災龍不祥) ; 천재용으로 상서롭지 아니하니

하저주과방(下著主過房) ; 아래로 과방을 주장한다.

일대가호부(一代家豪富) ; 일대는 부호가가 나오나

절후발온황(絶後發瘟瘴) ; 절손한후 괴질이 발생한다.

(2) [특징]

위 시(詩)의 산은 부귀쌍전함을 주장한다. 대대로 고중(高中)하고 신자진인(申子辰人)이 먼저 발하고 화명(火命)은 부를 주장한다.

아래 시의 산은 퇴패(退敗)함이 많으며 관송으로 재산을 모두 날리기도 하고, 자손이 유탕하며, 질병과 불리함이 항상 따르고 장중방(長中房)이 먼저 패퇴한다.

(3) 간괘(艮卦)는 납병(納丙)하니 병명인(丙命人)이 발복한다.

(4) 귀금(鬼金)이며 양(羊)이 관리하는 국(局)이다. 이 산이 기(箕) 6°~두(斗) 1°인 수도(水度)중으로 내룡(來龍)하고 입로(入路)한 것은 금수상생(金水相生)하므로 대길하다. 1대에 의식이 풍족하고 역시 관록이 나와 부귀한다. 만약 기(箕) 1°~5°까지 내룡하고 입로(入路)한 것은 토극수(土剋水)하니 수산(水山)이 상함을 당하여 불리하니 지상혈(芝商穴)이 비록 좋다고 하더라도 단지 1대만이 부귀하고 쉽게 실패한다.

만약 기(箕) 5°~6°로 입혈한 것은 수토(水土)관살을 범하여 주는 소망(少亡), 고과, 질병, 재해 등이 따른다. 만약 미(尾) 16°~기(箕) 1°중으로 입혈한 것은 차착(差錯)을 범하여 주는 음아(喑啞), 소망(少亡), 고과, 질병, 패절하고 과방진사(過房進舍)한다. 기(箕) 1°~5°로 입혈한 것은 주는 1대 부귀하고 2대에 이르러서는 쉽게 패한다. 정묘(丁卯) 경계를 가까이하여 관살을 범하면 역시 흉하다.

(5) 유신(流神)이 참정(參正) 금수목화도(金水木火度)중으로 내조(來朝)하는 것이 가장 마땅하여 발재왕인함을 주장하고 이 도수(度數)로 거하는 것은 평평하다.

장수수화도(張宿水火度)중으로는 대길하며, 저수화도(氐水火度)중으로 오는 수(水)는 부귀부절하며, 위허실수목금화도(危虛室水木金火度)중으로 거하는 것은 세대로 부귀왕인하며 이 분금(分金)이 도수(度數)로 득수(得水)함은 적게 지나야 가용(可用)한다. 오직 꺼리는 수(水)는 토도(土度)중으로 내거하는 수(水)이니 대흉하다.

◆ 정묘화산(丁卯火山) = 삼인칠갑룡(三寅七甲龍)

```
三奇 = 乙九 丙八 丁七
金水日月(四吉) = 巽4宮
휴4. 자1. 부1. 재28. 관9.
28宿 = 畢月, 肖象 = 鳥
```

無妄卦	木宮		巽九宮
才	戌壬	─	青 坤
官	申壬	─	玄 離
子	午壬	─ 世	白 坎
才	辰庚	─ ─	匕 艮
兄	寅庚	─ ─	句 離
父	子庚	─ 應	朱 坎

(1) 〔詩〕

육수룡래귀(六秀龍來貴) ; 육수용에 드는 귀용이니
대대좌명군(代代佐明君) ; 대대로 군주를 밝게 모신다.
오행여입묘(五行如入廟) ; 오행으로 입묘하게 되면
문망과고금(聞望過古今) ; 고금의 인물로 문망이 있다.

(2) 〔특징〕

이 산은 무예를 익히고 문장을 높이 닦는 고상한 선비가 나오며 풍류를 즐기고 독서를 좋아하는 것이 특징이다. 대대로 영화를 누리고 전답과 우마가 대왕하며 중소방(中小房)이 먼저 발하고 수명인(水命人)이 주로 부를 한다.

(3) 하괘(下卦)는 손괘(巽卦)가 변하여 진괘(震卦)가 되었고, 상괘는 손괘(巽卦)가 변하여 건괘가 되었으므로 신미년에 갑(甲)임(壬) 명인(命人)이 발복한다.

(4) 방일토(房日兎)가 관리하는 국(局)이다. 이 산은 미(尾) 10°~17°까지로 입혈한 것은 목생화(木生火)하므로 길경(吉慶)을 주장한다. 그러나 정묘(丁卯)는 방일토(房日兎)가 관리하는 국이므로 미화(尾火)의 도수(度數)를 얽어매는 것이 있어 잘 안 풀린다. 이것은 토끼는 끝끝내 호랑이를 무서워하지 않는 것 같지만 두려워하니 조심하는 마음을 갖기 때문이다.

무릇 이 무덤을 천장한 후 나오는 사람이 공구외법(恐懼畏法)하는 사람이 많은 것은 이 때문이다. 만약 목도(木度)로 입혈하면 역시 능히 발복하고 재물을 많이 모아 1~2대까지 영화롭게 살지만 그 가운데 인색하고 뉘우치는 일이 많이 생기는 위험도 따른다. 그러나 내룡(來龍)이 미약하고 혈이 분명치 못하면 주는 바로 패절한다. 이는 내룡이 좋고 혈향(穴向)이 적법하며 아울러 수(水)의 조대(朝對)함을 갖춰야 함을 요구하는데, 그래야 1, 2대도 부할 수 있으며 그 이후는 따로 길지(吉地)를 구하여 옮겨야 부귀를 연결할 수가 있다.

마땅한 좌(坐)는 기목토도(箕木土度)중으로 되어야 길하고 수도(宿度)의 부가 왕성하게 이루어진다. 또 두금화도(斗金火度)로 좌가 됨도 역시 능히 부귀할 수 있으며, 그 외의 수도(宿度)로 된 좌혈은 흉하다. 기묘(己卯)의 경계를 가까이 관살(關煞)을 범하면 대흉하다.

(5) 유신(流神)이 위실목토금화도(危室木土金火度)중으로 거수(去水)하는 것은 대길하고 내조(來朝)하는 것은 반길(半吉)하다.

위수도(危宿度)중으로 내조(來朝)하는 수(水)는 대흉하며, 참정(參井) 목화금도(木火金度)는 제좌(帝坐)이니 길하고, 이 도수로 조입(朝入)하는 것은 재발하고 거(去)하는 것도 해가 없다. 장수목화도중(張宿木火度中)으로는 내거 간에 부귀왕상함을 주장한다.

오직 꺼리는 수(水)는 수도(水度)중으로 내거하는 수이니 내거 간에 대흉하다.

◆ 기묘토산(己卯土山) = 정갑룡(正甲龍)

```
三奇 = 乙九 丙八 丁七
金水日月(四吉) = 中5宮
휴8. 자무. 부14. 재28. 관무.
28宿 = 井木, 肖象 = 犴
```

頤卦		巽九宮木宮	
兄 寅丙	―	句	震
父 子丙	--	朱	巽
才 戌丙	--	世 青	坤
才 辰庚	--	玄	艮
兄 寅庚	--	白	離
父 子庚	―	應 匕	坎

(1) 〔詩〕

천보룡기특(天寶龍奇特) ; 천보용으로 기특하니
아손저자의(兒孫著紫衣) ; 아손이 자의(紫衣)를 지으리라.
역주출승도(亦主出僧道) ; 역시 주는 승도를 주장하며
괴갑상운제(魁甲上雲梯) ; 과갑으로 상운에 오르리라.

(2) 〔특징〕

이 산에서는 기이하고 준수한 특별한 사람이 태어난다. 음인(陰人)이 집안을 일으키고 소방(小房)과 장방(長房)이 대왕(大旺)한다.

(3) 상괘는 艮卦가 퇴보하며 유혼괘(遊魂卦)를 만들었으나 본래의 손(巽) 4효(爻)가 발동한 것이다. 따라서 신미년에 병명인(丙)人이 발복하는

것이다.

(4) 누금구(婁金狗)가 관리하는 국이다. 이 산은 절반이 화도(火度)에 둘러싸여 있기 때문에 화극금(火剋金)하니 호(虎)가 능히 구(狗)를 잡아먹을 수 있어 결과는 반드시 상함을 당할 것이다. 갑산(甲山)이 미수(尾宿) 11° 근처로 낙룡(落龍)하면 금목(金木)관살을 범하게 된다. 만약 이 도수(度數)를 입혈하게 되면 주는 반드시 패절한다.

그러나 혈이 길하고 용호(龍虎)의 보호가 확실하면 한 번 발복은 하지만 그 후 쉽게 재해를 당한다. 해가 올 경우 인정이 줄어들고 고과(孤寡)가 나와 과방하며 1대는 의식이 있으나 이어서 영정(伶仃 : 혼자가 되어 고독함)이 나타나는 것은 인산(寅山)을 대동하였기 때문이다. 인산은 또 성수(星宿)로 미(尾) 6°중으로 올 경우 목(木)이니 토(土)를 극하기 때문에 기묘산(己卯山)이 손상을 받아 비록 발복은 부 쪽으로 한다지만 바로 패절하게 되니 어찌 복이 된다고만 말할 수 있겠는가?

대개 기묘(己卯)는 토(土)에 속하고, 누(婁)는 금(金)이니, 두 수(宿)가 미수(尾宿) 6°로 행한다면 금극목(金剋木)하니 재(財)가 된다. 그러므로 흉(凶)이 반대로 길(吉)이 되어 주는 부귀하다가도 마침내는 이것이 병룡(病龍)이므로 길흉이 상반(相反)된다. 이때의 발복은 3대에 불과하고 이후로는 쇠약하고 병들게 되어 퇴패한다.

만약 미수(尾宿) 8°~10°인 금도(金度)로 입혈하면 토생금(土生金)하는 복도(福度)가 되어 재록을 많이 발한다. 그러나 마침내는 금이 화향(火鄕)에로 들어간 꼴이 되어 손상되므로 자손은 반드시 절사(絶嗣)하게 된다. 이에 자식에게 해로움이 있어서 상하게 되니 복이 얕고 길흉이 상반이라 할 수 있다.

마땅한 좌는 미금도중(尾金度中)에서 되어야 길하며, 목도(木度)중에서 좌가 되는 것은 평선(平善)하니 재록만은 족하기 때문이다. 기토도(箕土度)중에서도 역시 가히 복이 된다. 신묘(辛卯)의 경계를 범하면 차착(差錯)이 되어 불리하다.

(5) 유신(流神)이 허위토금수도(虛危土金水度)로 오는 수(水)는 진재수(進財水)가 되고, 보물과 전답이 늘어나고 왕인출관(旺人出官)한다. 이 도수로 나가는 물은 평평하다. 규화도(奎火度)중으로도 내수(來水)하는 것은 진재, 왕인, 출관하고 거수(去水)할 때는 평평하다. 장수화도(張水火度)로는 거해야 길하다. 이상에 합하면 길하지만, 불합이면 3대 이내에 흉절(凶絶)한다.

오직 꺼리는 수는 목도(木度)중으로 내거하는 수이니 내거 간에 모두 대흉하다.

◆ 신묘목산(辛卯木山) = 오갑오묘룡(五甲五卯龍)

```
三奇=乙三 丙二 丁一
金水日月(四吉)=坎1宮
휴9. 자무. 부94. 재2. 관1.
28宿=胃土, 肖象=雉
```

隨卦	木宮		震九宮
才 未丁 --	應	匕	坤
官 酉丁 ー		句	坎
父 亥丁 ー		朱	離
才 辰庚 --	世	青	坤
兄 寅庚 --		玄	震
父 子庚 ー		白	坤

(1) 〔詩〕

천진룡관봉(天震龍官逢) ; 천진용이 관을 만났으니
문장금수총(文章錦綉叢) ; 문장이 수놓듯이 쏟아진다.
위관등상상(爲官登上相) ; 관이라면 상상에 오르겠으나
삼대몰인종(三代沒人踪) ; 3대 후엔 사람의 자취를 볼 수 없으리라.

(2) 〔특징〕

진수인(軫水蚓)이 관리하는 국이다. 현녀가 말하기를, 「신묘지간시수침살(辛卯支干是垂針殺)」이라 하니 묻기를 갑묘(甲卯)도 그러합니까? 「그 또한 차착(差錯)이라」하였다. 그러므로 주(主) 되는 사람을 패절시키고 또 한편으로는 재복과 관록인을 배출시키기도 한다.

(3) 상괘태(上卦兌)는 진괘(震卦)가 변한 것이고 하괘(下卦)는 진괘가 변해 나갔다가 귀혼(歸魂)하며 다시 진괘가 된 것이다. 따라서 경오(庚午)년에 경생인(庚生人)이 발복한다.

(4) 대개 신묘(辛卯)는 목산(木山)인데 심(心) 4°~미(尾) 7°까지는 수도(水度)이므로 수생목(水生木)하여 수기(水氣)를 더해 주고 또 진(軫) 역시 수(水)이므로 부모가 되어 수가 득지(得地)하여 입국되었으므로 능히 발복할 수 있는 것이다.

그러나 차착살을 범하였으므로 비록 용이 좋고 혈이 아름답다 하더라도 단지 3대 부귀만을 할 수 있고 반드시 절상이 나타나며 고과(孤寡) 절손(絶孫) 등이 따른다. 만약 그렇지 않으면 사람이 뿔뿔이 흩어지고 가세가 빈한하며 자식의 성을 바꾸기도 하며 풍병과 각기병 등으로 방방이 부침한다.

장손은 절손하고 중손은 패퇴하니 이 신묘룡(辛卯龍)은 병룡(病龍)이기 때문이다. 마땅한 좌는 저(氐) 2°~6°까지이니 수(水)가 와서 목(木)을 생하므로 주는 재물을 모을 수 있고 자손은 부귀하며 길하고 이로움이 따른다. 좌가 저(氐) 7°~12°까지 화도(火度)가 되면 수에게는 재백이며 자손에 해당되는 도수(度數)이기 때문에 길하다. 그러나 자손이 부 쪽으로 발복한 후에는 오래가지 않아서 불리하다. 마땅한 좌는 저(氐) 12°이니 발복할 수 있는 도수이고, 좌가 방도(房度)나 미수도(尾水度) 토도(土度)중으로 된 것은 길하다.

기(忌)하는 좌는 저(氐) 14°~15°이니 차착살(差錯煞)이 되어 오래지 않아서 주는 절손하고 과방하며 벙어리나 장님 등 고질병과 불구자가 출생한다. 또 기(忌)하는 좌는 방(房) 2°~3°중으로 되는 것이니 토목(土木)관살이 되어 주는 패절한다. 좌가 미금도(尾金度)로 되면 반길(半吉)하니 목(木)이 금(金)으로부터 극(剋)을 받는 연고이다.

의(宜)한 좌는 미목토도(尾木土度)이니 이는 재백이 되고 비화가 되기 때문에 길하며, 부귀하고 가족 권속이 모두 편안함을 얻을 수 있다.

(5) 유신(流神)이 실벽목토도(室壁木土度)중으로 오는 물이면 발재하고 인구도 왕성하며 전답도 많이 늘어난다. 위토수도(胃土水度)중으로 오는 물도 부귀발복하는데 소방과 장방이 왕인(旺人)한다. 필화수도(畢火水度)중으로 나가는 물은 부귀하고 관록도 먹는데 오는 물이라면 평평하다. 곤신수토도(坤申水土度)중으로 내거하는 수(水)는 장방(長房)이 귀하고 소방(小房)도 해롭지 않다.

오직 꺼리는 것은 금도(金度)중으로는 내거 간에 모두 대흉하다.

◆ 계묘금산(癸卯金山) = 정묘룡(正卯龍)

```
三奇＝乙八 丙七 丁六
金水日月(四吉)＝震3宮
휴1. 자6. 부9. 재17. 관2.
28宿＝畢月, 肖象＝烏
```

震卦	木宮		震九宮
才	戌庚 --	世	白 坎
官	申庚 --		匕 坤
子	午庚 -		句 乾
才	辰庚 --	應	朱 兌
兄	寅庚 --		靑 艮
父	子庚 -		玄 離

(1) 〔詩〕

용생합기시여하(龍生合氣是如何) ; 용이 기운을 생합하면 어찌 되리오

금수상생부탁마(金水相生復琢磨) ; 금수(金水)가 상생(相生)하면 옥을 다시 갈고 쫄 것이라,

차산약득성신호(此山若得星辰好) ; 이 산이 만약 좋은 성신(星辰)을 득하였다면

부귀쌍전복록다(富貴雙全福祿多) ; 부귀쌍전은 물론이려니와 또한 복록도 많으리라.

〔又詩〕

소룡지혈최미재(少龍之穴最美哉) ; 젊은 용의 혈일 때 가장 아름다우나

호발차수편유재(毫髮差殊便有災) ; 털끝만큼의 오차라도 있다면 재앙 또

한 쉽게 나타나리라.

부득명사진정안(不得明師眞正眼) ; 참된 정안을 갖춘 명사를 만나지 못하였다면

시사즘감출두래(時師怎敢出頭來) ; 시사로서 어찌 감히 이 자리에 머리를 내밀고 나타나 재혈한다고 하겠는가?

(2) [특징]

만약 길도(吉度) 가운데서라면 화성(火星)을 만나는 경우도 크게 부귀를 할 수 있는데 중자(中子)가 먼저 발하고 화목명(火木命)인에게 식록(食祿)이 크다.

(3) 진괘(震卦)는 납경(納庚)하므로 경(庚)년에 경생이 발복한다.

(4) 위월연(危月燕)이 관리하는 국이다. 이 산이 만약 방(房) 4°~5°에서 심(心) 1°~3°까지 갑(甲)으로 입혈하였으면 토도(土度)이니 바른 것이다. 계묘산(癸卯山)은 금(金)에 속하므로 토생금(土生金)하여 대길하며 목도(木度)를 걸터앉는 것도 재백이 되니 길하다.

만약 방수(房宿) 4°에서 심(心) 3° 사이로 입로(入路)하지 않았다면 병룡(病龍)이 된다. 만약 심(心) 3°~4°로 입로하였다면 수(水)의 경계를 침범하였으니 수토(水土)관살이 되어 주는 반드시 패절하게 되고 아울러 질병, 홀아비, 과부 등으로 흉화를 만나게 되니 다소의 부를 한다 해도 소용없게 된다. 만약 방(房) 1°~3°까지 목도(木度)로 입로하였다면 토목(土木)관살을 범하여 주는 천질 흉패를 당할 수밖에 없다.

경(經)에 이르기를, 「털끝만큼의 차이만 있어도 즉시 화를 당하며 광명을 잃게 되고 심장, 복부, 비장 등의 질병과 곱사등이, 불치병, 고신과

숙 등이 나타난다」하였다. 그러므로 내룡(來龍)을 격정하는데 자오선(子午線)을 사용하여야 할 것이며 내룡, 결정(結頂), 척맥처(脊脉處) 등을 정확히 표시해 놓고 재야 한다. 혹「결기활락처(結氣活落處)」가 만약 우두형(牛頭形)이거나 귀배형(龜背形) 등이 되었다면 척맥의 한가운데에 막대기를 꽂아 표준으로 삼고 입혈처(立穴處)로 들어오는 맥을 결정하는 것이다.

이때 방(房) 5°태(太)에서 심(心) 1°중이 되면 정진산입로(正震山入路)로 취급하여 좌향을 정하고 이의 길흉은 어떠한지를 보는 것이다. 이때 만약 내맥(來脉)에 오차가 생겼을 때는 도수(度數)가 달라지니 별도의 산(山), 혈(穴), 수(水), 노(路)를 참작하여야 한다. 만약 용은 득하였는데도 혈(穴)에 병폐가 생겼을 때에는 오래가지를 못하고 한번 발복한 뒤에 바로 패하게 되는 것이다.

(5) 유신(流神)이 익수금도(翌水金度)중으로 내거하는 것은 부귀수(富貴水)가 되며, 진토도(軫土度)중으로 내수(來水)라야 부귀는 물론 고수(高壽)하며, 진목도(軫木度)중으로 내조(來朝)하는 수(水)는 공경(公卿)의 벼슬이 나오는데 거수(去水)함은 평선하다. 참정도중(參井度中)으로는 내거 간에 모두 흉수(凶水)가 되며, 필수토도(畢水土度)중으로는 거수(去水)하면 부귀하며 내조하는 수는 대부귀한다. 진금도(軫金度)중으로 내수하면 조관(朝官)이 나오고 부귀 안락을 누린다. 유성수도(柳星水度)중으로는 거수(去水)라야 벼슬이 되고 내수하는 것은 평선하다. 위토도(胃土度)중으로는 내거 간에 장중소방(長中小房) 모두에게 귀함을 준다.

오직 꺼리는 수(水)는 화도(火度)중으로 내거하는 수이니 모두 대흉한 수이다.

◆ 을묘수산(乙卯水山)＝칠묘삼을룡(七卯三乙龍)

```
三奇＝乙八 丙七 丁六
金水日月(四吉)＝中5宮
휴3. 자8. 부8. 재무. 관7.
28宿＝翌火, 肖象＝蛇
```

屯卦	水宮	坎九宮		
兄 子戌	--		玄	乾
官 戌戌	-	應	白	兌
父 申戌	--		匕	艮
官 辰庚	--		句	兌
子 寅庚	--	世	朱	艮
兄 子庚	-		靑	離

(1) 〔詩〕

문필룡관침가기(文筆龍官寢可奇) ; 문필용이 관에 침거하니 가히 기(奇)가 됨이다.

차성임위주호의(此星臨位主狐疑) ; 이 성신의 임위(臨位)는 호의(狐擬)를 주장한다.

각장수목위진취(却將水木爲眞趣) ; 각설하고 장차 수목에서 진(眞)을 취하여야 하는데

긍도무인득전이(亘道無人得傳伊) ; 도에 다다랐음에도 사람이 없으면 그에 전할 수 있겠는가?

(2) 〔특징〕

을묘(乙卯)는 수화(水火)를 따로 나눌 수 없으니 남북(南北)이 본시 정

이 있을 수 없으나 을(乙)에 가까우면 화(火)로 하고, 묘(卯)에 가까우면 수(水)로 한다. 남(南)은 수(水)의 입묘지(入廟地)이고, 북(北)은 수(水)의 종(宗)이기 때문이다. 1위는 문곡수(文曲水)이니 내거 간에 길하여 삼남(三男)이 모두 함께 전지(田地)를 많이 갖는다. 북방수명인(北方水命人)이 먼저 발복한다. 천덕룡궁(天德龍宮)으로 소귀(所歸)하는 바가 있으니 그 산은 능히 길할 수 있고 능히 쇠(衰)할 수도 있다. 이거이성(異居異姓)이라도 사람들이 쉽게 왕성할 수 있으며 식록(食祿)이 유여한 집에는 신뢰도 유여한 것이다.

이 산에서 천덕(天德)을 만난즉 흥하고, 천덕을 잃은즉 멸하는데 북수(北水)가 남(南)으로 귀고(歸庫)하므로 1대에 쉽게 패절하는 것이 특징이다.

(3) 감괘(坎卦)의 초효와 2효가 변하였으니 무진(戊辰)년에 경명인(庚命人)이 발복하게 된다.

(4) 유토장(柳土獐)이 관리하는 국(局)이다. 그 산이 저(氐) 11°화도(火度)중으로 입로(入路)하면 대길하다. 만약 방(房) 1°, 3°에서 4°를 넘어서면 토목관살(土木關煞)이 되기 때문에 주(主)는 실안(失眼)하고 풍병과 뇌점병 등으로 고생하며 비록 부귀한다고 하더라도 천한 질병들을 면할 수 없다. 저(氐) 14°~15°까지 목도(木度)로 입로하면 차착을 범하게 되므로 풍병이나 악성 고질병과 실명, 벙어리, 말더듬이 등이 나오거나 육근(六根)이 부족한 자가 탄생하다가 결국에는 패절하고 만다.

이 산은 후룡에서 병을 대동하고 왔기 때문에 비록 좋은 일이 있다고 하더라도 단지 1대의 부귀함에 불과하고 2대째는 영절(零絶)한다. 이 용산(龍山)은 자손의 부침(浮沈)이 고르지 못하고 이에다가 고과가 있으며 절상, 천질, 실명, 풍질 등의 자손이 꼬리를 잇는다. 만약 좌(坐)와 유신(流神)이 함께 길함이 된다면 겨우 3대까지는 평선(平善)하게 이어갈 수 있으나 그 다음에는 위에 기록한 병이 나타난다.

마땅한 좌는 저(氐) 2°~6°까지 수도(水度)가 되면 복수좌(福壽坐)가 되어 자손이 왕성할 수 있다. 기(忌)하는 좌는 저(氐) 1°인 토도(土度)중으로 입수(入首)하는 것이니 수산(水山)을 반극(反剋)하여 주(主)는 패절한다.

마땅한 좌(坐)는 저(氐) 7°~12°까지 화도(火度)중으로 되는 것이니 중소방(中少房)이 재리에 발전이 있다. 또 마땅한 좌혈(坐穴)은 저(氐) 14°~15°인 목도(木度)이니 비록 설기는 되나 자손의 복덕좌(福德坐)가 되므로 길경(吉慶)이 따른다.

기(忌)하는 좌는 방(房) 2°~3°이니 목도(木度)라도 관살(關煞)이 되어 주는 여러 악흉(惡凶)이 따른다. 또 기(忌)하는 좌는 방(房) 4°~심(心) 3°까지 토도(土度)이니 본산(本山)을 극하여 혹 의식은 있다고 하더라도 마침내 풍질과 고과 소망(少亡) 등 여러 병에 시달린다.

마땅한 좌는 심(心) 4°~미(尾) 10°까지 수금도(水金度)중으로 된 것이니 인수(印綬)가 되고 비화가 되어 길하다. 기(忌)하는 좌는 심(心) 1°~3°까지 토도(土度)이니 관살이 되기 때문이다.

마땅한 좌는 미(尾) 1°~10°까지 수도(水度)이니 길성(吉星)이 입혈하는 국(局)이라 하여 주는 대 부귀하는데 특히 예술로서 빼어난 기술을 발휘하는 사람이 나온다. 또 마땅한 좌는 미(尾) 11°~15°까지 목도(木度)중으로 된 것이니 길성(吉星)이 입국(入局)하므로 비록 설기하더라도 대 부귀를 주장하며 자손에게 복덕궁의 관계로 벼슬길이 나오는데 먼저 장방(長房)이 발하고 뒤에 중소방(中少房)도 발복한다. 기(忌)하는 좌는 미(尾) 1

7°~18°까지 토도(土度)이니 관살이 되기 때문에 주는 대흉하다. 이상을 모두 힘써 살피지 않을 수 없는 것이다.

(5) 유신(流神)이 벽수도(壁水度)중으로는 오는 수(水)이든 거(去)하는 수(水)이든 주귀(主貴)하는 수이다. 장자가 왕성하다. 만약 벽(壁) 6°와 규루도(奎婁度)중으로 수가 거함은 대단히 흉한 수이니 조심해야 한다.

위금수도중(胃金水度中)으로 거하는 것은 주로 관귀(官貴)와 발재(發財)하며 내수(來水)일 경우는 평선(平善)하다. 위묘(胃昴)에서 필(畢) 12°까지로는 수가 오든 거하든 길수(吉水)가 되어 주는 귀발(貴發)한다. 정(井) 28°~유(柳) 8°까지 수화도(水火度)중으로는 내거 간에 귀현(貴顯)을 주장한다. 금도(金度)중으로 내거하는 것은 세 아들 모두 고르게 발복한다. 익진수금목화도(翌軫水金木火度)중으로 거래(去來)하는 것도 장손이 먼저 발하고 다음으로 소방(少房)이 관록과 부귀한다.

오직 꺼리는 수(水)는 토도(土度)중으로 내거하는 수(水)이니 대흉을 주장한다.

◆ 무진목산(戊辰木山) = 삼묘칠을룡(三卯七乙龍)

```
三奇 = 乙三 丙二 丁一
金水日月(四吉) = 巽4宮
휴7. 자9. 부4. 재2. 관4.
28宿 = 軫水, 肖象 = 蚓
```

噬嗑	木宮		九宮
子	巳己	―	朱 離
才	未己	--	靑 乾
官	酉己	―	世 玄 巽
才	辰庚	--	白 坤
兄	寅庚	--	匕 兌
父	子庚	―	應 句 巽

(1) [詩]

용덕지성침유기(龍德之星寢有奇) ; 용덕이 침실에 들었으니 기(奇)함이 있도다.

발재왕상귀인수(發財旺相貴人隨) ; 왕상한 귀인을 따라 발재를 하고

자중현달인정성(子中顯達人丁盛) ; 자손 중에 현달(顯達)한 사람이 있고 인정도 왕성하다.

극품관료세소희(極品官僚世所稀) ; 세상에서 보기 드문 극품의 관료가 나리라.

(2) [특징]

이 산은 주로 부귀쌍전을 주장하는 산이니 구성(九星)이 입묘(入廟)하기 때문이다. 장중손(長中孫)이 대발하고 금명인(金命人)이 귀하고 토명

인(土命人)은 식록을 갖는다.

 (3) 손괘(巽卦)가 5효까지 변하였으니 서합괘(噬嗑卦)가 되었다. 따라서 신사년에 기명인(己命人)이 부귀한다.

 (4) 심월호(心月狐)가 관리하는 국이다. 이 산은 저(氐) 7°~12°까지 화도(火度)중으로 내룡입수(來龍入首)한 것은 낙타 등과 같이 허리가 굽은 사람이 출생하지만 의식은 풍족하다. 만약 저(氐) 2°~6°, 7°까지 수화도(水火度)중으로 내룡입수한다면 차착살(差錯煞)을 범하여, 주는 여러 악질(惡疾)과 절패(絶敗)의 나쁜 일이 있다.

 저(氐) 7°~12°까지로 좌가 되고 혈에서 수조(水朝)함을 만나면 길하여 능히 재백궁이 되어 2, 3대 동안 부귀호걸로 지내고 운이 다 가면 절사하는데 풍질과 고과·소망·파재가 따른다. 이는 후룡(後龍)에서 병(病)을 대동하였기 때문에 용진혈적(龍眞穴的)과 조수(朝水)와 도수(度數)가 정확해야 한다. 또한 이 운이 다 되면 타지(他地)로 길혈(吉穴)을 찾아 옮겨야 피해를 막을 수 있다.

 또 마땅한 좌는 저(氐) 3°~6°까지 수도(水度)중으로 된 것인데 수생목(水生木)하여 인수(印綬)이니 길하다. 또한 좌(坐)가 저(氐) 7°~12°까지 화도(火度)가 된 것은 복덕궁(福德宮)이 되어 길하다. 저(氐) 13°~방(房) 3°까지로 입혈하면 목성입국(木星入局)이니 길하다.

 기(忌)하는 좌는 방(房) 3°~4°가 되면 토목(土木)관살이 되어 주는 질병과 소망, 고과가 나타난다. 마땅한 좌는 심(心) 5°~미(尾) 5°까지 수도(水度)중으로 된 것이니 수생목(水生木)하여 인수국(印綬局)이니 부귀하고 길경(吉慶)한다. 또 기(忌)하는 좌(坐)는 미(尾) 5°~10°까지 금도(金度)로 된 것인데 금극목(金剋木)하여 흉하다. 세밀하게 살펴야 한다.

(5) 유신(流神)이 벽수도(壁水度)중으로 내거하는 것은 부귀수(富貴水)가 되며 규목도(奎木度)중으로는 거수(去水)라야 길하다. 위묘수목도(胃昴水木度)중으로는 오는 수(水)라야 반길(半吉)하다.

참정목수도(參井木水度)중으로는 거수(去水)여야 관록이 나오고, 내수(來水)함은 반길(半吉)이다. 유수토도(柳水土度)중으로는 내거 간에 모두 길하다. 익수수도(翼宿水度)중으로는 내거 간에 장방(長房)에 선길후흉(先吉後凶)하는데 오래가지 못한다.

오직 꺼리는 수는 금도(金度)중으로 내거하는 수이니 내거 간에 모두 흉하다.

◆ 경진금산(庚辰金山)＝정을산(正乙山)

```
三奇＝乙三 丙二 丁一
金水日月(四吉)＝兌7宮
휴1. 자1. 부4. 재2. 관6.
28宿＝畢月   肖象＝鳥
```

震卦	木宮		九宮
才 戌庚 --	世	匕	坤
官 申庚 --		句	乾
孫 午庚 ―		朱	坎
才 辰庚 --	應	靑	坤
兄 寅庚 --		玄	震
父 子庚 ―		白	巽

(1) [詩]

진기룡신시금성(進氣龍神是金星) ; 진기(進氣)용으로 용신이 금성이니
무직위관정유명(武職爲官定有名) ; 무직의 관리로 이름을 크게 내리라.
고작필정권병인(高爵必定權兵印) ; 작위가 높아 반드시 권병을 잡으리니,
호국금오세현영(護國金吾世顯英) ; 금오에 앉아 호국하니 세인들은 영웅으로 칭한다.

(2) [특징]

　이 산은 살상(殺傷)을 좋아한다. 무관(武官)으로서 강직하고 동량이 될 만한 인물을 많이 출생시킨다. 무술로서 크게 이름을 날리는데 장중방(長中房)에서 크게 왕성한다.

(3) 진괘(震卦)는 납경(納庚)하니 경년(庚年)에 경명인(庚命人)이 획복하게 된다.

(4) 위토치(胃土雉)가 관리하는 국이다. 이 산이 저(氐) 6°~7°중으로 내룡(來龍)하거나 입수(入首)하면 수화(水火)관살을 범하게 되어 주는 질병이 따르는데 장손을 손상시킨다. 만약 저(氐) 2°~6°까지 수도(水度)중으로 입혈하면 정을산좌혈(正乙山坐穴)이 되니 길한데, 수법(水法)이 잘 맞을 경우 능히 관록을 먹는 데 크고 길게 간다.

만약 입수가 저(氐) 7°~12°까지 화도(火度)가 되면 발복할 수 있는 기운을 지나쳤기 때문에 수금산(水金山)이 화도(火度)로 행하여 극을 받게 되어 주는 패절하며 대흉을 받게 된다. 비록 어쩌다 한 번쯤은 발할 수 있으나 자손이 끊긴다. 마땅히 저(氐) 2°~6°까지로는 복덕성(福德星)이 되므로 선부후귀(先富後貴)하는데 먼저 장중방(長中房)에서 발복하고 다음은 소방(少房)도 길하다.

좌가 저(氐) 6°~7°가 되면 수화(水火)관살을 범하여 흉하다. 좌(坐)가 저(氐) 7°~12°까지 되는 것도 화도(火度)가 극산(剋山)하므로 비록 부귀를 한다 하더라도 풍질이나 괴질로 요사한다.

마땅한 좌는 항(亢) 1°~저(氐) 3°까지 토도(土度)중으로 된 것이니 인수가 되므로 혈중(穴中)의 유금(酉金)을 생하여 주니 귀하게 된다. 마땅한 좌는 각(角) 11°~항(亢) 2°까지 목도(木度)이니 재물이 되어 선부후귀한다. 먼저 작은집에서 발복하고 뒤에 장손이 길하다.

또 마땅한 좌는 미(尾) 8°~9°중에서 된 것이니 장손이 먼저 발하고 뒤에 중소방에도 발복한다. 또 마땅한 좌는 우목도(牛木度)중에서 된 것이니 귀혈(貴穴)이 되기 때문이다.

기(忌)하는 좌는 각(角) 5°중에서 된 것이니 금목(金木)관살을 범하여 1대는 발하지만 2대에 가서 절손하고 과방편생이 있기도 하나 소망(小亡)하고 흉사가 잇따른다. 또 기(忌)하는 좌는 각(角) 5°~10°인 화도(火度)로 된 것인데 화극금(火剋金)하여 조금 지나면 절손하고 소망, 고과 등 재해와 화재, 괴질 등으로 대흉하게 된다.

이로운 좌는 진(軫) 11°~15°까지 목도(木度)이니 재백궁이 되어 선부후귀하는데 먼저는 장손, 뒤에는 중소방(中小房)에까지도 길하다.

(5) 유신(流神)이 참정목금수도(參井木金水度)중으로는 내거 간에 부귀하는 수이니 고승달사(高僧達士)가 나기도 한다. 금수도(金水度)중으로 거하는 수(水)도 길하다. 여허위실 금수토목도(女虛危室 金水土木度)중으로는 내거 간에 대 부귀하는데 세 아들 모두가 균등하게 발한다. 수(水)의 내거가 이에 맞으면 세대로 창성하지만 이에 맞지 않으면 1대 혹은 2대까지도 좋을 수가 있으나 쉽게 패절하고 만다.

오직 꺼리는 수(水)는 화도(火度)중으로 내거하는 수이니 대흉한 수이다.

◆ 임진수산(壬辰水山) = 오을오진룡(五乙五辰龍)

```
三奇 = 乙六 丙五 丁四
金水日月(四吉) = 坤2. 巽4.
휴1. 자7. 부39. 재37.28. 관6.4.
28宿 = 牛金, 肖象 = 牛
```

	復卦	土宮	坤九宮
子 酉癸 --			白 兌
才 亥癸 --			匕 震
兄 丑癸 --		應	句 坤
兄 辰庚 --			朱 中
官 寅庚 --			靑 乾
才 子庚 —		世	玄 兌

(1) 〔詩〕

왕기룡관유이기(旺氣龍官有異奇) ; 왕기 용에서 관이 기이(奇異)하게 들었도다.

기중흥패유수지(其中興敗有誰知) ; 그 중의 흥패는 누구에게 있는지 알리오?

유시귀입조정상(有時貴入朝廷上) ; 때를 따라 귀가 나와 조정에 임하리라

불구번성몰의귀(不久番成沒意歸) ; 번(番)을 이룬 지 얼마 되지 않아 뜻을 꺾이고 귀향하게 된다.

(2). 〔특징〕

이 산의 성신(星辰)이 입묘(入廟)함을 벗어나지 아니한즉, 주는 무직(武職)으로 이름을 크게 떨치고 흉신(凶神)을 만나게 되면 살인하며, 화앙(火

殃)이 발동하여 염병을 불러일으키고, 장방(長房)이 절멸하는 큰 흉악이 보장된 곳이다.

(3). 곤괘(坤卦)의 초효(初爻)가 변하여 복괘(復卦)가 되었으니 을미년에 경명인(庚命人)이 획복한다.

(4) 각목교(角木蛟)가 관리하는 국이다. 이 산이 항(亢) 7°~8°중으로 내룡(來龍)하면 과기입로(過氣入路)한 것이니 차착(差錯)공망을 범하는 데 숨은 것을 찾아보면 임진수산(壬辰水山)에 닿기 때문이다. 항(亢) 4°~5°와 저(氐) 1°~2°로 오는 것은 목토(木土)관살과 수토(水土)관살을 범하기 때문에 흉하다.

만약 도수(度數)로 입혈한다면 주는 절손하고 과방(過房)해야 되며 성이 다른 편생(偏生)의 자식과 함께 살게 된다. 만약 용이 주밀하고 혈이 좋다고 하더라도 3대까지는 발복하여 부를 족하게 지내지만 마침내는 패절을 만나고 절손한다.

만약 항(亢) 4°~저(氐) 2°중으로 입로(入路)한 것은 모두 토도(土度)가 관리하는 국내에 아울러 있으므로 1대 정도 발하다가 2대에 가면 절손하거나 패절한다. 용이 십분 좋다고 하더라도 3대를 넘기지 못하고 쉽게 쇠패함을 만난다.

만약 혈법(穴法)과 용혈(龍穴)이 정합(正合)하는 수도(宿度)중으로 되고, 산수가 다시 경수(經宿)와 정합하는 곳으로 내거한다면 단지 1대의 관록이 나올 뿐이다. 금을진산(金乙辰山 : 이상 네 자는 오자가 있는 듯함)에서 임진수(壬辰水)를 취한다면 제일가는 으뜸 용혈(龍穴)이 된다.

좌가 손(巽) 아래로 진(軫) 16°~17°중에서 목금도(木金度)가 되면 복덕(福德)이 되어 부귀를 하는데, 많은 횡재가 수시로 따르게 된다.

(5) 유신(流神)이 참정금화수목도(參井金火水木度)중으로 조입(朝入)하면 발재 수(水)가 되니 많은 재산을 발하고 혹 고승도사(高僧道士)가 나오기도 한다. 또 장사나 사업으로 횡재를 하기도 하며, 먼저 중방(中房)에서 획복하고 다음으로 장방과 소방에까지도 길하다. 규루도(奎婁度)중으로 내거하는 수(水) 역시 재산을 발한다.

여허위실 금수화도(女虛危室 金水火度)중으로 내거하는 수는 주로 귀쪽으로 대발(大發)시킨다. 수법(水法)이 이와 같고 용혈(龍穴)이 좋으면 2대를 좋게 발복하는데 그 후에는 길지(吉地)를 구하여 이장해야 기복이 없이 연결되고 패절도 막을 수 있다. 수(水)가 이와 맞지 않을 때는 쉽게 패절하고 절손한다.

오직 두려운 수(水)는 토도(土度)중으로 내거하는 수이니 대흉하기 때문이다.

◆ 갑진화산(甲辰火山) = 정진룡(正辰龍)

```
三奇=乙七 丙六 丁五
金水日月(四吉)=艮8宮
휴1. 자7. 부1. 재96. 관2.
28宿=軫水, 肖象=蚓
```

巽卦	木宮		九宮
兄 卯辛	─	世 玄	艮
子 巳辛	─	白	兌
才 未辛	─ ─	七	乾
官 酉辛	─	應 句	坤
父 亥辛	─	朱	坎
才 丑辛	─ ─	靑	離

(1) 〔詩〕

갑진왈호은제룡(甲辰曰號隱濟龍) ; 갑진을 호랑이가 울부짖으며 몰래 건너는 용이라 하니,

일노능추만량봉(一怒能推萬兩峰) ; 한번 노하면 능히 만량의 봉을 추측이 가하리라.

성신입묘원위복(星辰入廟遠爲福) ; 성신 입묘는 멀리까지 복이 되는 것이니,

부귀쌍전복수륭(富貴雙全福壽隆) ; 부귀쌍전하고 복수도 융성하리라.

(2) 〔특징〕

한 번 발하고 한 번 패한 후 장소방이 득복(得福)하는데, 소방은 결국

패한다. 수명인(水命人)이 의식을 갖는다.

(3) 손괘(巽卦)는 납신(納辛)하므로 신년(辛年)에 신명인(辛命人)이 발복한다.

(4) 실화저(室火猪)가 관리하는 국이다. 이 산이 각(角) 11°~항(亢) 4°중으로 내룡(來龍)하고 입로(入路)하면 역시 능히 관록이 나오고 부귀한다. 만약 항(亢) 4°~5°로 내룡하는 것은 토목(土木)관살을 범하므로 주는 질병과 소망을 하게 되는데, 용혈(龍穴)이 자못 좋다면 2대까지는 풍족한 부를 누린다.

또 항(亢) 4°~6°로 입혈한 것은 차착(差錯)공망이 되어 1대는 부하지만 2대에 가면 유락(流落)하고 장방(長房)이 절손하고 소망(少亡)이 따르며 건넌방을 드나들며 성이 다른 편생(偏生) 자손을 두고 가난을 면치 못하는 자리이니 자상하게 살펴보고 확실하게 궁구하여야 한다. 만약 양진(兩辰) 경계를 범할 때는 그 안에 길중(吉中)에 흉함도 섞여 있으니 조심해야 한다. 그러나 크게 해롭지는 않다.

(5) 유신(流神)이 여허위금목토도(女虛危金木土度)중으로는 내거 간에 복덕수(福德水)와 교합(交合)한 것이니 세 아들이 모두 고르게 발복하고 장자는 오랫동안 청길하다. 참정목금화토도(參井木金火土度)중으로는 내거 간에 대대로 영현이 나타난다.

오직 두렵고 꺼리는 수(水)는 수도(水度)중으로 내거하는 수이니 오건 가건 무조건 대흉하다.

◆ 병진토산(丙辰土山) = 칠진삼손룡(七辰三巽龍)

```
三奇=乙一 丙九 丁八
金水日月(四吉)=巽4宮
휴7. 자1. 부47. 재36. 관3.
28宿=角木, 肖象=蛟
```

升卦	木宮		九宮
官 酉癸	--	青	坤
父 亥癸	--	玄	兌
才 丑癸	-- 世	白	乾
官 酉辛	-	匕	坤
父 亥辛	-	句	巽
才 丑辛	-- 應	朱	震

(1) 〔詩〕

현위룡신복상의(顯位龍伸福相宜) ; 현위 용신은 복용으로 마땅한 바이니,

간타입묘구수기(看他入廟九壽奇) ; 달리는 9수(壽)용으로 기특함이 있다.

순즉위상광구대(順則爲祥光九代) ; 순(順)즉 상(祥)이니 9대 광영이요,

역시일대패종지(逆時一代敗宗枝) ; 역(逆)일 때는 1대에 종지를 패절한다.

(2) 〔특징〕

　이 산은 구성(九星)이 입묘하는 국이니 토명인(土命人)이 등과하고 문서도 함께 잡는다. 장(長)방과 소(少)방이 먼저 발복한다.

　(3) 진궁이 4효까지 변하면 지풍승(地風昇) 괘가 되니 경오년에 을계명인(乙癸命人)이 득복한다.

(4) 성일마(星日馬)가 관리하는 국(局)이다. 이 산이 각(角) 11°~13°중으로 오면 본산(本山)을 극하므로 비록 용혈이 좋을지라도 적은 발복만이 있을 뿐이고 마침내는 패절하게 된다. 만약 길한 도수의 길한 수(水)를 만났고 좌 또한 길혈(吉穴)로 되었다면 단지 한때 발복만이 있을 뿐이고 뒤에 형상(刑傷), 법사(法死) 자진 등으로 절손하여 몰락한다. 이에 나타나는 흉사는 말로써 다하기 어려울 정도이다.

만약 각(角) 5°~10°까지 화도(火度)중으로 되면 인수(印綬)가 되어 1대는 발복할 수 있으나 2대에 가서는 절멸하게 된다. 대개 병진토산(丙辰土山)은 스스로 묘가 되는 곳이므로 천강(天罡), 파군(破軍)의 성법(星法)에 해당되므로 역시 패절하게 되는 것이다. 고로 병진룡(丙辰龍)은 취하지 않는 것이다.

만약 각(角) 11°~항(亢) 3°까지 목도(木度)중으로 내룡(來龍)된 것은 목(木)이니 화(火)에게는 부모이므로 역시 관록이 출하고 부귀할 수 있는 것이다. 진술축미(辰戌丑未) 사묘(四墓)에서는 혈이 없다고 말하지 말라.

단지 시사(時師)들이 알아보지 못하고 망령되게 별궁에서 별도 내룡을 취하려고 하는 것뿐이다. 그렇기 때문에 쇠패하게 되는 것이다. 그러나 만약 이 혼천도수(渾天度數)를 털끝만큼의 차도 없이 헤아릴 수 있다면 또 어찌 패괴(敗壞)하겠는가?

그러므로 과거의 여러 현인들은 갑진혈(甲辰穴)에 많이 썼음을 볼 수 있다. 모름지기 가로되 「정룡산행(正龍山行)에서 혈(穴)을 취하라」하였다.

각(角) 12°~13°중으로 입수한 것은 일합삼분(一合三分)과 을(乙)이 그 가운데 있다 하였다. 무릇 진(辰)에 관계되는 자리는 모름지기 갑진지(甲

辰地)를 찾아 쓰고 임진산향(壬辰山向)은 취하지 않는 것이 가하다 하였다. 사(巳)의 경계를 범하는 것은 관살이 되어 대흉하다. (이곳은 워낙 오래된 古文이므로 문장이 잘못 섞여진 듯하기도 하다)

(5) 유신(流神)이 여허위수화금도(女虛危水火金度)중으로는 내거 간에 길하고, 참정수화금도(參井水火金度)중으로는 길하다. 이 산은 길수(吉水)를 만나면 길하나 발복이 오래가지 않고 후에 반드시 패절함에 유의해야 한다.

◆ 기사목산(己巳木山) = 칠손삼진룡(七巽三辰龍)

```
三奇 = 乙九 丙八 丁七
金水日月(四吉) = 乾6宮
휴6. 자2. 부무. 재14. 관3.
28宿 = 紫火, 肖象 = 猴

         鼎    火   離
         卦    宮   九
                   宮
兄 巳己  ―       句 乾
子 未己  ― ―  應 朱 坤
才 酉己  ―       靑 坎
才 酉辛  ―       玄 巽
官 亥辛  ―    世 白 震
子 丑辛  ― ―     匕 坤
```

(1) 〔詩〕

덕화지룡위(德化之龍位) ; 덕화의 용 위이니

공명족현양(功名足顯揚) ; 공명이 풍족하고 현양하리라.

구성여입묘(九星如入廟) ; 구성에 입묘(入廟)하면

부귀영위관(富貴永爲官) ; 관록으로 부귀가 길게 간다.

(2) 〔특징〕

이 용은 부귀쌍전하고 문장과 급제가 대대로 이어가고 세 아들 모두에게 평균하게 길하다.

(3) 이괘(離卦)의 초2효가 변하였으니 승괘(升卦)가 되었으므로 기축년에 신명인(辛命人)이 득복한다.

(4) 미화호(尾火虎)가 관리하는 국(局)이다. 이 산이 만약 진(軫) 17°~각(角) 4° 사이로 발조(發祖)하고 내룡(來龍)하고 입혈하였다면 금(金)이 와서 목(木)을 극하므로 비록 의식은 풍족할 수 있을지라도 결단코 요망, 절상, 고과, 악한 괴질 등 팔난(八難)이 가문을 뒤흔들 것이다. 2대까지는 패절하지 않으나 쌍둥이가 출생하고 난 다음에 주인은 패절할 것이다.

장손이 절손하는데 건넌방에서 성씨 다른 자식을 갖게 되고 이성과 동거하며 자진하거나 불치병으로 고생하거나 상신(傷身) 불구하다가 논밭을 모두 팔아 없앤다. 비록 용혈(龍穴)이 좋고 좌에서 길한 수도(宿度)를 만나고 아울러 수신(水神)이 길하다면 간신히 1대는 부귀하지만 2대에 가서는 위에 열거한 사항이 반드시 나타난다. 신사(辛巳)의 경계를 범하여 관살을 범하게 되면 흉하다.

(5) 유신(流神)이 규(奎) 1°~7°중으로 나가면 주(主)는 흔들리지 않는 재물을 득하여 부자 소리를 듣지만 출생하는 사람이 흉포하다. 미금도(尾金度)로 조입(朝入)하는 수(水)는 길하고, 두필화도(斗畢火度)중으로는 내거 간에 모두 흉수(凶水)가 된다.

이 산은 좌가 금도(金度)가 됨이 불길하니 자상히 살펴 그릇됨이 없게 할 것이다.

◆ 신사금산(辛巳金山) = 정손룡(正巽龍)

```
三奇＝乙三 丙二 丁一
金水日月(四吉)＝坎1궁
휴2. 자1. 부96. 재2. 관17.
28宿＝柳土,  肖象＝獐
```

	大過卦	木宮		震九宮
才	末丁	--		匕 坤
官	酉丁	-		句 坎
父	亥丁	-	世	朱 離
官	酉辛	-		青 兌
父	亥辛	-		玄 乾
才	丑辛	--	應	白 坤

(1) 〔詩〕

차성어대귀곤궁(此星御帶貴坤宮) ; 이 성신은 어대로 곤궁에 귀가 있다.
상서지위록영숭(尙書之位祿盈崇) ; 상서 자리에서 봉록이 융숭하다.
약시대부봉금위(若是大富逢金位) ; 이는 큰 부자로 금위를 잡기도 하나
응다곡속왕문풍(應多穀粟旺門風) ; 많은 곡속으로 왕성한 명문 가풍을 지
키는 것으로 응이 온다.

(2) 〔특징〕

 이 성신이 귀(貴)로 나타날 경우 9족까지 친히 성가를 미치고, 관록으로 나타날 경우 7대까지 융성한 벼슬이 나타난다. 만약 이 성신이 도수(度數)를 어긋나면 1대 후에 바로 패절하기도 하는데 혹 남녀 쌍둥이를

두기도 한다. 이 용은 원칙적으로 부귀에 응험이 나타나는 곳이다.

(3) 진괘(震卦)가 5효까지 변하고 퇴보하면서 유혼괘(遊魂卦)가 된 것이니 진괘의 4효인 경오년에 정명인(丁命人)이 득복하게 된다.

(4) 묘일계(昴日雞)가 관리하는 국이다. 이 산이 만약 진(軫) 11°~16°까지 목도(木度)중으로 내룡(來龍)한다거나 입수가 되면 금산(金山)에 목도(木度)는 재백이 되기 때문에 먼저는 부(富)를 크게 하고 일거에 등과하며 귀가 오래가고 높이 존경도 받는다. 만약 진(軫) 17°~각(角) 4°까지로 내룡 입수한 것은 금산(金山)에 금도(金度)가 되므로 본성(本星)이 입묘(入廟)하여 고관거부가 나오며 세대를 이어가며 융창함이 끊이지 않는다.

먼저는 중방(中房)이 발하고 뒤에는 장소방(長小房)에까지도 균발한다. 꺼리는 좌혈(坐穴)은 저(氐) 7°~12°까지 화도(火度)로 입수하는 것인데, 화극금(火剋金)하여 산이 비록 길하다 하더라도 관재구설을 면할 길이 없으며 파재 재난이 다할 날이 없다. 이에 바른 좌는 을혈(乙穴)이니 상길(上吉)이나 만약 관살(關煞)에 매인다면 반흉반길(半凶半吉)이 된다.

마땅한 좌는 저(氐) 12°~방(房) 3°까지 목도(木度)이니 재백이 되어 부귀를 주장하니 길하다. 또 마땅한 좌는 방(房) 3°~심(心) 3°까지 토도(土度)인데 부모혈(父母穴)이 되어 길하다.

또 마땅한 좌는 묘일진(昴日軫) 12°~16°까지 목도(木度)이니 금극목(金剋木)함은 재백이니 부귀쌍전한다. 혹자는 이를 가리켜 괘로써 논하며 손산(巽山)이 유(酉)를 만난 것이니 요성(曜星)이 되어 취할 수 없는 것이라 하는데 이는 다른 쓰임에 요(曜)와 관성(官星)은 동위(同位)가 된다는 것을 모르기 때문이다.

또 신록재유(辛祿在酉)하고 묘수(昴宿)가 목도(木度)중으로 산봉이 기이하게 수발하거나 혹 첨원(尖圓)으로 향하였다면 출관부귀(出官富貴)할 수 있기 때문에 요성(曜星)으로만 논하는 것은 불가하다. 만약 묘수도(昴宿度)중으로 암석 등이 조악하다거나 산각(山脚)이 첨사(尖射)하다거나 요귀(曜鬼)가 흉살(凶煞)을 대동하였다면 예외가 된다.

꺼리는 좌는 심(心) 3°~4°중으로 된다면 수토관살(水土關煞)을 범하게 되므로 악한 불치병이거나 노사(路死) 등이 나타난다. 마땅한 좌는 미수 금목도(尾宿金木度)로 된 것이니 복덕혈이라 하여 인정(人丁)과 재백에 이로움이 많으며 벼슬하는 관록인이 배출된다. 금도(金度)는 금성(金星)이 입묘(入廟)하므로 대 부귀를 주장하게 된다. 만약 계사(癸巳) 경계를 근접하여 관살을 범하는 것은 흉하다.

(5). 유신(流神)은 두수도(斗宿度)중으로 나가야 마땅하여 공후장상 등 어진 충신이 배출된다. 위묘필삼수(胃昴畢三宿)인 금목수도(金木水度)중으로는 내거 간에 대길하여 모든 아들이 부귀와 등과를 경쟁적으로 배출하여 임금 앞에서 조회한다. 유수도(柳宿度)로는 내거 간에 함께 길하며 여허도(女虛度)중으로는 내거 간에 패절을 주장한다. 이로 인하여 전답을 팔아 없애고 마침내는 대흉에까지 이른다. 참정도(參井度)중으로는 거수(去水)가 흉하나 내수(來水)는 반길(半吉)하다. 참수토도(參宿土度)중으로 오는 수(水)는 전산(田産)을 퇴패시키고 패절로 다다른다. 대흉위의 수이다.

오직 꺼리는 수(水)는 화도(火度)로 내거하는 수이니 대흉을 면키 어렵다.

◆ 계사수산(癸巳水山) = 오손오사룡(五巽五巳龍)

```
三奇=乙六 丙五 丁四
金水日月(四吉)=兌7宮
휴1. 자6. 부9. 재28. 관1.
28宿=軫水, 肖象=蚓
```

巽卦	木宮		九宮
兄 卯辛	―	世 白	兌
子 巳辛	―	匕	乾
才 未辛	--	句	坤
官 酉辛	―	應 朱	坤
父 亥辛	―	靑	離
才 丑辛	--	玄	艮

(1) 〔詩〕

겁상룡장불위안(劫傷龍葬不爲安) ; 겁살은 용을 상하기 때문에 장사한 후 편안치 아니하다.

종연부귀화상간(縱然富貴禍相干) ; 부귀를 하고 난 후에는 화(禍)도 번갈아 나타난다.

차산지흉인약하(此山至凶人若下) ; 이 산이 지극히 흉하므로 하장하는 사람이 있으면

백반화환불감당(百般禍患不堪當) ; 백반으로 화환이 나타나므로 감당하기 어려우리라.

〔又詩〕

차룡지위귀성임(此龍之位貴星臨) ; 만약 이 용 위에 귀성이 임하고 있으

면

관현청렴복록심(官顯淸廉福祿深) ; 청렴한 관리가 나와 복록이 깊을 수 있으나,

당유백옥공경위(當有白屋公卿位) ; 당연히 평범한 집에서 공경에 오르는 사람이 배출된 것이므로

능령주자추홍진(能令朱紫墜紅塵) ; 능히 주자도포가 낡아 해져서 붉은 먼지를 날리게 되리라.

(2) [특징]

이 용은 희노(喜怒)가 불규칙하게 나타나는데 부귀도 길지 못할 뿐만 아니라 백옥공경(白屋公卿 : 빈한한 사람이 사는 초라한 집에 사는 卿相)이 나오는 경우도 있지만 그도 역시 절멸의 화는 마찬가지이다. 중소방(中小房)이 귀하고 수명인(水命人)이 복록(福祿)을 입으며 금명인(金命人)은 평평하다.

(3) 손괘(巽卦)는 납신(納辛)하므로 신년(辛年)에 신명인(辛命人)이 득복하는 국이다. 그러나 겁살용에서는 흉이 더 많이 따른다.

(4) 항금룡(亢金龍)이 관리하는 국이다. 현녀(玄女)가 말하기를 「차착지위(差錯之位)는 이음(二陰)이 동위(同位)한다」하였다.

이 산이 진(軫) 5°~10°중으로 내룡입혈(來龍入穴)하면 복이 되는 좌혈인데, 주인은 부귀와 복록이 있으나 얼마 지나면 불리하고, 인정(人丁)이 손상되며, 성씨를 바꾸고, 다른 집 다른 방을 드나들며 살아가며, 관재구설과 직업 없는 건달이 되며, 벙어리가 출생하기도 한다. 을사(乙巳) 경계를 범하면 관살이 되어 흉하다.

유신(流神)이 두금목화도(斗金木火度)중으로는 내거 간에 공경(公卿)과 장상(將相)이 나오는 수(水)이며 위묘필삼수도(胃昴畢三宿度)중으로는 내거 간에 흉하며 진수금화목도(軫水金火木度)와 진(軫) 5°토도(土度)중으로 내거하는 것은 세 아들 모두에게 총명수(水)가 되니 일거에 등과하여 관이 조랑(朝郞)에 이르나 뒤에는 불리하다. 유수도(柳水度)중으로는 내거 간에 사람이 왕성하고 부귀하며, 벽수도(壁水度)중으로는 내거 간에 길하다. 허위실도(虛危室度)중으로는 내거 간에 대흉하고, 참정도(參井度)중으로는 거수(去水)일 때 흉하고, 내수는 반길(半吉)하다. 누수도(婁宿度)중으로는 내거 간에 대흉하다.

이 산에서도 좋은 물을 만났을 때는 3대까지는 가히 구제된다. 오직 기(忌)하는 물은 토도(土度)중으로 내거하는 물이니 모두 흉하다.

◆ 을사화산(乙巳火山) = 정사룡(正巳龍)

```
三奇 = 乙七 丙六 丁五
金水日月(四吉) = 震3宮
휴8.  자2.  부1.  재9.  관21.
28宿 = 張月,  肖 象 = 鹿
```

恒卦	木宮		震九宮
才 戌庚	--	應 玄	離
官 申庚	--	白	坎
子 午庚	-	匕	坤
官 酉辛	-	世 句	坤
父 亥辛	-	朱	坎
才 丑辛	--	靑	離

(1) 〔詩〕

관고거관최유명(官庫居官最有名) ; 관이 관고에 거하면 가장 유명한 것이니

전원곡속자연흥(田園穀粟自然興) ; 전원에 곡속이 자연히 흥융하리라.

불유부귀인정왕(不惟富貴人丁旺) ; 만약 부귀인이 아니라면 결단코 인정이 왕성할 것이다.

양부위관좌조정(兩府爲官佐朝廷) ; 양부에서 벼슬을 하면서 조정을 보좌하리라.

(2) 〔특징〕

이 산은 구성(九星)의 입묘(入廟)함을 만난 것이니 양부(兩府)를 넘나드

는 관(官)이 나오고 대대손손이 급제한다. 장중방(長中房)에 먼저 발복한다.

(3) 진괘(震卦) 초2 3효가 변하여 항괘(恒卦)가 된 것이다. 그러므로 경진년에 신명인(辛命人)이 획복하게 된다.

(4) 벽수유(壁水貐)가 관리하는 국이다. 혹 용사출동형(龍蛇出洞形)이 되면 기가 위로 모이니 혈이 상부에 있다. 생사하수형(生蛇下水形)이 된다거나, 황사간합형(黃蛇赶蛤形)이 된다거나, 황사포서형(黃蛇捕鼠形)이 된다면 모두 정형(正形)에 맞아떨어진다. 을산(乙山)이면 형(形)에 합한다. 만약 내룡입로(來龍入路)가 진(軫) 11°~14°까지 화도중(火度中)으로 된다면 주(主)는 관록 먹는 벼슬이 나와 부귀를 크게 한다. 이름이 화성입묘(火星入廟)이기 때문이다. 좌가 익(翌) 17°~18°중으로 입혈한다면 금화(金火)관살을 범하여 비록 부귀를 할지라도 주는 온황(瘟瘴), 산난(産難), 형상(刑傷)이 있고, 뱀에 물린다거나 노병(癆病)이 나타나는데 의식주만은 어긋나지 않는다.

마땅한 좌는 익(翌) 18°~진(軫) 4°인 화도(火度)가 되면 부귀와 벼슬을 주장하는 대길혈(大吉穴)이 되는데 먼저 장방(長房)이 발하고, 뒤에 중소방(中小房)에도 함께 일어나는 길혈(吉穴)이다. 정사(丁巳)의 경계를 범하면 관살이 되어 다소의 손해는 따르나 크게 패하지는 않으니, 금(金)은 재(財)요 목(木)은 인수(印綬)이기 때문이다..

(5) 유신(流神)이 두수(斗宿)의 금화목도(金火木度)중으로 내거하는 것은 경상(卿相)의 벼슬이 나오고, 위유필 토금목화도(胃柳畢 土金木火度)가 되는 곳으로 오면 자손이 모두 부귀등과한다. 유화토금도(柳火土金度)

중으로는 내거 간에 왕인(旺人) 부귀하며 수(壽) 또한 크게 따른다. 벽토도(壁土度)중으로 내거하는 것도 길하다.

그러나 여허위삼수도(女虛危三宿度)중으로 내거하는 것은 흉하다. 익(翼) 17°~18°로 오는 것도 나쁜데 산난(産難)과 온황(瘟瘟), 화재, 뱀에게 물리는 자손, 노질(癆疾)이 발생하고 형제간에도 투쟁한다. 소송으로 인하여 재물을 파괴하고 집안에 불효와 불충하는 자가 나오는데 특히 사생인(巳生人)에게 불길하다.

오직 꺼리는 수는 수도(水度)중으로 흐르는 물이니 내거 간에 대흉하다.

◆ 정사토산(丁巳土山)＝칠사삼병룡(七巳三丙龍)

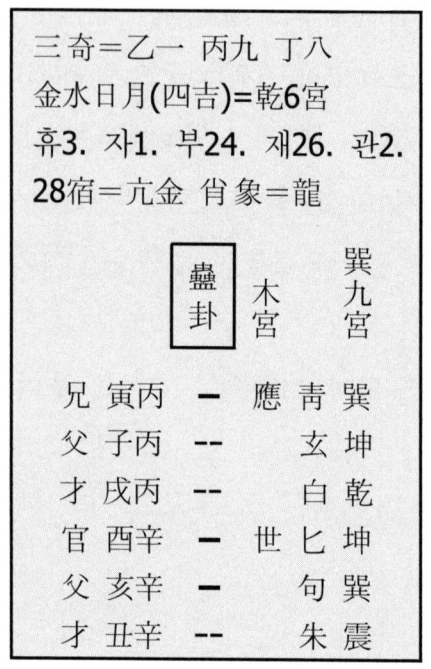

(1) 〔詩〕

수살불감거(受煞不堪居) ; 살을 받으면 앉아서 감당하기가 어려우므로
택묘병불의(宅墓並不宜) ; 양택이건 음택이건 함께 마땅치 못한 것이다.
종유인정구(縱有人丁口) ; 비록 아들 식구가 많다고 하여도
타년정멸제(他年定滅除) ; 어느 햇가는 결단코 줄어들고 없어질 것이다.

(2) 〔특징〕

이 산에서 목혈(木穴)이 되면 입묘(入廟)되므로 한번 발하였다가 바로 패절한다. 성이 다른 자식을 데리고 동거하며 혹 의식은 다소 있으나 오래 가지를 못한다. 이 산에서는 후세에까지도 영향을 많이 미치므로 망령되고 경솔하게 일하지 말 것이다.

(3) 손괘(巽卦)가 일곱 번을 다 변하여 귀혼괘(歸魂卦)가 되었으니 신

유(辛酉)년에 신명인(辛命人)이 득복한다.

  (4) 장월록(張月鹿)이 관리하는 국이다. 이 산이 익(翼) 11°~17°중으로 내룡입혈(來龍入穴)한 것은 금도(金度)가 되는데 복덕혈(福德穴)이라 하여 주로 부귀는 하지만 인정(人丁)은 손실이 많고 관록은 증가된다. 익(翼) 18°~20°까지 화도(火度)중으로 내룡입수(來龍入首)하는 것은 인수(印綬)이니 부귀, 장수, 진전(進田)을 주장한다. 장(張) 13°~15°까지는 같은 목도(木度)라도 일발(一發)은 할 수 있고, 16°~17°까지는 목도이니 대흉하여 주로 관재구설로 파산하고 절패한다. 주로 소방(小房)에 음사(陰事)가 생한다.

  익(翼) 9°~10°로는 대공망이 되므로 주로 절손하고 자기 방을 지나쳐서 다른 방을 다니며 두 성이 동거하며 함께 살아간다. 의식은 족하지만 반드시 그러한 일이 있게 된다. 경오(庚午)의 경계를 범하는 것은 관살이 되어 흉하다.

  (5) 유신(流神)이 두금화수도(斗金火水度)중으로는 내거 간에 공경(公卿)과 장상(將相)이 나온다. 위묘필삼수도(胃昴畢三宿度)로는 금화수토도(金火水土度)중에서 조입(朝入)하는 벼슬이 나오는데 세 아들이 모두 균발한다. 부귀 등과(登科) 하는 수(水)이다. 유수토금도(柳水土金度)중으로는 내거 간에 사람이 왕성하고 부귀하며 장수한다.

  익토도(翼土度)중으로 내거하는 것도 함께 길하다. 여허위삼수도(女虛危三宿度)중으로는 내거 간에 함께 흉수이다. 참정도(參井度)중으로는 거수(去手)일 때 대흉하고, 내수(來水)는 반길(半吉)하다. 가장 꺼리는 수는 목도(木度)중으로 거래하는 수이니 대흉하다. 누수도(婁宿度)중으로 거수(去水)함도 역시 대흉한 수이다.

◆ 경오토산(庚午土山) = 칠병삼사룡(七丙三巳龍)

```
三奇＝乙二  丙一  丁九
金水日月(四吉)＝中5宮
휴3.  자9.  부2.  재9.  관14.
28宿＝角木  肖象＝蛟
```

豊卦	水宮	坎九宮
官 戌庚 --		匕 巽
父 申庚 --	世 句	坤
才 午庚 —	朱	離
兄 亥己 —	青	坤
官 丑己 --	應 玄	坎
子 卯己 —	白	離

(1) 〔詩〕

천마위룡혈임재(天馬爲龍穴任裁) ; 천마가 용혈이 되었으므로 재혈은 너에게 맡기겠지만,

번천도지진고추(番天倒地盡敲推) ; 번천 도지라도 다 사리를 연구하고(敲) 추리한다면,

쌍전부귀인정왕(雙全富貴人丁旺) ; 부귀쌍전하고 인정이 왕성하리라.

소제임문수어태(詔第臨門守御台) ; 소제를 간직하고 임문하여 어대를 지킬 것이다.

(2) 〔특징〕

이 산은 구성(九星)이 입묘(入廟)하는 위(位)이니 태각(台閣)의 귀(貴)가 있다. 작아도 역시 부귀쌍전하고 전답과 가축이 대왕하고 벼슬도 흥륭하

다.

(3) 감괘(坎卦)가 5효까지 변하여 풍괘(豊卦)가 되었으니 5효는 무술(戊戌)년이요 경명인(庚命人)이 발복한다.

(4) 기수표(箕水豹)가 관리하는 국이다. 이 산이 익(翌) 6°~10°까지 수도(水度)중으로 내룡입수(來龍入首)한 것은 재관(財官)이 되어 길하여 주로 발재하며 부귀와 영화가 따른다. 익(翌) 11°~12°사이로 내룡입수하는 것은 혈망혈(穴亡穴)이 되므로 주(主)는 소망(少亡), 둘쨋집을 드나들며 성 다른 자식과 동거하는데 혹 부귀를 한다 하더라도 재난을 면키는 어렵다.

익(翌) 5°~6°중으로 오는 용이면 수토(水土)관살을 범하게 되어 비록 부귀 발재를 한다 해도 장소방에 절손하고 고진과숙과 작은집 방을 드나들게 된다. 익(翌) 1°~5°까지 토산도(土山度)로 내룡하고 이 도수(度數)로 입수(入首)한 것은 장상(將相)을 출생시켜 영화가 길게 가고 자손도 왕성하다.

대개 육수(六秀)는 간산(艮山)에 납병(納丙)하는 것과 상대가 되어 육수(六秀)가 좌혈(坐穴)이 되면 길경(吉慶)이 커서 대부귀를 주장하기 때문이다. 만약 임오(壬午)의 경계를 침범하여 관살이 되면 흉하다.

(5) 유신(流神)이 항저토수도(亢氐土水度)중으로 내거하면 먼저는 소방(小房)이 발하고 뒤에는 중장방이 함께 부귀한다. 기미두삼수도(箕尾斗三宿度)의 금수토화도(金水土火度)중으로 내수(來水)함은 부귀수(富貴水)가 되어 군수나 오마(五馬)의 어사가 나오는 귀가 되며 세대로 끊임이 없다. 세 아들이 모두 함께 발전한다.

여허위실사수도(女虛危室四宿度)의 금수토도(金水土度)중으로 조래(朝來)하는 수는 대부귀(大富貴)이나 거하는 수(水)는 보통 길하다. 세 아들이 함께 발한다. 오랫동안 세대를 이어간다. 규벽루삼수(奎壁婁三宿)의 금수토화도(金水土火度)중으로는 거수(去水)라야 득복(得福)하며, 세 아들 모두에게 식록이 유여하다.

가장 꺼리는 수는 목도(木度)중으로 내거하는 수이니 대흉함이다.

◆ 임오목산(壬午木山) = 정병룡(正丙龍)

```
三奇 = 乙五 丙四 丁三
金水日月(四吉) = 離9宮
휴8. 자2. 부2. 재4. 관9.
28宿 = 張月, 肖象 = 鹿
```

家人卦		震九宮
	木宮	
兄 卯辛	─	白 乾
子 巳辛	─ 應	ヒ 坤
才 未辛	─ ─	句 巽
父 亥己	─	朱 坤
才 丑己	─ ─ 世	靑 巽
兄 卯己	─	玄 震

(1) 〔詩〕

입혈절분득차룡(入穴折坟得此龍) ; 입혈이 무덤처럼 끊어질 듯 꺾이고 오면 이것인데,

주자포문록위숭(朱紫蒲門祿位崇) ; 주자도포 벼슬이 집안에 가득하고 녹위도 높으리라.

향하차성병차지(向下此星幷此地) ; 향궁에도 이 성신 이 땅과 같으면

적옥퇴금복수비(積玉堆金福壽備) ; 금옥을 산처럼 쌓고 수명 역시 길리라.

(2) 〔특징〕

이 산은 구성(九星)이 입묘(入廟)한다. 화성(火星)이 상응하고 탐랑수

(貪狼水)가 밀려오면 주(主)는 천정만구(千丁萬口)라도 대대로 녹을 입고, 중장방(中長房)이 재물이 흥왕하며 소방(少房)에도 역시 길함이 된다.

(3) 손괘(巽卦)가 2효까지 변하면 가인이 된다. 신해(辛亥)년에 기명인(己命人)이 득복하리라.

(4) 필월오(畢月烏)가 관리하는 국이다. 이 산은 정병룡(正丙龍)이므로 육수(六秀)가 되어 부귀룡(富貴龍)이라 한다. 이를 천(天)에서는 무곡(武曲)이 되고, 지(地)에서는 탐랑(貪狼)이 되며 간산(艮山)과 함께 한 몸이 된다.

이 산이 장(張) 18°~익(翼) 5°까지로 내룡입수(來龍入首)하면 토도(土度)이니 재백이 되어 주(主)는 9대 동안을 부귀하고 정관(正官)이 출생하여 세대마다 과거에 급제하고 지위도 공경(公卿)에 이른다. 참된 용에 정혈(正穴)이 되므로 이와 같은 응이 있다. 익(翼) 1°~5°중으로 내룡하면 목행(木行)에 토도(土度)이니 재백이 되어 주(主)는 부귀하고 과거에 급제한 고관이 나오며 문장이 세상을 덮는다. 무릇 익(翼) 1°~5°까지 외에도 임오목산(壬午木山)의 수기(秀氣)는 아름다우므로 그 화복(禍福)을 위와 같은 이유로서만 단정키는 어려운 것이다.

또 마땅한 좌혈은 익(翼) 18°~진(軫) 4°까지 화도(火度)중으로 된 것이니 복덕혈(福德穴)이라 하여 주는 자손이 등과하고 장손이 선발하고 뒤에 중소방도 관록을 크게 먹는데 시종(侍從)에서 경감(卿監)의 벼슬까지도 나온다.

기(忌)하는 좌는 장(張) 18°~익(翼) 6°까지 된 것이니 이에서는 관살을 범하여 비록 부귀를 한다고 하여도 관재구설과 손장환처(損長換妻)하고, 화광(火光)의 액을 면할 수 없기 때문이다. 혹 전방과사(塡房過舍)하고 음질지환(淫迭之患)이 나타나기도 한다.

 (5) 유신(流神)이 익토도(翼土度)중으로 흐르면 재성이니 부귀하고 자손이 총명하며 화려한 문장으로 빛을 낸다. 필위묘삼수(畢胃昴三宿)의 토목수화도(土木水火度)중으로는 내거 간에 평선(平善)하나 세대를 이어 주자(朱紫)를 입으며 주군(州郡)을 맡는 주인이 되기도 한다. 세 아들 모두가 고르게 발전한다. 가장 피하는 수는 금도(金度)중으로 내거하는 수이니 대흉하다.

◆ 갑오금산(甲午金山) = 오병오오룡(五丙五午龍)

```
三奇＝乙五 丙四 丁三
金水日月(四吉)＝坤2宮
휴1. 자47. 부3. 재6. 관2.
28宿＝尾火, 肖象＝虎
```

離卦	火宮	九宮
兄 巳己 －	世	玄 坤
子 未己 --		白 兌
才 酉己 －		匕 乾
官 亥己 －	應	句 坤
子 丑己 --		朱 巽
父 卯己 －		靑 震

(1) [詩]

병룡불의분(病龍不宜坟) ; 병든 용에는 무덤을 못하니

금화매상봉(金火每相逢) ; 금화가 서로 상극함이다.

휴과인정왕(休誇人丁旺) ; 자랑거리는 인정이 왕한 것뿐이다.

삼대몰자종(三代沒子踪) ; 3대가 지나면 자식도 종적이 없으리라.

(2) [특징]

이 산은 3대에 절멸이 나타나는 곳이다. 부귀도 길지 못하고 성(姓)이 다른 사람과 동거하며 장소(長少)방 모두 패절한다.

(3) 이괘(離卦)는 己를 납(納)하므로 기(己)년에 기생인(己生人)이 발한다.

(4) 저토학(氐土貉)이 관리하는 국이다. 차착배(差錯倍)를 범한 국이다. 이 산이 만약 장(張) 15°~17°로 내룡입수(來龍入首)한 것이라면 차착이 되어 비록 부귀를 한다고 하더라도 산난(産離)이 많이 나타난다. 역시 작은 흠집에도 아름답지 못한 일로 커지며, 오래되면 반드시 편생과방(遍生過房)함이 나타나고 바람피우고 음란한 소문을 내며 낙타등과 같이 등이 굽은 사람이 출생한다.

관재구설과 화광(火光), 소망(少亡), 횡사, 환성(換姓), 진사(進舍) 등이 나타나며 어쩌다 발복하여 부귀를 누릴 만하면 바로 패절해 버리니 이것은 쌍신위(雙神位)의 화복이 이처럼 복잡하게 나타남을 말한 것이다. 병오(丙午)의 경계를 넘어서면 길하다.

(5) 유신(流神)이 두우이수(斗牛二宿)와 규목토도(奎木土度)중으로 옴은 자손이 총명하고 문장으로 과거에 급제하며 세대로 광영(光榮)이 있다. 마땅히 위묘필삼수(胃昴畢三宿)의 금목수토도(金木水土度)중으로 오는 수는 평선(平善)하며 관록이 나올 수는 있으나 1대 한 번에서 그친다.

가장 꺼리는 수는 화도(火度)중으로 흐르는 수이니 내거 간에 모두 대흉하다. 이 산은 오랫동안 감당키 어려운 흉산(凶山)이다.

◆ 병오수산(丙午水山) = 정오룡(正午龍)

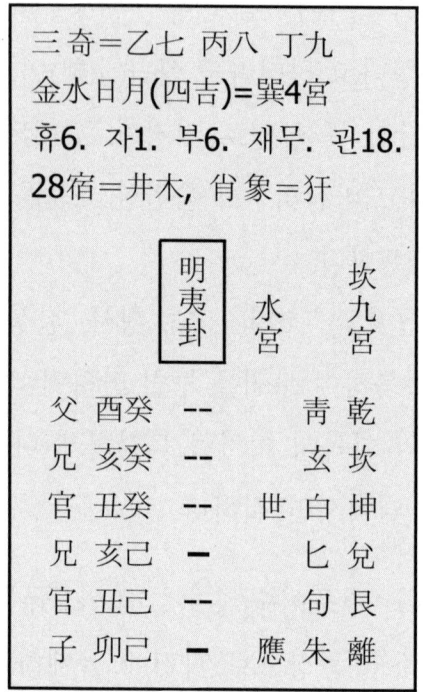

(1) 〔詩〕

이산갱유량궁강(離山更有兩宮强) ; 이산이 다시 양궁으로 강하니

병시리궁조록왕(丙是離宮助祿旺) ; 병을 사용하면 이궁에서는 녹왕하게 된다.

축간성신래진조(丑艮星辰來進助) ; 축간 성신이 와서 돕고 나가야 하니

세대아손작동량(世代兒孫作棟梁) ; 세대로 아손이 동량을 짓고 이루리라.

(2) 〔특징〕

이 산은 만약 구성입묘(九星入廟)함을 득한다면 급제하는 대길룡(大吉龍)이다. 혈이 작더라도 역시 부는 하는데 구류(九流) 가운데 드는 인물이

출생한다. 장소(長少)방이 대왕(大旺)한다.

(3) 감괘(坎卦)가 여섯 번을 변하면 명이(明夷) 유혼괘(遊魂卦)가 되는데, 이는 무신년(戊申年)에 을(乙)명이 부귀하고 계명인(癸命人)은 다음이다.

(4) 규목랑(奎木狼)이 관리하는 국(局)이다. 그 산이 장(張) 7°~10°중으로 입수하거나 좌혈이 되면 재백궁이 되니 주는 재산으로 대발(大發)한다. 용이 좋을 경우는 역시 능히 관록도 나오는데 장소(長少)방이 함께 발복한다. 모름지기 꺼리는 것은 장(張) 6°~7°중으로 좌혈이 되는 것인데, 수화관살(水火關煞)이 되어 비록 부귀를 할지라도 여러 고질병으로 크게 망하게 된다.

현녀(玄女)가 말하기를, 「오산 역시 소룡지지(午山亦是 少龍之地)이니 양음일양(兩陰一陽)이기 때문이라」하였다. 그 산이 모름지기 장수화도(張宿火度)중으로 입혈(入穴)하면 크게 이로운 바가 된다.

만약 좌가 귀(鬼) 3°~유(柳) 1°인 화토(火土)중으로 되면 재백궁이 되어 전산(田産)을 늘리는데 먼저 작은아들에게로 온다. 꺼리는 좌는 유(柳) 2°~3°가 되면 수화(水火)관살이 되니 주는 장방을 손상한다. 일시적인 부귀는 있을지라도 얼마 안가서 바로 퇴패한다.

마땅한 좌는 유(柳) 3°~7°까지 수도(水度)이니, 수도가 수성(水星)에 입국한 것이 되어 주(主)는 부귀하고 관록이 나와 세대로 영화를 누린다. 먼저는 소방(小房)에서 시작하여 중장(中長)으로 연결된다. 기(忌)하는 좌는 유(柳) 8°~9°이니 수토(水土)관살을 범하여 손장패중(損長敗中)하며 작은방을 드나들고 요사(夭死)하며 산액(産厄)으로 재판을 겪는다.

이로운 좌는 유(柳) 13°~14°인 금도(金度)중으로 된 것인데 인수(印綬)

인 부모가 되니 제일귀혈(第一貴穴)이 된다. 이에서 관록을 먹는 자손이 출생하는데, 먼저는 둘째아들로부터 시작하여 뒤에는 장손(長孫)에게로 연결된다. 세대로 끊임없이 육예인(六藝人)이 나오고 남충여열(男忠女烈)의 명문 가문이 된다. 만약 혈좌가 유(柳) 9°~12°까지 토도(土度)중에서 되면 본산(本山)을 극(剋)한다.

그러나 병오(丙午)는 천하수(天河水)가 되니 지상토(地上土)가 극하지 못한다고 보는 것이다. 그러므로 이 좌혈에서는 잠시 부귀가 나오는데 역시 작은 영화뿐이고 얼마 뒤에는 관재구설과 실재(失財), 상통(傷痛), 소망(少亡) 등의 환란이 따르는 것은 토도(土度)이기 때문에 어쩔 수 없이 따르는 해이다.

또 혈좌가 유수(柳宿) 13°~14°중으로 된 것도 부귀하는 길혈(吉穴)이 된다. 혈좌가 성도(星度)중에서 장(張) 1°까지로 되면 금도(金度)중으로 함께 매여 있으니 인수(印綬)가 되어 부귀왕인(富貴旺人)하며 전지(田地)를 많이 갖는데, 세대로 이어가며 부귀한다. 기(忌)하는 좌는 장(張) 2°에서 8°까지로 되면 수화(水火)관살을 범하여 비록 관록 등으로 발복한다 해도 뒤에는 손해가 크게 따라 파재(破財)한다.

또 마땅한 좌는 장(張) 7°~12°까지 화도(火度)가 되는 것이니 재(財)가 되는데 먼저는 둘째아들이 발하고, 뒤에는 장소방(長少房)이 발하는 길혈이다. 또 좌가 장(張) 15°~17°까지 목도(木度)로 되면 복덕혈(福德穴)이 되어 자손이 왕성하고 부호 소리를 듣게 된다.

기좌(忌坐)는 장(張) 17°~18°까지 토목(土木)관살을 범하는 것이니 흉함을 면치 못한다. 또 마땅한 좌(坐)는 익(翼) 1°~5°까지 토도(土度)로 된 것이니 본산(本山)을 극하여 마땅히 흉하나, 반대쪽의 실화(室火)를 돌이켜 힘입은 바가 되어 오히려 재관을 발한다고 한다.

현녀(玄女)가 이를 말하되, 「좌익(坐翌) 1°는 토혈(土穴)이니 역시 길하다」하였으니 삼흉(三凶)에 들더라도 절(絶)하지 아니하여 가히 재부혈이 될 수 있다 하였다. 유신(流神)은 경오투지(庚午透地)에서와 함께 논하게 된다.

◆ 무오화산(戊午火山) = 칠오삼정룡(七午三丁龍)

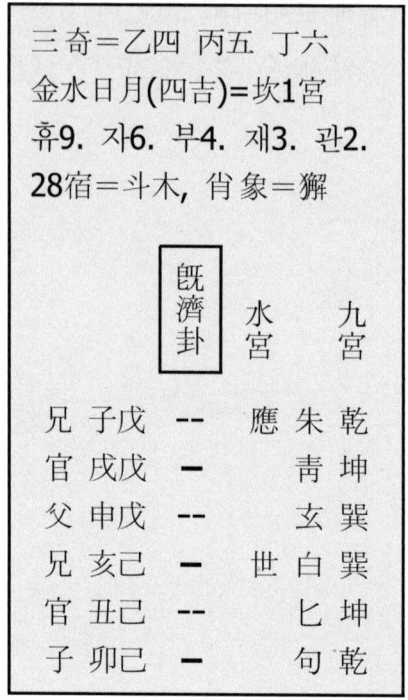

(1) 〔詩〕

용천문성사여하(龍天文星事如何) ; 용이 천문성이면 어떤 일이 있는가?

대대아손호독서(代代兒孫好讀書) ; 대대로 아손이 독서를 좋아한다.

장원급제등금방(狀元及第登金榜) ; 장원급제하여 금방에 든다.

신저주자환문려(身著朱紫換門閭) ; 몸은 문여에서 주자 벼슬로 바뀌리라.

(2) 〔특징〕

　이 산은 국이 크면 크게 발하고 작으면 작게 발한다. 장위(長位)에 관록을 더하고 세대를 이어 인정(人丁)이 왕성하고 급제도 부절한다.

(3) 감괘(坎卦)가 3번 변하여 내괘가 모두 이(離)가 되니 수화기제괘(旣濟卦)가 되었다. 이는 무오(戊午)년에 기명인(己命人)이 부귀한다.

(4) 익화사(翌火蛇)가 관리하는 국이다. 현녀(玄女)가 말하기를, 「이 산은 곱사등, 낙타등, 요망, 관재 구설, 산난(産難) 등이 있어 비록 부귀를 한다 해도 이 화환(禍患)을 면할 길이 없다」하였다. 이 산이 만약 장(張) 2°~6°까지 수도(水度)중으로 내룡하고 입혈하면 본산을 극제(剋制)하므로 귀살(鬼殺)이 되므로 낙타등이 나오고 온화(瘟火)와 산액(産厄)이 나타난다 하였다.

만약 장(張) 6°~7°중으로 내입(來入)한다면 수화(水火)관살을 범하게 되어 주(主)는 소망과 관재 등으로 1대 2대까지는 혹 의록이 있더라도 3대부터는 온갖 흉사가 다 나타난다. 만약 이 산이 성(星) 7°~장(張) 1°까지로 되면 차착살(差錯煞)을 범하여 주는 풍환, 옴이나 문둥병 등 각종 괴질에 시달리고 작은방을 드나들며 진사(進舍)하며 장방을 손상한다.

(5) 유신(流神)이 비록 길수(吉水)가 된다 해도 능히 구제하는 길이 없으므로 대불상(大不詳)으로 친다. 만약 용이 참되고 혈이 우수하고 좋은 수를 만난 혈이라면 단지 1대 발복은 할 수 있다. 그 후에 패절함은 말할 필요가 없다.

◆ 신미토산(辛未土山) = 삼오칠정룡(三午七丁龍)

```
三奇 = 乙三 丙四 丁五
金水日月(四吉) = 中5宮
휴7. 자2. 부2. 재무. 관4.
28宿 = 柳土, 肖象 = 獐
```

革卦	水宮		九宮
官 未丁	--		匕 巽
父 酉丁	-		句 坤
兄 亥丁	-	世	朱 乾
兄 亥己	-		靑 震
官 丑己	--		玄 巽
子 卯己	-	應	白 坤

(1) 〔詩〕

귀퇴관위심득의(貴堆官位甚得宜) ; 귀가 쌓여 벼슬이 되니 심히 마땅한 바이다.

구성입묘저비의(九星入廟著緋衣) ; 구성이 입묘하니 배의를 지을 것이니라.

문남무자쌍쌍미(文男武子雙雙美) ; 문무 간에 자손이 쌍쌍이 아름다우니

장악병권세소희(掌握兵權世所稀) ; 문과 자손과 병권을 장악하는 자손이 세상에서는 드문 일이다.

(2) 〔특징〕

이 산은 구성(九星)에 입묘(入廟)하였으니 무직(武職)으로 병장(兵將)을 통솔하게 된다. 삼남(三男)이 함께 음덕을 받게 되고 문무장원(文武壯元)

이 나게 된다.

(3) 감괘(坎卦)가 네 번 변하여 올라가면 혁괘(革卦)가 된다. 이는 무신년에 정명인(丁命人)이 득복한다.

(4) 두목해(斗木獬)가 관리하는 국이다. 이 산이 유(柳) 13°~장(張) 1° 사이로 내룡입수(來龍入首)한다면 主는 부귀하고 전지(田地)를 많이 갖게 되며 우마(牛馬)도 풍족하다. 그러나 역시 병룡(病龍)이므로 악성 괴질과 벙어리 등이 나오고 때로는 문둥병까지 나타난다. 용혈(龍穴)이 좋으면 단지 1대의 부귀는 할 수 있으나 그 이후로는 과방절사(過房絶嗣)하는데, 절(絶)하지 않는다 해도 패한다. 계미(癸未) 경계를 가까이하는 것은 길하다.

(5) 유신(流神)이 성토수금화도(星土水金火度)중으로 내조(來朝)하는 것은 부귀하는데 세 아들 모두 균발한다. 두수금화도(斗宿金火度)중으로 내거하는 것은 중(中)이 먼저 발하고 뒤에 장손이 발한다. 벽화수목토도(壁火水木土度)중으로는 내거 간에 부귀하고 관록을 먹게 된다. 우의인(羽衣人)이 나오기도 한다. 먼저는 장(長)방이 발하고 뒤에는 중소(中小)방도 함께 발한다.

위묘수토금도(胃昴水土金度)중으로는 내거 간에 세 아들이 모두 함께 발한다. 기피하는 수(水)는 목도(木度)중으로 내거하는 수이니 대흉하다. 유(柳) 13°~장(張) 1°는 토(土)이며 그 가운데 성(星) 5°~장(張) 1°, 2°까지는 먼저 길함이 있고 난 뒤에 흉함이 따르니 역시 길하다고 말하기는 부족하다.

◆ 계미목산(癸未木山)=정정룡(正丁龍)

```
三奇＝乙九 丙一 丁二
金水日月(四吉)＝震3宮
휴1. 자17. 부2. 재8. 관9.
28宿＝鬼金, 肖象＝羊
```

離卦	火宮		九宮
兄 巳己	―	世 白	震
子 未己	--	匕	兌
才 酉己	―	句	艮
官 亥己	―	應 朱	離
子 丑己	--	靑	坎
父 卯己	―	玄	坤

(1) 〔詩〕

자포룡래부우귀(紫袍龍來富又貴) ; 자포용으로 오니 부하고 귀도 한다.

사저문성견태상(使著文星見太常) ; 문성을 지으면 그로 하여금 태상을 만나리라.

명표금방다영귀(名標金榜多榮貴) ; 이름표가 금방에 붙으니 영화와 귀가 많다.

세대체영불가량(世代替纓不可量) ; 세대로 체영을 전하니 헤아릴 수 없도다.

(2) 〔특징〕

이 산으로 오면 대길하니 부귀쌍전(富貴雙全)하고 국(局)이 크면 대발하고 국이 작으면 소발한다.

(3) 이괘(離卦)는 己를 납(納)하므로 기년에 기명인(己命人)이 발복한다.

(4) 자화후(觜火猴)가 관리하는 국이다. 현녀(玄女)가 말하기를, 「정산(丁山)은 육수(六秀)이니 태(兌)와 함께 길함을 갖는다」하였다. 이는 반드시 계미(癸未)의 바른 정(丁) 기운을 득하여야만이 관록을 능히 배출시킬 수 있고 부귀와 인정(人丁)도 왕성하다. 문무(文武) 양반에 벼슬이 나오고 총명한 학자, 재사가 나와 한 번에 급제하며 관위는 조경대부(朝卿大夫)가 3인이 동조(同朝)한다.

이 산이 만약 유(柳) 9°~12°중으로 내룡입로(來龍入路)하였다면 재백도(財帛度)가 되므로 선부후귀(先富後貴)한다. 인정(人丁)이 왕성하고 재리(才利)가 많으며 중소방(中少房)에서 고관이 나온다. 만약 유(柳) 8°~9°중으로 와서 관살을 범한다면 주는 산난(產難), 소망(少亡)과 손장(損長)하고 중소(中少)방은 과방(過房)한다. 혹 어쩌다 부귀를 얻는 경우가 있다고 하더라도 재액과 환난을 면할 방법이 없다.

무릇 계미(癸未)투지에 정산(丁山)은 모름지기 이 유(柳) 9°~11°로만 입국하여야 바야흐로 육수(六秀) 지지의 귀함을 받을 수 있으니 부귀가 보장되는 것이다. 이로운 좌(坐)도 또한 유(柳) 9°~12°중으로 되어야 재관(財官)이 된다.

또 마땅한 좌는 정(井) 11°~15°까지 화도(火度)중으로 된 것이니 복덕궁(福德宮)이 되어 主는 크게 발복하여 진전발재(進田發財)하며, 또한 승려로서 이름을 날리기도 하고, 총명한 수기지사(秀氣之士)가 등과하며 벼슬이 세대를 이어가며 끊임이 없다. 먼저 중소방(中少房)에서 발하고 장방(長房)도 함께 발복한다.

(5) 유신(流神)이 마땅히 익수토화도(翼宿土火度)중으로는 내수(來水)이어야 세 아들이 모두 함께 발복하여 부귀를 얻는다. 두수화목토도(斗宿火木土度)로는 내거 간에 가운데 아들부터 시작하여 장소방도 모두 대발하며 대대로 총명한 재사가 등과하는 영광이 있다.

벽수수토도(壁宿水土度)와 실목수화도(室木水火度)중으로는 내거 간에 모두 부귀하고 진관(進官)하여 우음인(羽音人)이 되기도 한다. 먼저 장방이 발하고 이어 중소방도 벼슬길에 오른다. 위묘필삼수(胃昴畢三宿)상에서 목수도(木水度)중으로 내거하는 것은 세 아들이 모두 고르게 발복한다. 이는 주자(朱紫)가 끊임없이 포문(蒲門)하는 곳이다. 가장 꺼리는 수는 금도(金度)중으로 내거하는 수이니 대흉수이다.

◆ 을미금산(乙未金山)=오정오미룡(五丁五未龍)

```
三奇=乙九 丙一 丁二
金水日月(四吉)=2.5
곤2. 중5. 휴7. 자26. 부24.
재무관18.
28宿=柳土, 肖象=獐
```

	革卦	水宮	九宮
官	未丁 --	玄	坎
父	酉丁 -	白	坤
兄	亥丁 -	世 匕 震	
兄	亥己 -	句	離
官	丑己 --	朱	坎
子	卯己 -	應 青 坤	

(1) [詩]

천겁룡궁악(天劫龍宮惡) ; 천겁 용궁은 흉악이니

위관불구장(爲官不久長) ; 관록이라도 길지를 못하다.

일대무관절(一代武官絶) ; 무관이라도 1대에 끝난다.

중장견도쟁(中長見刀鎗) ; 중장방이 도창을 만나리라.

(2) [특징]

이 산은 창칼을 많이 불러들이는 것이니 병영에서 살상되는 일이 많다. 장중(長中)방이 악사(惡死)를 당함이라.

(3) 무신(戊申)년에 丁생인이 발하는 것으로 되어 있으나 지독한 살요(煞曜) 용이므로 단발로 끝나고 뒤에는 반드시 손절한다.

(4) 방일토(房日兎)가 관리하는 국이다. 현녀가 말하기를, 「차착(差錯)의 위(位)를 범하였다」하였다. 유(柳) 4°~8°까지 수도(水度)중으로 내룡 입수하면 한 차례 발복이 있어서 부귀는 하지만 장소방(長少房)이 패절한다. 소망(少亡)을 비롯하여 온갖 흉한 재액을 다 겪게 되니 양살(兩殺)의 불리함이다. 유(柳) 5°~ 6°에서는 차착 공망을 범하여 장소(長少)방의 패절을 주장한다. 비록 어쩌다 부귀를 한다 하여도 역시 재액이 따르게 된다.

정미(丁未)의 경계를 침범하여 관살을 범하면 주는 여러 가지 질액을 당하게 된다. 혹 풍족하게 살다가도 뒤에는 반드시 패하고 만다.

(5) 유신(流神)의 마땅한 바는 익토목금도(翼土木金度)중으로 내거하는 것이니 모두 부귀하는 수(水)이다. 두수금도(斗宿金度)중으로 내거하는 것은 대길하여 중장방을 발복시킨다. 아울러 총명한 재사(才士)가 나와 등과(登科)까지도 한다. 벽실이수금목수토도(壁室二宿金木水土度)중으로는 내거 간에 대발(大發)하는 수이다. 중소(中少)방에서 출관(出官)한다. 위묘필수토금목도(胃昴畢水土金木度)중으로 내거하는 수는 대 부귀(大富貴)하는데, 세 아들 모두가 세대(世代)로 주자(朱紫)가 끊이지 아니한다.

오직 기(忌)하는 수(水)는 화도(火度)중으로 내거하는 수이니 대흉을 주장하기 때문이다.

◆ 정미수산(丁未水山) = 정미룡(正未龍)

```
三奇 = 乙五 丙六 丁七
金水日月(四吉) = 震3宮.
휴4. 자8. 부7. 재39. 관2.
28宿 = 箕水, 肖象 = 豹
```

豫卦		木宮	九宮
才 戌庚	--	靑	震
官 申庚	--	玄	坤
子 午庚	—	應 白	兌
兄 卯乙	--	匕	兌
子 巳乙	--	句	艮
才 未乙	--	世 朱	離

(1) [詩]

천재룡위호천재(天財龍位號天財) ; 천재용 위를 천재라 하니

부귀영화목차래(富貴榮華目此來) ; 부귀영화가 눈앞에서 전개된다.

신자진년가대발(申子辰年家大發) ; 신자진년에 집안이 대발한다.

문남무자작관괴(文男武子作官魁) ; 문남 무자가 관청의 우두머리가 되리라.

(2) [특징]

이 용(龍)이 귀한즉 장원급제하고, 부를 한즉 3남 3녀가 모두 함께 부귀하며 전답(田沓)과 우마(牛馬)가 한 고을에서 으뜸이다.

(3) 진괘(震卦)가 초효(初爻)를 변화시키면 곤괘(坤卦)가 되므로 뇌지

예괘(豫卦)가 되었다. 경자(庚子)년에 을명인(乙命人)이 획복한다.

(4) 기수표(箕水豹)가 관리하는 국이다. 이 산이 정(井) 28°~유(柳) 3°중으로 내룡입로(來龍入路)한 것은 수산(水山)에서 화도(火度)로 행하니 재백궁이 되어 주는 발재 진록(進祿)한다. 아울러 오음인(五音人)이 나오고 전지(田地)를 넓히며 관록도 나온다.

만약 정(井) 28°~27°중으로 오는 용은 금화(金火)관살을 범하여 풍뢰, 소망이 있다. 어쩌다 의식이 풍족할지라도 여러 가지 환난을 면할 수는 없다. 만약 유(柳) 2°~4°중으로 내입(來入)하는 것은 수화(水火)관살을 범하게 되어 역시 흉하다.

마땅한 좌(坐)는 정유귀수(井柳鬼宿)의 화도(火度)중으로 될 때 재백궁이 되며, 먼저는 중소(中小)방이 발복하고 뒤에는 장(長)방에도 길하다. 또 마땅한 좌는 유(柳) 9°~12°중으로 토도(土度)이니 토(土)는 반드시 본산을 극하게 되는데도 부귀할 수 있는 것은, 정미(丁未)는 천하수(天河水)이니 지상의 토(土)가 극할 수 없다는 데서 연유된 것이다. 또 마땅한 좌는 유(柳) 13°~14°까지 금도(金度)이니 인수(印綬)가 되어 관록과 부귀를 끊임없이 배출하여 준다.

기(忌)하는 좌는 유(柳) 8°~9°이니 수토(水土)관살을 범하기 때문에 주는 소망하고 장손은 절손하고 중손은 패절하며 작은댁을 드나들며 여러 가지 질병까지도 수반한다. 마땅한 좌는 정(井) 10°~12°까지 화도(火度)이니 역시 재백궁이 되기 때문에 횡재하고 발복하는데, 세 아들이 모두 함께 부귀 출관한다.

또 이로운 좌는 정(井) 16°~19°까지 목도(木度)중으로 된 것이니 복덕궁(福德宮)이 되어 중소방을 먼저 발복시키고 뒤에 장손도 발복시킨다.

이 도수(度數)에서는 관록이 끊이지 아니한다. 기(忌)하는 좌는 정(井) 5°~6°이니 금목(金木)관살을 범하게 되어 풍질, 요사, 고과 등 여러 천박한 일들이 벌어지고 도박으로도 실패한다.

또 기하는 좌는 정(井) 10°~11°이니 수화(水火)관살을 범하여 혹 부귀를 하다가도 역시 재앙을 만나며 흉악하고 해로운 일이 연속된다.

(5) 유신(流神)의 마땅한 것으로는 위묘필삼수(胃昴畢三宿)의 금목수화도(金木水火度)중으로 내입(來入)하는 물이니 세 아들 모두가 함께 발복한다. 벼슬도 끊임없고 장손도 잘된다. 두수(斗宿)의 금목화도(金木火度)중으로는 내거 간에 세 아들 모두 발복하는데 관록(官祿)과 부귀를 함께 한다. 이는 평상보다 다른 복을 누리게 되는 수(水)이다. 재토(才土)가 총명을 겸하여 과거에 장원하고 삼공(三公)의 벼슬까지도 나온다.

정수도(井宿度)중으로는 곧게 나가는 수(水)를 꺼리니 본산을 파하기 때문이다. 실도(室度)는 길수(吉水)이다. 진수화목금도(軫宿火木金度)중으로 내거하는 것은 관록이 끊이지 아니하고 배출되며 세 아들이 함께 발복한다. 오직 기피하는 수는 토도(土度)중으로 내거하는 수이니 무조건 대흉하다.

◆ 기미화산(己未火山) = 칠미삼곤룡(七未三坤龍)

```
三奇 = 乙五 丙六 丁七
金水日月(四吉) = 震3宮
휴8. 자무, 부93. 재7. 관8.
28宿 = 昴日, 肖象 = 鷄
```

晋卦	金宮	九宮
官 巳己 —	句	艮
父 未己 --	朱	震
兄 酉己 — 世	靑	巽
才 卯乙 --	玄	兌
官 巳乙 --	白	艮
父 未乙 -- 應	匕	離

(1) 〔詩〕

응덕룡궁식이상(應德龍宮寔異常) ; 덕에 응하는 용궁이니 진실로 특이한 바가 있다.

보구진주용두량(寶具珍珠用斗量) ; 보구진주를 말로서 헤아릴 것이다.

자유아손등귀위(自有兒孫登貴位) ; 자손들이 스스로 등과하여 귀한 자리에 오르고,

조정상하목은형(朝廷上下沐恩兄) ; 형제가 조정의 높고 낮은 자리에서 목은을 입으리라.

〔又詩〕

차성명호천보룡(此星名號天寶龍) ; 이 성신의 이름을 천보용이라 하니

천보룡궁역절봉(天寶龍宮亦絶逢) ; 천보용궁은 역시 절봉이로다.

약인천차룡신위(若人扦此龍神位) ; 만약 사람이 이 용신 위에 천장한다면
장방배정득흥륭(長房倍定得興隆) ; 결단코 장방이 먼저 흥륭함을 득하리
라.

(2) 〔특징〕
이 산은 지극히 크게 부귀를 쌍전하는 곳이니 소지(小地)라도 역시 대부(大富)하며 자손마다 품은 뜻을 이룬다.

(3) 건괘(乾卦)가 5위까지 변하여 올라갔다가 다시 4위로 퇴보하며 유혼괘(遊魂卦)가 된 것이다. 임오년(壬午年)에 기명인(己命人)이 획복(獲福)한다.

(4) 진수인(軫水蚓)이 관리하는 국이다. 이 산은 정(井) 22°~27°까지 금도(金度)로 내룡입로(來龍入路)하거나 정(井) 28°~귀도(鬼度)와 유(柳) 2°까지로 내룡입로하거나 아울러 이 도수(度數)로 혈이 된 것은 화성(火星)이 입국(入局)하였으니 주는 부귀하고 재백궁에서는 발재한다. 그러나 정(井) 27°~28°로 겹쳐서 내룡입로하면 금화(金火)관살이 되어 주(主)는 모든 흉함을 경험해야 한다.

정(井) 25°~27°까지 금도(金度)로 내입(來入)하면 재백궁이니 먼저 중소방에서 발복하고 왕인(旺人)한다. 정(井) 23°~24°로 겹쳐서 내입하는 것은 차착(差錯)공망이니 主는 큰 우환과 사음 풍질, 환성(換姓), 도박의 피해가 있으며 중소방(中少房)에 손해가 온다. 정(井) 21°~22°로 내입하는 것도 금목(金木)관살을 범하는 것이니 主는 손상(損傷)이 따르고 여러 가지 악질로 고생한다. 정(井) 23°~27°까지로는 재백도가 되니 세 아들이 모두 발복하는데 중장방((中長房))이 먼저 발하고 인정(人丁)도 왕성(旺盛)

하다.

(5) 유신(流神)이 마땅히 위묘필금도(胃昴畢金度)와 두진토화수도(斗軫土火水度)중으로는 내거 간에 길하며 정금도(井金度)중으로도 내거 간에 대길하다. 나머지는 정미산(丁未山)에서와 같다. 오직 꺼리는 것은 수도(水度)중으로 내거하는 수인데 대흉하다.

이 산에서는 3대를 떨칠 수 없으며 1대를 서로 계승하지 못한다. 이성(異姓)이 동거하며 장손(長孫)은 좋으나 차소(次少)방은 불리한 곳이다.

◆ 임신금산(壬申金山) = 칠곤삼미룡(七坤三未龍)

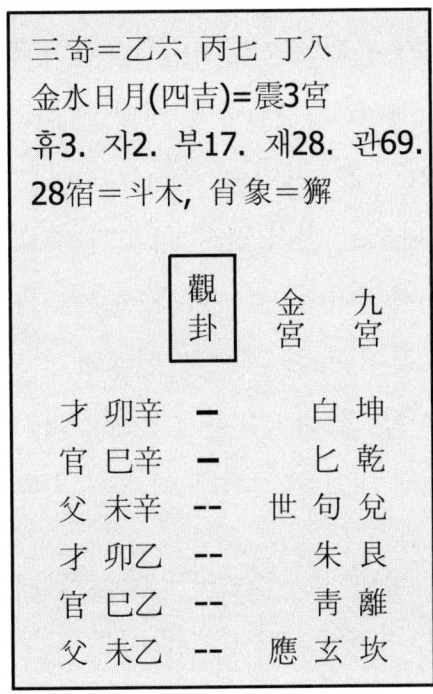

(1) 〔詩〕

천귀룡궁총길상(天貴龍宮寵吉祥) ; 천귀 용궁은 예부터 상서로운 용으로 사랑을 받으니,

기성위복역비상(其星爲福亦非常) ; 그 성신은 복용으로 비상한 것이다.

아손급제등금방(兒孫及第登金榜) ; 아손이 급제하여 금방에 이름 올리고,

계세위관녹위강(繼世爲官祿位强) ; 대대로 계승하며 관록을 먹으리라.

(2) 〔특징〕

이 산은 주로 부귀하고 사람 또한 대왕(大旺)하며 자리가 작더라도 부는 크게 하고 우마와 전지(田地)를 크게 늘린다. 장중(長中)이 대왕하다.

(3) 건괘(乾卦)가 네 번을 변해 올라가며 관괘(觀卦)를 만든 것이다. 임

오(壬午)년에 신명인(辛命人)이 획복하리라.

(4) 우금우(牛金牛)가 관리하는 국이다. 이 산이 정(井) 17°~19°인 목도(木度) 사이로 내룡입수(來龍入首)하면 재백궁(才帛宮)이 되어 부귀하는 길상이 된다. 정(井) 21°~22° 사이로 입수(入首)하는 것은 금목(金木)관살이 되어 절름발이가 나오고 여러 악사, 흉사가 따르게 된다. 정(井) 27°~28°까지도 금화(金火)관살이며 29°~30소도(少度)까지는 차착(差錯)공망이니 역시 앞에서와 같이 흉한 것으로 단정하게 되는 것이다.

만약 금목(金木)관살을 범하는 경우도 위와 같다. 바르게 된 좌(坐)는 정수목도(井宿木度)중으로 내입한 것이니 역시 대 부귀하는 도수(度數)이다.

(5) 유신(流神)이 마땅히 규루목금수도(奎婁木金水度)중으로 내거한다면 관(官)이 나오고도 평선(平善)하다. 세 아들 모두에게 발재한다. 실목금도(室木金度)중으로도 내거 간에 관록이 나오고 부귀할 수 있다. 여허수토도(女虛水土度)중으로 내거하는 것도 관록이 나온다.

익화도(翌火度)중으로도 역시 부귀수(水)가 된다. 익금화도(翌金火度)중으로 내거하는 것도 관록과 인정이 대왕(大旺)할 수 있다. 귀금목수도(鬼金木水度)중으로는 거수(去水)여야 출관(出官)하며 장원급제가 나오는데 처음에는 중방(中房)이 발하다가 뒤에는 장소(長少)방도 함께 길하다. 기수토도(箕水土度)로 거수하는 것은 소장(少長)방이 부귀한다.

항각금목도(亢角金木度)중으로 거수(去水)함도 역시 부를 크게 하지만 간혹 재앙은 따른다. 수가 횡(橫)으로 흘러 곧게 충사(冲射)하지 않으면 혹 재산은 좀 나가더라도 다른 해는 없다. 익(翌) 2°중으로 내거하는 것도 부귀쌍전할 수 있다. 오직 꺼리는 것은 화도(火度)중으로 내거하는 수(水)이니 대흉(大凶)을 주장한다.

◆ 갑신수산(甲申水山) = 정곤룡(正坤龍)

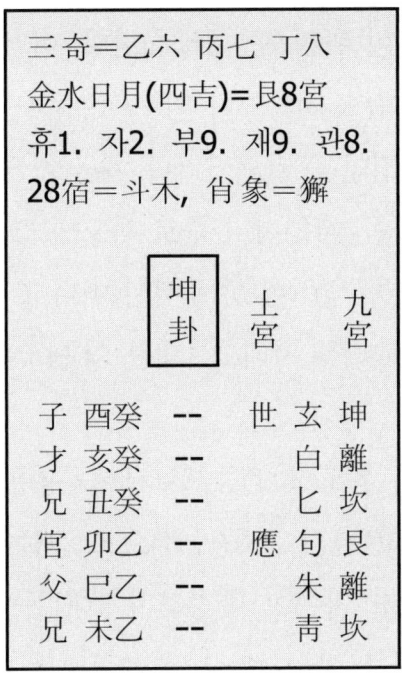

(1) [詩]

천선룡위정초수(天仙龍位定招殊) ; 천선룡위는 반드시 특이함을 부르니
귀측고우부유여(貴則高迂富有餘) ; 귀는 높으나 우원하고 부는 유여하다.
이보금은병질고(異寶金銀幷質庫) ; 달리는 금은보화 쌓아놓고 살 것이다.
타시정표요문려(他時旌表耀門閭) ; 어느 때 정표가 있어 문려를 빛내리.

(2) [특징]

이 산(山)은 부귀쌍전하고 사람 또한 왕성하며 대대로 고급 고시에 급제하며 자손이 공경(公卿)의 위에 오르고 오부(五府)의 작위를 받는 크게 흥륭한 용이다.

(3) 곤괘(坤卦)는 을계(乙癸)를 납(納)하므로 을(乙)명 계명인(癸命人)이

획복한다.

　(4). 참수원(參水猿)이 관리하는 국(局)이다. 이 산이 정(井) 11°~16°인 화도(火度) 사이로 내룡(來龍)하거나 입수(入首)하면 재백이 되어 부귀쌍전하며 처로 인하여 집안을 일으키거나 재물로 일으키기도 한다. 대개 곤(坤)은 모(母)이며 노음(老陰)이니 주로 과모(寡母) 등 여자로 인하여 압전(壓田)하는데 먼저 중소방(中少房)에서 일어나고 다음으로 장손도 급제한다. 5대 동안 자사(刺史)를 지내고 3대를 영주(令主)로 군림하며 3대 동안 쉼이 없다.

　정(井) 17°~22°까지 목도(木度)중으로 오는 용은 복덕(福德)이리니 주로 자손의 음덕이 있고 널리 오음(五音)으로 진출하고 아울러 절호고과전지(絕戶孤寡田地)하고 자손이 총명하며 5대 동안 지방장관이 잇달아 나오고 또한 고승이나 도덕군자가 나온다. 또 정(井) 29°인 화성(火星)으로 입국하면 역시 크게 발(發)하는데, 다만 차착을 범하면 부귀는 크게 하나 고과나 소망의 화를 면할 수 없고, 장손이 절손하는 손해가 있다. 단지 중소방(中少房)에는 대단히 이롭다.

　정(井) 9°~11°까지 내룡입수하는 것은 수화(水火)관살을 범하게 되어 역시 재록과 인정이 왕성하며 부귀도 크게 하는데, 다만 간혹 소망이 따르고 관재구설이나 재물 손실 등이 간간이 나타나는데 대패까지는 이르지 않고 작은 흠집에 불과하다.

　좌는 마땅히 유(柳) 1°~성(星) 1°까지 화금도(火金度)가 되면 인수와 재백이 되어 의식과 재록이 풍족하고 자손이 면원(綿遠)하다. 구천현녀(九天玄女)가 말하기를, 「이로운 좌는 유(柳) 13°~14°까지」라 하니 금도(金度)가 되면 인수(印綬)가 되어 주로 총명하고 과갑하며 벼슬이 공경(公

卿)에까지 이르는데, 5대의 자사(刺史)와 백자천손(百子千孫)이 왕성한 제일 길한 혈이다.

또 마땅한 좌는 성(星) 2°~7°까지 금도(金度)이니 부모가 되며, 좌가 장(張) 1°~5°까지 수도(水度)가 되는 것은 주로 부귀를 주장하는데, 단지 이 혈이 바르지 못하면 역시 작은 흠집은 생긴다. 또 좌가 진(軫) 3°~4°까지 화도(火度)가 되는 것은 재백과 관운이 되어 길하다. 또 좌가 진(軫) 16°~17°가 되면 부귀좌가 되어 길하다. 단지 이는 횡강좌혈(橫岡坐穴)이 되므로 오래되면 패절할 수 있는 흉악함도 대동한다.

나쁜 좌로는 묘(昴) 5°까지 토도(土度)이니 이는 수토(水土)관살을 범하게 되어 장방(長房)은 손(損)하고 중방(中房)은 패한다. 모름지기 이는 수(水)로써 입국하는 것이 큰 재록을 발하게 된다. 오직 전과 같은 환(患)을 면하는 것이 과제이다. 기(忌)하는 좌는 또 유(柳) 5°~7°까지 처음에는 반드시 부귀하게 되나 마침내는 우환이 나타나는데 차착(差錯)살을 범하였기 때문이다. (이는 9°~12°로 잘못된 듯함)

(5) 유신(流神)이 규루도(奎婁度)중으로 내조(來朝)하는 것이 마땅한데 관록을 먹는 벼슬이 나오고 이 도수(度數)로 거하는 수는 평평하다. 중소방(中少房)이 먼저 발하고 장방(長房)도 길하다. 실화도금도(室火度金度) 중으로 거하는 수는 경상(卿相)이 배출되고, 위화금도(危火金度)중으로 오는 물은 관록이 되며, 중소방(中少房)이 대왕(大旺)하다. 여허수토도(女虛水土度)중으로는 내거(來去) 간에 관록인이 나오고 중장방(中長房)이 발한다.

미금목수도(尾金木水度)중으로 거하는 수는 장원급제가 나오는데 중방이 선발하고 장방은 다음으로 부귀한다. 기수토도(箕水土度)중으로 거하는 수는 부귀수인데 장소방(長少房)이 길하다. 기수도(箕水度)중으로는 내거 간에 장소방(長少房)이 부귀한다. 저수도(氐水度)중으로는 내거 간에 소장방(少長房)의 부귀수(水)가 되며, 진수토도(軫水土度)중으로 거한다거나 각항금수도(角亢金水度)로 거하는 수는 부귀하나 재앙과 횡과(橫過)가 따른다. 실도(室度)로 거하는 수는 해가 없다. 가장 꺼리는 수는 이중사(二中射)하는 물이니 흉수(凶水)이다. 익금수도(翌金水度)중으로는 거하는 수이어야 부귀한다.

　오직 꺼리는 수는 토도(土度)중으로 흐르는 수(水)이니 이는 내거 간에 대흉한 징조이다.

◆ **병신화산**(丙申火山) = 오곤오신룡(五坤五申龍)

```
三奇 = 乙三 丙四 丁五
金水日月(四吉) = 中5宮
휴7. 자2. 부7. 제2. 관26.
28宿 = 危月,  肖象 = 燕
```

否卦		金宮	九宮
父 戌壬	―	應 靑	兌
兄 申壬	―	玄	震
官 午壬	―	白	坤
才 卯乙	--	世 七	坤
官 巳乙	--	句	乾
父 未乙	--	朱	兌

(1) 〔詩〕

진덕룡신유소의(進德龍神有所宜) ; 진덕용신으로 마땅한 바가 많은 용이다.

구류삼교가추구(九流三敎可追求) ; 구류* 삼교*를 가히 추구할 만하니,

목과삼대당시길(木過三代當時吉) ; 목을 지나고 나면 3대를 길하니,

이대지인불용의(二代之人不用疑) ; 2대까지는 의심이 나서 사용하지 않는 곳이다.

*구류(九流 : 九家) ; 전국시대 때 유가(儒家) · 도가(道家) · 음양가(陰陽家) · 법가(法家) · 명가(名家) · 묵가(墨家) · 종횡가(縱橫家) · 잡가(雜家) · 농가(農家)의 9학파.

*삼교(三敎) ; 유 · 불 · 선(儒佛仙) 3敎.

(2) 〔특징〕

이 산은 편벽되어 마땅히 유·불·선 삼교(三敎)의 승·도·학(僧道學)자 등이 많이 나오는 것이 특징이다.

(3) 건괘(乾卦)가 세 효를 변하며 올라간 것이 부패(否卦)이다. 건괘의 3효는 갑진(甲辰)이니 갑진년에 乙명 세명인(癸命人)이 득복한다.

(4) 심월호(心月狐)가 관리하는 국이다. 이 산이 정(井) 7°~9°사이로 내룡입수(來龍入首)하면 차착공망을 범하게 되며 10°~11°로 된 것은 수화(水火)관살이 된다. 만약 이와 같이 입로(入路)한 혈에서도 용이 참되고 혈이 진정하다면 발복은 할 수 있어서 혹 관록도 나오는 경우가 있다. 그러나 이는 근본적으로 병룡(病龍)이므로 부귀한 후에는 반드시 고과, 요망, 소망, 실패 등이 따른다.

만약 정(井) 6°~10°까지 수도(水度)중으로 좌혈(坐穴)이 되는 것도 역시 쥬(主)는 발복할 수 있다. (필자 註 : 이는 本山을 극하므로 발복할 수 없음을 알아야 한다)

이는 유신(流神)에 불문하고 삼공대부(三公大夫)로 2대는 홍할 수 있으나 3대부터는 쉬게 되며, 많은 재앙과 흉사를 면할 수 없으니 이는 수도가 본산을 극하는 연고이다. 만약 병신(丙申) 경계를 침범하면 차착공망을 범하게 되는데, 만약 용혈이 길하다면 主는 한때 부귀는 할 수 있다.

(5) 유신(流神)이 마땅히 앞의 갑신산(甲申山)에서 말한 성수도와 동일하게 취급된다. 다시 이곳에서는 기쁜 것이 토목금화도(土木金火度)중으로는 내거 간에 길함만이 추가된다. 오직 꺼리는 수(水)는 수도(水度)중으로 내거하는 수이니 대흉을 주장하기 때문이다.

◆ 무신토산(戊申土山) = 정신룡(正申龍)

```
三奇 = 乙八 丙九 丁一
金水日月(四吉) = 兌7宮
휴6. 자2. 부39. 재1. 관2.
28宿 = 壁水, 肖象 = 貐
```

萃卦	金宮	兌九宮
父 未丁 --		朱 離
兄 酉丁 -	應	靑 坎
子 亥丁 -		玄 坤
才 卯乙 --		白 坎
官 巳乙 --	世	匕 坤
父 未乙 --		句 震

(1) 〔詩〕

천귀룡궁길(天貴龍宮吉) ; 천귀 용이니 궁 또한 길하다.

문장효의가(文章孝義家) ; 문장이 좋고 효가 자랑이다.

승달즉관직(升達卽官職) ; 관직에 나가 원하는 지위에 오른다.

귀보제왕가(貴輔帝王家) ; 제일가는 귀로 제왕가로부터 신임을 받는다.

(2) 〔특징〕

　이 산은 관이 일품(一品)의 벼슬에까지 이른다. 소인이 이 자리를 얻어 쓰면 부귀를 크게 하고 인정이 왕성하며, 외주(外州)로 나아가 큰 재산을 이루며, 우마(牛馬) 또한 크게 왕성하다.

　(3) 태괘(兌卦)가 2효까지 변하면 췌괘(萃卦)가 되는데, 정묘(丁卯)년에

을(乙)명 계명인(癸命人)이 득복한다.

(4) 위토치(胃土雉)가 관리하는 국이다. 이 산이 삼(參) 8°~정(井) 4°까지 금도(金度)중으로 내룡입수(來龍入首)가 되면 복덕(福德)이 되어 부귀장수를 주장한다. 자손은 총명하고 문장이 보통사람들을 초월하며, 벼슬로는 공경(公卿) 정도의 대길룡이다.

잘 맞는 좌는 필(畢) 7°~12°까지 수도(水度)중으로 되면 재백이 되어 주(主)는 큰 부귀를 누리는데 크고도 오래간다. 세 아들이 모두 고르게 발복한다. 꺼리는 좌는 필(畢) 6°~7°까지이니 관살(關煞)을 범하게 되어 主는 풍질과 악성 종기병 등으로 고생한다.

(5) 유신(流神 : 흐르는 물)은 규루화금수도(奎婁火金水度)중으로는 내거 간에 대길한데 오는 물이면 임금 앞에 조회하는 귀가 배출되고, 나가는 물이면 평선한 정도다. 장중소방(長中少房) 모두에게 길하다. 실금화도(室金火度)중으로는 내거 간에 역시 대길하여 대관(大官)이 배출되는데 장중소방(長中少房) 모두에게 길하다.

미금수화도(尾金水火度)중으로 거수(去水)하는 것은 장원급제가 나오고 장중소방 모두가 길하다. 기수토도(箕水土度)중으로 거수함도 길하여 장소방이 부귀한다. 저수도(氐水度)중으로도 내거 간에 세 아들 모두에게 부귀가 따른다. 항각진금수도(亢角軫金水度)중으로도 부귀수(水)가 되는데 한편 재앙이 간혹 일어날 수 있으나 횡으로 흘러 과당하는 것은 해로움이 없고, 곤(坤)을 쏘고 나가지 아니하면 길하다. 익도(翌度)중으로 흐르는 수도 관록과 부귀가 나오고, 금도(金度)로는 내거 간에 마땅치 못하다.

오직 꺼리는 수는 목도(木度)중으로 흐르는 물이니 내거 간에 모두 대흉하다.

◆ 경신목산(庚申木山)＝칠신삼경룡(七申三庚龍)

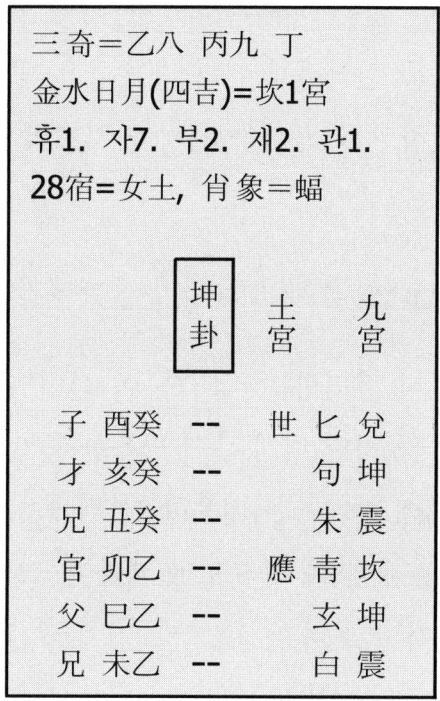

(1) 〔詩〕

천요룡관백불의(天夭龍官百不宜) ; 천요 용이니 관록뿐 아니라 백사가 마땅치 못하다.

도형공사절근지(徒刑公事絶根枝) ; 공사 일로 징역살고 가지만 다치는 정도가 아니라 뿌리까지 뽑힌다.

유인약하차산혈(有人若下此山穴) ; 어떤 이가 이 산혈에다 잘못 하장하면

퇴패전원복수위(退敗田園福壽危) ; 전원을 퇴패시키고 수명까지도 위태하리라.

(2) 〔특징〕

이 산은 묘 쓰기에 마땅치 못한 곳이다. 흉악함이 나타나 사패(死敗)

등 나쁜 일이 생각하기도 싫을 정도이다. 사람도 왕성치 못하다가 결국은 끊기고 재산도 물론 없다. 어쩌다 재물을 다소 모은다 해도 오래가지 못하고 모두 없앤 다음 걸식하게 된다. 자손들은 방탕하여 흩어져 버리고 장손이 먼저 패절하고, 가운데는 서자를 가져야 하며 펴나가지를 못한다.

(3) 곤괘(坤卦)는 납(納) 을계(乙癸)이니 을계명인이 발복한다.

(4) 각목교(角木蛟)가 관리하는 국이다. 이 산이 만약 참(參) 2°~7° 사이로 내룡입로(來龍入路)하면 역시 부귀 발복한다. 단지 오래가지 못하고 길면 2대 정도이고, 3대 가기가 어려우며 그 뒤에는 반드시 소망 악사하게 되며 과방(過房), 관재, 파재 등으로 실패하며, 그렇지 않을 경우는 이성(異姓)을 동거시키기도 한다.

만약 참(參) 9도를 지나서 반도(半度)중으로 내룡하는 것은 차착공망을 범하게 되며 또 참(參) 7°~8°를 경유하며 목금(木金)관살을 범하면 비록 발복을 시도하다가도 흉패(凶敗)하게 된다. 만약 좌혈과 수신(水神)이 모두 합법(合法)할 때 혹 2~3대까지 부귀를 할 수 있으나 그 후는 바로 패절한다.

(5) 유신(流神)이 마땅한 바로는 앞의 갑신산(甲申山)과 무신산(戊申山)에서와 함께 논하면 된다.

오직 꺼리는 수는 금도(金度)중으로 내거하는 수이니 내거 간에 대흉하다.

◆ 계유금산(癸酉金山) = 칠경삼신룡(七庚三申龍)

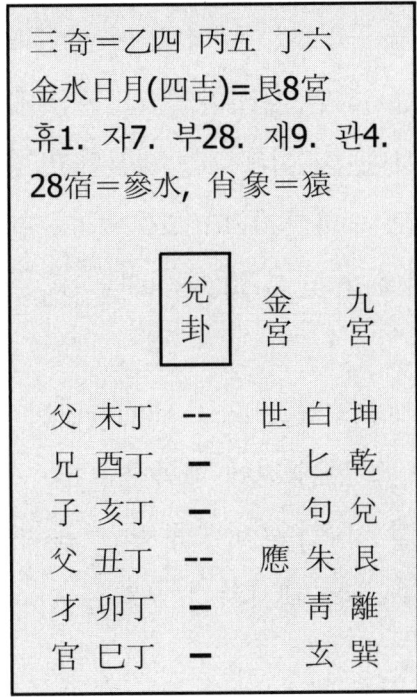

(1) 〔詩〕

대웅룡위길성봉(大雄龍位吉星逢) ; 대웅 용위에서 길성을 만난 것이니
진조가관복록숭(進助加官福祿崇) ; 나가 벼슬을 얻고 복록도 높으리라.
급제자손조대병(及第子孫操大柄) ; 자손이 급제하여 큰 기둥으로 나가고
아손필정시신동(兒孫必定是神童) ; 아손 중에 반드시 신동이 나오리라.

(2) 〔특징〕

이 산은 만약 구성(九星)에 입묘(入廟)할 경우 마땅히 신동(神童)이 나와 급제하는데 세 아들 모두에게 골고루 발복한다.

(3) 태괘(兌卦)는 납정(納丁)이니 정 명인(丁命人)이 발복한다. 용이 좋

으면 일발이라도 크게 한다.

(4) 여토복(女土蝠)이 관리하는 국이다. 이 산이 필(畢) 13°~참(參) 2°중으로 내룡입로(來龍入路)하면 토도(土度)가 본산(本山)을 생하여 2~3대 동안 부귀를 족하게 하나, 이 이후로는 패절하고 성을 바꾸게 되거나 그렇지 않으면 재산을 모두 파산시키고 고생한다. 만약 필(畢) 12°~자(觜) 0.5°~참(參) 2°까지 아울러 토도(土度)로 내룡입수(來龍入首)하면 인수이니 길하다.

또 만약 필수수도(畢宿水度)중으로 내입하면서 참자토목도(參觜土木度)중으로 입로한다면 혹 부귀 간에 발복하는 경우는 있으나 3대를 지나지 못하고 반드시 패절 성(姓)을 바꾸게 되는 등 대단히 빈천하게 된다. 또는 자손이 이향(離鄕)하여 객사하는 우환을 만나게 된다.

(5) 유신(流神)이 마땅한 곳은 단지 목도(木度)중으로만 내거하여야 길하다.

오직 꺼리는 수(水)는 화도(火度)중으로 내거하는 수이니 대흉하기 때문이다.

◆을유수산(乙酉水山)=정경룡(正庚龍)

```
三奇=乙四 丙五 丁六
金水日月(四吉)=震3宮
휴8. 자8. 부28. 재9. 관46.
28宿=壁水. 肖象=偸
```

歸妹卦	金宮	九宮
父 戌庚 --	應 玄	坤
兄 申庚 --	白	坎
官 午庚 -	匕	乾
父 丑丁 --	世 句	艮
才 卯丁 -	朱	離
官 巳丁 -	靑	巽

(1) 〔詩〕

천성지위유기자(天成之位有奇姿) ; 천성용 위는 기특한 자세(특별한 재주)가 있으므로

업성가비직가도(業盛家肥職可圖) ; 좋은 사업으로 가업을 왕성하게 이루고 좋은 일을 많이 도모 한다.

이성금은개질고(異姓金銀開質庫) ; 이성들이 금은을 모아 질고(金庫;典當鋪)를 열어 주기도 하며.

극품위관입묘랑(極品爲官入廟廊) ; 극품의 벼슬도 나와 묘랑(廟廊;朝廷)에 든다.

(2) 〔특징〕

이 산은 부귀쌍전함을 주장한다. 대대로 급제하고 고관이 배출된다.

집안에는 재물이 많이 쌓이고 보화 보물이 많다. 세 아들 모두 골고루 발복한다.

(3) 태괘(兌卦)가 7차례까지 다변하여 귀혼괘(歸魂卦)가 된 것이다. 정축(丁丑)년에 정명인(丁命人)이 획복한다.

(4) 정목한(井木犴)이 관리하는 국이다. 이 산은 필(畢) 7°~12°까지 수도(水度)중으로 내룡입로(來龍入路)하면 수성입국(水星入局)이라 하고 주(主)는 길경(吉慶)을 주장한다. 인정이 왕성하고 재산이 불어나고 부귀를 한다. 단지 낮은 직책의 관리 일 뿐이다. 관리가 아닐 때는 부를 하게 된다. 그러나 큰 부자는 아니고 의식이 풍족한 정도이다. 이것이 3대가 지나면 해로움이 나타나는데 재산도 소멸되어 가고 고진과숙이 나오고 소망의 해가 나타나니 달리 길지를 찾아 이장해야 대패를 막을 수 있다.

만약 필(畢) 13°중으로 내입(來入)하면 수토(水土)관살이 되어 한번 발한 다음에 바로 파패하게 되며, 요망(夭亡)이 나타나며 오래되면 반드시 절손한다. 좌혈이 함께 취급된다.

현녀가 말하기를 「정목(井木)의 아래에서는 큰 벼슬이 나올 수 없고 단지 작은 벼슬의 관리만 나올 뿐이며, 아니면 부는 있다」하였다. 대체로 경산(庚山)에서의 자리는 클 수가 없는 것이다.

(5) 유신(流神)이 필(畢) 7°~10°중으로는 내거 간에 발재 왕인하고 부귀를 주장한다.

대체로 이 산은 불길(不吉)이 많고 부귀도 잠시로 끝나고 오래가지 못한다.

　*필자 註 : 流神 이후는 문장과 乙酉龍의 설명이 맞지 않는 것을 보면 문장이 잘못된 듯하다.

◆ 정유화산(丁酉火山)＝오경오유룡(五庚五酉龍)

```
三奇＝乙一 丙二 丁三
金水日月(四吉)＝兌7宮
휴4. 자4. 부1. 재6. 관69.
28宿＝斗木. 肖象＝犴

      中孚卦    艮土宮  九宮
  官 卯辛  ―       靑 離
  父 巳辛  ―       玄 坎
  兄 未辛  ― ―  世 白 坤
  兄 丑丁  ― ―    匕 坤
  官 卯丁  ―       句 乾
  父 巳丁  ―    應 朱 坎
```

(1) 〔詩〕

천고룡주살성궁(天孤龍主煞星宮) ; 천고 용으로 살성을 주재하는 궁이니
귀즉무성부즉빈(貴則無成富則貧) ; 귀로도 이루지 못하고, 부도 못한다.
일대지인주견복(一代之人主見福) ; 1대에만 다소 발복하고 만다.
후대지인불견적(後代之人不見跡) ; 후대에는 자손의 종적이 없으리라.

(2) 〔특징〕

이 산은 귀는 하는데 절손하여 후사가 걱정된다. 또한 처음에는 부하지만 후에는 가난하게 되며 1대 발복하고는 2대에 가면 자손이 끊긴다.

(3) 간괘(艮卦)가 여섯 번 변하면 퇴보하여야 하니 유혼괘(遊魂卦) 중

부괘(中孚卦)가 된다. 병술년에 신명인(辛命人)이 득복한다.

(4) 미화호(尾火虎)가 관리하는 국이다. 이 산은 필(畢) 2°~6° 사이로 내입(來入)하면 화성입국(火星入局)이 되어 길한데 화의 특성을 닮아서 별안간 부귀를 한다. 이는 일시 발복에 불과하며 오래 되면 불리하니 화(火)의 성질이 그러하기 때문이다.

현녀(玄女)가 말하기를.「화산(火山)은 모름지기 화도(火度)이어야 일발(一發)이라도 좀 멀리 간다」하였다. 필(畢) 6°~8°중으로 내입하는 것은 차착공망이기도 하지만 수화(水火)관살이 되어 흉하므로 비록 벼슬이 나온다 하더라도 오래가지 못하고 반드시 패절한다.

(5) 큰아들 쪽이 무자(無子)하여 여아만 많이 두고 고과가 따르니 정유화룡(丁酉火龍)이 병룡(病龍)이기 때문이다. 유수(流水)가 관미(官尾) 11° 중으로 거수(去水)이어야 출관(出官)하여 벼슬길이 트인다.

오직 꺼리는 수(水)는 항도(亢度)이며 아울러 수도(水度)로 내거하는 것은 대흉하다.

◆ 기유토산(己酉土山) = 정유룡(正酉龍).

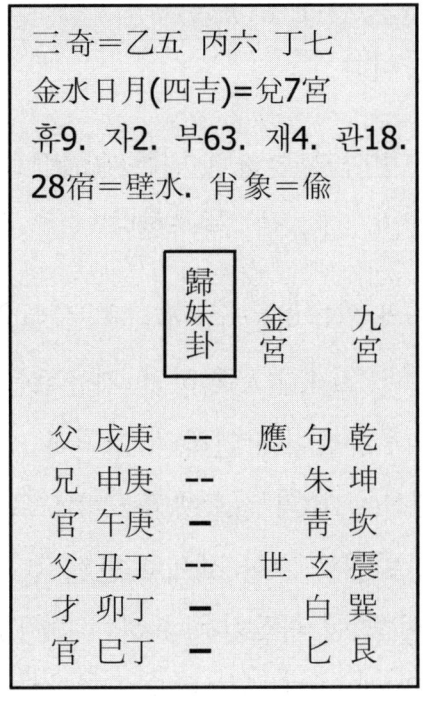

(1) [詩]

천운지룡기상신(天運之龍氣象新) ; 천운의 용기는 새로운 상이니
급제위관입제경(及第爲官入帝京) ; 급제로 벼슬을 하고 제경에 이른다.
압원전택다흥진(壓園田宅多興進) ; 공원이든 전택이든 다 갖고 흥융한다.
문손무자지공경(文孫武子至公卿) ; 자손이 문무 간에 공경에까지 이른다.

(2) [특징]

이 산은 자손의 청직(淸職)함을 스스로 주장하고 대대로 주자관복(朱紫官服)을 입은 자손이 대문을 가득 메우고 드나들며, 몇 번째 자손 할 것 없이 모두가 흥륭한다. 자리가 비록 낮은 곳일지라도 역시 대길하다. 토도(土度) 쪽으로 산이 높고 청수하게 혈을 비춰 주면 부귀가 더욱 증가 된다. 벼슬 또한 양적으로도 불어나지만 질적으로도 더더욱 좋아지는 대길지(大吉地)이다. 수(水)가 손궁(巽宮)으로 흐르면 합법(合法)하여 대관(大官)이 나오는 길상이다.

(3) 태괘(兌卦)가 7번까지 변하면 귀혼괘(歸魂卦)로 귀매괘(歸妹卦)가 된다. 정축년에 정생인(丁生人)이 득복한다.

(4) 묘일계(昴日雞)가 관리하는 국이다. 이 산이 묘(昴) 6°~필(畢) 1°까지 목도(木度)로 내룡입로(來龍入路)하면 기유토산(己酉土山)이 목도(木度)로부터 극을 받으니 흉함이 당연하다. 그러나 기유(己酉) 자체의 납음(納音)은 토이지만 태산(兌山)의 정오행(正五行)으로는 금(金)이니 목도(木度)는 재백궁이 되어 반대로 길한 것으로 반전된다고 한다. 이때는 반드시 용(龍)이 참되고 혈(穴)이 확실함을 요하니 주(主)는 공경(公卿)과 장상(將相)이 나오며 또한 태(兌)는 육수지성(六秀之星)이며 천(天)에서는 탐랑이요, 지(地)에서는 무곡에 해당되며, 묘(昴)는 또 정유(正酉)에 위치하는 성수(星宿)이기도 하지만 일계(日雞)는 또한 음중(陰中)의 물(物)이기 때문이다.

현녀(玄女)가 말하기를, 「기유산하(己酉山下)에 다공경(多公卿)이라 하였으니 세대로 관반(官班)에 들며 백자천손이 부귀하는 대단히 좋은 혈이다」하였다. 또 출인(出人)이 장수하니 대개 필도(畢度)는 유좌(酉坐)에게는 이로운 도수이기 때문이다. 묘(昴) 6°~필(畢) 11°까지 수도(水度)에서는 재백이 되지만 기유토산(己酉土山)에서도 다시 살게 되는 것은 태금(兌金)이 인수(印綬)가 되기 때문이다. 그래서 주는 발재하고 부귀하며 장수까지 많은 복을 받게 된다.

만약 심수토도(心宿土度)중으로 고봉(高峰)이 수려하게 비춰주면 이는 금성(金星)이 입국(入局)하는 혈이라 하여 재물은 물론 부귀쌍전하고 세대로 주자관복을 입는 자가 배출된다.

　좌혈에 이로운 것으로는 묘(昴) 1°~4°까지 토도(土度)로 입국(入局)한 것이니 앞에서와 같이 길하다. 또 좌가 이로운 것으로는 위(胃) 9°~14°까지 금성(金星)이 입묘(入廟)하는 도수(度數)이니 복덕좌(福德坐)가 된다. 주로 등과하여 공경의 벼슬이 나오는데 먼저는 중소(中小)방이 발하고 뒤에 장(長)방이 길하다. 또 이로운 좌는 묘(昴) 3°~5°까지 토도(土度)인데 역시 토성입국(土星入局)이라 하여 공경의 벼슬이 나온다. 이는 세대를 이어가며 복록을 누리는 길한 도수(度數)이다.

　만약 좌가 누수도(婁宿度)의 금수토도(金水土度)중으로 된다면 부는 만족하게 할 수 있지만 조금 지나면 주는 반드시 재앙이 발생하는데 형상(刑傷), 악사(惡死) 등이 나타난다.

　이는 양도살(羊刀煞)을 범했기 때문에 비록 의식이 있는 중이라도 관재로 패산하고 노사(路死)의 환란을 면할 길이 없다. 대저 묘일계(昴日雞)는 누금(婁金)에게 구속되는 것이기 때문이다. 또 좌가 위(胃) 9°~묘(昴) 6°까지 금토도(金土度)중에서 된다면 대(大) 부귀혈이 되어 관이 1품에까지 이른다.

　또 마땅한 좌는 규(奎) 2°~8°까지 화도(火度)중으로 된 것이니 인수(印綬)가 되니 역시 상길(上吉)이다. 좌가 누(婁) 2°~7°까지 금도(金度)가 되는 것은 역시 복덕궁좌(福德宮坐)가 되어 길하다. 또 좌가 필(畢) 2°~6°까지 화도중으로 된 것은 비록 기유토본산(己酉土本山)을 생하는 것은 되지만 또 한편으로는 태궁(兌宮)에서는 금궁(金宮)이므로 화염을 싫어하기 때문에 곧바로 손상된다.

　이 도수(度數)로는 기유투지룡(己酉透地龍)은 생을 받고 본궁(本宮)에서는 극을 받으니 길흉이 상반된다고 할 수 있으며 형상(刑傷), 소망(少亡), 고과, 절패 등을 면할 수 없으며 또 장중방에서는 도박과 주색잡기로 망하기도 하고 가업을 소진시킨다. 단지 일발(一發)만이 있을 뿐이다.

좌가 필(畢) 7°~12°까지 수도(水度)는 재백궁이니 크게 발재하여 부귀한다. 좌가 정(井) 11°~15°까지 화도(火度)로 되면 역시 부귀 왕인(旺人)하고 세대를 넘기며 오래도 가고 관록도 높아진다.

기(忌)하는 나쁜 좌는 필(畢) 6°~7°로 수화(水火)관살을 범하는 것이니 흉하다.

(5) 유신(流神)이 마땅한 바는 벽수도(壁水度)중으로 내거(來去)하면 장원(壯元)이 나오고 여러 아들이 모두 부귀는 물론 장수도 하며 벼슬길도 함께 한다. 미(尾) 5°~10°까지로는 내거 간에 모두 길수(吉水)가 된다. 기도(箕度)중으로는 내거 간에 모두 흉하다. 방심미토수금도(房心尾土水金度)중으로는 거수(去水)이어야 관록인이 나오고 내수(來水)하면 평상에서도 재물은 발한다. 항각도(亢角度)중으로는 내거 간에 모두 흉함이 크다. 익토수금화도(翌土水金火度)중으로 내거하는 수(水)는 주로 부귀한다.

오직 꺼리는 수는 목도(木度)중으로 내거하는 수이니 대흉하다. 그러나 수가 누금(婁金)으로 흐르는 것은 거수(去水)라도 귀발(貴發)하는 물(物)이다.

◆ 신유목산(辛酉木山) = 칠유삼신룡(七酉三辛龍)

```
三奇 = 乙五 丙六 丁七
金水日月(四吉) = 離9宮
휴6. 자2. 부41. 재무. 관1.
28宿 = 觜火. 省象 = 猴
```

	履卦	土宮	艮九宮
兄	戌壬	―	匕 離
子	申壬	―	世 句 坤
父	午壬	―	朱 巽
兄	丑丁	--	靑 離
官	卯丁	―	應 玄 坎
父	巳丁	―	白 坤

(1) [詩]

천직룡궁녹위숭(天職龍宮祿位崇) ; 천직 용궁이니 녹위가 높다.

위관필정지삼공(爲官必定至三公) ; 벼슬이면 반드시 삼공에까지 이르리라.

금자영문가업성(金紫盈門家業盛) ; 금자 도포가 가문을 메우고 가업도 융성하다.

전원육축자흥륭(田園六畜自興隆) ; 전원이든 육축이든 저절로 흥성하리라.

(2) [특징]

이 산은 부귀쌍전하는 곳이며 가운데 아들이 대발하는 곳이며, 장소방

(長少房)에도 해마다 녹이 더해가는 길지이다.

　(3) 간괘(艮卦)가 5효까지 변해 올라가면 복괘(復卦)가 되는데 병자(丙子)년에 임갑생(壬甲生)이 획복한다.

　(4) 항금룡(亢金龍)이 관리하는 국이다. 그 산이 묘(昴) 1°~5°중으로 내맥입수(來脉入首)하면 재백궁이 되어 主는 크게 발복하여 부귀를 대대로 연결하며 수명도 길다.

　좌가 기유토도(己酉土度)에 의지하고 방수(防水)도 좌혈과 함께 되고, 또 대수(大水)의 근원과 소수구(小水口)를 보아 이 도수(度數)로 내거하면 대흉하다. (*이곳은 원문에 다소 의심이 가고 난해함.)

　(5) 유신(流神)이 마땅히 벽도(壁度)중으로 거수(去水)하면 장원대부(狀元大富)가 나오고 모든 아들이 함께 부귀한다. 오랫동안 부절(不絶)한다. 미수수토도(尾水水土度)중으로는 내거 간에 길리(吉利)하다. 방심수토도(房心水土度)중으로 거하는 것은 관록이 나오고 대부귀하며 발복도 크다. 항목도(亢木度)중으로는 내거 간에 모두 흉수(凶水)가 된다. 익수토도(翌宿土度)중으로 거수(去水)함은 부귀가 나온다.

　오직 꺼리는 수는 기도(箕度)중으로 내거하는 것이며, 아울러 여러 금도(金度)중으로 흐르는 수는 내거 간에 대흉하다.

◆갑술화산(甲戌火山)=칠신삼유룡(七辛三酉龍)

```
三奇=乙四 丙五 丁六
金水日月(四吉)=艮8宮
휴1. 자7. 부28. 재9. 관4.
28宿=室火. 肖象=猪
```

兌卦	金宮	九宮
父 未丁 --	世	玄 坤
兄 酉丁 -		白 乾
子 亥丁 -		匕 兌
父 丑丁 --	應	句 艮
才 卯丁 -		朱 離
官 巳丁 -		靑 巽

(1) 〔詩〕

천미룡궁복일영(天尾龍宮福日迎) ; 천미 용궁은 나날이 복을 맞이함이니,

일후아손활계성(日後兒孫活計成) ; 장후에 아손의 생계가 마음과 같이 이루어지리라.

언무수문개출사(偃武修文皆出仕) ; 독서와 무술을 연마하여 관직으로 나가리라.

수교곡속자풍영(須敎穀粟自豊盈) ; 가르치고 배우니 곡속이 스스로 풍영하리라.

(2). 〔특징〕

이 산은 처음에는 흉하지만 뒤에는 길하고, 먼저 퇴(退)하면 후에는 왕

성하다. 문무 양쪽으로 함께 벼슬이 나오고, 전답을 늘이고 땅문서와 창고를 많이 가지며, 이름이 천리까지 날리며 장중(長中)방이 대왕하다.

(3) 태괘(兌卦)의 납간(納干)이니 정년(丁年)에 정생(丁生)이 득복한다.

(4) 허일서(虛日鼠)가 관리하는 국이다. 그 산이 위(胃) 9°~14° 사이로 내룡입로(來龍入路)하면 재백궁이 되어 주(主)는 발재를 크게 하고 아울러 승도재물(僧道財物)을 크게 득하기도 하며, 벼슬은 원외(圓外)직으로는 가장 크게 나올 수 있으니 원외랑(員外郎), 급련대부(給練大夫) 등이 그것이며 공도 높고 수명도 후박하고 세대로 흥륭하다. 병술(丙戌) 경계 쪽으로도 역시 길하다.

(5) 유신이 마땅한 바는 벽귀(壁鬼) 화도(火度)중으로 거수하는 것이니 관록이 크게 나오는데 장원급제하고 재상까지 된다. 여러 아들이 모두 함께 길하다. 이 도수로 내조(來朝)하여도 의식이 족하며 장수도 하고 관록도 나온다. 미화도(尾火度)중으로는 내거 간에 모두 길하며 기도(箕度)는 수(水)이니 대흉이다. 방심수(房心宿)의 수도중으로 거수하는 것도 관록을 먹게 되며 대부(大富)도 함께 하고 내조하는 것도 발복한다.

각항수(角亢宿)의 목도(木度)중으로 내거하는 것도 부귀한다. 마땅히 간인갑산(艮寅甲山)이라면 관록이 크다. 위(胃) 7°~9°중에서는 신유목위(辛酉木位)가 되니 이곳에 산고수조(山高秀朝)한다면 주(主)는 대 부귀를 하고 대관이 나온다. 규(奎) 2°~8°중으로 산이 높고 출조(出朝)하면 낭(郎) 정도의 직이 나오고, 실(室) 1°~7°중으로도 복덕궁(福德宮)이 되므로 역시 관록이 나오며 이 방에 산이 아름답고 수가 내조하면 더욱 좋다. 이 모두 부귀하는 대길방(大吉方)이다.

오직 꺼리는 수는 수도(水度)중으로 내거함이니 대흉이기 때문이다.

◆ 병술토산(丙戌土山)＝정신룡(正辛龍)

```
三奇＝乙一 丙二 丁三
金水日月(四吉)＝中5宮
휴6. 자1. 부19. 재무. 관6.
28宿＝觜火. 肖象＝猴
```

履卦	土宮		九宮
兄 戌壬	―		靑 坤
子 申壬	―	世	玄 坎
父 午壬	―		白 離
兄 丑丁	--		匕 坤
官 卯丁	―	應	句 乾
父 巳丁	―		朱 坎

(1) [詩]

천고지산길유여(天庫之山吉有餘) ; 천고 산이므로 길함이 유여하다.

장전육축만향려(庄田六畜滿鄕閭) ; 장전 육축으로 고을을 가득 채운다.

횡재진입내시이(橫財進入來時易) ; 횡재로 진입하니 때가 빠르고 쉽다.

종차가성장제경(從此家聲壯帝京) ; 이를 좇아 집안의 소리가 임금에게까지 미친다.

(2) [특징]

이 산은 주로 적국부귀(敵國富貴)이니 크게 왕성하고, 크게 이롭다.

(3) 간괘(艮卦)가 5차례 변하여 이괘(履卦)가 된 것이다. 병자년에 임(壬) 갑(甲) 생인이 발복한다.

(4) 귀금양(鬼金羊)이 관리하는 국이다. 이 산이 위(胃) 4°~8°까지 토도(土度)중으로 내룡입로(來龍入路)한 것은 토성입국(土星入局)이니 갑술산(甲戌山)이기도 하다. 이는 모두 대길로 함께 논할 수 있다.

마땅한 좌는 규(奎) 2°~8°까지 화도(火度)이니 인수(印綬)가 되어 관록과 부귀가 크게 나온다. 위수(胃宿)의 금도(金度)중으로 좌혈(坐穴)이 된 것은 복덕궁(福德宮)이니 길(吉)하고 묘수토도(昴宿土度)중으로 된 것도 비화(比和)가 되어 부귀하고 관록도 나오며 매우 길리(吉利)하다. 또 좌가 누(婁) 9°~위(胃) 3°까지 수도(水度)가 되는 것도 主는 부귀하며 갑술산(甲戌山)과 함께 동위이니 길한 것으로 친다. 이 산에서 좌혈이 되면 심히 마땅한 것이어서 부귀를 유구하게 이어나간다.

(5) 유신(流神)은 마땅히 귀벽도(鬼壁度)중으로 거수하여야 장원과 재상이 배출되고 여러 아들이 골고루 발복하고 관록과 수명을 함께 누린다. 미수도(尾水度)로 거수하는 것은 흉하며, 방심수토도(房心水土度)중으로 거하는 것은 관록이 나오고 부귀하며, 임자계건해방(壬子癸乾亥方)으로 내수하여 갑인묘방(甲寅卯方)으로 거하는 것은 관록이 나오는 데 끊임이 없다.

오직 꺼리는 수(水)는 목도(木度)중으로 내거하는 수이니 대흉하기 때문이다.

◆ 무술목산(戊戌木山)＝오신오술룡(五辛五戌龍)

```
三奇＝乙七 丙八 丁九
金水日月(四吉)＝坤2離9.
휴6. 자7. 부67. 재3.9.6.9. 관31.
28宿＝箕. 肖象＝豹
```

	履卦	土宮	九宮
兄	戌壬 ―		朱 坤
子	申壬 ―	世	靑 兌
父	午壬 ―		玄 乾
兄	丑丁 --		白 坤
官	卯丁 ―	應	匕 震
父	巳丁 ―		句 兌

(1) 〔詩〕

유룡신탕주풍성(遊龍神蕩主風聲) ; 유용신은 방탕을 주장하니 음란한 소문을 낸다.

남측위노여기진(男則爲奴女妓眞) ; 남자는 노비요 여인은 기녀가 된다.

임니가재다백만(任你家財多百萬) ; 그 집안의 재물은 백만을 헤아린다.

아손불구수난신(兒孫不久受難辛) ; 아손들이 머지않아 어려움을 당한다.

(2) 〔특징〕

이 산은 용신(龍身)이 병들어 유탕(遊蕩)하고 파가(破家)하며 관재형상하며 장방에는 더욱 흉하고 중소방은 근근이 평상을 유지한다.

(3) 간괘(艮卦)가 다섯 차례를 변하여 이괘(履卦)가 된 것이니 병자(丙

子)년에 임(壬)생인이 득복한다.

(4) 기수표(箕水豹)가 관리하는 국이다. 이 산이 누(婁) 9°~위(胃) 3° 까지 수도(水度)중으로 내룡입로(來龍入路)하는 것은 인수(印綬)이니 길하다.

현녀가 말하기를, 「무술목산(戊戌木山)은 누(婁) 2°, 3°와 위(胃) 3°, 4° 로 내입(來入)하면 관살을 범함이다」하였다. 이를 이름하여 팔풍살혈(八風煞穴)이라 하는데 主는 질병과, 음란한 소문과 문둥병 등 악질적인 질병이 끊임없이 나타나며 관재, 자살 등의 고통이 따른다.

만약 내룡이 좋고 혈이 확실하면 1대 동안은 의식이 풍족하나 2대에서 3대로 연결시키지 못하고 큰 풍화(風火)를 나타낸다. 남의 방을 드나들고 절손하며 문둥병, 정신병 등도 나타난다. 장방(長房)이 먼저 패하고 손상(損傷)되며, 중소(中少)방도 고질병과 불구자가 나타나고 결국은 패한다.

먼저 나타나는 현상은 조수가 밀려올 때처럼 걷잡을 수 없고, 뒤에 나타나는 것은 조수가 빠져나가는 것처럼 정신을 못 차리게 한다. 그리고 다시 여러 가지 괴질과 산액이 나타나고 집을 나간 사람이 돌아오질 않으니 결국은 쇠패하게 된다. 경술(庚戌)의 경계를 침범하는 것은 길하다.

(5) 유신(流神)은 마땅히 참정목수도(參井木水度)중으로 내거(來去)해야 길하고, 저(氐) 9°중으로는 내거 간에 반길(半吉)하다. 마땅치 못한 수는 장류(長流)나 단류(短流)나 저(氐) 6°~7°를 쫓아서 나가는 것은 역시 좋다고 할 수 없다. 기수도(箕宿度)로 거수(去水)함은 복덕이니 역시 관록이 나오는 수이나 교활하고 간계가 많은 관리가 된다. 그러나 자손에게

다병(多病)하고 편안함이 길게 가지는 않는다.

또 마땅한 수는 벽위도(壁危度)중으로 거수하는 것은 평선(平善)하고 내조하는 것은 불길하다. 진술생인(辰戌生人)이 대흉하고 축미생인(丑未生人)은 다음으로 나쁘다. 이는 산이 나쁘기 때문이다. 그러나 만약 혈과 용이 주밀하고 좋다면 소부(小富)는 나올 수 있지만 마침내는 패절하고 마는 대흉룡이다.

◆ 경술금산(庚戌金山) = 정술룡(正戌龍)

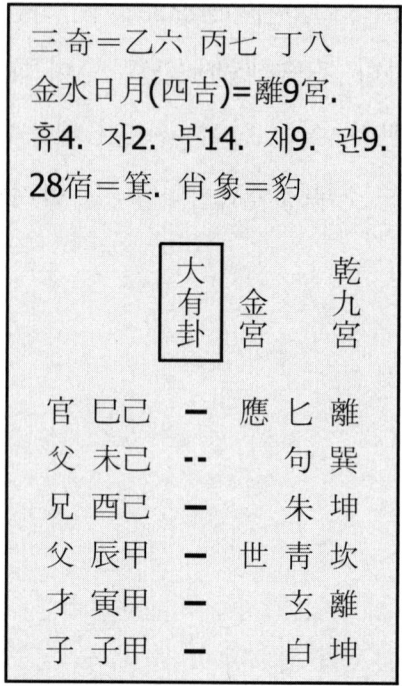

(1) [詩]

금장룡신좌고여(金藏龍神坐庫餘) ; 금장 용신이니 좌에 창고가 유여하다.

갱겸자식입중서(更兼子息入中書) ; 다시 자식들이 중서에 든다.

타년급제조금궐(他年及第朝金闕) ; 어느 해에 급제하여 금궐에서 조회(朝會)한다.

부귀전장편리간(富貴田庄遍里間) ; 부귀전장이 수십 리에 이른다.

(2) [특징]

이 산에서는 대대로 부귀하고 장원과 급제가 이어지며 전장(田庄)과 소와 말이 왕성하며 장손이 잘된다.

(3) 건괘(乾卦)가 7번을 변하면 내괘 세효가 한꺼번에 변하게 되니 귀

혼괘(歸魂卦) 대유(大有)괘가 된다. 3효의 갑진(甲辰)년에 갑(甲)기(己) 명인(命人)이 획복한다.

(4) 필월오(畢月烏)가 관리하는 국이다. 이 산은 내룡(來龍)의 태도가 분명하면 능히 고관벼슬이 나와 대귀하는 곳이다. 누(婁) 2°~8°로 내룡입수(來龍入首)하면 진룡(眞龍)의 금도(金度)를 받은 것이니 主는 대부귀한다. 공경이 나오고 왕후도 나온다. 만약 소, 개, 사자 등 짐승의 면견형지유상(眠犬形之乳上)형을 갖추었을 때 그 유상혈(乳上穴)이 되었을 때는 참된 것으로 대귀혈(大貴穴)이 된다.

이로운 좌는 위(胃) 3°~8°중으로 되었을 때는 부귀출관(富貴出官)하며, 또 규(奎) 7°~12°까지는 재백이니 길하다. 또 규(奎) 1°~6°까지 화도상(火度上)으로 좌가 되면 흉하다. 만약 규(奎) 14°, 17°에서 누(婁) 2°까지 화도(火度)중으로 좌가 되었다면 본산을 반극(反剋)하므로 대흉하다. 뒤에 가서 반드시 절손하고 패절한다.

(5) 유신(流神)은 마땅히 참정목금수도(參井木金水度)중으로 내거하면 길하다. 저항도(氐亢度)중으로는 내(來)하면 나쁘고, 거(去)하면 무방하다. 내거(來去) 간에 장방(長房)은 흉하다. 저(氐) 6°~7°중으로 거수하는 것은 부귀가 끊임없이 나온다. 기도(箕度)중으로는 거하면 삼공(三公)의 벼슬과 대부(大夫)의 벼슬이 나오는데 내수는 반길(半吉)이다. 허위실도(虛危室度)중으로는 대부귀가 나오며 세 아들 모두가 균발한다.

가장 꺼리는 수(水)는 여러 화도(火度)중으로 내거하는 것이니 대흉하다.

◆ 임술수산(壬戌水山) = 칠술삼건룡(七戌三乾龍)

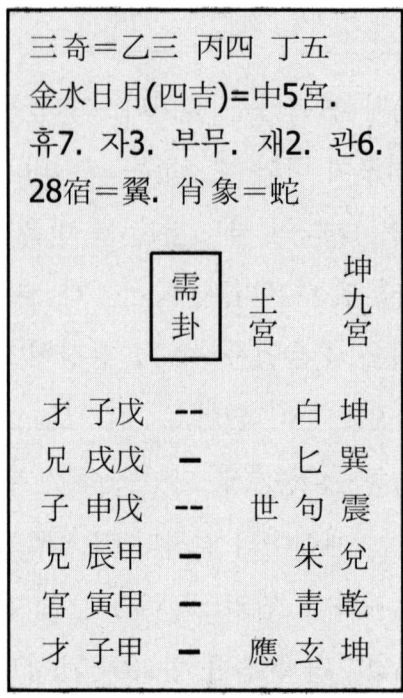

(1) [詩]

인고지룡과약하(印庫之龍果若何) ; 인고지용은 과연 어떠한가?

아손급제갱고과(兒孫及第更高科) ; 아손이 급제하고 고과에 오른다.

전재적고다금옥(錢財積庫多金玉) ; 창고에 전재(錢財)를 쌓아두고 금옥 또한 많다.

관직청초표조과(官職淸超表詔過) ; 관직이 맑고 조서를 작성하고 내린다.

(2) [특징]

이 산은 부귀현달하고 장손이 대왕한다.

(3) 곤괘(坤卦)의 유혼괘(遊魂卦)이다. 6번을 변하고는 상효로 가지 아니하고 토보하며 수괘(需卦)를 만든다. 계축년에 무명인이 획복한다.

(4) 저토학(氐土貉)이 관리하는 국이다. 이 산이 규(奎) 16°~누(婁) 2°중으로 내룡입로(來龍入路)한 것은 주(主)에게 발복과 관록이 나게 하며, 전답을 많이 갖게 한다. 규(奎) 14°~15°로 내룡하면 정경술룡(正庚戌龍)이니 좋으나 경술(庚戌)과 무술(戊戌) 두 경계를 걸터앉으면 「오헌절문살(五憲絶門煞)」을 범했다 하여 주는 패절한다. 이는 차착공망이기도 하다. 그러나 을해 경계를 가까이하는 것은 해롭지 아니하다.

(5) 유신(流神)이 마땅히 참정도(參井度)중으로 내거하여야 길하며 길게 흐르는 것이 보이는 것은 불가하다. 길게 흐르면 파재 패절하기 때문이다. 만약 횡으로 흘러 지나가는 것은 장류(長流)하더라도 해롭지 아니하다. 저(氐) 6°, 7°내로는 내거 간에 길하다. 기미도(箕尾度)중으로는 거하는 것이 좋아서 부귀할 수 있으며 세 아들 모두 고르게 발복한다. 이상과 맞는 것은 길하지만 이상과 같지 아니한 물은 모두 흉하다.

◆ 을해화산(乙亥火山) = 삼술칠건룡(三戌七乾龍)

```
三奇 = 乙四 丙五 丁六
金水日月(四吉) = 兌7宮
휴4. 자3. 부28. 재7. 관7.
28宿 = 箕. 肖象 = 豹
```

大有卦	金宮		九宮
官 巳己	─	應 玄	兌
父 未己	╌	白	坤 震
兄 酉己	─	匕	震
父 辰甲	─	世 句	艮
才 寅甲	─	朱	兌
子 子甲	─	靑	震

(1) [詩]

천형지위주형상(天刑之位主刑傷) ; 천형지위의 용이니 형상을 주재한다.

패절아손견혈광(敗絶兒孫見血光) ; 패절하여 아손의 혈광을 보리라.

종유량전관극현(縱有良田官極顯) ; 비록 좋은 땅이 있을지라도 관송으로 없어지고,

야수빈패주리향(也須貧敗主離鄕) ; 반드시 패절하여 가난하고 고향까지 떠나리라.

(2) [특징]

이 산에서는 형옥(刑獄)을 불러들인다. 소송으로 패절하고 자손이 고질병에 시달리며 음란한 소문도 듣는다. 세 아들 모두에게 흉하다.

(3) 건괘(乾卦)의 귀혼괘(歸魂卦)이다. 갑진년에 갑명인이 발달한다.

(4). 위월연(危月燕)이 관리하는 국이다. 이 산이 규(奎) 16°로 내(來)하면 차착공망을 범하게 되어 용이 좋다고 하더라도 불길하다. 멸문을 주장한다.

만약 규(奎) 9°~14°중으로 내룡입수(來龍入首)하면 목도(木度)으로 목생화(木生化)하여 인수국이니 主는 부귀하고 자손도 왕성하다. 고관이 배출되고 녹(祿)이 후중하다.

만약 술건(戌乾)으로 입혈(入穴)하거나 진손(辰巽)을 만나면 쌍진수(双辰水)가 되어 자손은 패절하고 파재(破財)하고 소망(少亡)한다. 규(奎) 10°~13°까지는 관살과 차착공망이 되므로 이를 범하면 대흉이고 절손한다.

(5) 유신(流神)이 참정금목화도(參井金木火度)중으로 내거하는 것은 길한데 먼저는 소방(少房)이 발하고, 뒤에는 장방(長房)이 대길하다. 이 도수(度數)로 거수하는 것은 평선하다. 장화도(張火度)중으로는 내수가 흉하고 거수는 길하다. 진각금도(軫角金度)중으로는 내거 간에 고관이 나오고 부귀하며 크게 발달한다.

각항도(角亢度)중으로는 내수(來水)가 흉하고 거수는 평선(平善)하다. 곧게 빠져나가거나 횡(橫)으로 흐르는 것은 해롭지 아니하다. 항도(亢度)중으로는 거수여야 부귀하고, 저화도(氐火度)중으로는 내거 간에 부귀하다. 기(箕) 1°~두(斗) 18°중으로는 주인에게 세대로 관록을 먹게 하는 수이다. 끊임없이 관록이 나온다. 이 수는 극히 장원(長遠)할수록 대길(大吉)하다.

오직 꺼리는 수는 수도(水度)중으로 내거하는 수이니 대흉이기 때문이다.

◆ 정해토산(丁亥土山)=정건룡(正乾龍)

```
三奇=乙一 丙二 丁三
金水日月(四吉)=離9宮
휴2. 자7. 부3. 재9. 관4.
28宿=箕水. 肖象=豹
```

大壯卦	土宮	九宮
兄 戌庚 --		青 艮
子 申庚 --		玄 兌
父 午庚 —	世	白 震
兄 辰甲 —		匕 坤
官 寅甲 —		句 巽
才 子甲 —	應	朱 離

(1) [詩]

용호천관입묘궁(龍虎天官入廟宮) ; 용호 천관이 묘궁에 드니
아손세대부무궁(兒孫世代富無窮) ; 아손이 세대로 부를 함이 무궁하리라.
독서유망등과갑(讀書有望登科甲) ; 독서 또한 유망하여 과갑에 오른다.
산업인정복수숭(産業人丁福壽崇) ; 산업인이라도 장정과 수복이 무궁하리라.

(2) [특징]

　이 산은 묘를 쓴 후 인정이 대왕하고 백 번 시도 백 번을 적중시키며 관록이 나오고 재물과 우마(牛馬)가 왕성하고 부귀한다. 세 아들 모두가 고르게 발복한다.

(3) 곤괘(坤卦)가 네 번을 변하여 대장괘(大壯卦)가 된 것이다. 계축년에 경생인이 발복한다.

(4) 유토(柳土)가 장(獐)으로 관리하는 국이다. 이 산이 규(奎) 7°~12°인 화도(火度)중으로 내입하면 인수(印綬)가 되어 주(主)는 부귀쌍전한다. 이로운 좌는 위(胃) 3°~8°까지 토도(土度)중으로 입국한 것이니 먼저 중소(中少)방에서 발복하지만 뒤에 바로 장손도 함께 발복한다. 양기성(陽機星)이므로 상쾌한 부귀를 주장한다.

기(忌)하는 좌는 규(奎) 9°~12°까지 목도(木度)의 산(山)이니 목산(木山)을 목(木)이 극하므로 흉하다. 이때는 비록 부귀를 한다고 하더라도 상(傷), 망(亡), 재패(財敗) 등이 따르기 때문이다. 이로운 좌는 또 규(奎) 2°~7°까지 화도(火度)이니 인수가 되어 세대를 이어가며 길리(吉利)하다. 또 길리(吉利)한 좌는 벽(壁) 6°~규(奎) 2°까지 토도(土度)로 입국한 것이니 관록이 크게 나온다. 또 이로운 좌는 규(奎) 1°~5°까지이니 재백궁이 되어 먼저 장중(長中)방이 발하고 다음으로 소방(少房)이 발한다. (이의 度數는 火度이나 재백이라 한 것은 奎宿가 본시 水이기 때문이다)

기(忌)하는 좌는 실(室) 11°~16°까지 목도(木度)이니 본산(本山)을 극하므로 귀혈(鬼穴)이 되므로, 비록 부귀가 나오더라도 여러 재난과 흉사가 따르기 때문에 해롭지만 대해(大害)는 아니다. 이로운 좌는 위(危) 15°~실(室) 5°까지 화도(火度)와 실(室) 5°~10°까지 금도(金度)이니 인수와 복덕궁이 되기 때문에 부귀한다. 먼저 장손이 발복하고 뒤에 중방이 함께 발복하는 길좌(吉坐)이다.

기하는 좌는 실(室) 4°~5°를 함께 범한 것이니 금화(金火)관살이 되어 흉하다. 부인이 집을 나가고, 산망(産亡)하고 재액을 당한다. 또 기하는 좌가 있으니 위(危) 14°~15°까지 수화(水火)관살을 범하는 것인데 주는 흉함이 발복한 후에 따른다. 이로운 좌는 위(危) 5°~10°까지 금도(金度)이니 복덕이기 때문에 주는 부귀하고 길함이 많다.

또 이로운 좌는 위(危) 11°~15°도까지 수도(水度)이니 재백궁이 되어 먼저는 부하고 뒤에 귀가 따라 나온다. 또 기하는 좌는 위(危) 14°~15°중으로 된 것이니 차착공망이 되기 때문이다.

또 기(忌)하는 좌는 위(危) 4°~5°중으로 금목(金木)관살을 범하는 것이니 흉하다. 또 기하는 좌는 위(危) 1°~4°까지 목도(木度)이니 귀혈이 되기 때문이다. 현녀(玄女)가 말하기를,「정해토산(丁亥土山)은 비록 좌가 목도(木度)라도 반대로 재물로 하며 귀살(鬼煞)로 보지 않는 것이다」함은 이 혈이 오래된 후에는 부귀와 관록이 나오기 때문이다.

기(忌)하는 좌는 허(虛) 9°로 된 것이니 차착공망을 범하였기 때문에 主는 성을 바꾸고 패절한다. 또 기하는 좌는 허(虛) 8°~9°로 된 것이니 토목(土木)관살을 범하기 때문이다. 이로운 좌는 여(女) 9°~허(虛) 2°인 수도(水度)이니 재백이 되어 선부후귀(先富後貴)한다. 이로운 좌는 허(虛) 3°~8°까지 토도(土度)로 된 것이니 主는 관록 부귀한다. 이로운 좌는 두(斗) 15°~19°까지 화도이니 인수가 되어 主는 부귀하고 나아가 등과도 한다.

(5) 유신(流神)은 각목도(角木度)중으로 내(來)하는 것은 흉하고 거하는 것은 반길(半吉)하다. 또 곧게 쏘고 오는 것도 대흉하다. 항저화도(亢氐火度)중으로는 내거 간에 길하여 선부후귀한다. 먼저 소방(少房)이 발하고 뒤에 장손도 함께 발한다. 세록(世祿)이 끊이지 않는 수법(水法)이다. 기(箕) 1°~두(斗) 18°중으로 거수하는 것은 대관수(大官水)가 되어 백세를 부귀창성한다. 이와 반대면 흉하다.

◆ 기해목산(己亥木山) = 오건오해룡(五乾五亥龍)

```
三奇＝乙一 丙二 丁三
金水日月(四吉)＝巽4宮
휴8. 자3. 부무. 재49. 관4.
28宿＝尾火.  肖象＝虎
```

夬卦		土宮	九宮
兄 未丁	--	句	坤
子 酉丁	-	世 朱	震
才 亥丁	-	青	巽
兄 辰甲	-	玄	坤
官 寅甲	-	應 白	巽
才 子甲	-	匕	離

(1) 〔詩〕

주복룡가종(主福龍可從) ; 복룡을 주장하니 용이 가하면 좇을 수 있다.

일대절근지(一代絶根枝) ; 일대는 뿌리에서 가까운 가지이니

삼순가창성(三旬家昌盛) ; 30년까지는 가문을 창성케 할 수 있다.

일후견류이(日後見流移) ; 그 다음에는 물의 흐름을 보아라.

(2) 〔특징〕

이 산에는 묘를 쓰기에 마땅치 않으니 초년에만 업무에 발전을 하다가 뒤에는 반드시 패절하는데 온화(瘟火)의 액이 있다.

(3) 곤괘(坤卦)가 다섯 번을 변하여 올리면 쾌괘(夬卦)가된다. 계해(癸亥)년에 정명인(丁命人)이 득복한다.

(4) 두목해(斗木獬)가 관리하는 국이다. 이 산이 벽(壁) 6°~규(奎) 1°까지 토도(土度)로 내입(來入)하면 재백(財帛)이 되는데 재물과 전답을 크게 늘리고 부귀를 하며 인정이 왕성하다.

현녀가 말하기를, 「차착(差錯)을 범하면 主는 뒤에 반드시 성을 바꾸게 되고 진사(進舍)하게 되며, 다리병신이 되고 소망(少亡), 낙타등, 악질, 괴질 등의 해가 있으며, 잘못 태어난 자식을 기르기도 하고, 가운데 자식이 일찍 죽고, 풍병과 고향을 등지고, 음란한 풍문을 뿌린다」고 하였다.

장자(長子)는 다소의 부는 하다가도 뒤에는 반드시 표류한다. 이러한 일이 나타나는 것은 용 자체가 병룡(病龍)이기 때문이다. 어떠한 병룡이든 한번 발복한 다음에는 바로 패절하는데 만약 패절하지 않는다면 절손한다. 이 용은 서북(西北)에 거하며 방위로는 건위(乾位)가 되니 술(戌)과 해(亥) 사이가 된다. 그러므로 그 정(正)을 득하지 못하였으므로 극제(剋制)함에 대책이 없어 흉룡이 된다.

(5) 유신(流神)은 잠시는 좋다고 할 수 있을지라도 해결할 수 있는 방법이 없어 결국은 패절하게 된다. 벽(壁) 6°로 내거하면 잠시 영화를 얻을 수 있으나 그 후로는 대흉하다.

◆ 신해금산(辛亥金山) = 정해룡(正亥龍)

```
三奇 = 乙六 丙七 丁八
金水日月(四吉) = 離9宮
휴3. 자2. 부무. 재29. 관9.
28宿 = 箕. 肖象 = 豹
```

泰卦	土宮		九宮
子 酉癸	--	應	匕 坤
才 亥癸	--	句	離
兄 丑癸	--	朱	坎
兄 辰甲	―	世 青	坎
官 寅甲	―	玄	離
才 子甲	―	白	坤

(1) 〔詩〕

신해금룡귀불경(辛亥金龍貴不經) ; 신해 금용은 귀가 가볍지 아니함이니,

세인우차총영창(世人遇此寵榮昌) ; 세인이 이를 만나면 영창용이라고 가장 좋아한다.

계세영화발상품(繼世榮華發上品) ; 대대로 상품 벼슬에 드는 영화를 이어 가리라.

만대공전옹전성(萬代攻戰擁磚城) ; 전쟁을 만나도 만대로 철옹성을 지켜 가리라.

(2) 〔특징〕

이 산은 주로 부귀할 수 있는 곳이다. 만약 구성(九星)이 입묘(入廟)함을 만나면 主는 고급 관리직이 나와 극품(極品)에까지 이르고, 돈과 곡식

을 천 개의 창고와 만 개의 상자 속에 가득 채우니 무엇이 더 부러우리오. 자손이 대왕하고 골고루 발전하지만 수화명인(水火命人)이 더욱 길하고 장방도 평선하다. 중요한 것은 용혈이 참돼야 한다.

(3). 곤괘(坤卦)가 세 차례 변하면 건괘(乾卦)가 되어 을묘년에 임(壬)갑(甲) 생인(生人)이 발복한다.

(4) 자화후(觜火猴)가 관리하는 국이다. 만약 실(室) 17°~벽(壁) 5°까지 목도(木度)중으로 내룡입수(來龍入首)한다면 복덕도혈(福德度穴)이니 주는 신선(神仙)이 나오고, 고승(高僧)이 나온다. 대개 신해룡(辛亥龍)은 자미원성(紫微垣星)에 해당하므로 천문(天門)으로부터 발하여 준다.

무릇 이 궁은 천하의 국가 건설에 도읍지로 사용하는 수도의 터가 될 수 있는 대 귀지(貴地)인 것이다. 그러므로 신해내룡(辛亥來龍)은 천문룡(天門龍)이니 혹 신선(神仙), 성인(聖人)이 나오거나 왕후, 경상, 혹 신동 장원 등이 나온다.

또 제좌(帝座)의 위치에 해당하는 운을 탔으므로 능히 발달하여 크게 길게 가며 부귀가 무궁하여 백세를 전하며 빛을 발한다. 마땅한 좌로는 실(室) 5°~10°까지 금성(金星)으로 입국(入局)한 것이니, 주는 부귀 장원하고 신동 진사가 나고 장원급제하여 대를 이어가며 부귀를 누린다. 먼저 장손이 발복하고 뒤에 차손과 지손이 고르게 발복하는데 길혈(吉穴)이 된다.

기(忌)하는 좌는 벽(壁) 5°~6°인 수토(水土)관살을 범하는 것인데 장손이 패절하고 소망함이 된다. 또 기하는 좌(坐)는 규(奎) 2°~8°까지 화도(火度)중으로 된 것이니 본산을 극하여 흉하다. 마땅한 좌는 규(奎) 9°~13°까지 목도(木度)로 된 것이니 재백궁이 되어 主는 먼저 부하고 뒤에는 귀하여 자손이 총명하고 부귀가 오래오래 가는 대길혈이다. 또 기하는 좌는 미(尾) 16°~실(室) 4°까지 화도(火度)로 된 것이니 본산을 극하여 흉하다. 이때는 비록 부귀를 한다고 해도 요망, 고과 등 흉한 일을 대동한다.

이로운 좌는 여(女) 8°~허(虛) 2°까지 수도(水度)로 된 것인데 복덕궁(福德宮)이므로 길하여 소방(少房)을 먼저 발복시킨 후 뒤에 장중방(長中房)까지도 고르게 발복한다. 이 용은 지극히 장원함을 요하니 상지(上地)에서는 왕후가 나오고, 중지(中地)에서는 대부귀하며, 소지(小地)에서는 소부귀(小富貴)한다.

(5) 유신(流神)은 마땅히 위필(胃畢)까지 삼수도(三宿度) 가운데로 내입(來入)하여 조회(朝會)하면 재록(財祿)이 함께 대왕(大旺)하고 여러 아들이 모두 함께 길하다. 유귀성(柳鬼星) 삼수도(三宿度)중으로 내거하는 것도 주는 부귀하며, 익진도(翼軫度)중으로 조입(朝入)하는 것도 재록이 대왕한 수이니 귀가 숭고하게 나타난다. 미두도(尾斗度)중으로 내거하는 것은 관록이 끊이지 않으며, 간위(艮位)의 두수금도(斗宿金度)중으로 내거하는 것도 관록이 나와 세대를 이어가며 끊이지 않는다.

불의(不宜)한 수(水)는 손사방(巽巳方)으로 길게 나가는 수이며, 아울러 여러 종류의 화도(火度)중으로 내거하는 수이니 대흉한 수이기 때문이다.

◆ 계해수산(癸亥水山)=칠해삼임룡(七亥三壬龍)

```
三奇=乙三 丙四 丁五
金水日月(四吉)=中5宮.
휴1. 자2. 부7. 재6. 관2.
28宿=翼. 肖象=蛇
```

乾卦	金宮	九宮
父 戌壬 —	世 白	兌
兄 申壬 —	匕	震
官 午壬 —	句	坤
父 辰甲 —	應 朱	兌
才 寅甲 —	青	乾
子 子甲 —	玄	坤

(1) 〔詩〕

길복지룡대길기(吉福之龍大吉奇) ; 길복 한 용이니 길기가 많다.
부전귀자입중서(富全貴子入中書) ; 부로 온전하고 귀로도 중서에 든다.
구후우조상화지(久後又遭喪禍至) ; 오랜 후엔 상을 만나고 화도 나타난다.
지일영화만사수(指日榮華萬事隨) ; 날마다 영화요 만사가 영화이다.

(2) 〔특징〕

이 산은 처음에는 얻어 볼 것이 없으나 뒤에는 귀가 나와 대대로 가문을 빛낸다. 토명인(土命人)이 식록이 크고, 화명인(火命人)도 뒤를 쫓아 세 아들 모두가 함께 왕성해진다. 전산(田産)과 재록(財祿)에 발전이 있으나 결국은 사기룡(死氣龍)이기 때문에 불길이 온다. 인오술(寅午戌) 삼방

(三方)의 산이 높으면 대흉하다.

 (3) 건괘(乾卦)는 갑(甲)임(壬)을 납(納)하니 갑(甲)임(壬)년에 갑임생(甲壬生)이 득복한다.

 (4) 방일토(房日兔)가 관리하는 국이다. 이 산은 실(室) 10°~11°중으로 내룡입혈(來龍入穴)한다면 차착(差錯)을 범하게 되고 아울러 금토(金木) 관살이 되기 때문에 흉한 것인데, 용이 참되고 혈이 확실하다면 한때 부귀는 할 수 있으나 뒤에는 반드시 절손한다.

장방(長房)이 먼저 패절하고, 남의 방을 드나들고, 고과가 나고, 풍질, 병재(病災) 등이 수반되어 비록 벼슬이 나온다고 하더라도 그 해독을 받아야 하며, 형제간에 흉포한 일이 달리 나타난다. 실(室) 11°~16°까지 목도(木度)중으로 내입한 것은 복덕궁이 되어 역시 主는 부귀하고 관록도 나온다. 관위(官位)가 대부(大夫), 자사(刺史), 조랑(朝郎)까지도 된다.

이로운 좌는 실(室) 1°~5°까지 화도(火度)이니 이는 재백궁이 되어 대부귀하며, 재산이 크게 불어나고, 인정도 왕성하며, 벼슬이 상서(尙書)나 오부(五府)의 위(位)까지도 오르며, 대대로 벼슬길을 물려받으며, 백자천손(百子千孫)이 길고 오래도록 영화를 누린다.

또 이로운 좌는 실(室) 5°~10°사이까지 금도(金度)이니 인수(印綬)가 되어 길하여, 조랑(朝朗)의 벼슬과 중서봉각(中書鳳閣)의 귀가 나오며 세대로 오마지록(五馬之祿)이 끊이지 않는다. 또 이로운 좌는 실(室) 11°~16°까지 목도(木度)이니 자손이기도 하지만 복덕(福德)이 되어 대길하다. 부귀도 할 뿐 아니라 인정(人丁)도 왕성하며, 자손이 고과에 급제하며, 관위(官位)는 삼공 시종(三公侍從)까지도 된다.

기(忌)하는 좌는 벽(壁) 6°~규(奎) 1°까지 토도(土度)이니 주산(主山)을 극하여 살인위(殺人位)가 되며, 소망(少亡), 패절(敗絶), 환성(換姓) 등의 해가 나타난다.

이로운 좌는 규(奎) 7°~8°인 화도(火度)이니 이 경수(經宿)에 합하면 세대로 관록이 나오는데 길게 후손을 이어가는데 이 도수(度數)를 벗어나면 흉하다.

(5) 유신(流神)은 마땅히 필수도(畢宿度)중으로 내거하여야 하며 부귀쌍전함을 주장하기 때문이다. 심도(心度)중으로 거수(去水)하는 것은 관록이 끊어지지 않으며 길함이 많다. 정(井) 28°중으로 거수함은 부귀한다. 무릇 정도(井度)로 흘러 내거하는 것은 왕후와 공경이 나오는 도수(度數)이며 백자천손(百子千孫)이 세대로 길고 멀리 길한 수이다.

두화도(斗火度)중으로 내수함은 발재를 크게 하고 부귀한다. 그러나 거수함은 그만 못하지만 크게 나쁘지는 않다. 장화도(張火度)중으로는 내수함이 대흉하고, 거수함은 반길(半吉)하고 다역(多役)한다. 익화도(翌火度)중으로 거하는 수는 길하다.

계해용혈(癸亥龍穴)에서 수신(水神)은 이에 합하면 길하고, 이에 맞지 않는 것은 흉하다.

* * *

이상 「60룡 투지」를 자세히 열거했다. 대개는 단지 병자순(丙子旬)인 정해(丁亥)까지 12천간의 왕기혈(旺氣穴)과 경자순(庚子旬)인 신해(辛亥)까지 12지지 상기혈(相氣穴)을 합해서 24개 주보혈(珠寶穴)만을 해설하는 데 그치고 있지만 여기에서는 60룡 모두를 실었다.

고성(古聖)이 이르기를, 「장승생기(葬乘生氣)」라 함이 이상의 24위 주보혈만을 가리키는 것이다. 그러나 또 이르기를, 「좌하십분룡(坐下十

分龍)이나 종소전사(縱少前砂)에서도 역부귀(亦富貴)」라 하였음은 24주 보혈 외에서도 발복할 수 있음을 말한 것이다.

무자순(戊子旬)인 기해(己亥)까지와 임자순(壬子旬)인 계해(癸亥)까지와 갑자순(甲子旬)인 을해(乙亥)까지 36룡은 투지로서 고허살요(孤虛殺曜)가 되므로 장(葬)에 지(地)는 있으나 혈이 없는 까닭으로 생략하는 것이 보통인데 필자는 함께 실었다.

성인이 이르기를, 「좌하약무(坐下若無) 진기맥(眞氣脈)이면 전면공첩(前面空疊) 만중산(萬重山)」이라 하였고, 또 이르기를, 「십분장하(十墳葬下)에 구분빈(九坟貧)」이라 한 것 등이 이것이다.

다시 말하거니와 학자들이 힘쓸 것은 삼기(三奇)를 보고 수국(水局)을 정할 것이며, 자부재관(子父財官) 녹마귀인(祿馬貴人)을 보고 길사(吉砂)를 정할 것이며, 금수일월(金水日月)을 보고 좌향(坐向)을 정할 것이며, 오친(五親)은 어떤 곳에 나오는지를 보아 사궁위(砂宮位)를 거두고, 위로 수봉(秀峰)이 있다면 主는 자손이 청준(聽俊)하여 등과급제(登科及第)하고 세대로 부귀할 것이니, 학자는 취용(取用)함이 인반중침(人盤中針)에 있음을 알고 어긋남이 없게 할 것이다.

10) 육방위(六方位)

【원문】山有三八 爲只二四 二四重之 八卦斯是 八卦六爻 爻起渾天 子父財官 劫鬼位馬 故子山高則子孫旺 父山峙則田宅廣 財山聳則金帛盈 官山秀則科甲顯 刼凌則甚鬼欺 傷重更無生剋 此天機妙斷.

剋我者官 我剋者財 生我者父 我生者子 比和者兄弟 自立穴處細觀 若官鬼方高過穴必富貴低小則貧賤 妻財高過穴則妻美奩甚低則不能豊厚 父母

方高則父子和睦低小不睦 兄弟方高則兄弟友愛低小則相仇 五者之外 又有 長生方高旺秀則無疾多壽低則遊蕩多疾色慾　六親人丁看子孫與弟兄之拱 護 官職之大小 看官鬼之高低 此先聖心授之法.

【해설】산유삼팔(山有三八 : 24方)이요, 위지(爲只) 이사(二四 : 八卦)이다. 이사(二四)가 중요한 것이니 8괘가 이것이다. 1괘는 6효이니 효(爻)는 혼천(渾天)으로 일으킨다. 이는 자부재관(子父財官)과 겁귀녹마(劫鬼祿馬)를 관찰한다. 그러므로 자산(子山)이 고(高)하면 자손이 왕(旺)하고, 부산(父山)이 강력(崎)한즉 전택이 광(廣)하고, 재산(財山)이 용(聳)한즉 비단(錦)이 많고, 관산(官山)이 수(秀)한즉 과갑(科甲)이 현명(顯明)하고, 겁살이 능증(劫凌)한즉 속고 사기 치는 일(鬼欺)이 심하고, 상(傷)이 중하면 다시 생극(生剋)이 없음이라. 이것이 천기(天機)의 묘단(妙斷)인 것이다.

극아자(剋我者) 관(官)이요, 아극자(我剋者) 처재(妻財)요, 생아자(生我者) 부모요, 아생자(我生者) 자식이며, 비화자(比和者) 형제이니, 입혈처(立穴處)에서 세밀히 볼 것이다.

만약 관귀방(官鬼方)이 고(高)하면 혈필부귀(穴必富貴)하고 저소(低少)하면 빈천하며, 처재방(妻財方)이 고하면 처미(妻美)하고 염심(奩甚)이나 저소하면 풍후(豊厚)하지 못하며, 부모방(父母方)이 고(高)하면 부자(父子)가 화목하고 저소하면 불목(不睦)이며, 형제방이 고(高)하면 형제의 우애가 깊고 저소하면 상구(相仇)한다.

이 오친 외에 또 장생방(長生方)이 고왕(高旺)하고 수미(秀美)하면 무병장수하며, 저소하면 유탕(遊蕩)하고 다질(多疾)하며 색욕으로 실패한다.

이와 같이 육친인정(六親人丁)으로 자손과 형제의 공호(拱護)와 관귀(官貴)의 대소 고저를 보는 것이 선성(先聖)들의 심수지법(心授之法)이다.

제3절 팔괘 통육십룡(統六十龍) 응칠십이후(應七十二候)

【원문】下六十龍應候遁卦 惟 戊子 己丑 庚寅 辛卯 壬辰 癸巳 甲午 乙未 丙申 丁酉 戊戌 己亥十二龍各有二卦 盖此十二位 正當交界之處 古謂陰陽差錯之龍 乃一半屬前節氣一半屬後節氣 必如此分明白 雖差錯而亦未嘗不有統屬者也.

【해설】 아래 60룡이 72절후에 응하는 도표에서 戊子 己丑 庚寅 辛卯 壬辰 癸巳 甲午 乙未丙申 丁酉 戊戌 己亥까지 12용은 각각 2괘씩이 배속되었는데 이는 정확히 기후의 분계선상에서 음양을 차착(差錯)하고 있기 때문이다. 그러므로 전절(前節) 5분에 해당하는 괘와 후절(後節) 5분에 해당하는 괘를 따로따로 세운 것이다. 이와 같은 경우라도 전후의 기후가 명백하게 분리될 때는 차착이라도 통속(統屬)에 따라 사용할 수 있다.

72절후표

팔괘(八卦)	72후(候)	60투지와 배괘
감궁(坎宮)	대설(大雪)	후 6일까지 6일간 갑자(甲子)투지 감괘(坎卦) 후 12일까지 6일간 병자(丙子)투지 곤괘(困卦) 후 15일반까지 3일간 무자(戊子)투지 사괘(師卦)전(前)
	동지(冬至)	후 3일까지 무자(戊子)투지 몽괘(蒙卦)후(後) 후 9일까지 경자(庚子)투지 해괘(解卦) 후 15일까지 임자(壬子)투지 해괘(解卦)
	소한(小寒)	후 6일까지 을축(乙丑)투지 환괘(渙卦), 후 12일까지 정축(丁丑)투지 환괘(渙卦), 후 15이까지 기축(己丑)투지 미제괘(未濟卦)전(前) *이하 모두 이에 준함

간궁(艮宮)	대한(大寒)	기축(己丑)둔괘(遯卦)후(後), 신축(辛丑)점괘(漸卦) 계축(癸丑)간괘(艮卦)
	입춘(立春)	병인(丙寅)소과(小過) 무인(戊寅)겸괘(謙卦) 경인(庚寅)여괘(旅卦)전(前),
	우수(雨水)	경인(庚寅)겸괘(謙卦)후(後) 임인(壬寅)여괘(旅卦) 갑인(甲寅)간괘(艮卦)
진궁(震宮)	경칩(驚蟄)	정묘(丁卯)무망(无妄)괘(卦) 기묘(己卯)이괘(頤卦) 신묘(辛卯)수괘(隨卦)전(前)
	춘분(春分)	신묘(辛卯)서합(噬嗑)괘(卦)후(後) 계묘(癸卯)진괘(震卦) 병진(丙辰)둔괘(遯卦)
	청명(淸明)	무진(戊辰)서합(噬嗑)괘(卦) 경진(庚辰)진괘(震卦) 임진(壬辰)복괘(復卦)전(前)
손궁(巽宮)	곡우(穀雨)	임진(壬辰)구괘(姤卦)후(後) 갑진(甲辰)손괘(巽卦) 병진(丙辰)승괘(升卦)
	입하(立夏)	기사(己巳)정괘(鼎卦) 신사(辛巳)대과(大過)괘(卦) 계사(癸巳)손괘(巽卦)전(前)
	소만(小滿)	계사(癸巳)손괘(巽卦)후(後) 을사(乙巳)항괘(恒卦) 정사(丁巳)고괘(蠱卦)
이궁(離宮)	망종(芒種)	경오(庚午)곤괘(坤卦) 임오(壬午)가인괘(家人卦) 갑오(甲午)리괘(離卦)전(前)
	하지(夏至)	갑오(甲午)리괘(離卦)후(後) 병오(丙午)명이괘(明夷卦) 무오(戊午)기제괘(旣濟卦)
	소서(小暑)	신미(辛未)혁괘(革卦) 계미(癸未)리괘(離卦) 을미(乙未)혁괘(革卦)전(前)

곤궁(坤宮)	대서(大暑)	을미(乙未)췌괘(萃卦)후(後) 정미(丁未)예괘(豫卦) 기미(己未)진괘(晋卦)
	입추(立秋)	임신(壬申)관괘(觀卦) 갑신(甲申)곤괘(坤卦) 병신(丙申)부괘(否卦)전(前)
	처서(處暑)	병신(丙申)췌괘(萃卦)후(後) 무신(戊申)췌괘(萃卦) 경신(庚申)곤괘(坤卦)
태궁(兌宮)	백로(白露)	계유(癸酉)태괘(兌卦) 을유(乙酉)귀매(歸妹)괘(卦) 정유(丁酉)부괘(孚卦)전(前)
	추분(秋分)	정유(丁酉)손괘(巽卦)후(後) 기유(己酉)귀매(歸妹)괘(卦) 신유(辛酉)이괘(履卦)
	한로(寒露)	갑술(甲戌)태괘(兌卦) 병술(丙戌)이괘(履卦) 무술(戊戌)이괘(履卦)전(前)
건궁(乾宮)	상강(霜降)	무술(戊戌)쾌괘(夬卦)후(後) 경술(庚戌)대유(大有)괘(卦) 임술(壬戌)수괘(需卦)
	입동(立冬)	을해(乙亥)대유(大有)괘(卦) 정해(丁亥)소축괘(小畜卦) 기해(己亥)쾌괘(夬卦)전(前)
	소설(小雪)	기해(己亥)수괘(需卦)후(後) 신해(辛亥)태괘(泰卦) 계해(癸亥)건괘(乾卦)

 이상 두 자료는 앞의 60룡 투지(透地)와 72절후(節侯)에 배괘(配卦)하는 자료로서 대단히 중요하니 함께 보아야 재혈(裁穴)에서 절기(節氣)를 놓치지 않을 것이다.

제8층 천반봉침(天盤縫針)

1) 방위(方位)의 기준점

천반봉침(天盤縫針)은 동양철학에서 쓰이는 모든 측량(測量)의 기준이 된다고 앞에서도 이미 말했다. 동양철학의 풍수지리에서도 예외를 인정받을 수는 없다. 천반봉침은 지구의 자전축에 연결되는 북극성(北極星)에 합하도록 제작되었기 때문이다.

풍수지리학계에서는 지반정침(地盤正針)·인반중침(人盤中針)·천반봉침(天盤縫針) 등 3침을 7.5°의 편각 차로 제작하여 천지인(天地人) 삼재(三才)라고 만들어 놓고 각 침의 쓰임을 따로 제시하고 있다. 그러나 그에서 장황하게 늘어놓은 삼침(三針)의 방위(方位) 이론들은 진북(眞北)에 합하는 천반봉침의 이론을 빼고는 모두 허구라 할 수 있다.

그 이유를 말하면, 한 지역의 북극은 한 방위뿐인데 두 개나 세 개의 북극점이 있을 수 없기 때문이다. 지구상에서는 북극점과 경위선(經緯線)에 의하여 좌표가 설정되었고, 또 그 지역의 방위라든가 측량 기점(起點) 등은 관측지의 자오선이 적도와 직각을 이루는 좌표를 기점으로 하여 동서남북 4방위를 설정하여 결정하기 때문이다.

풍수지리에서는 「음지일선(陰地一線)」이라 했으니 방위가 선(線) 하나 차이로 죽고 살고 하기 때문에 생명선처럼 중요한 것인데, 기준으로 삼는 북극점에서부터 3침의 오차가 생긴 지역의 자오선(子午線)을 찾을 수 있겠는가?

*註 ; 필자 역시 천문 공부를 하기 전에는 사학(斯學)의 고서(古書)이론을 좇

아서 지반정침(地盤正針)으로는 내룡(來龍)을 교량(較量)하고, 천반봉침(天盤縫針)으로는 수법(水法)으로 납수(納水)에 사용하고, 인반중침(人盤中針)으로는 사(砂)를 격정(格定)하는 것으로 사용하고 책도 써왔다. 그러나 이것들이 모두 잘못되었음을 깨달았으며 차제에 내가 쓴 책으로 공부하고 나의 행위로 인하여 피해를 입은 독자가 있다면 이 책을 통하여 깊고 정중하게 사죄하는 바입니다.

「그러므로 이후로는 모든 방위의 격정은 천반봉침을 사용하여야 하고 좌향(坐向)도 천반봉침으로 놓아야 하는 것은 물론 수법(水法)·사격(砂格)·분금(分金) 등을 막론하고 나경으로 측량을 해야 하는 경우는 모두 천반봉침 한 가지만으로 사용하여야 오차를 줄일 수 있다. 그러나 그 방위에 배치되어 있는 학문적인 이론만은 종전처럼 따르라고 권고하는 바이다.」

다시 보충설명을 하자면, 방위를 설정하기 위한 기준점(北極點)만 말고, 그 밖에 그 방위를 이용하는 데 필요한 학문적 이론 배치 법식(法式)이라든지, 그 방위를 이용함에서 나타나는 길흉선악의 이론 등은 모두 종전대로 사용하라고 말해둔다.

이는 앞에서 이미 주지하였을 것으로는 생각되지만, 같은 나라의 같은 지역에서 과학자들이 사용하는 진북(眞北)이 따로 있고 동양철학자가 사용하는 진북이 따로 있어서 북극점이 서로 다르다면 여러분은 인정하고 동의할 수 있겠는가? 이것이 모순인 것이다.

2) 천반변내거지수(天盤辨來去之水)

【원문】夫天盤名曰縫針亦與雙山相合　前人論之以龍向消去來之水以辨休囚旺相之方 所以縫針與正針隔半位 正針者 正對子午名曰地盤楊公制之納龍立向 則縫針與壬子同宮丙午同宮爲天盤收水作用 賴公中針 子癸縫中午丁同宮名曰人盤古人傳之以爲消砂 又名換(挨인 듯) 星法論選擇以太陽到方到向十二宮分野十二次纏度 所以天地人三針各自爲用無窮.

至於收水之法其理多門錯亂無憑 參其中精微之理 不外淨陰淨陽伏羲先天八卦洛書之源 如乾南坤北乃洛書戴九履一先天離東坎西乃洛書左三右7皆得奇數是爲淨陽 先天兌居東南巽居西南乃洛書二四爲肩先天震居東北艮居西北乃洛書六八爲足皆得偶數是爲淨陰 賴公所謂萬物之生 不一於一必兩奇遇奇偶遇偶 奇遇偶偶遇奇方美 不然則非孤卽寡安能生育 務必立陽向則喜陽水來雜陰則凶陰水來立陰向雜陽則凶 賴公淨陰淨陽之法如此 而廖公用輔星卦辨來水公位其法大有深義專以向上爲主就向起輔看去來之水不拘生旺墓等法 總以水從天干放不宜流地支合吉則吉合凶則凶.

有歌云 唯有輔星卦最位 古今水法此爲先
　　　貪巨輔武四吉星 破祿文廉凶莫占
　　　乾坤坎離四陽定 震巽艮兌四陰判
　　　已上九星合成八 一星一卦管自然
　　　卦值吉星從吉論 卦遇凶星照凶言
　　　若是吉星入陽位 凶神便入四陰前
　　　凶星若遊四陽內 吉便入陰不雜偏
　　　但思一卦有數水 陰陽莫紊清切翻

乾納甲兮坤納乙 壬與寅戌離宮納 坎癸申辰納水音 十二宮水皆屬陽 立向收水莫逢陰

艮納丙兮巽納辛 東震納庚與亥未 西兌納丁巳丑金 十二宮水皆屬陰 陽水破局卽凶星

翻得離宮貪狼值 其中寅戌與北壬 合斷貪狼固是吉 四條豈無分別情 一翻上起下落兮

二翻下起上落提 三翻中起仍中落 四翻邊起邊落齊 輔武破廉起從向 次將貪巨祿文移

初移左輔得官貴　慈恭孝友定可必
再移武曲富貴全　及第登科至壽眉
三移破軍凶恭揚　投軍家敗少年斃
第四廉貞暴凶狂　橫傲欺詐忤且逆
五移逢著貪狼星　生人孝友聰明奇
巨門第六吉星位　衣食豊足倉庫積
第七祿存多狂妄　心性頑鈍僧徒尼
第八文曲好淫亂　虛詐癲狂多眼疾

【해설】 천반봉침은 쌍산(雙山)에 상합되는 것으로 전인(前人)들은 용향(龍向)으로 내거(來去)하는 수(水)를 논하고, 휴수왕상(休囚旺相)의 방위를 분별하고 밝혀 놓았다.

봉침과 정침(正針)은 반방위(半方位 ; 7° 30´)의 간격을 두고 있다. 정침은 자오(子午)에 정대(正對)하고 있으며 지반(地盤)이라 한다. 양공(楊公)이 납룡입향(納龍立向)에서 봉침(縫針)과 임자(壬子) 병오(丙午)가 동궁(同宮)이 되도록 제지(制之)하여 쓰이도록 하였다. 천반봉침으로는 주로 수수작용(收水作用)을 하게 된다.

또 뇌공(賴公)의 중침(中針)은 자계봉중(子癸縫中)한 것으로 오정(午丁)에 동궁(同宮)이 되게 하였다. 이를 인반중침(人盤中針)이라 하며 고인(古人)이 전하는 바로는 소사(消砂)작용에 쓰이도록 한 것이다. 이를 또한 애성법(挨星法)이라고도 한다.

선택적으로의 쓰임을 논하면 태양의 도방(到方)과 도향(到向)은 십이궁분야(十二宮分野)와 12차 전도(纏度)로 사용하고 있다. 이리하여 천지인(天地人) 삼침(三針)이 이루어져 각각의 쓰임에 무궁함이 있다.

수수법(收水法)에 있어서는 기리(其理)가 다문(多門)하여 착란(錯亂)하기 쉽고 증거를 대기조차 어려운 경우도 있다. 그 중에 정미(精微)한 이치가 있는 것을 참고하여 보면 정음정양법(淨陰淨陽法)을 들 수 있는데, 이는 복희씨(伏羲氏)의 선천팔괘와 낙서(洛書)에서 근원된 것이다. 가령 건남곤북(乾南坤北)은 낙서의 대구이일(戴九履一)이며, 선천의 이동감서(離東坎西)는 낙서의 좌삼우칠(左三右七)이니 이 모두 기수(奇數)로서 정양(淨陽)이 된 것이다.

또 선천으로 태거동남(兌居東南)하고 손거서남(巽居西南)도 낙서의 이사위(二四位)인 견(肩)이 되고, 선천의 진거동북(震居東北)과 간거서북(艮居西北)은 낙서의 육팔위(六八位)로서 족(足)이 되니 이는 모두 우수(偶數)가 되는 정음(淨陰)이 되었다.

뇌공이 이르기를,「만물지생(萬物之生)은 하나에서 하나가 되는 것이 아니고(不一於一) 반드시 두 기운(氣運)이 만나야 하므로, 기가 기를 만나(奇遇奇)거나 우가 우를 만나(偶遇偶)거나, 기가 우를 만나거나(奇遇偶) 우가 기를 만나는 것(偶遇奇)이어야 방미(方美)한 것이다. 그렇지 않으면(不然則) 홀아비가 아니면 과부일 뿐이라(非孤卽寡)」하니 어찌 능히 생육(安能生育)하겠는가?

반드시 힘써 양향을 세웠으면(立陽向則) 양수(陽水)로 와(來)야 하며 음수(陰水)가 잡래(雜來)하면 흉하다. 음수(陰水)로 오는 곳에서는 음향을 세워야 하는데 양이 혼잡시키면 흉하다. 뇌공의 정음정양법(淨陰淨陽法)은 이와 같다.

요공(廖公)의 보성괘(輔星卦)를 전용하여 내수(來水)와 공위(公位)를 변명하는 법에 크고 깊은 뜻이 있으니 향상(向上)을 위주로 하여 취향(就向)하고 보성(輔星)으로 일으켜 거래수를 보는 것이다. 이에서는 생왕묘(生

旺墓)에 구애하지 아니하고 오로지 수(水)는 천간으로 방수(放水)해야 하며 지지로 유거(流去)함은 안 된다. 이에 합하면 길하고(合吉) 합이 안 되면 흉(合凶)하다.

가(歌)에 이르기를,

　「유유보성(唯有輔星) 괘최위(卦最位)이니
고금수법(古今水法)이 차위선(此位先)이라.
탐거보무(貪巨輔武)는 사길성(四吉星)이요
파록문렴(破祿文廉)은 흉막점(凶莫占)이라.
건곤감리(乾坤坎離)로 사양정(四陽定)하고
진손간태(震巽艮兌)로 사음판(四陰判)하라.
이상구성(已上九星) 합성팔(合成八)이니
일성일괘(一星一卦) 관자연(官自然)이라.
괘치길성(卦値吉星)이면 종길론(從吉論)하고
괘우흉성(卦遇凶星)이면 조흉언(照凶言)이라.
약시길성(若是吉星) 입양위(入陽位)이면
흉신편입(凶神便入) 사음전(四陰前)이라.
흉성약유(凶星若遊) 사양내(四陽內)이면
길편입음(吉便入陰) 불잡편(不雜偏)이라.
단(旦) 사일괘(思一卦) 유수수(有數水)하라.
음양막문(陰陽莫紊) 청절번(淸切翻)이라.

건납갑혜곤납을(乾納甲兮坤納乙)이라.
임여인술리궁납(壬與寅戌離宮納)이요,
감계신진납수음(坎癸申辰納水音)이라.

십이궁위개속양(十二宮位皆屬陽)이니
입향수수에 막봉음(立向收水莫逢陰)이라.

간납병혜손납신(艮納丙兮巽納辛)이요
동진납경여해미(東震納庚與亥未)이며
서태납정사축금(西兌納丁巳丑金)이라.
십이궁위개속음(十二宮位皆屬陰)이니,
양수파국즉흉성(陽水破局卽凶星)이라.
번득이궁탐랑치(翻得離宮貪狼値)니라.
기중인술여북임(其中寅戌與北壬)이니
합단탐랑고시길(合斷貪狼固是吉)이라.
사조개무분별청(四條豈無分別淸)이라.
일번상기하락혜(一翻上起下落兮)
이번하기상락제(二翻下起上落提)니라.
삼번중기급중락(三翻中起及中落)이라.
사번변기변락제(四翻邊起邊落齊)니라.
보무파렴기종향(輔武破廉起從向)이라.
차장탐거녹문이(次將貪巨祿文移)라.

① 초이좌보(初移左輔)이니 득관귀(得官貴)이며
   자공효우(慈恭孝友) 정가필(定可必)이라.
② 재이무곡(再移武曲)이니 부귀전(富貴全)이며
   급제등과(及第登科) 지수미(至壽眉)니라.
③ 삼이파군(三移破軍)이니 흉공양(凶恭揚)이며
   투군가패(投軍家敗)에 소년폐(少年斃)니라.

④ 제사염정(第四廉貞)이니 폭흉광(暴凶狂)이며
　횡오기사 한오역(橫傲欺詐恨忤逆)이라.
⑤ 오이봉저(五移逢著)면 탐랑성(貪狼星)이니
　생인효우(生人孝友)에 청명기(聽明奇)니라.
⑥ 거문제육(巨門第六)은 길성위(吉星位)이니
　의식풍족(衣食豊足)에 창고적(倉庫積)이라.
⑦ 제칠녹존(第七祿存)은 다광망(多狂忘)이니
　심성완둔(心性頑鈍)하고 승도니(僧道尼)니라.
⑧ 제팔문곡(第八文曲)은 호음란(好淫亂)이니
　허사전광(許詐顚狂)에 다안질(多眼疾)이라」

하여 나는 선현의 주해(註解)를 고찰하여 보니 일류(一類)로 편성되었으므로 후학들이 깨닫기에는 은비난명(隱秘難明)하여 환(患)이 되므로 그 녹가(錄歌)를 다시 해(解)하여 이르기를,

　성괘상배성일태(星卦相配成一胎)이니
　무차무착임군재(無差無錯任君裁)니라.
　선변건괘를장중기(先變乾卦掌中起)하라.
　상태하진소지배(上兌下震小指排)니라.
　무명지상곤여감(無名指上坤與坎)이라.
　중지손상간저회(中指巽上艮低徊)라.
　상리하건귀식지(上離下乾歸食指)니라.
　일괘기정여번래(一卦旣定餘翻來)하라」 하였다.

또 건곤감리(乾坤坎離)는 속양(屬陽)이니 건(乾)은 갑(甲)을 납(納)하고, 곤(坤)은 을(乙)을 납(納)하고, 감(坎)은 계신진(癸申辰)을 납(納)하며, 이

(離)는 임인술(壬寅戌)을 납(納)하여 12궁(宮)이 모두 양(陽)에 속하게 되는 것이다. 위를 지반으로 말할 때는 십이양룡(十二陽龍)이라 하고, 천반납수(天盤納水)로 말할 때는 십이양수(十二陽水)라 일컫는다.

또 손간진태(巽艮震兌) 4괘는 속음(屬陰)이므로 손(巽)에는 신(辛)이 납(納)되고, 간(艮)은 병(丙)을 납(納)하고, 진(震)은 경해미(庚亥未)를 납(納)하고, 태(兌)는 정사축(丁巳丑)을 납하니 이상 12궁이 속음이 되는데, 지반으로 볼 때는 12음룡이라 하고, 천반납수법(天盤納水法)으로 말할 때는 십이음수(十二陰水)라 한다.

무릇 혈중(穴中)에서 오는 물을(來水) 볼 때, 오는 물이 음수(陰水)일 때는 음향을 세워(立陰向) 거두어야 (收之)하고, 오는 물이 양수(陽水)일 때는 양향을 세워(立陽向) 거두어야 한다.

선성(先聖)이 이르기를,

「양향에서 오는 물(陽向水來)은 양이어야 귀(陽當貴)하니 백년(百年)을 번창(昌)하리라. 음향수래(陰向水來)는 음당귀(陰當貴)이니 두량금(斗量金)하리라」 하였음이 이것이다.

번괘장용(翻卦掌用)함에 향(向)으로서 기(起)하게 되는데 「보・무・파・렴・탐・거・녹・문(輔武破廉貪巨祿文)」의 순으로 정한다. 가령 을향(乙向)이라면 곤궁(坤宮)에서 보(輔)를 기(起)하여 감(坎)이 무(武), 태(兌)가 파(破), 진(震)이 염(廉), 이궁(離宮)이 탐(貪), 건궁(乾宮)이 거(巨), 손(巽)이 녹(祿), 간(艮)이 문(文)이 되는 것이니 나머지 괘(卦)도 이와 같이 한다.

고성(古聖)이 이르기를, 「역괘의 변환으로도 통하지 아니(不通易卦之變換)하고, 풍수를 말로써 하려 해도 부족한 것(不足以言風水)이라」 하니 참으로 어려운 것이나 내가 특별히 기록해둔 이 법을 널리 알리고

자 한다.

 구성(九星)을 논함에 있어 일정한 차례가 있으니, 탐(貪)·거(巨)·녹(祿)·문(文)·염(廉)·무(武)·파(破)·보(輔)·필(弼)의 순으로 간궁(艮宮)에서 초기(初起)하는 것이다. 따라서 나경의 간주탐(艮註貪)이요, 손주거(巽註巨)요, 건주록(乾註祿), 이주문(離註文), 진주렴(震註廉), 태주무(兌註武), 감주파(坎註破), 곤주(坤註) 보필(輔弼)이라 하였으니 용격(龍格)의 변환과 사체(砂體)의 방위를 살핌에 있어 확실하므로 바꿀 수 없는 것이다.

 이로써 수법(水法)을 보는 데는 보(輔)에서 초기(初起)하는데, 그 순서는 보무파렴탐거록문(輔武破廉貪巨祿文)으로 위치가 결정(位定)되어 24향(向)에 각각 향을 따라 보(輔)를 기(起)하여 차례대로 국(局)이 정해진 것이다. 따라서 매수(每水)마다 1로(路)씩이 붙는데 보무탐거(輔武貪巨)는 길하고, 파렴록문(破廉祿文)은 흉하다. 이는 굴려 이동하며 용(用)하는 데 묘가 있는 것이지 결코 수법(水法)의 전능(全能)함은 아님을 말해둔다.

 *필자 註 ; 양공(楊公)의 9성(星)은 수(水)의 거래를 논하는 것으로 만수(萬水)는 다 천상(天上)에서 오는 것이므로 천반(天盤)으로 수지(收之)하며 재천구성(在天九星)이라 한다. 혹자는 북두구성(北斗九星)이라고도 하고 양공구성(楊公九星)이라고도 한다. 또한 요공(廖公)의 9성(星)은 사(砂)를 논하고 심룡(尋龍)에 주로 사용하며 논사(論砂)에는 인반중침(人盤中針)으로 격지(格地)한다. 이를 재지구성(在地九星)이라고도 하며, 태양성(太陽星)·태음성(太陰星)·금수성(金水星)·자기성(紫氣星)·천재성(天財星)·천강성(天罡星)·고요성(孤曜星)·조화성(燥火星)·소탕성(掃蕩星)이 그것이다.

3) 번괘장결식(翻卦掌訣式)

오른쪽 도표는 왼손의 손가락으로 짚어 나가는 장결(掌訣)인데, 처음 본괘를 輔로부터 시작하여 무·파·렴·탐·거·녹·문(武破廉貪巨祿文)을 上下上下上의 순으로 진행하며 해당하는 구궁위(九宮位)를 찾는 것이다. 뒤에 나오는 도표도 같은 것인데 이는 표를 보지 않고 손가락으로 짚어 찾는 것이니 더욱 편리하다.

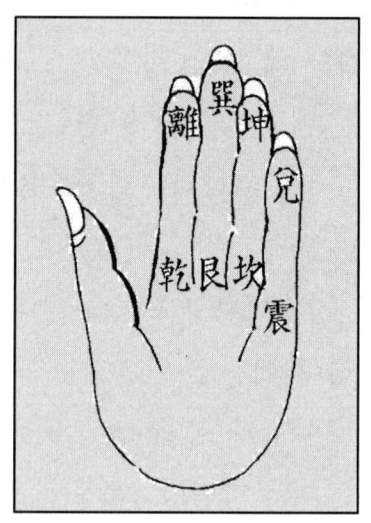

*상기하락(上起下落)하고 하기상락(下起上落)하며 중기중락(中起中落)하며 변기변락(邊起邊落)한다. 24위(位)의 향상(向上)으로 기(起)한다.

  일장번래 불용한(一掌翻來不用閑)이며
  국내괘효 전도용(局內卦爻顚倒用)이라.
  수지화복(水之禍福)이 설기관(泄機關)이라.

① 보필수(輔弼水)

보필수래(輔弼水來)는 최고강(最高强)이니
방방부귀(房房富貴)하고 복수장(福壽長)이라
보필수거(輔弼水去)는 퇴전장(退田莊)이니
남여요망(男女夭亡)에 위고상(爲孤孀)이니라.

*이 수(水)가 조래(朝來)하면 방방(房房)이 발달하나 유독 삼방(三房)이 최성(最盛)하고 망인의 시골(屍骨)은 걸정(傑淨)하다.

② 무곡수(武曲水)

무곡수래(武曲水來)면 발중방(發衆房)이니
세대위관(世代爲官)하고 근제왕(近帝王)이라
무곡수거(武曲水去)면 혈광사(血光死)이며
남녀이향(男女離鄉)에 주외나(走外那)이라.

*이 수(水)가 조래하면 장만방(長晚房)에 인구가 흥왕하고 자손이 청명(聽明)하며 인오술(寅午戌) 해묘미(亥卯未)년에는 중방(中房)이 대왕하며 백자천손(百子千孫)이 금환(錦還)한다. 망인(亡人)의 근골(筋骨)은 건정(乾淨)하며 자등(紫藤)이 개관(盖棺)하는 징조가 있다.

③ 파군수(破軍水)

파군수래(破軍水來)면 시흉신(是凶神)이니
선살장자(先殺長子)하고 후살손(後殺孫)이라
파군수거(破軍水去)면 대길창(大吉昌)하니
위관영웅(爲官英雄)에 근제왕(近帝旺)이라.

*이 수(水)가 조래하면 선패장방(先敗長房)하고 전지인재(田地人財)에 관사(官事)가 연속되며 출인이 흉포(凶暴)하고 군적(軍賊)이 나오며, 여요남망(女妖男亡)하고 자손들에게 농아질병(聾啞疾病)이 따른다. 사유축(巳酉丑) 인오술년(寅午戌年)에 응이 있고 잔질전광(殘疾癲狂)과 소망음란(少亡淫亂)하며 망인의 골해(骨骸)는 흑색이며 목근(木根)이 요관(繞棺)하고 백의(白蟻)가 교관(咬棺)한다.

④ 염정수(廉貞水)

염정수래(廉貞水來)면 최난당(最難當)이니
연년온온(連年瘟瘟)에 기화앙(起禍殃)이라

염정수거(廉貞水去)면 최위량(最爲良)이니
부귀영화(富貴榮華)가 정일방(定一房)이라.

*이 수(水)가 조래하면 장방(長房)이 대패(大敗)하고 망인의 근골(筋骨)은 입니(入泥)하며, 목근(木根)이 관곽(棺槨)을 천(穿)하며 의충(蟻虫)이 관 밑바닥에 집을 짓고 자손에 안질과 각잔(脚殘)이며, 여산남망(女産男亡)하고 소년고과(少年孤寡)와 토혈을 하게 된다. 사유축(巳酉丑) 해묘미년(亥卯未年)에 중방(中房)이 퇴패한다. 이 수(水)도 특히 장방(長房)이 최흉(最凶)하여 이향(離鄕)하니 개장(改葬)하여야 길하다.

⑤ 탐랑수(貪狼水)

탐랑수조(貪狼水照)하고 입혈장(入穴場)이면
인정천구(人丁千口)에 발중방(發衆房)이라
탐랑수거(貪狼水去)면 호탐화(好貪花)이니
매진전지(賣盡田地)하고 절료가(絶了家)니라.

*이 수(水)가 조래(朝來)하면 장방(長房)이 선발(先發)하고 차발중방(次發衆房)한다. 백자천손(百子千孫)이며, 관성(官星)이 보이면 발과갑(發科甲)하고 만약 전당(田塘)이나 계류수(溪流水)를 보면 부귀가 늦게 온다. 망인의 근골(筋骨)이 건정(乾淨)하고 사유축(巳酉丑) 인오술년(寅午戌年)에 응이 온다.

⑥ 거문수(巨門水)

거문수래(巨門水來)로 조곡당(朝曲塘)이면
아손세대(兒孫世代)로 주영창(主榮昌)이라
거문수거(巨門水去)면 주이향(主離鄕)이며
매료전지(賣了田地)하고 주외나(走外那)이라.

*이 수(水)가 조래하면 방방(房房)이 발달하고 귀자(貴子)를 다생(多生)한다. 해묘미년(亥卯未年)에 응이 오고 백사가 흥왕한다. 거문수(巨門水)가 거류(去流)하면 자손구류(子孫九流)하고 술인(術人)이나 승도(僧道)가 나오며 누라오우(螻螺烏牛)하며 백자(白子)를 생한다. 만약 이 수가 계갱모류세수(溪坑毛流細水)이면 자손이 향복무강(享福無彊)한다.

⑦ 녹존수(祿存水)

녹존수래(祿存水來)면 패장방(敗長房)이며
장방인구(長房人口)가 정조앙(定遭殃)이라
녹존수거(祿存水去)면 대길창(大吉昌)이니
부귀영화(富貴榮華)가 귀장방(歸長房)이라.

*이 수(水)가 조래하면 장방(長房)이 선패(先敗)하고 온화(瘟火)와 우재(牛災)로 퇴패한다. 여요남망(女夭男亡)하고 자손 중에 농아(聾啞)가 있다. 인오술(寅午戌) 해묘미년(亥卯未年)에 응이 있다. 만약 전당수(田塘水) 계구수(溪溝水)나 모류수(毛流水) 등 소수(小水)를 보면 망인의 시골(屍骨)이 입니(入泥)하고 15년이 되면 백의(白蟻)나 사충류(蛇虫類)가 교관(咬棺)하고 목근(木根)이 뚫고 든다.

⑧ 문곡수(文曲水)

문곡수래(文曲水來)하고 기고봉(起高峰)이면
출인소망(出人少亡)하고 주빈궁(主貧窮)이라
문곡수거(文曲水去)면 생쌍자(生雙子)하고
전지가재(田地家財)가 차제륭(次第隆)이라.

*이 수(水)가 조래하면 소오중방(小五中房)이 선패(先敗)하며 목근(木根)이 근골(筋骨)을 감는다.

⑨ 논수임위(論水臨位)

탐랑임위(貪狼臨位)면 영무재(永無災)이니
자초생종(紫草生從) 각하래(脚下來)니라
양면홍안(兩面紅顏) 유상(由尙)하며
의복습사(衣服拾似) 담신재(湛新裁)니라.
거문건정(巨門乾淨) 기회진(起灰塵)이니
혈내상연(穴內祥烟) 자기생(紫氣生)이라
인차아손(因此兒孫)이 다고귀(多高貴)하며
출인청기(出人淸奇)하고 우초군(又超群)이니라.
녹존궁견(祿存宮見) 수중래(水中來)면
번관도곽(翻棺倒槨) 최가애(最可哀)니라
불신제군(不信諸君) 개혈간(開穴看)하라
기중니수(其中泥水)에 갱생재(更生災)리라.
무곡조래(武曲朝來) 최위기(最爲奇)하니
아손금방(兒孫金榜) 유명제(有名題)니라
약견수래(若見水來)가 종길위(從吉位)이면
종명정식(鍾鳴鼎食)이 불형의(不形疑)니라.
파군임위(破軍臨位) 불감언(不堪言)이니
죽목등근(竹木藤根)이 요관전(繞棺纏)이라
우주양두(又主兩頭)에 의충취(蟻虫聚)되니
시골관곽(屍骨棺槨)이 구난전(俱難全)이라.
염정조래(廉貞朝來)면 의충다(蟻虫多)이니
사서천관(蛇鼠穿棺)하고 자작과(自作窠)니라
시골손상(屍骨損傷)에 다흑란(多黑爛)이며

중방자손(衆房子孫) 수차마(受磋磨)니라.
문곡성관(文曲星官) 사약하(事若何)이니
유래혈전(流來穴前)이면 이수다(泥水多)니라
갱생양두(更生兩頭)에 이수취(泥水聚)하고
정지백의(定知白蟻)에 결성과(結成窠)니라.
보필임위(輔弼臨位)에 영혈장(映穴場)이면
부귀유구(富貴悠久)에 백사창(百事昌)이라
방방균발(房房均發)하고 무극손(無剋損)이며
망인정걸(亡人精傑)하고 자기향(紫氣香)이니라.

보성수법(輔星水法)

納甲干支에서 來한 것으로 水에도 동일함	本卦	輔	武	破	廉	貪	巨	祿	文
乾甲向	兌	乾	離	艮	巽	坎	坤	震	兌
離壬寅戌向	震	離	乾	巽	艮	坤	坎	兌	震
艮丙向	坤	艮	巽	乾	離	震	兌	坎	坤
巽辛向	坎	巽	艮	離	乾	兌	震	坤	坎
坎癸申辰向	巽	坎	坤	震	兌	乾	離	艮	巽
坤乙向	艮	坤	坎	兌	震	離	乾	巽	艮
震庚亥未向	離	震	兌	坎	坤	艮	巽	乾	離
兌丁巳丑向	乾	兌	震	坤	坎	巽	艮	離	乾

*필자 註 ; 위는 납갑간지(納甲干支)로서 내수(來水)를 팔괘(八卦)로 보는 것이다.

<정침・봉침설(正針縫針說)>(《인자수지》)

【원문】(1) 地理之用莫切於羅經 公劉遷豳而相陰陽 周公營洛而測景 衛文從楚丘而揆日 此其矩矣 故 詩曰 揆之以日 又曰 旣景迺岡 其法 以春分之日 立八尺之臬 以測其日出之景 表而正乎東 秋分之日 立八尺之臬 以測其日入之景 表而正乎西 至於南北折量中平 架以十字之繩準 以方矩之尺 則東西南北 四正適均 言天地大中 至正之位者莫是過矣.

然此 須歷四時而後定 聖人以爲不便 夫民用於是 制土圭 以代之 卽今之羅經也 宜乎 後之言 羅經者準之臬可也.

奈何 針所指較於臬而偏丙不相符合 於是 聖人 又變而通之 立內外二盤 以針所指當子午之正 因名之曰正針 臬所測當壬子 丙午兩縫之間 因名之曰縫針 此所以 有內盤外盤 正針縫針之不同耳. *迺 ; 乃

【해설】지리의 용에서는 나경보다 더 요긴하게 쓰는 것은 없다 공유(公劉)는 빈(豳)으로 옮기고자 할 때 음양을 상(相) 보았고, 주공(周公)은 낙(洛)을 경영할 때 그림자로 방위를 헤아렸으며, 위문(衛文)은 초구(楚丘)를 좇아서 햇빛을 헤아렸으니 이것들이 그 법이다. 그러므로 시(詩)에 말하기를, 「규지이일(揆之以日 ; 햇별으로 헤아려라)」하였고, 또 말하기를, 「기경내강(旣景迺岡 ; 높고 평평한 곳에서 햇별으로 헤아린다)」하였으니, 그 법을 보면 춘분(春分)날에 8척의 막대를 수직으로 세우고 솟아오르는 햇별의 그림자 끝을 헤아려 표시하고 정동(正東)으로 삼으며, 추분(秋分)날에는 세워 놓은 8척의 막대로 지는 해의 그림자 끝에다 표시하여 정서(正西)로 삼는다. 남북(南北)은 그 가운데에서 직각으로 십자 끈을 내리면(方矩之尺) 정 동서남북 사정(四正)이 적균(適均)하게 이루어질 것인데, 이것이 그 지역에서 천지대중의 지정지위이니 이보다 더 정확한 것은 없다.

그러나 이것은 4계절이 지나고 난 후에 설정할 수 있으므로 성인이 그 불편함을 덜어주기 위하여 민용으로 토규(土圭 ; 해시계)를 제작하여 대용케 하였으니 그것이 지금의 나경(羅經)인 것이다. 후에 말하기를, 마땅하다! 그러나 나경은 얼(臬)을 법으로 삼았기 때문에 가한 것이다.

그러나 어찌하리오! 자침(磁針)이 가리키는 방위가 얼(臬)의 그림자로 가리키는 방위에서 병(丙) 쪽으로 치우쳐 서로 부합되지 않는 것이다. 이에서 성인은 다시 내외이반(內外二盤)으로 변화시켜 통용케 하였으니 자침이 가리키는 자오방(子午方)을 정침(正針)라 이름 붙였고, 얼(臬)에서의 그림자로 가리키는 임자(壬子) 병오(丙午) 사이가 양봉(兩縫)되었다고 봉침(縫針)이라고 이름지어 구분시켰다. 이것이 이른바 내반(內盤)과 외반(外盤)으로 2반이 된 이유이며 정침과 봉침이 같지 아니한 이유이다.

【원문】(2) 後世不知聖人制作之原 擬議於測 而又有金盤銅盤 三七二八 以至天盤地盤之說 紛然雜出而莫之適從矣, 要之針法之多門 實由正縫之弗辨也.

今夫 主正針者 以正爲正而曰 何有於壬子丙午之偏 主縫針者但知 縫針之可用而卒不能屈 夫正針之說 此二家之所以爭勝也 至爲 調停之說者 曰用正針以格來龍 用縫針以扦坐向 用三七二八以消納砂水 其詩曰 「先將子午定來岡 次把中針來較量 更加三七與二八 莫與時師競長短」 此曲誑四針之巧而已 針何異用於是耶 外此復有所謂測天 用正針 測地用縫針 格龍穴以內盤 定砂水以外盤之說 不知 地附於天 而所測不能以有異 龍穴砂水俱一理而方位何以 有內外之殊 此皆牽强而非至當不易之論也 苟非究極其理 經涉之久 磨礪之多而徒得於驟聞之頃 豈能以遽 信縫針之爲是哉? *擬議 ; 초안, 예견함. *卒 ; 마침내, 결국. *誑 ; 속일 광, 거짓말. *頃 ; 頃刻(눈 깜빡할 사이), 頃聞(방금 듣다). *遽 ; 급할 거, 황급히.

【해설】이를 후세 사람들은 내외2반을 제작한 성인의 예견(擬議 ; 예견, 입안하다)을 헤아리지 못하고 또 금반(金盤)이다 동반(銅盤)이다 하는 사람도 있고, 37·28 가감설로 말하는 사람도 있어서 천반(天盤)이다 지반(地盤)이다 하는 설로 분연(紛然)이 잡출(雜出)하니 적종(適從)을 할 수 없다. 요

지(要之)하면 침법이 다문(多門)하여 실로 정침(正針) 봉침(縫針)을 불변(弗辨)이다.

지금까지 정침을 주장하는 사람은 정(正)이니까 정침인데 어찌 임자(壬子) 병오(丙午)에서 치우침이 있느냐, 하고 봉침을 주장하는 사람은 단지 봉침을 사용하여야 한다고 절대로 굴하지 않으므로 양쪽에서 목소리 크고 잘 싸우는 자가 이기는 것이다. 이에서 조정하는 사람은 정침으로는 내룡(來龍)을 격정하고 봉침으로는 좌향(坐向)을 천정(扦定)하며, 37·28을 사용하여 소납(消納) 사수(砂水)한다고 하며 시(詩)까지 읊어댄다.

그 시왈(詩曰),

「先將子午定來岡 ; 먼저 자오로 내강을 결정하고,
　次把中針來較量 ; 다음으로 중침을 잡고 오는 물을 교량하고,
　更加三七與二八 ; 다시 37과 함께 28을 가하는 것이니,
　莫與時師競長短 ; 시사(時師)와 함께 옳고 그른 것을 다투지 말라」

하니 사침(四針)의 쓰임을 놓고 이다지도 곡광(曲誑)이 심하고 교묘(巧妙)할 수 있겠는가? 침법이 어찌하여 이처럼 다르게 쓰일 수 있단 말인가?

이 밖에도 다시 측천(測天)에는 정침을 사용하고 측지(測地)에서는 봉침을 사용한다 하며,

용혈(龍穴)을 격정할 때는 내반(內盤)으로 하고, 사수(砂水)를 격정할 때는 외반(外盤)을 사용한다는 설도 알 수 없는 억설이거니와,

지부어천(地附於天)인데 소측(所測)이 불능이라고 하여 다른 쓰임이 있을 수 있겠는가?

용혈사수(龍穴砂水)는 모두 일리(一理)일진대, 방위를 볼 때만 어찌 내외반(內外盤)으로 따로 나누어 쓰겠는가?

이들은 모두 지당한 원리인 것처럼 억지로 꾸며놓은 거짓말들이므로 바뀔 수 없는 논리가 아니다. 진실로 그 이치를 궁구한 지도 얼마 되지 아니하고(非究極其理), 경섭(經涉)을 오래 경험한 것도 아니고(經涉之久), 마려지공도 많지(磨礪之多) 아니한 사람이 한갓 소나기공부로 이르렀다면 어

찌 능히 봉침이 옳다는 것을 믿을 수 있겠는가?

【원문】(3) 蓋天之氣與地之氣 常畧參差故南北之位 陰陽之會 不能恰然(翕然)齊一 是以 針之所指與臬之所測亦有異也 天地之氣 陽生於子中極于午中 自子至丙東南司陽 陰始于午中極于子中 自午至壬西北司陰 浮針所指 卽陰陽大分界線 偏於壬丙者 針之泊于氣耳 臬測以景針之以氣 故不能符.

人但狥夫 正針之正爲正也 而不知以臬較之 則偏也非正也

人但泥夫 縫針之縫爲偏也 而不知由臬準之 則正也非偏也.

蓋步太虛之高廣 推七政之躔次 皆準於臬以天而測天 至當不易之論也 針泊于氣 乃偏壬丙 哲人通其變以便民用故立縫針合乎臬測 則得 天地大中至正之位矣. *狥夫 ; 주창할 순, 부부와 같다. 공개하다. *泥夫 ; 夫妻, 부부처럼.

【해설】 대개 하늘의 기와 땅의 기는 약간의 차이(常畧參差)가 있어 어긋날 수밖에 없으므로 남북지위와 음양지회는 흡연(恰然 ; 翕然)할 뿐 제일(齊一)하기가 불가능하다. 그러므로 침이 가리키는 곳과 얼(臬 ; 말뚝)의 그림자로서 얻어진 곳은 차이가 있어 다르게 나타나는 것이다. 천지(天地)의 기는 양이 자중에서 처음으로 발생(陽生於子中)하고 오중에서 극(極于午中)하므로 자(子)로부터 병(丙)까지는 동남이니 양을 맡고 있으며, 음은 오중에서 시작(陰始于午中)하고 자중에서 극(極于子中)하므로 오(午)로부터 임(壬)까지는 서북에서 음을 맡고 있다. 그러므로 부침(浮針)이 가리키는 곳은 음양의 대 분계선인 임병(壬丙)으로 치우쳐야 한다. 이는 침(針)이 기(氣)에다 댄 것이다. 얼측(臬測)은 햇볕으로 잰 것이니 기(氣)로써 침(針)의 위치를 본 것이다. 그러므로 부합(符合)이 불능이다.

① 사람들은 단지 부부(狥夫)관계처럼 정침(正針)의 정자(正字)에 얽매여 정(正)이라 하고, 얼(臬)로써 볼 때는 편(偏)이라는 것을 알지 못하기 때문에 정(正)이 아니라고 하는 것이다.

② 사람들은 단지 부부관계(泥夫)처럼 봉침(縫針)의 봉자(縫字)에 얽매여

편(偏)이라 하며, 얼(臬)로써 준(準)을 삼았을 때는 정(正)이지 편(偏)이 아니라는 것을 알지 못하기 때문이다.

　대개 태허지고광을 보측(步測)하고(步太虛之高廣) 칠정지전차를 추측(推測)하면(推七政之躔次) 모두 얼측(臬測)에 거의 일치한다. 이는 천(天)을 헤아림에 천(天)으로 측량하는 것이 지당하여 바꿀 수 없는 논리인 것이다. 침이 기에다 댄다(針泊于氣)는 것은 바로 임(壬) 병(丙)에 치우친다는 것이니 철인(哲人)이 그 변화를 민(民)이 이용할 때 보정(補正)하지 않고도 편리하게 쓸 수 있도록 하기 위하여 봉침을 세워 얼측에 일치하도록 한 것이다. 그러므로 천지대중(天地大中)의 지극히 정확한 위치(至正之位)를 득할 수 있도록 한 것이다.

　【원문】(4) 後世不察嘵嘵致變 名家 若廖金精者 求其理而不得 但曰 針金也畏南方正位之火 故不敢正指于午而偏于丙 斯言也於理未當 何足以屈服乎諸家 後之人 又從而議之曰 丙亦火也 針胡爲而獨指之 是盖 廖氏惟知縫針之可用 而亦莫知其所以然之理也.
　夫天地之氣不能恰然齊 天之氣在子午之中 地之氣在壬子丙午之中 是以候氣者 冬至日於壬子之中 置黃鐘焉 夏至日於丙午之中置林鐘焉 足可徵矣 矧羅經古制原於地支十二位而加入四維八干二十四位 適壬子丙午半爲中也.
*胡 ; 오랑캐 호, 어째서, 왜. *矧(신) ; 더구나, 하물며. *嘵 ; 재잘대다.

　【해설】 후세 사람들은 이러쿵저러쿵 재잘대기만(嘵) 하고 원리를 살펴 규명하려고 하지 않는다. 심지어는 학계의 명가(名家)인 요금정(廖金精) 같은 이도 그 이치를 터득하지 못하였기 때문에 단왈(但曰), 「침(針)은 금(金)이기 때문에 남방정위(正位)의 화(火)를 두려워하여 감히 오(午)에다 바로 가리키지 못하고 병위(丙位) 쪽으로 치우쳤다」하며 이치에 맞지도 않는 말을 하였으니 어찌 학계의 제가(諸家)들을 설득시키겠는가? 이후 사람들은 그 말대로라면 병(丙) 역시 화(火)인데 침이 어찌 병(丙)만을 가리키느냐?고 반문할 것이다. 이는 요씨(廖氏)가 오직 봉침(縫針)을 사용하여야 한

다는 것만 알고 그 이치를 캐보려고 하지 않았기 때문이다.

 대저 천지의 기는 흡연(恰然)할 뿐 제일(齊一)이 불능하다. 이는 하늘의 기는 자오의 다중에 있고(天之氣在子午之中), 땅의 기는 임자와 병오의 사이에 있다(地之氣在壬子丙午之中). 그러므로 기후의 설정을 보면,

 동지일(冬至日)을 임자의 중에다 두고(冬至日於壬子之中) 황종(黃鐘)을 설치(置黃鐘)하였으며,

 하지일(夏至日)을 병오의 중에다 두고(夏至日於丙午之中) 임종(林鐘)을 배치(置林鐘)하였다.

 이는 족히 징험(徵驗)이 되는 것이다.

 옛날에 제작하였던 나경을 보면 12위뿐이었었는데 4유(維)와 8간(干)을 증가하여 24방위를 만들었으니 이를 보더라도 임자(壬子)와 병오(丙午)의 반(半)이 되는 곳을 중(中)으로 함이 맞는 것이다.

 【원문】(5) 堪輿家 動推董公 予 去董公世未遠 又幸同其鄕 嘗得所貽之 羅經而玩焉 其分金則本於叢珠素書 中剖戊子以爲陰陽混雜之界

 而右列甲子丙子于壬 以從大雪之陰局

  左列庚子壬子於子 以從冬至陽局非

 邵子 冬至子之半與其分金則本於陳希夷 以甲子配頤 而隣壬之終 以丙子配中孚而正子之始非 卽頤初大雪末而卦氣起中孚之說與其分星(金?)土則以虛危之間正針之中而周天列宿各止其舍 又不與考中星 齊七政者 符契與然 此董氏之製 盖沿襲于廖氏者矣 廖氏之說 詳見於泄天機可考也 由是觀之 卽上古而言臬之所測合焉而不差 自後世而論 廖董諸人用之而有驗 且今時之制算曆者又宗之 非無徵而不信.

 予何爲獨不然哉? 噫! 氷不足疑也而夏虫疑之 吾故願學者之 毋爲夏虫焉.
*貽 ; 줄 이. 전하다. 선사함. *玩 ; 희롱하다. 구경함.

 【해설】 감여가(堪輿家)들이 활동할 때는 동공을 추종하는데, 나 역시 동공이 거세(去世)한 지도 얼마 되지 않았고, 또 다행히 같은 고향이므로

일찍이 나경 하나를 선물로 받아 한가할 때 들여다보니 그 분금(分金)이 총주소서(叢珠素書)에서 본을 삼았으므로 한가운데 무자(戊子)를 반으로 쪼개 음양이 혼잡(混雜)하는 경계로 삼았다. 이는 우열(右列) 임(壬)에다 갑자(甲子)와 병자(丙子)를 두었으니 대설(大雪)의 음국(陰局)을 좇은 것이다.

좌열(左列)은 자(子)에다 경자(庚子) 임자(壬子)가 동지(冬至) 양국(陽局)을 좇게 하였으니 이도 아니었다.

소자(邵子)는 동지(冬至)를 자(子)의 반(半)으로 하고 그 분금(分金)은 진희이(陳希夷)에게서 본(本)을 삼은 것으로 갑자를 이괘(頤卦)에 배속하여 임(壬)이 종(終)하는 곳과 이웃이 되게 하였고, 병자(丙子)에 중부괘(中孚卦)를 배속하여 정자(正子)의 시작으로 하였으니 역시 아니다. 즉 이괘의 초(初)는 대설 말(大雪末)이면서 괘기(卦氣)는 중부괘(中孚卦)를 일으킨다는 설인데, 그 분금이 토(土)가 된다면 허(虛)와 위(危)의 중간이 정침의 중(中)이 되므로 주천(周天) 열숙(列宿)이 각각 그 집(舍)에서 그친다는 것이다.

또 중성(中星)을 상고하고 참고하지 않더라도 제일(齊一)한 칠정자(七政者)는 부계(符契)되어 다 함께 그러하다. 이는 동씨(董氏)가 제작한 것을 요씨(廖氏)가 답습한 것이다. 요씨의 설은 설천기(泄天機)에 자세히 나타나 있으니 고찰하여 보기 바란다.

이상을 보건대, 즉 상고(上古)로부터 전해오는 얼(臬)로의 소측(所測)이 합법하여 어긋나지 아니한다. 그러나 후학들이 요씨나 동씨를 추종하는 사람이 많고 사용한 후 징험도 많이 나타났다. 또 지금도 산력(算曆)을 제정하는 자들이 종(宗)으로 삼고 있으니 징(徵)이 없어서 믿지 아니하는 것은 아니나 나는 어찌하여 홀로 그것을 따르지 아니하는가?

「애석하다(噫)! 얼음이 있음을 의심하는 자 없으나, 오직 여름벌레(夏蟲)만은 그것을 의심한다. 내가 바라는 것은 징험이 아니라, 후학들은 여름벌레의 소견에서 벗어나기 바랄 따름이다(噫 氷不足疑也而夏虫疑之 吾故願學者之 毋爲夏虫焉).」

— 서선술(徐善述) 識

제9층 분금(分金)

【원문】題跋文 ; 夫地理之道陰陽 原自有準 禍福亦不差移 昔 黃帝造曆書以定歲月 命大撓作甲子 以配納音七政 齊乎虞舜八卦兆自 伏羲指南 定方隅之位 河洛洩天地之奇 地脈鍾山川之秀 佳期奪日月之精 包羅萬象 道合乾坤 古聖先賢毫無根出 惟眞龍確穴而應將相無種因吉 地而生地理 一貫可知 人間禍福 眞義精而理微原錄諸書以昭明於同學焉也矣.

【해설】발제문 ; 대개 지리학은 음양에 도리를 두고 있으므로 그 준칙도 음양에 두어야 화복 역시 어긋나거나 비켜나지 않는다. 옛날 황제가 역서를 제작하여 세월(歲月)을 결정할 즈음에 대요(大撓)에게 명하여 갑자(甲子)를 짓게 하였고, 이에다가 납음(納音)과 칠정(七政)을 배치하였는데, 이를 우(虞)에서 정리하였고 순(舜)에서부터는 팔괘(八卦)가 출현할 조짐이 나타나기 시작하였다.

복희(伏羲) 때는 지남침을 만들어 사방(四方)과 사우(四隅)의 위치를 결정할 수 있었고, 하도(河圖)와 낙서(洛書)의 출현으로 천지의 기묘(奇妙)를 설로(泄露)할 수 있었으며, 산천은 지맥(地脈)에다 수이(秀異)함을 모아 놓았다는 것을 알아낼 수 있게 되었으며, 좋은 택일로서 일월(日月)의 정(精)을 탈취할 수 있게 되었으며, 만상(萬象)을 다 포함할 수 있는 것은 건곤(乾坤)의 도(道)를 합하여서만이 가능하다는 것을 알게 하였다.

예부터 성인(聖人)이나 선현(先賢)의 출생도 뿌리가 따로 없으며(毫無根出) 오직 진룡(眞龍)의 확실한 혈(穴)에서만이 장상(將相)을 발응(發應)시키는 것이지, 길(吉)함으로 인(因)하는 종자(種子)가 달리 있는 것이 아니다. 반드시 땅에서만이 땅의 이치를 베푼다는 것을 일관(一貫)으로 알 수 있는 것이다. 인간의 화복과 참된 정의(精義)에서도 미미한 이치에서 갈린다는 것을 여러 서적의 기록으로 소명하게 드러나는 것임을 동학들에게 알리고자 하는 것이다.

1) 비수정침(秘授正針) 240분수(分數)

【원문】蓋240分數其義出於洛書化四象縱橫16個15數 洛書戴九履一左3右7 24爲肩68爲足5居其中化爲四象 四象化120分太陽居1而連9 49 36數 太陰居4而連6 46 24數共成60分 少陽居3而連7 47 28 少陰居2而連8 48 32 共成60分湊成 120分爲分金之源 兩邊共合240分金 縱橫16個15數合成240數 24山每山皆得10分 洛書19合10 28합10 37合10 46合10 此分數見於24位以作綱領也.

再參120分金每分金管2分 合之平分60龍共合240分爲數之節目也

用此法以論龍 如甲子透地則本龍得4分之數居中爲主左右尖足3分兩個3兼4湊成10分之數 却得7分在壬3分在亥所以甲子透地爲7壬3亥 此法坐穴如子山午向丙子分金則本位分金득2分之數爲主左右添足4分兩個4兼2湊成10分之數 却得8分在子2分在壬 如前子山架丙子分金爲8子而兼1壬餘倣此 37 28之數 唯盈縮60透地及72穿山120分金相爲表裏爲分金之源也.

【해설】240분수는 낙서(洛書)의 사상(四象)에서 나왔으며 종횡으로 16개 15수로 되었다. 낙서에서 재9(載九) 이1(履一) 좌3(左三) 우7(右七)이며, 24가 견(肩)이며 68이 족(足)이 되고 5는 중앙에 거한다. 이에서 사상으로 화하고 사상에서 120분으로 화한다.

① 태양(太陽)의 거(居)는 1에서 9로 연하는 곳이니 49 36수가 되고, 태음(太陰)이 거하는 곳은 4에서 6으로 연하는 곳이니, 46 24수가 되므로 공히 60수를 이루게 된다. 소양(少陽)이 거하는 곳은 3에서 7로 연하는 곳이니 47 28수가 되고, 소음(少陰)은 2에서 8로 연하니 48 32가 되어 공히 60분수를 이루게 된다. 이를 모두 합하면 120분수를 이루게 되니 분금(分金)의 근원이 되는 것이다.

② 양변을 공합(共合)하니 240분금이 되고 종횡으로 16개에 15수가 된다. 이는 24산에 각각 10분이 되니 낙서의 19합 10, 28합 10, 37합 10, 46합 10의 수와 같은 것으로 이 분수는 24위로 볼 때 강령(綱領)이 되는 것이다. 다시 설명을 가한다면 120분금은 매 분금이 2분씩을 관(管)하니 평분(平分) 60룡 속에 공합 240분수가 들어가며 이것이 수(數)의 절목(節目)인 것이다. 이 법을 용(龍)에서 사용해 보자.

가령 갑자투지(甲子透地)라면 본룡(本龍)에 4분수씩이 되니 거중(居中)을 위주로 하여 좌우에 각각 3분을 첨족(添足)하면 양개3(兩個三)은 4를 겸하여야 10분수를 주성(湊成)하게 된다. 따라서 7분이 임(壬)에 있다면 3분이 해(亥)에 들게 되니 갑자투지는 7임3해(七壬三亥)가 되는 것이다.

또 이 법을 좌혈(坐穴)에다 사용해 본다면 가령 자산오향(子山午向)에서 병자분금(丙子分金)이라면 체위(體位)의 분금은 2분수를 위주로 하여야 하니 좌우에 각각 4분을 첨족(添足)하게 되므로 양개4는 2를 겸하여 10분수를 주성하게 되는 것이다.

따라서 8분이 자(子)에 있다면 2분에 임(壬)이 들게 되는 것이다. 나머지 타산(他山)도 이와 같이 준용한다. 이 37·28의 수는 영축(盈縮) 60투지(六十透地) 및 72천산(穿山)의 120분금과 표리가 되는 것으로 분금의 근원이 된다.

240분식(分式 ; 37가감도)

	癸		子		壬		亥	천반24
丑	癸			子			壬	지반24
	軍破		軍破		曲文			九星
	光陰		疂天		輔大			天星
	陽 ○ 虛		陽 ○ 虛		陽 ○ 孤			旺相別
	下小候寒	中小候寒	上小候寒	下冬候至	中冬候至	上冬候至	下大候雪	中大候雪	上大候雪	陰陽
	乙丑金		壬子水		庚子土	戊子火	丙子水	甲子金		癸亥水	천산72룡 節氣候之分
	壬子木 下死	庚子土 上生	戊子火 上胎	丙子水 上旺	甲子金 下補	壬子木 下死	庚子土 上生	戊子火 上胎	丙子水 上旺	甲子金 下補	癸亥水 下旺	辛亥金 中泄	己亥木 中生	丁亥土 上才	乙亥火 下鬼	120 분금
	己丑	丁丑	乙丑	壬子	庚子	戊子	丙子	甲子	투지 60룡
	五五丑癸	癸正	七三癸子	三七癸子	子正	五五子壬	壬正	三七亥壬	星宿 限介
	火	水	金	木	土	火	水	金	納音
									240분금

*위 표의 투지(透地)는 한 궁(宮)에 4분씩 들어가니 갑자를 위주로 할 때 양쪽에서 3분씩을 인용하여야 10분이 되므로 임(壬)이 7분, 해(亥)가 3분이 되고 또 자좌오향(子坐午向)에서 병자분금(丙子分金)이라면 한 궁에 2분씩 들어가니 좌우에서 각각 4분씩을 인용하여야 10분이 되므로 병자(丙子)에서는 임(壬)이 2분자(分子)가 8분이 된다. 이는 낙서(洛書)의 종횡 16개를 15수로 곱한 것이니 240분수가 되어 매 산마다 10분씩이 된다. 매 산의 분금이 2분을 겸하면 28가감(加減)이라 하고 3분을 겸하였으면 37가

감이라 한다.

2) 분금합내 지반위(分金合內地盤爲) 28가감(加減)

【원문】分金之說先聖言之詳矣 先將子午定山崗却把中 針來較量 更加 37與28 莫與時師道長短 內盤24山名曰正針又名地盤 內盤布振八方定位應 歲月節侯 較外盤子午之位乃先內盤子午半位 曰天盤曰縫針又名從針 此天 氣當從左轉 而此盤之法 因天氣當先前半月然後地物始應 故天盤之子率地 盤之子前半位應 天道運行之變爲加減之用 所以洛書縱橫16個15數共得240 分 如子午縫中每邊120分金端用作穴定向每亥分金有5吉凶不一 如亥山一 宮 有乙亥 丁亥 己亥 辛亥 癸亥之別 內盤丁亥分金爲28 外盤庚戌分金爲 37 是亥山兼壬2分 乃辛亥分金28之說在此爲用 所謂兼加之法也, 取丙丁庚 辛爲旺相謂分金合得72龍穿山卦値96冲和爲得卦之法也 每地支下有5個分 金獨取丙丁爲旺庚辛爲相避甲乙爲孤壬癸爲虛戊己爲煞曜正針分金不合 參合縫針爲37加減之用 若配卦一端則以64卦中除去坎離震兌4正爲陰陽待 對名五行沐浴敗地坐向所忌將60卦分配60甲子以頭浮復屯謙爲序重之爲 120分金之卦 查其卦之飛伏以備選擇乘氣2者之用況37 28其說乃四少之數 陰陽生長之機四少者37爲少陽28爲少陰3爲少陽位7爲少陽數2爲少陰位8爲 少陰數 如子山午向兼癸丁3分在內地盤庚子庚午分金爲28加減外挨天盤子 山午向兼壬丙3分丙子丙午分金爲37加減丙丁庚辛俱爲生旺之氣上下孤虛 龜甲不得相浸至於架線必於37 28之間內外兩盤兼添作用縫針120分金爲偏 正不使梢犯差錯空亡孤虛龜甲其用最神 總之120分金中間空亡24分避龜甲 空亡24分爲鬼煞24分僅得旺相36分金卦兩全12分 取丙丁旺庚辛相共48分 爲吉 穴避甲乙爲孤壬癸爲虛戊己爲煞曜共72分爲凶 穴其用總取37 28分金

作用.

【해설】 분금설(分金說)은 선성(先聖)이 자세하게 말한 바 있거니와 먼저 자오(子午)로 산강(山岡)이 정하여졌다면 정침(正針)으로 오는 것을 교량(較量)하고 다시 37이나 28을 가하는 것이니 시사(時師)와 더불어 장단(長短)의 도를 말하지 말 것이다.

내반(內盤) 24산을 정침이라 하고 또한 지반(地盤)이라고도 한다. 내반으로 팔방을 포진하고 정위(定位)하며 세월절후(歲月節候)의 응(應)을 비교하는 것이다. 외반(外盤)의 자오위(子午位)는 내반의 자오위보다 반 방위 선행(先行)이므로 천반봉침(天盤縫針)이라 하고 또한 종침(從針)이라고도 한다.

천기(天氣)는 좌전(左轉)하는 것이니 차반(此盤)의 법은 천기가 먼저 반월(半月)을 나간 연후에 지물(地物)이 시응(始應)하는 이치를 따른 것이다. 그러므로 천반(天盤)의 자(子)는 지반(地盤)의 자를 거느림에 전반위(前半位)하여 응하게 함으로써 천도 운행의 변화에 따라 가감하여 용하는 것이므로 낙서는 종횡으로 16개 15수이니 공히 240분금이 되는 것이다.

가령 자오 봉중(縫中)에서 매 변(邊)이 120분금인데 작혈정향(作穴定向)에 쓰이며 매 궁마다 분금이 5개가 있으나 길흉은 같지 않다. 즉 해산 일궁(亥山一宮)의 예를 든다면, 을해(乙亥)·정해(丁亥)·기해(己亥)·신해(辛亥)·계해(癸亥)가 있는데, 내반 정해분금(丁亥分金)은 28가감이고 외반 경술분금(庚戌分金)은 37가감인 것이다.

이와 같이 해산(亥山)에서 임(壬) 2분을 겸하는 것을 28지설로 이른바 겸가(兼加)하는 법이다.

병정(丙丁)과 경신(庚辛)은 왕상(旺相)이므로 취하는데, 분금이 72룡 천산에 합득하고 괘가 96충화(沖和)에 치(値)하는 것으로 득괘하는 법이 된다. 매 지(支)마다 5개의 분금이 있는데 유독 병정(丙丁)이 왕(旺)이 되고 경신(庚辛)이 상(相)이 되니 취용하고, 갑을(甲乙)은 고(孤)이니 피하고, 임계(壬癸)는 허(虛)이니 피하고, 무기(戊己)는 살요(殺曜)이니 피하며, 정침분금(正針分金)이 불합하면 봉침(縫針)으로 37가감하여 쓴다.

만약 배괘(配卦)함에는 일단(一端)이 64괘인데 감리진태(坎離震兌) 4정위(正位)는 제거하니 음양이 대대(對待)되고 오행이 목욕패지(沐浴敗地)가 되므로 좌향(坐向)에서 꺼리기 때문이다. 나머지 60괘에다 60갑자를 첫머리부터 이괘·부괘·복괘·둔괘·겸개(頤孚復遯謙)의 순서로 분배된다. 120분금에다 중배(重配)한 다음에 그 괘가 비복(飛伏)된 것을 가리고 승기한 두 개만을 선택하여 쓴다.

37·28의 설은 사소(四少)의 수로서 음양의 생장지기를 말한 것이니, 즉 사소란 37이 소양(少陽)이며, 28이 소음(少陰)이니 3은 소양의 위(位)이며 7은 소양의 수(數)이고, 2는 소음의 위이며 8은 소음의 수가 되는 것이다.

가령 자산오향(子山午向)에서 계정삼분(癸丁三分)을 겸한다면 내지반(內地盤)으로 경자(庚子), 경오(庚午) 분금이 될 것이니 28가감이 되고 외천반(外天盤)으로는 임병(壬丙) 3분을 겸한다면 병자(丙子), 병오(丙午) 분금이 될 것이니 37가감이 될 것이다.

이에서 병정(丙丁)과 경신(庚辛)은 함께 생왕지기(生旺之氣)가 되니 상하의 고허귀갑(孤虛龜甲)의 상침(相侵)을 받지 않는 가선(架線)에 이르게 되니 반드시 37·28지간으로 내외 양반(兩盤)이 겸하여 작용하게 되어 있다. 이것이 봉침 120분금과 편정(偏正)이 되는 것이니 자칫 차착공망(差錯空亡)과 고허귀갑을 범하지 않는다면 그 용(用)은 신명(神明)과 같으리라.

총론하자면, 120분금 중에서 공망(空亡) 24개와 귀갑공망(龜甲空亡) 24개와 귀살(鬼殺) 24개를 제하면, 겨우 왕상(旺相) 36개와 괘의 양전(兩全) 12분금을 합하여 48분금만이 길한 분금이 된다.

다시 말해서 왕(旺)인 병정(丙丁)과 상(相)인 경신(庚辛)만을 취하고 고(孤)인 갑을(甲乙)과 허(虛)인 임계(壬癸)와 살요(殺曜)인 무기(戊己) 등 72분금은 흉하므로 쓰지 않으니 37·28분금의 작용만을 취하는 것이다.

(1) 분금 혈찰살가(分金穴刹煞歌)

【원문】亡命屬金須忌火 火命尤忌水相關 木命逢金君更忌 水命逢土不自安 土遇水音最可畏 犯之災禍寔難當 逢生生處須堪取 受剋分金災終纏.

*刹(찰) ; 멈추게 하다.

  망명속금(亡命屬金)이면 수기화(須忌火)이며
  화명우기(火命尤忌) 수상관(水相關)이라
  목명봉금(木命逢金)도 군갱기(君更忌)하며
  수명봉토(水命逢土)는 부자안(不自安)이라
  토우수음(土遇水音)은 최가외(最可畏)이니
  범지재화(犯之災禍) 식난당(寔難當)이라
  봉생생처(逢生生處) 수감취(須堪取)하고
  수극분금(受剋分金)은 재종전(災終纏)이니라.

내반분금식(內盤分金式 ; 28가감도)

丑			癸			子			壬		지반24
			軍		破	軍		破	曲	文	九星
			光		陰	壘		天	輔	大	天星
			陽	○	虛	陽	○	虛	陽	○ 孤	旺相別
下小候寒	中小候寒	上小候寒	下冬候至	中冬候至	上冬候至		下大候雪	中大候雪	上大候雪		陰陽
乙丑金			壬子水			庚子土	戊子火	丙子水	甲子金	癸亥水	천산72룡 節氣候之分
壬子木	庚子土	戊子火	丙子水	甲子金	壬子木	庚子土	戊子火	丙子水	甲子金	癸亥水 辛亥金 己亥木 丁亥土 乙亥火	120 분금
己丑		丁丑		乙丑		壬子		庚子	戊子	丙子 甲子	투지 60룡
											240분금

<그림설명> 이는 28가감법이다. 이상 두 궁의 분금은 선천 12지 가운데서 취한 것인데 매 지지마다 5칸의 분금이 있다. 그 중에서 고허(孤虛) 살요(煞曜) 공망(空亡)이 되는 칸은 분금으로 쓸 수 없으므로 기록하지 않았고 빈칸으로 두었다. 나머지 두 칸에는 왕기(旺氣)와 상기(相氣)가 되므로 기록되어 있으니 이 둘 중에서 하나만을 골라 쓰는 것이다.

*필자 註 ; 28·37 가감설은 지반정침 재혈에서 240분금을 기준으로 10분을 만들려면 타궁에서 2분을 빌려야 10분이 된다는 말이고, 37가감설은 천반봉침 재혈에서 60룡 투지가 4분씩이니 10분을 만들려면 타궁에서 3분을 빌려야 된다는 뜻인데, 이는 천반봉침만으로 전용할 경우 <u>아무 의미가 없다</u>는 것을 말해둔다.

3) 합 천반분금위(合天盤分金爲) 37가감(加減)

【원문】24山兼加乘氣架線分金以上分毫不可陰陽差錯 先聖云 「亥無鱗甲用心安」言亥龍入首左壬右乾不可侵犯 宜乘本龍眞氣 入穴於亥之正中 坐穿山己亥爲戊己煞曜 宜偏一線乘右丁亥氣或偏左一線辛亥氣 若兼左之癸亥一分是壬龍之步位 此亥龍取論也 若兼右邊乙亥雖在乾之步位乾半位近亥 乾亥共一家 故催官篇云 「天皇氣射天廐星 微挨禽獸加壬行」 天皇亥也天廐壬也 言右落亥龍扦乾山巽向左耳乘氣在亥3分壬氣不得侵棺爲隔山取氣法也.

【해설】24산 모두에 승기(乘氣)를 타고 가선분금(架線分金)을 겸가(兼加)시켜야 하는데 털끝만큼이라도 음양이 차착(差錯)되어서는 안된다. 선성(先聖)이 이르기를, 「해무인갑(亥無鱗甲)이니 용심안(用心安)이라」하였음은 해룡입수(亥龍入首)는 좌(左)는 임(壬)이요 우(右)는 건(乾)이니 침범(侵犯)됨이 불가하나, 마땅히 본룡(本龍)의 진기(眞氣)를 승(乘)하여야 한다는 것을 이른 말이다.

입혈(入穴)함에 해(亥)의 정중(正中)이라면 좌(坐)의 천산(穿山)은 기해(己亥)이니 무기살요(戊己殺曜)가 되므로 반드시 오른쪽의 정해기(丁亥氣)이든 왼쪽의 신해기(辛亥氣)를 편승(便乘)하여야 한다. 만약 왼쪽의 계해기(癸亥氣)까지 넘긴다면 이는 임룡(壬龍)의 보위(步位)이나 해궁(亥宮)에 드는 것은 변함이 없으니 역시 해룡(亥龍)으로 취급되는 것이다. 또 오른쪽의 을해기(乙亥氣)까지는 비록 건보위(乾步位)에 있으나 건(乾)의 반까지가 해궁(亥宮)에 들므로 해(亥)로 취급된다. 그러나 건해(乾亥)는 공히 일가(一家)이므로 역시 같은 것이다.

최관편(催官篇)에,「천황기사 천구성(天皇氣射 天廐星)이니 미애금수 가임행(微挨禽獸 加壬行)이라」하였다. 천황(天皇)은 해요, 천구(天廐)는 임(壬)을 말한다.

또한 우락(右落)의 해룡(亥龍)에서 건좌손향(乾坐巽向)으로 천(扦)한다면 좌이(左耳)로 승기(乘氣)하면 천반(天盤)으로 해삼분(亥三分)의 임기(壬氣)가 되니 부득침관(不得侵棺)이나 격산취기법(隔山取氣法)이라 하여 쓰는 것이다.

4) 지원귀장역 분금위배괘(地元歸藏易 分金爲配卦)

【원문】地元歸藏分金 卽先天坤之元氣屬右行坤爲地 故曰地元帝出乎震震主動動卽氣也 氣卽是乾天一陽生氣 乾交於坤 合成地雷復 5陰爻坤土在上一陽爻乾金在下謂之重土埋金 易曰坤以藏之萬物土中 生土而入金爲戊己 土之子孫戊己專分方昨土之主 能分波金子故爲之分金 一陽生於子月至巳月六陽則乾之體 備陽爲春夏長養之用極矣.

然陽極則陰生而繼之天風姤 陰生於午月至亥月六陰則坤之體備 陰爲秋冬肅殺之氣已極矣 陰極則陽生而繼之地雷復 陽生於子月至巳月六陽則乾之體成 六陽交感亥之六陰則萬物之始於壬.

乾坤爲八卦之祖而戊己爲五行之宗 故十一月冬至 一陽生於子乃地雷復爲坤逢雷地現天根以配戊子龍 二陽生於丑爲地澤臨以配己丑龍 三陽生於寅爲地天泰以配戊寅龍 四陽生於卯爲雷天大壯以配己卯龍 五陽生於辰爲澤天夬以配戊辰龍 六陽生於巳爲乾爲天以配己巳龍 則六陽純全而爲陽氣闢萬物生於春而長於夏也.

至五月中氣夏至一陰生於午乃天風姤爲乾遇巽時爲月窟以配戊午龍 坤

之六陰遇乾之六陽天地交泰自然品物咸亨 彰明五月間也 二陰生於未爲天山遯以配己未龍 三陰生於申爲天地否以配戊申龍 四陰生於酉爲風地觀以配己酉龍 五陰生於戌爲山地剝以配戊戌龍 六陰生於亥爲坤爲地以配己亥龍 則六陰純全而爲陰氣闢萬物所以成終也.

蓋陰陽之氣始於春而成於冬 故地元歸藏以配分金之源 先從戊配子皆以戊己輪配 總之乾坤至理不外先天八卦造化 大權不離戊己 所以五行妙用管攝花甲之要 歧而爲二矣.

先賢 以六十卦配六十花甲統於戊己 其法備而大要明矣, 聖人云 「得金不得卦譌自空談話 得卦不得金空自苦勞心」如一百二十分金取得旺相爲得金先天卦遇九六冲合爲得卦 必金卦兩得 斯爲盡善盡美 且星卦有六十四卦 除去坎離震兌四正卦以應春夏秋冬 一卦六爻4×6=24爻管24氣以上六十卦 一月五卦 一卦管六日六六該管三百六十日 以應一年七十二候之氣 在年管年 在月管月 在日司日 在山管山至於作用則 有二法與我朝 欽天監造時憲曆不離羅經者也 比 一年卽太極也 冬至夏至卽兩儀也 春夏秋冬四象也 八節卽八卦也 24氣卽24山也 72候卽72龍也 五運卽五行也 五行者金木水火土也 六氣爲六十龍透地也 365日爲周天365度也 去歲30夜對今春30天爲1年 去年冬至對今年冬至爲1歲也.

凡業術理 龍穴砂水未有舍 此36層與人造福宜細玩之.

【해설】 지원귀장분금(地元歸藏分金)은, 즉 선천 곤(坤)의 원기(元氣)이니 속 우행(屬右行)이며 곤은 지(地)이므로 지원(地元)이라 하였다. 제출 호진(帝出震乎) 이며, 진은 동(動)이고 동은 기(氣)가 된다. 기는 건(乾)이니 천일(天一)에서 양기가 생하고 건(乾)은 곤(坤)과 교(交)하니 합성하여 지뢰복(地雷復)이 된다. 오음효(五陰爻)는 곤토(坤土)가 재상(在上)하

고, 일양효(一陽爻)인 건금(乾金)이 재하(在下)이므로 이른바 중토(重土)에 매금(埋金)되어 있는 상이다.

역(易)에 말하기를, 「곤(坤)은 만물을 장(藏)하고 토중(土中)에서 발생시킨다」하니 토(土 ; 戊己)로 봐서 금(金)은 자손(子孫)이며 무기(戊己)는 능히 금을 분파(分派)할 수 있으니 분금이라 하였다. 일양(一陽)은 자월(子月)에서 생하고 사월(巳月)이 되면 육양(六陽)이 되니 건(乾)의 체가 된다.

양은 봄 여름에 장양(長養)을 거쳐서 사(巳)에서 극(極)에 이른다. 양이 극하면 음을 생하니 이어 천풍구(天風姤)가 된다. 음은 오월(午月)에 생하고 해월(亥月)이 되면 육음(六陰)이 되니 곤(坤)의 체가 된다. 음은 가을 겨울의 숙살지기(肅殺之氣)이며 해(亥)에서 극에 이른다. 음극하면 양생(陽生)이니 이어서 연복(連復)된다. 건이 육양(六陽)에 교감되고 해(亥)가 육음이 되니 만물의 시(始)가 임(壬)이 된다.

건곤(乾坤)이 팔괘의 조(祖)가 되고 무기(戊己)는 오행의 종(宗)이 되므로 11월 동지인 자(子)에서 일양이 생하니 이어 지뢰복괘(地雷復卦)가 됨은 곤(坤)이 뇌(雷)를 만남인 것이다. 이는 지(地)에 천근(天根)이 나타남이니 무자룡(戊子龍)이 배속된다.

이양(二陽)은 축(丑)에서 생하니 지택림(地澤臨)이 되고 기축룡(己丑龍)이 배속된다. 삼양(三陽)은 인(寅)에서 생하니 지천태괘(地天泰卦)가 되고 무인룡(戊寅龍)이 배속된다.

사양(四陽)은 묘(卯)에서 생하니 뇌천대장괘(雷天大壯卦)가 되고 기묘룡(己卯龍)이 배속된다. 오양(五陽)은 진(辰)에서 생하니 택천쾌괘(澤天夬卦)가 되고 무진룡(戊辰龍)이 배속된다. 육양(六陽)은 순전(純全)하므로 양기(陽氣)는 합(闔)된다. 만물이 봄에 생함은 여름에 장(長)하기 위함이다.

　5월이 되면 기(氣)가 하지인 오(午)에서 일음(一陰)이 생하니 이에 천풍구(天風姤)가 된다. 건(乾)이 손(巽)을 만날 때 월굴(月窟)이 되며, 무오룡(戊午龍)이 배속된다. 육음(六陰)인 곤(坤)은 육양인 건(乾)을 만나므로 천지가 교태(交泰)하고 자연의 품물(品物)이 모두 형통하게 되니 창명오월(彰明五月)인 것이다.

　이음(二陰)은 미(未)에서 생하니 천산둔괘(天山遯卦)가 되고 기미룡(己未龍)이 배속된다. 삼음(三陰)이 신(申)에서 생하니 천지비괘(天地否卦)가 되고 무신룡(戊申龍)이 배속된다. 사음(四陰)은 유(酉)에서 생하니 풍지관괘(風地觀卦)가 되고 기유룡(己酉龍)이 배속된다. 오음(五陰)은 술(戌)에서 생하니 산지박괘(山地剝卦)가 되고 무술룡(戊戌龍)이 배속된다. 육음(六陰)은 해(亥)에서 생하니 곤위지괘(坤爲地卦)가 되며, 기해룡(己亥龍)이 배속된다. 육음(六陰)은 순전(純全)하며 음기(陰氣)는 벽(闢)한다. 이로써 만물이 성종(成終)한다.

　대개 음양지기(陰陽之氣)는 시어춘(始於春)이며 성어동(成於冬)인 까닭에 지원귀장(地元歸藏)하고 분금을 배(配)하는 근원이 된다. 먼저 무(戊)를 자(子)에 배속시킨 것은 무기(戊己)가 토(土)이며, 만물이 토에서 생하기 때문에 모두 무기를 윤배(輪配)하는 것이다.

　총론컨대 건곤(乾坤)의 이치로서 선천팔괘(先天八卦)를 벗어나지 않고 조화의 대권은 무기(戊己)를 떠나지 않으며, 오행의 묘용(妙用)은 화갑지요(花甲之要)와 팔괘오행(八卦五行) 두 가지에 불과하다고 할 수 있다. 선현이 60괘에 60화갑을 배속하여 무기를 통하게 하였으니 그 법을 갖춤이 요명(要明)하다 하겠다. 성인이 이르기를, 「득금(得金)이나 부득괘(不得卦)면 만자공담화(謾自空談話)요, 득괘(得卦)나 부득금(不得金)이라도 공자고노심(空自苦勞心)이라」하였다.

가령 120분금은 왕상(旺相)을 취하면 득금(得金)하는 것이고, 선천괘는 96충합(沖合)을 만나면 득괘(得卦)가 됨을 이르는 말이다. 따라서 반드시 괘와 금을 양득해야 선미(善美)를 다하였다고 할 수 있다. 성괘(星卦)에는 64괘가 있는데, 감·리·진·태(坎離震兌) 4정괘(正卦)는 제거하였으니 춘하추동 사계절에 응하기 때문이며, 1괘는 육효(六爻)이니 46 24효가 되고 24기(氣)를 관(管)한다.

이상 60괘는 1월이 5괘가 되고 1괘는 6일을 관(管)하므로 66은 360일을 주관하니 1년이 되며 72후기(候氣)에 응한다. 이와 같이 괘가 연(年)에 있으면 연을 관하고, 재월(在月)이면 월을 관하고, 재일(在日)이면 일(日)을 사(司)하며, 재산(在山)이면 산을 관하게 되니 이것이 작용의 3법(法)이다.

1년을 태극으로 볼 수 있으니 동지와 하지가 양의(兩儀)가 되고, 춘하추동이 사상(四象)이 되고, 팔절(八節)은 팔괘가 되며, 24기(氣)는 24산이 되고, 72후(候)는 72룡이 되고, 오련(五連)은 오행이 되니 금목수화토(金木水火土)이고, 육기(六氣)는 60룡 투지(透地)가 되는 것이다.

365일은 주천(周天) 365도(度)가 된다. 거

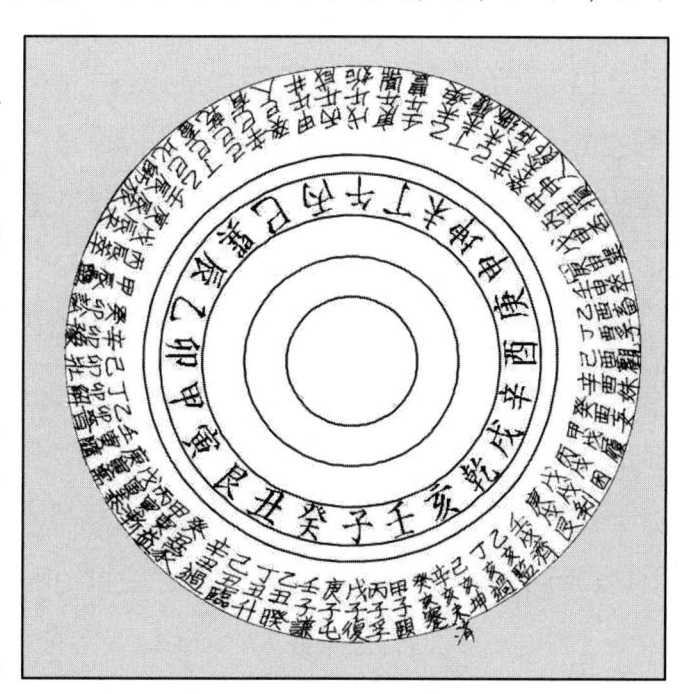

〈분금지원귀장괘식〉

세(去歲)는 30야(夜)이니 대금(對今) 춘(春)30으로 천(天)의 1년이 되고, 거년(去年)이라 함은 동지이니 대금 연(年) 동지로 일세(一歲)가 된다.

무릇 업술(業術)에서 용혈사수(龍穴砂水)를 볼 때 이의 이치를 함축하지 않은 게 없으니 나경(羅經) 36층은 비록 사람이 조복(造福)한 것이지만, 세미(細微)하고 완전한 보배라 할 것이다.

5) 납음오행(納音五行)

【원문】皆納音之義 從十天干十二支地 陰陽二卦相配而成六十 其中列五行則本乎八卦納甲而取 除乾坤二卦不用 其餘震兌艮巽坎離諸卦各以納音之支 合卦下所納之支而納音之干數之至本卦納氣之干 記得其數九木七金五水三火一土 如甲子納音金其法納音子合震卦所納之子以納音之甲數至震卦 此納庚得七數爲金 故甲子所以屬金而曰海中金者以子乃水之旺而與丑土相依 子爲湖海之象而金孕育丑土之中 故名海中金而9木7金5水3火1土之數, 又是一說 如乾兌二卦屬金二卦七畫 故七數爲金 震巽二卦爲木共九畫屬木 坎水卦共5畫爲水 離卦4畫火氣憂其太盛洩一生土用 其3爲火 艮坤二卦屬土共十一畫然後五行生成之數 只足於十 而無11之數除去10數只用1數所以一土亦從八卦納甲 其義最精其用至廣均與透地穿山論龍立穴 禽度取生剋用制化以辨吉凶 或用之消納砂水竝陰陽剋擇 合先天平分六十分金 論本音稽其宮位生剋旺相休囚 何如丙子水音分在子宮比和爲旺 戊子火音子宮受剋爲囚 合之坐穴論消納 如丙子水音坐穴 宜未申養生 穴旺之方合之 二十四山 一百二十分金 取論官與音生旺相休囚之別亦與前先天六十分金 取用之法 則同合之透地主龍 如丙子水音龍不宜坐土穴分金亦不宜坐土度受剋之類 宜水氣坐穴分金禽度比和金氣 生我俱爲上吉 或我火氣爲財

鄕合之管局禽星以論生剋 如透地丙子水龍室火猪管局禽星受剋已甚更不宜坐水度以重傷之類 如用之選擇遁墓運生剋 如子山水氣逢甲己年變戊辰木運忌金年月日時爲剋山之類 如用葬命甲申水音 忌一百二十分金中土音爲刺穴殺之類 壬申金命住宅忌火音分金爲宅刺殺主命不利 亡命甲子金音忌空亡火音剋金之類 取用多端各宜避忌愼之愼之.

【해설】 납음지의(納音之義)는 십천간(十天干)과 십이지지(十二地支)를 따른 것으로, 음양 이괘에 상배(相配)하여 60갑자를 이룬다. 그 뜻이 최정(最精)하여 쓰임에 있어서 광균(廣均)하므로 투지(透地)와 천산(穿山) 논룡(論龍)에는 물론 입혈(立穴) 분금(分金) 금도(禽度)에까지도 생극제화(生剋制化)로써 길흉을 분변(分辨)한다.

혹 용(用)에 사수(砂水)를 소납(消納)하고 음양을 극택(剋擇)하며 선천평분(先天平分), 60분금에 합함을 본음으로 논하는 것이다. 또한 궁위(宮位)의 생극과 왕상휴수가 어떠한지를 보기도 하니, 가령 병자수음(丙子水音)이라면 자궁(子宮)에 드니 비화(比和)로서 왕(旺)이 되고, 무자화음(戊子火音)이라면, 자궁에 들 때 수극(受剋)되어 수(囚)가 되는 것 등이다.

또 좌혈(坐穴)에 소납시키는 방법으로는 가령 병자수음(丙子水音)의 좌혈은 마땅히 미신해자(未申亥子) 등이 양생혈(養生穴)이 되어 왕(旺)하게 되니 24산에 같은 방법으로 방합(方合)시키는 것이다. 120분금으로 궁(宮)을 논함도 음(音)의 생왕휴수(生旺休囚) 별로 취하는 것이니 선천 60분금 취용법과 같이 투지주룡(透地主龍)에 합하여야 한다.

가령 병자수음룡(丙子水音龍)이라면 좌(坐)가 토혈(土穴)이 됨을 불의하고 분금(分金) 역시 토도(土度)가 되면 수극(受剋)되어 꺼리는 것이니 마땅히 수기(水氣)의 좌혈(坐穴)로 하고 분금도 비화(比和)하거나 금기(金

氣)로써 생하게 하여야 상길(上吉)이 되는 것이다.

혹 아화기(我火氣)가 되면 재향(財鄕)이 되나 이때는 금성관국(禽星管局)에 합하여 보고 생극으로 논할 것이다. 가령 투지가 병자수룡(丙子水龍)에 실화저관국(室火猪管局)이라면 금성(禽星)은 수극(受剋)이 심할 터인데, 다시 좌(坐)나 분도(分度)가 수(水)가 되면 중상(重傷)되어 마땅치 못한 것 등을 말한다.

또 묘운(墓運)의 생극으로 선택하여 쓰일 때가 있으니, 가령 자수기산(子水氣山)에서 갑기년(甲己年)을 만나면 무진목운(戊辰木運)으로 변하는데, 이때는 금년월일시(金年月日時)가 되면 극산(剋山)하여 꺼리는 등이다.

또 장명(葬命)으로 보는 것은 가령 갑신수음(甲申水音)이라면 120분금 중에서 토음(土音)이 됨을 꺼리는 것이니 혈의 자살(刺殺)을 받기 때문이다. 또 임신금명(壬申金命)이 주택(住宅)의 경우에서도 화음분금(火音分金)은 주명(主命)을 자살(刺殺)하기 때문에 불리하며, 망명(亡命)도 갑자금음(甲子金音)이라면 공망화음(空亡火音)을 기(忌)하는 것 등이니 실로 납음오행은 지리학에서 다단(多端)하게 취용되고 있음을 명심하고 기(忌)하는 것을 신중히 가려서 피할 것이다.

① 논산극망명(論山剋亡命 ; 生剋制化歌)
庚子辛丑壁上土 ; 경자신축(庚子辛丑) 벽상토(壁上土)는
三土原來怕木冲 ; 삼토원래(三土原來) 파목충(怕木冲)이며
外有三般不怕木 ; 외유삼반(外有三般)은 불파목(不怕木)이라
一生淸貴步蟾宮 ; 일생청귀(一生淸貴) 보섬궁(步蟾宮)이라
沙中劍鋒兩般金 ; 사중검봉(沙中劍鋒) 양반금(兩般金)은
若居震上便相浸 ; 약거진상(若居震上) 편상침(便相侵)이라

外有四金須忌火 ;	외유사금(外有四金) 수기화(須忌火)이나
劍沙無火不成形 ;	검사무화(劍沙無火)면 불성형(不成形)이라
水見天河大海流 ;	수견천하(水見天河) 대해류(大海流)는
二者不怕土爲仇 ;	이자불파(二者不怕) 토위구(土爲仇)라
外有數般須忌土 ;	외유수반(外有數般)은 수기토(須忌土)이니
一生衣祿必難求 ;	일생의록(一生衣祿) 필난구(必難求)리라
松柏楊柳桑柘木 ;	송백양유(松柏楊柳) 걸자목(桀柘木)과
石榴大林忌金刀 ;	석류대림(石榴大林)은 기금도(忌金刀)니라.
惟有坦然平地木 ;	유유탄연(惟有坦然) 평지목(平地木)이니
無金不得上靑雲 ;	무금부득(無金不得) 상청운(上靑雲)이라
覆燈爐火共山頭 ;	복등노화(覆燈爐火) 공산두(共山頭)는
三者原來怕水流 ;	삼자원래(三者原來) 파수류(怕水流)라
外有三般不怕水 ;	외유삼반(外有三般) 불파수(不怕水)이니
一生衣祿近王侯 ;	일생의(一生衣) 근왕후(近王侯)니라.

② 납음오행가(納音五行家)

甲子乙丑海中金	丙寅丁卯爐中火	壬辰癸巳長流水	庚午辛未路傍土
甲午乙未砂中金	丙申丁酉山下火	壬戌癸亥大海水	庚子辛丑壁上土
壬申癸酉劍鋒金	甲戌乙亥山頭火	丙子丁丑澗下水	戊寅己卯城頭土
壬寅癸卯金箔金	甲辰乙巳覆燈火	丙午丁未天河水	戊申己酉大驛土
庚辰辛巳金箔金	戊子己丑霹靂火	甲申乙酉泉中水	丙戌丁亥屋上土
庚戌辛亥釵釧金	戊午己未天上火	甲寅乙卯大溪水	丙辰丁巳沙中土
壬午癸未楊柳木	庚寅辛卯松柏木	戊辰己巳大林木	
壬子癸丑桑柘木	庚申辛酉石榴木	戊戌己亥平地木	

대개 납음지의(納音之義)는 십천간과 십이지지를 좇아서 음양 2괘(卦)로 상배(相配)시켜 60을 이룬 것이다. 그 오행은 본시 팔괘납갑(八卦納甲)에서 취한 것이다.

건곤(乾坤) 2괘는 대부모(大父母)이니 쓰지 않으므로 제하고, 나머지 震(庚亥未) 兌(丁巳丑) 艮(丙) 巽(辛) 坎(癸申辰) 離(壬寅戌) 등 괘만을 납음으로 지(支)를 찾아 넣게 되는데 소납하는지를 괘에다 합한 후 납음의 간(干)으로 헤아려 본괘 납기(納氣)의 간에 이를 때까지 헤아린다. 그렇게 헤아려 얻어진 수를 보면 木(9번째) 金(7번째) 五水 三火 一土가 된다.

가령 갑자 납음은 금(金)이다. 그 법을 찾아보면 납음 子는 진괘(震卦)의 소납지자(所納之子)에 합하니 납음의 갑에서부터 진괘까지 헤아린다. 이에서 庚을 납하려면 7수에서 득금(得金)이 되므로 갑자는 금인 것이다. 또 해중금(海中金)이 되는 것은 子는 水의 왕지(旺地)이며 축토(丑土)와 상의(相依)한다면 자는 호해(湖海)의 상을 이룰 것이며, 금은 축토중(丑土中)에서 잉육(孕育)하므로 해중금(海中金)이다.

또 다른 방법으로는 다음과 같은 것이 있으니 참고하기 바란다.

납음오행(納音五行)

納音	五行	天 干	地 支
木	1	甲乙	子丑午未=1
金	2	丙丁	寅卯申酉=2
水	3	戊己	辰巳戌亥=3
火	4	庚辛	空
土	5	壬癸	空

6) 홍범오행(洪範五行)

홍범오행은 산가에서 중요하게 쓰인다.

즉 甲寅辰巽戌坎辛申 屬水, 癸丑坤庚未 屬土.

離壬丙乙 屬火.

震艮巳 3山 屬木.

乾亥兌丁 屬金. 으로 전도시켜 사용함을 말한다.

① 홍범(洪範) 산운변법(山運變法)

坐五行 太歲	兌丁乾亥 (金山)	卯艮巳 (木山)	離壬丙乙 (火山)	甲寅辰巽戌 坎辛申(水山)	癸丑坤庚未 (土山)
甲己年	乙丑 金運	辛未 土運	甲戌 火運	戊辰 木運	戊辰 木運
乙庚年	丁丑 水運	癸未 木運	丙戌 토運	庚辰 金運	庚辰 金運
丙辛年	己丑 火運	乙未 金運	戊戌 木運	壬辰 水運	壬辰 水運
丁壬年	辛丑 土運	丁未 水運	庚戌 金運	甲辰 火運	甲辰 火運
戊癸年	癸丑 木運	己未 火運	壬戌 水運	丙辰 土運	丙辰 土運

협기변방서(協紀辨方書) 《통서대전(通書大全)》 왈(曰), 「24산에서는 홍범(洪範) 오행(五行)을 정운(正運)으로 한다」 하였으니 본년의 오자 원둔수(五子元遁數)로 본산의 묘신(墓辰)에 이를 때까지 진행한 후 그 묘신(墓辰)의 납음(納音)으로 변운(變運)을 삼는다. 알고자 하는 태세의 납음을 취하여 본년의 묘운납음(墓運納音)으로 삼는다. 이에서 상합(相合)이거나 상생(相生)이면 길하고, 묘운(墓運)의 납음이 태세(太歲)의 납음을 극(剋)하는 것도 더욱 길하나 오직 꺼리는 것은 연월일시(年月日時)의 납음이 묘운(墓運) 납음을 극하는 것이다.

甲寅辰巽戌坎辛申 屬水, 癸丑坤庚未 屬土=水土墓在辰.

甲己 年은 戊辰 木運이니 金 年月日時 사용을 꺼린다.
乙庚 年은 庚辰 金運이니 火 年月日時 사용을 꺼린다.
丙辛 年은 壬辰 水運이니 土 年月日時 사용을 꺼린다.
丁壬 年은 甲辰 火運이니 水 年月日時 사용을 꺼린다.
戊癸 年은 丙辰 土運이니 木 年月日時 사용을 꺼린다.

離壬丙乙 屬火=火墓在戌.

甲己 年은 甲戌 火運이니 水 年月日時 사용을 꺼린다.
乙庚 年은 丙戌 土運이니 木 年月日時 사용을 꺼린다.
丙辛 年은 戊戌 木運이니 金 年月日時 사용을 꺼린다.
丁壬 年은 庚戌 金運이니 火 年月日時 사용을 꺼린다.
戊癸 年은 壬戌 水運이니 土 年月日時 사용을 꺼린다.

震艮巳 3山 正運 屬木=木墓在未.

甲己 年은 辛未 土運이니 木 年月日時 사용을 꺼린다.
乙庚 年은 癸未 木運이니 金 年月日時 사용을 꺼린다.
丙辛 年은 乙未 金運이니 火 年月日時 사용을 꺼린다.
丁壬 年은 丁未 水運이니 土 年月日時 사용을 꺼린다.
戊癸 年은 己未 火運이니 水 年月日時 사용을 꺼린다.

乾亥兌丁 正運屬金=金墓在丑.

甲己 年은 乙丑 金運이니 火 年月日時 사용을 꺼린다.
乙庚 年은 丁丑 水運이니 土 年月日時 사용을 꺼린다.
丙辛 年은 己丑 火運이니 水 年月日時 사용을 꺼린다.
丁壬 年은 辛丑 土運이니 木 年月日時 사용을 꺼린다.
戊癸 年은 癸丑 木運이니 金 年月日時 사용을 꺼린다.

안찰컨대 묘룡(墓龍)이란 본산용(本山龍)을 말하는 것이다. 홍범오행의 묘고(墓庫) 변운(變運)은 본 묘고(本墓庫)의 납음(納音)이 세운(歲運)에 따라 변하는 것이다. 오자(五子)원둔(元遁)은 칠정(七政)과 함께 동지로부터 기산(起算)한다는 것이 같은 뜻이다. 지난해의 동지부터는 이미 금년에 속하는 것이므로 금년의 동지는 곧 명년에 속하게 된다.

천지의 기운은 모두 자(子 ; 동지)로부터 시작하도록 되어 있기 때문이다. 그러나 오자원둔은 자(子)에서 시작하고 해(亥)에서 종료하는 것으로 일세(一歲) 사시(四時)는 동지 후에 축월(丑月)은, 아직 세군(歲君)은 바뀌지 않았더라도 묘운(墓運)은 이미 축(丑)으로 바뀌어 금묘(金墓)가 되었다. 그러므로 금산(金山)의 묘운은 동지 후에 또 거듭 변(重變)하는 것이다.

가령 갑산(甲山)의 정운(正運)은 속수(屬水)이니 수(水)의 묘고(墓庫)는 진(辰)이다. 갑기(甲己)년의 오자원둔은 갑자(甲子)로부터 다섯 번째 진(辰)까지 순서대로 짚어나가면 무진(戊辰)이니 납음은 목(木)에 속하게 되어 목운(木運)이라 한 것이다.

건산(乾山)은 속금(屬金)이니 금(金)의 묘(墓)는 축(丑)이다. 갑기년의 오자원둔은 갑자(甲子)이니 순서에 따라 진행하면 바로 을축(乙丑)이 나오는데 납음은 금(金)이므로 금운(金運)이 된 것이다.

동지 후에 을경년(乙庚年)에 속한다면 을(乙)경(庚)의 월건법(月建法)으로 오자원둔하면 병자(丙子)로부터 순서대로 진행하면 정축(丁丑)이 바로 나오고, 혹 갑기년(甲己年)에 오자원둔을 사용한다면 갑자로부터 순수(順數)하니 을해(乙亥)가 나오고 또 축(丑)까지 더 나가면 정축(丁丑)을 찾게 된다. 정축의 납음이 수(水)이므로 곧 수운(水運)이라는 것을 알 수 있다. 나머지도 이와 같이 사용하면 될 것이다.

② 육기응후(六氣應候)

본기에 이르기를, 「주기(主氣)를 사용하는 것은 시를 득(得時)한 것이고 객기(客氣)를 사용하는 것은 시를 잃은(失時)것이라」하였다. 주기도 태과하여 넘치면 사(瀉)하여 평(平)을 만들고(太過瀉而平之), 부족하고 모자라는 것은 보(補)하여 도와주라(不及補而益之)는 것이다.

「인갑묘을손(寅甲卯乙巽) 5산은 궐음풍목(厥陰風木)」이니 대한(大寒)으로부터 경칩 말까지는 창천(蒼天) 생기(生氣)가 주재(主宰)하니 한수령(寒水令)에 합(合)한다. 그러므로 득세 발복하고 체함도 없다. 기해세(己亥歲)에서는 사천객기(司天客氣)가 된다. 따라서 조장자(造葬者)는 해묘미(亥卯未)와 인(寅) 연월일시를 사용해야 대길하다. 이 산의 천운은 경년(庚年)은 고(孤), 정년(丁年)은 허(虛)이므로 경인(庚寅) 정묘(丁卯)를 쓰는 것은 평기(平氣) 정도로 길할 뿐이다.

「사(巳) 병(丙) 2산은 소음군화(少陰君火)」이니 춘분 초로부터 입하 말까지는 단천서기(丹天舒氣)가 주재하므로 풍목령(風木令)이 되어 득세 발복하고 체함도 없다.{태세가 자오(子午)면 사천객기(司天客氣)가 되어 불리하다.}

「오(午) 정(丁) 2산은 소양상화(少陽相火)」이니 소만(小滿) 초로부터 소서(小暑) 말까지가 적천장기(赤天長氣)가 주재하므로 풍목령(風木令)에 합한다. 이때를 사용하면 득세 발복하고 체함도 없다. 태세(太歲)가 인신년(寅申年)이면 사천객기가 되니 불리하다.

이상 4화산(火山)을 조장(造葬)에서 사용하려면 인오술(寅午戌)이나 사(巳) 연월일시가 대길하고, 진(辰) 축(丑)은 차길하다. 이 산은 천운이 병년(丙年)은 고(孤)이고 계년(癸年)은 허(虛)이므로 병인(丙寅) 계축(癸丑)년은 평기(平氣)로 본다.

「진술(辰戌) 축미(丑未) 간(艮) 곤(坤) 6산은 태음습토(太陰濕土)」이니 대서(大暑) 초로부터 백로(白露) 말까지가 황천화기(黃泉化氣)가 주재하므로 상화령(相火令)에 합한다. 이때를 사용하면 득세 발복하고 체함도 없다. 태세가 축미(丑未)면 사천객기가 되므로 불리하다. 조장(造葬)에 사용하려면 신자진(申子辰)이나 해(亥) 연월일시가 대길하고 술(戌) 오(午) 미(未)는 차길하다. 이 산에서 천운이 임년(壬年)은 고기(孤氣)이고 기년(己年)은 허기(虛氣)이니 임진(壬辰) 임술(壬戌) 기축(己丑) 기미(己未)를 쓰는 것은 평기일 뿐이다.

「신건신경유(辛乾申庚酉) 5산은 양명조금(陽明燥金)」이니 추분 초로부터 입동 말까지 주재하므로 습토령(濕土令)에 합한다. 이때를 사용하면 득세 발복하고 체함도 없다. 태세가 묘유(卯酉)년이면 사천객기(司天客氣)가 되므로 불리하다. 조장(造葬)에서는 사유축(巳酉丑)이나 신(申) 연월일시를 사용하여야 대길하고 묘(卯) 미(未) 진(辰)은 차길하다. 이 산의 천운은 무년(戊年)이 고(孤)이고 을년(乙年)은 허(虛)가 되므로 무신(戊申) 을유(乙酉)를 쓰는 것은 평기(平氣)로 반길하다.

「해임자계(亥壬子癸) 4산은 태양한수(太陽寒水)」이니 소설(小雪) 초로부터 소한(小寒) 말까지 현천장기(玄天藏氣)가 주재하므로 조금령(燥金令)에 합한다. 이때를 사용하면 득세 발복하고 체함도 없다. 진술(辰戌)년은 사천객기(司天客氣)가 되므로 불리하다. 조장(造葬)에서는 신자진(申子辰)이나 해(亥) 연월일시가 대길하고 술(戌) 오(午) 미(未)는 차길하다. 이 산의 천운은 갑년(甲年)이 고(孤)이고 신년(辛年)이 허(虛)이므로 갑자(甲子)년이나 신해(辛亥)년을 쓰는 것은 평기(平氣)이니 반길하다.

이상 「육기응후(六氣應候)」는 생서장화(生舒長化)를 수장(收藏)하므로 바로 24산의 주기에 각각 응한다. 그 때를 5산에서 만나게 하고 좌방

(坐方)에서도 이 육기(六氣) 절후(節侯)와 상부(相符)시키고 고허(孤虛)를 피하면 조장(造葬)에서는 대길한 조짐을 득하는 것이다.

육기(六氣) 응후법(應候法)=택일시 사용

六氣 應候	厥陰風木 寅甲卯乙巽	少陰君火 巳丙 2山	少陽相火 午丁 2山	太陰濕土 辰戌丑未坤	陽明燥金 乾辛申庚酉	太陽寒水 亥壬子癸
用年	大寒初交 驚蟄末止	春分初交 立夏末止	小滿初交 小暑末止	大暑初交 白露末止	秋分初交 立冬末止	小雪初交 小寒末止
申子辰	初之氣 始於寅初 終於子正	2之氣 始於丑未 終於戌正	3之氣 始於亥初 終於酉中	4之氣 始於酉中 終於未正	5之氣 始於申初 終於午正	6之氣 始於午初 終於辰正
巳酉丑	初之氣 始於卯正 終於子初	2之氣 始於卯初 終於丑正	3之氣 始於寅初 終於子末	4之氣 始於子中 終於戌正	5之氣 始於亥初 終於酉末	6지기 始於酉中 終於未正
寅午戌	初之氣 始於申初 終於午正	2之氣 始於午中 終於辰正	3之氣 始於午中 終於辰正	4之氣 始於卯初 終於丑末	5之氣 始於寅初 終於子末	6之氣 始於子末 終於戌正
亥卯未	初之氣 始於亥初 終於酉正	2之氣 始於酉中 終於未末	3之氣 始於申初 終於午正	4之氣 始於午初 終於辰正	5之氣 始於巳初 終於卯初	6之氣 始於卯初 終於丑正

각 산의 주기는 일정한 논리가 있으므로 매년의 동지(冬至) 후에 오서원용(五鼠元用)으로 정오행(正五行)의 해임자계(亥壬子癸) 대강수(大江水)의 현기(玄氣)를 찾는 것이다. 나머지도 이와 같이 한다.

「화기(化氣)」란 하늘이 운행(天之運行)하는 기운이요 「묘기(墓氣)」라 함은 땅에서 운행하는 기운(地運行之氣)이니, 천운에서는 고허평복지세(孤虛平復之歲)가 있고, 지운(地運)에서는 극설화생지시(剋泄和生之時)가 있으니 마땅히 고허(孤虛) 극설(剋泄)을 피하고 평복(平復) 화생지후

(和生之候)를 취하여야 천시(天時)의 진길(溱吉)함을 만나고 지리(地理)에서 생기(生氣)를 타는 것이다. 이는 양기(陽氣)에서건 음택(陰宅)에서건 확실하게 장발(長發)시키는 법이다. 천운이 고허(孤虛)가 되는 것은 마땅히 혁사승복(革邪勝復)법*으로 제지한다.

*주(註) ; 「혁사승복(革邪勝復)법」이란 사(邪)가 저쪽에 있으면 개혁하여 승리가 나에게로 오게 한다는 것이다. 다시 말하면 수(水)는 토(土)가 사(邪)이니 천운으로 공망(空亡)시키고, 마땅히 주중(柱中)에서는 2지(支)가 제지(制之)케 한다. 이는 이른바 자복부수(子復父讎)하여 그 나라가 편안할 수 있다는 것이다. 목화토금도 이와 같다.

7) 축월절기(逐月節氣) 태양과궁(太陽過宮)

【원문】太陽爲諸星之首衆煞之君象懸於天 光照於地 選擇査其度某山某向分金某度之下 諸煞咸服 但不爲人造福用法有四 如太陽到臨壬未將照亥 謂之迎其將來爲正照也 到亥對照在巳 謂之從向對坐謂之對照也 親臨本山之下謂之親照也 亥卯未寅午戌申子辰巳酉丑三方弔合謂之弔照也 太陽到亥則壬乾2山謂之陽照也 凡論過宮只論中氣不論前節 如正月十二日雨水日纏娶訾之次 月將則屬登明太陽方到亥宮 又分位先15日在亥次15日驚蟄到乾太陽行度只有12位 而羅經中有24向 所以用賴02

子宮自女8至危15度 共29度爲玄枵之次
亥宮自危16至奎4度 共32度爲娶訾之次
戌宮自奎5至胃6度 共32度 爲降婁之次
酉宮自胃7至畢11度 共32度 爲大樑之次
申宮自畢12至井15度 共30度爲實沉之次
未宮自井16至柳8度 共27度爲鶉首之次

午宮自柳9至張16度 共18度爲鶉火之次

巳宮自張17至軫11度 共33度爲鶉尾之次

辰宮自軫12至氐4度 共33度爲壽星之次

卯宮自氐5至尾9度 共32度爲大火之次

寅宮自尾10至斗11度 共29度爲折木之次

丑宮自斗12至女7度 共27度爲星紀之次

今按古時曆度數天道80年一小變 敬考我朝時 曆纏舍方爲準的太陽到山論 一年月日時選擇之用也 每用取四大吉時爲神藏滅煞 正四七十月宜用甲庚丙壬時 二五八十一月宜用乾坤艮巽時 三六九十二月宜用乙辛丁癸時爲貴人登天門 然1日之用何謂登天門傳諸通書內載陰陽貴人登天門以登明月將在亥 亥與乾同宮乾爲天門正月登明月將在亥 二月河魁將在戌 一月一位右旋一周天 只用四維乾坤艮巽時 八干甲庚丙壬乙辛丁癸時謂之四大吉時四刻之位 凡取貴人必尊太陽過宮到位方爲有力太陽爲君諸吉神爲臣用此四刻得太陽諸吉聚臨 君臣慶會 故爲貴人登殿 到八干四維乃太陽宮舍卽爲天門也 而72候內干維12位謂之宮舍 如行臨宮舍之類 太陽月將降臨 如衆臣巡到施德布威凶惡皆避 凡四大吉時每年地支三合諸煞遇此時刻皆沒 凡取天干時者如子時上四刻亥末正三正四 卽壬初一 初二刻爲四大吉時 比此一時餘類皆同.

　總之凡取時宜看 每年時曆某日某時纏舍過宮爲用 毫不差矣, 取太陽到山則一月之用月將臨日 取時則一日之吉臨時 余考羅經載有五層 一層先錄24氣 二層內載登明12將 三層內載娵訾12神纏舍 四層中則有亥宮初起 爲雙魚12宮舍 宮舍者如太陽月將過宮 太陽者人君之象月將12星次 若群臣輔君則一月中氣移宮 宮舍者如舘驛安居君臣之舍也 此層亦不可少取用5層內用28宿過舍 則知某日某刻 太陽臨宮纏次 考古來羅經未錄言 則天道未有

不改之曆 查其時授 曆之度數則有差移(異) 時師覽時憲曆可知 然24氣太陽
到山纏度 總以中節爲定雨水至春分又參考古今曆數不同 天時隋時損益 並
考 統天開喜 會元時授4曆4變不同 因天道八十年一小變 如邵子之差法 以
冬至之子爲曆元 古載牛宿2度 宋神宗時 載牛宿7度 大淸初時載箕宿6度 今
時冬至太陽過宮載箕宿3度半 查太陽到山羅經上面理應載五層 余只錄四層
前言天道隋時而變　故未錄28宿一層請看每年曆書便知某日某時太陽纏舍
過宮以便爲用.

　蓋太陽者 星中之天子 爲萬宿之祖 諸煞之宗 天無日則萬古長夜 月星
諸宿無日其體何光 用者必查 象吉通書曆數 太陽正刻分金 超神接氣纏度,
合24氣 每節氣到山管15日 如交冬至日係箕宿4度起 到戊寅山箕8度止 中
五日 交斗宿1度 到丙寅山 後五日斗6度至10度 到正艮山正宜此山造葬 諸
煞潛藏福自久矣 業術者須詳規象吉曆數 太陽到山方位準的 正合每年72候
作用.

　【해설】태양은 제성(諸星)의 수(首)이며 중살(衆殺)의 군(君)이며, 상
(象)은 하늘(天)에 있고 광(光)은 땅(地)으로 비친다. 어느 산 어느 향(向)에
이르므로 분금은 어느 도수(度數)로 놓아야 하는지를 선택하여야 할 것
이니 제살(諸殺)을 다 복종시키기 위함이다. 그러나 억지로는 조복(造福)
할 수 없다.

　그 용법이 네 가지가 있으니 가령 태양이 해위(亥位)에 이르렀을 때를
이른바 정조(正照 ; 또는 親照라 하기도 함)라 한다면, 또 해(亥)의 대궁
(對宮)이 사(巳)이니 이른바 종향대좌(從向對坐)를 대조(對照)라 한다. 또
해묘미(亥卯未) 방을 적조(吊照)라 한다. 타 삼합(三合)에서도 인오술(寅午
戌) 신자진(申子辰) 사유축(巳酉丑) 삼방(三方)에 적합(吊合)하면 모두 적

조(吊照)라 한다. 태양이 해(亥)의 이웃인 임건이산(壬乾二山)에 이르면 격조(隔照)라 함이 이것이다.

무릇 과궁(過宮)을 논함에 있어서 중기(中氣)를 논함이지 전절(前節)을 논하는 것이 아니다. 가령 정월 12일이 우수(雨水)라면 일전(日纏)은 취자지차(娵訾之次)가 되고 월장(月將)은 등명(登明)에 속하며 태양은 해궁(亥宮)에 이르게 된다. 또 분위(分位)로는 선(先) 15일은 해(亥)에 있고 차(次) 15일은 경칩에 들어 건궁(乾宮)에 이르게 된다.

태양행도(太陽行度)에는 단지 12위가 있을 뿐이나 나경(羅經)에는 24향으로 되어 있으므로 뇌공(賴公)의 중침인반(中針人盤)으로서 사용하면 해임(亥壬)이 동궁(同宮)이 되고 술건(戌乾)이 동궁이 됨을 알 수 있다.

이에서 매분도(每分度)의 다과(多寡)가 나타나게 되는데,

자궁(子宮)은 여(女) 8도로부터 위(危) 15도까지 공(共) 29도가 되니 현효지차(玄枵之次)가 된다.

해궁(亥宮)은 위(危) 16도에서 규(奎) 4도까지이니 공(共) 32도이며 취자지차(娵訾之次)가 된다.

술궁(戌宮)은 규(奎) 5도에서 위(胃) 6도까지 공(共) 32도가 되니 강루지차(降婁之次)라 한다.

유궁(酉宮)은 위(胃) 7도에서 필(畢) 11도까지 공(共) 32도이니 대량지차(大梁之次)가 된다.

신궁(申宮)은 필(畢) 12도에서 정(井) 15도까지 공(共) 30도이니 식심지차(寔沈之次)가 된다.

미궁(未宮)은 정(井) 16도에서 유(柳) 8도까지 공(共) 27도이니 순수지차(鶉首之次)가 된다.

오궁(午宮)은 유(柳) 9도에서 장(張) 16도까지 공(共) 18도이니 순화지차(鶉火之次)가 된다.

사궁(巳宮)은 장(張) 17도에서 진(軫) 11도까지 공(共) 33도이니 순미지차(鶉尾之次)가 된다.

진궁(辰宮)은 진(軫) 12도에서 저(低) 4도까지 공(共) 33도이니 수성지차(壽星之次)가 된다.

묘궁(卯宮)은 저(低) 5도에서 미(尾) 9도까지 공(共) 32도이니 대화지차(大火之次)가 된다.

인궁(寅宮)은 미(尾) 10도에서 두(斗) 11도까지 공(共) 29도이니 절목지차(折木之次)가 된다.

축궁(丑宮)은 두(斗) 12도에서 여(女) 7도까지 공(共) 27도이니 성기지차(星紀之次)가 된다.

고시(古時)의 역도수(曆度數)를 지금 살펴보면 천도(天道) 80년에 한 번 소변(小變)하였고, 아조(我朝 ; 明) 때에 역을 전사(纏舍)하여 준적(準的)을 삼고 있다. 태양도산론(太陽到山論)을 보면 연월일시를 선택하여 용(用)하는데, 매 용에 4대 길시(吉時)를 취하여 신장(神藏)하고 멸살(滅殺)한다. 1·4·7·10(寅申巳亥)월은 마땅히 갑경병임시(甲庚丙壬時)를 사용하고, 2·5·8·11(子午卯酉)월은 건곤간손시(乾坤艮巽時)를 용하고, 3·6·9·12(辰戌丑未)월은 을신정계시(乙辛丁癸時)를 사용하면 귀인등천문(貴人登天門) 시(時)가 된다.

1일에서는 어떻게 등천문(登天門)을 찾을 것인가? 제서(諸書)를 보면 내재되어 있는 음양으로 귀인등천문을 본다 하니 등명월장(登明月將)이 재해(在亥)이면 해(亥)와 건(乾)은 동궁(同宮)이므로 건(乾)이 천문(天門)이

된다. 따라서,

 정월의 등명월장(登明月將)은 해(亥)요,
 2월의 하괴월장(河魁月將)은 술(戌)이며,
 3월의 종괴월장(從魁月將)은 유(酉)이며,
 4월의 전송월장(傳送月將)은 오(午)이며,
 7월의 태을월장(太乙月將)은 사(巳)이며,
 8월의 천강월장(天罡月將)은 진(辰)이며,
 9월의 태충월장(太沖月將)은 묘(卯)이며,
 10월의 공조월장(功曹月將)은 인(寅)이며,
 11월의 대길월장(大吉月將)은 축(丑)이며,
 12월의 신후월장(神后月將)은 자(子)이니

1월에 1위씩 붙여져서 천(天)을 우선(右旋)으로 일주(一周)하게 된다. 단지 사용함에서는 4유(四維)를 쓸 것이니 건곤간손시(乾坤艮巽時)를 말하며, 팔간(八干)인 갑경병임(甲庚丙壬)과 을신정계시(乙辛丁癸時)는 이른바 4대 길시(吉時)로 사각지위(四刻之位)라 한다.

무릇 「귀인(貴人)을 취하고 반드시 태양이 과궁도위(過宮到位)까지 겸하는 것을 존(尊)으로 하여야 유력한」 것이다. 태양은 군(君)이요, 제길신(諸吉神)은 신(臣)이 되니, 이 4각(四刻)을 사용하면 태양과 제 길신(吉神)이 모여 임(聚臨)하는 것이므로 군신(君臣)이 경회(慶會)함이 되어 귀인이 제전(祭殿)한다 할 수 있다.

사유팔간(四維八干)에 이르는 것은 곧 태양의 궁사(宮舍)를 말함이니 곧 천문(天門)이 된다. 72후(候) 내에 천간(天干)은 오직 12위뿐이니 이른바 궁사(宮舍)를 말한다.

가령 출행하였을 때 그 지역의 궁사에 임하는 유(類)이니 태양의 월장(月將)이 강림한 것과 같다. 중신(衆臣)이 순도(巡到)하여 덕정(德政)을 베풀면 흉악한 것들은 모두 피하게 되는 것과 같다. 무릇 4대 길시(吉時)는 지지삼합(地支三合)이기도 하니 제살(諸殺)이 차시각(此時刻)을 만나면 모두 멸몰(滅沒)하고 만다.

또 천간시(天干時)를 취하는 것은, 가령 자시상(子時上)에 사각(四刻)으로는 해말(亥末) 정삼(正三) 정사(正四)이니, 즉 임(壬)의 초일각(初一刻) 초이각(初二刻)으로 4대 길시가 되는 것이다. 이와 같이 다른 것도 견주어 보기 바란다.

총론컨대 시(時)를 취하려면 마땅히 매년 시력(時曆)을 보아야 하는데, 모일 모시에 전사과궁(纏舍過宮)하는지를 보고 쓰게 되면 털끝만큼의 차이도 없다. 태양도산(太陽到山)을 취용함에 있어서 일월지용(一月之用)은 월장(月將)이 일(日)에 임하게 할 것이고, 시(時)를 취함은 일일지길(一日之吉)로서 시에 임(臨)하는지를 보는 것이다.

나경의 5층을 고찰하여 보면 1층은 먼저 24기(氣)를 기록하였고, 2층은 등명(登明) 12장(將)이 내재되어 있고, 3층은 취자(娶訾) 12신(神) 전사(纏舍)가 내재되었고, 4층의 중(中)은 해궁(亥宮)을 초기(初起)하는 법이 있으니 쌍어(雙魚) 12궁사가 이것이다. 궁사란 태양월장(太陽月將)이 과궁(過宮)하는 곳을 말한다.

태양은 인군지상(人君之象)으로 월장 12성차(星次)이다. 만약 군신(群臣)이 보군(輔君)하려면 일월(一月)의 중기(中氣)가 이궁(移宮)하는 것을 보아야 한다. 궁사란 관역안거(舘驛安居)와 같으니 군신지사(君臣之舍)이므로 이 층 역시 취용(取用)이 적을 수 없다. 5층은 내용(內用) 28수 과사(過舍)이니, 곧 모일 모시에 태양이 임궁전차(臨宮纏次)하는지를 알아보는 것이다.

고래(古來)의 나경을 고찰해 보면 천도(天道)를 기록하지 않았으며, 역(曆)도 고치지 아니한 것이 없는 실정이다. 그 때의 수시력(授時曆)의 도수(度數)가 지금과는 차이가 있으니 시사(時師)들은 시헌력(時憲曆)으로 알 수 있으리라. 그러나 24기(氣) 태양 도산전도(到山纏度)를 모두 중절(中節)로서 정(定)하였으니 우수로부터 춘분까지로 한 것이 그것이다.

또 참고로 고금역수(古今曆數)가 같지 않음은 천시(天時)의 계산에서는 수시로 손익이 따르고 있기 때문이다. 가령 소자(邵子)는 이 법을 동지를 자(子)의 역원(曆元)으로 하였는데 고재(古載)에서는 우수(牛宿) 2도로 하였고, 송(宋)의 신종(神宗) 때에는 우수(牛宿) 7도로 하였으며, 대청(大淸) 초기에는 기수(箕宿) 6도로 하였고, 지금은 동지의 태양과궁이 기수(箕宿) 3도 반(半)을 삼고 있는 것 등이다.

그러나 매년마다 나오는 역서(曆書 ; 時憲曆)로써 모일 모시에 태양이 어느 궁(宮)으로 전사 과궁 하는지를 쉽게 알 수 있으므로 편용(便用)하기 바란다.

대개 태양은 뭇 성중(星中)의 천자(天子)이며, 만숙(萬宿)의 조(祖)이며, 제살(諸殺)의 종(宗)이 된다. 하늘에 해가 없다면 만고(萬古)에 장야(長夜)가 계속될 것이며 월성(月星)을 비롯하여 제수(諸宿)가 어찌 빛을 발하리오? 그러므로 사용자는 반드시 통서(通書)로써 상길(象吉)을 조사하고, 역수(曆數)로 태양의 정각분금(正刻分金)을 초신(超神)하고 접기전도(接氣纏度)하여 24기(氣)에 합하게 할 것이다. 매 절기의 도산(到山)은 15일을 관리한다.

가령 동지일이라면 기숙(箕宿) 4도에서부터 무인산(戊寅山) 기팔도(箕

八度)까지가 되고, 중오일(中五日)은 두수(斗宿) 1도로 넘어가 병인산(丙寅山)에 이르게 된다. 후오일(後五日)은 두6도(斗六度)에서부터 두10도(斗十度)에 이르게 되니 정간산(正艮山)이 된다.

이와 같이 바르게 찾아 조장(造葬)한다면 제살(諸殺)은 잠장(潛藏)되고 복력(福力)은 자구(自久)할 것이다. 그러므로 업술자(業術者)들은 모름지기 상길역수(象吉曆數)하여 태양도산방(太陽到山方)으로 준적(準的)을 삼을 것이니 이는 매년의 72여가(餘暇) 작용으로도 정합되는 것이다.

① 태양행도(太陽行度) 과궁가결(過宮歌訣)
입춘태양(立春太陽)은 자상행(子上行)이요
우수경칩(雨水驚蟄)은 임해심(壬亥尋)이라
춘분청명(春分淸明)은 건술상(乾戌上)이요
곡우입하(穀雨立夏)는 유신림(酉辛臨)이라
소만망종(小滿芒種)은 경신정(庚申定)이요
하지소서(夏至小暑)는 곤미분(坤未分)이라
대서멱(大暑覓)은 정미손지(丁未巽至)요
궁정내상(宮定內上)은 득인근(得因根)이라
백로배래(白露排來)는 귀사관(歸巳關)이요
한로추분(寒露秋分)은 재손진(在巽辰)이라
상강입동(霜降立冬)은 임을묘(臨乙卯)요
대설갑중(大雪甲中)은 동지인(冬至寅)이라
소한축궁(小寒丑宮)은 대한계(大寒癸)이니
24기(二十四氣) 정기진(定其眞)이라.

태양과궁표

월	정월	2월	3월	4월	5월	6월	7월	8월	9월	10월	11월	12월
二十四山	壬 亥	乾 戌	辛 酉	庚 申	坤 未	丁 午	丙 巳	巽 辰	乙 卯	甲 寅	艮 丑	癸 子
절기	입춘 우수	경칩 춘분	청명 곡우	입하 소만	망종 하지	소서 대서	입추 처서	백로 추분	한로 상강	입동 소설	대설 동지	소한 대한
太陽到山	태양입춘도임 태양우수도해	태양경칩도건 태양춘분도술	태양청명도신 태양곡우도유	태양입하도경 태양소만도신	태양망종도곤 태양하지도미	태양소서도정 태양대서도오	태양입추도병 태양처서도사	태양백로도손 태양추분도진	태양한로도을 태양상강도묘	태양입동도갑 태양소설도인	태양대설도간 태양동지도축	태양소한도계 태양대한도자
월장	子神后	亥登明	戌河魁	酉從魁	申傳送	未小吉	午勝光	巳太乙	辰天罡	卯太冲	寅功曹	丑大吉 子神后

② 우시(又詩)

일위양정 조임어주(日爲陽精 照臨於晝) ; 태양은 양정(陽精)이니 낮에만 비추어주고,

월위음백 광명어야(月爲陰魄 光明於夜) ; 달은 음백(陰魄)이니 밤으로 광명을 준다.

오성열숙 현상어천(五星列宿 懸象於天) ; 오성 열숙(列宿)은 하늘에 매달려서

휘황찬란 포열삼라(輝煌燦爛 布列森羅) ; 휘황찬란하게 삼라(森羅)에 포열하며

배호일월 고왈삼광(配乎日月 故曰三光) ; 일월과 함께 배위(配衛)하여 삼광(三光)을 득하는 것이다.

양지경청상부이위천(陽之輕淸上浮而爲天) ; 양기는 청하고 가벼우니 위로 올라 하늘이 되고

음지중탁하응이위지(陰之重濁下凝而爲地) ; 음기는 탁하고 무거우니 아래로 엉겨 땅이 되었다.

연후유만물인생기간(然後有萬物人生其間) ; 연후에 만물이 있고 사람은 그 사이에서 사니

위만물지영고왈삼재(爲萬物之靈故曰三才) ; 사람은 만물의 영장이라 하며 천지의 삼재로 삼는다.

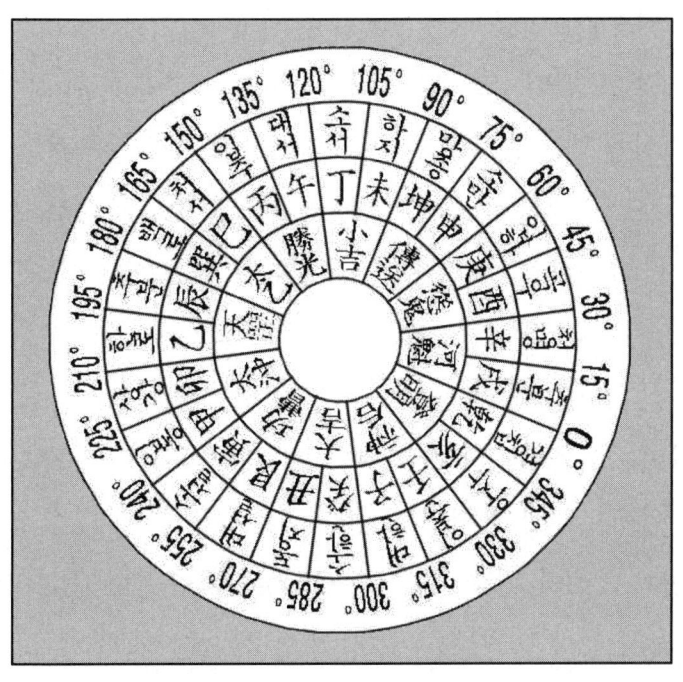

<태양과궁 원도(圓圖)>

<그림설명> 가령 태양이 이르지 아니하였을 때는 매 월일중의 사대(四大) 길시(吉時)와 귀인 등천문시(貴人登天門時)로 굴복시켜야 하니 이를 사살장몰(四煞藏沒)이라 한다. 조와 장(造葬)에서 함께 길하다.

8) 취자(娵訾) 12신(神)

「태양(日)」은 음(陰) 중의 양(陽)으로서 기덕(其德)이 도강(至剛)하고

기체(其體)가 지건(至健)하며 1년에 1주천(週天)한다. 천공(天空)의 황도(黃道)를 1일에 1도가 조금 못되게 동행(東行)하여 1년 후에 다시 제 자리를 만난다. 이에 삼도(三道)가 있는데 북(北)은 동정(東井)에 이르러 극(極)에 가까이 가고, 남(南)은 우(牛)에 이끌려 극에서 멀어지고, 동(東)은 각(角), 서(西)는 누(婁)에 이르러 거극중(去極中)하니 이것이 동도(東道)·북도(北道)·남도(南道)이다.

극이 견우(牽牛)에 이를 때 즉 동지가 되고, 극이 북으로 동정(東井)에 이름은 즉 하지가 된다. 남극과 북극의 중간이 춘분과 추분이 된다. 그 운행이 서로 상륙하면 춘행(春行)이라 하고, 남으로 상륙하면 하행(夏行)이라 하며, 동으로 행할 때는 추행(秋行)이라 하며, 북으로 진입되면 동(冬)이라 한다. 그러므로 음양과 한서(寒暑)가 있고 계절이 있게 되는 것이다.

「달(月)」은 양(陽) 중의 음(陰)이다. 기덕(其德)이 유(柔)하고 그 체는 도순(到順)하며, 그 운행은 천소(天所)로서 태양을 보좌(佐理太陽)하고 험(驗)은 야영(夜影)으로서 소식(消息)한다. 달(月)은 본래 빛이 없는 물체로서 햇빛을 받음으로써 밝을 수 있다. 그러므로 순음(純陰)이라 하며, 그 행(行)은 천(天)으로서 한 달에 1주천(週天)하는데, 해(日)와 더불어 진(辰)에서 만나게 된다. 일세(一歲)에 12회 득(得)하는데 354일하고 940분이 걸리며, 일(日)의 348분과 더불어 천회(天會)하여 일세(一歲)가 된다.

따라서 달(月)에 구도(九道)가 있게 되는데, 흑도(黑道)가 2이니 입동, 동지가 되면 황도가 북(北)으로 출하며, 적도(赤道) 2는 입하, 하지가 되면 황도가 남(南)으로 출하며, 백도(白道) 2는 입추, 추분이 되면 황도가 서(西)로 출하며, 청도(青道) 2는 입춘, 춘분에 황도가 동(東)에 출하니 공히 구도(九道)가 된다.

입춘, 춘분은 청도(靑道)를 따르고 갑도(甲度)에 분재(分在)되며, 입추, 추분은 백도(白道)를 따르니 경도(庚度)에 분재되며, 입동, 동지는 흑도(黑道)가 되며, 임도(壬度)에 분재(分在)되고, 입하, 하지는 적도(赤道)에 따르고 병도(丙度)에 분재된다. 그 일월회합이 진(辰)에서 되니 그 방이 3합소조(三合所照)의 방인 까닭에 천덕(天德)과 월덕(月德)이 되는 성신(星辰)이 되는 것이다.

① 태음시(太陰詩)

욕식태음(欲識太陰) 행도시(行度時)면
정월초일(正月初一) 기어위(起於危)요
일일상행(一日常行) 십삼도(十三度)요
오일양궁(五日兩宮) 차제추(次第推)니라
이규삼위(二奎三胃) 사종필(四從畢)이요
오성정육(五星井六) 유장칠(柳張七)이라
팔월익수(八月翌宿) 이위초(以爲初)요
용각계추(龍角季秋) 임유립(任遊立)이라
시월방수(十月房宿) 작원진(作元辰)이요
십일기상(十一箕上) 세심멱(細尋覓)이라
십이우녀(十二牛女) 절수지(切須知)요
주천지도(周天之度) 무차응(無差應)이니라.

② 등명(登明) 12장(將)

임해취자(壬亥娵訾) 등명장(登明將)이
건술강루(乾戌降婁) 하괴향(河魁向)이라
신유대량(辛酉大梁) 시종괴(是從魁)요

경신실침(庚申實沈) 전송상(傳送上)이라
곤미순수(坤未鶉首) 월소길(月小吉)이요
정년순화(丁年鶉火) 승광치(勝光治)니라
병사순미(丙巳鶉尾) 태을신(太乙神)이요
손진수성(巽辰壽星) 천벌직(天罰職)이라
을묘대화(乙卯大火) 치태충(值太沖)이요
갑인절목(甲寅折木) 공조궁(功曹宮)이라
간축성기(艮丑星紀) 속대길(屬大吉)이요
자계현효(子癸玄枵) 신후동(神后同)이라

태음과궁표(太陰 過宮表)

월	정월	2월	3월	4월	5월	6월	7월	8월	9월	10월	11월	12월
二四山	艮寅	甲卯	乙辰	巽巳	丙午	丁未	坤申	庚酉	辛戌	乾亥	壬子	癸丑
절기	입춘/우수	경칩/춘분	청명/곡우	입하/소만	망종/하지	소서/대서	입추/처서	백로/추분	한로/상강	입동/소설	대설/동지	소한/대한
太陰到山	태음입춘도간산	태음우수도인산	태음경칩도갑산	태음춘분도묘산	태음청명도을산	태음곡우도진산	태음입하도손산	태음소만도사산	태음망종도병산	태음하지도오산	태음소서도정산	태음대서도미산

③ 매일정효총론(每日定曉總論)

태양이 뜨기 전 2각(刻) 반(半)으로부터 지상이 밝을 때까지를 효(曉)라 한다. 태양이 지하로 들어가고 2각 반까지 밝아 있는 시간이 황혼(黃昏)이다. 그러므로 낮 시간이 항상 많고 밤 시간은 3각이 항상 모자란다. 5각

설은 옛 천문지를 보고 하는 말이다. 「세인(世人)들은 단지 혼명만으로 주야를 삼는 것만 알고 이미 밝은 후에 해가 뜨고 해가 진 후에도 어둡지 않은 것을 알지 못하기 때문에 그러하다」하였다.

9) 28숙(宿) 분야(分野)

① 28숙이 차지하는 분도(分度)를 계산하여 보면 아래 표와 같이 12궁위에 분배된다.

28숙 분도(分度)

宿	距 星	宿	距 星
角	二星 12°太	奎	十六星 18°
亢	四星 9°太	婁	三星 12°太
氐	四星 16°少	胃	三星 15°少
房	四星 5°太	昴	七星 11°
心	三星 6°	畢	八星 16°半
尾	九星 18°	觜	三星 0.5°
箕	四星 9°半	參	十星 9°半
斗	六星 22°太	井	八星 30°少
牛	六星 7°	鬼	五星 2°半
女	四星 11°	柳	八星 13°半
虛	二星 9°少	星	七星 6°太
危	三星 16°	張	六星 17°太
室	二星 18°少	翼	二十二星 20°少
壁	二星 9°太	軫	四星 18°太

*필자 註 ; 太=$\frac{75}{100}$, 半=$\frac{50}{100}$, 少=$\frac{25}{100}$

② 28숙 배치도
종우선역행이전합통천력 차정합일월오성위지칠정(從右旋逆行而轉合

統天歷 此正合日月五星謂之七政) ; 이는 우선으로 역행하는데 천통력(天統歷)의 지칭과 일월오성(七政)과 정합한다.

28숙 배치도

亥	乾	戌	辛	酉	庚	申	坤	未	丁	午	丙
壁	奎	婁	胃	昴畢	觜	參	井	鬼	柳	星張	翌
巳	巽	辰	乙	卯	甲	寅	艮	丑	癸	子	壬
軫	角	亢	氐	房心	尾	箕	斗	牛	女	虛危	室

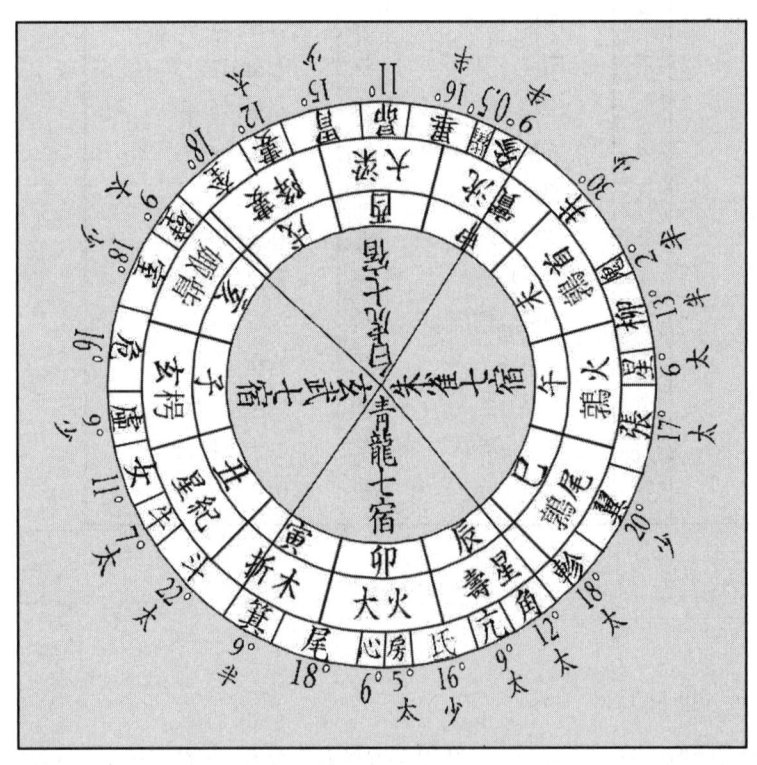

<28숙 분야식(分野式)>

10) 12궁사 관역(館驛)에 천제와 천장의 합부교회론(合符交會論)

　천제(天帝)는 12월에 순행하고 4시를 포함하며, 천장(天將)은 역행으로 365도 하고 8절의 공(功)을 베푼다. 대한에서는 천제가 축(丑)에 사령(司令)하고, 천장은 자(子)에 사령하니 축과 자 사이에서 교회(交會)하는데, 만물이 이곳에서 성시(成始)하고 성종(成終)하니 역(易)에 이르기를, 「성언호간(成言乎艮)」이라 함이 이것이다.

　우수에서 천제가 인(寅)에 사령하고, 천장은 해(亥)에 안배(按配)하니 인해(寅亥)가 교부(交符 ; 兩合)된다. 축인(丑寅)이 간(艮)을 보(輔)하며 동북 방위가 된다.

　춘분에는 천제가 사묘(司卯)하고, 천장은 안술(按戌)하니 묘술(卯戌)이 교부(交符)한다. 갑을은 진(震)에 부(符)하고 정춘지령(正春之令)이 된다. 이곳에서 만물이 발생하니 역(易)에 이르기를, 「제출호진(帝出乎震)」이라 하였다.

　곡우에서 천제는 사진(司辰)하고, 천장은 안유(按酉)하니 진유(辰酉)가 교회(交會)하고, 만물이 결제(潔齊)하니 역(易)에서 말하는 「제호손(齊乎巽)」이라 함이 이것이다.

　소만에서 천제는 사사(司巳)하고, 천장은 안신(按申)하니 사신(巳申)이 교부(交符)하고, 진사(辰巳)가 보손(輔巽)하며 동남 방위가 된다.

　하지에서 천제는 사오(司午)하고, 천장은 안미(按未)하니 오미(午未)가 교부한다. 병정(丙丁)이 보리(輔離)하니 정하지령(正夏之令)으로서 만물이 모두 무성하게 되니 역에서 이르기를, 「상견호리(相見乎離)」라 하였다.

대서가 되면 천제는 사미(司未)하고, 천장은 안오(按午)하니 미오(未午)가 교부한다. 이에서 만물이 치양(致養)하니 역에서 이르기를, 「치역호곤(致役乎坤)」이라 하였다.

처서가 되면 천제는 사신(司申)하고, 천장은 안사(按巳)하니 신사(申巳)가 교부한다. 신미(申未)가 보곤(輔坤)하니 서남지위(西南之位)가 된다.

추분에서 천제는 사유(司酉)하고, 천장은 안진(按辰)하니 유진(酉辰)이 교부한다. 이에 경신(庚辛)이 보태(輔兌)하여 정추지령(正秋之令)이 되며, 만물이 설성(說成)하므로 역에서 이르기를, 「설언호태(說言乎兌)」라 하였다.

상강이 되면 천제는 사술(司戌)하고, 천장은 안묘(按卯)하니 술묘(戌卯)가 교부하여 음양이 상박(相薄)하니 역에서 이르기를, 「전호건(戰乎乾)」이라 하였다.

소설(小雪)에서 천제는 사해(司亥)하고, 천장은 안인(按寅)하니 해인(亥寅)이 교부하고 술해(戌亥)가 보건(輔乾)하며 서북지위(西北之位)가 된다.

동지가 되면 천제는 회귀하여 북극자원(北極子垣)에 들고, 천장은 복명하여 축소(丑所)에 공(功)을 고(告)하게 된다. 임계(壬癸)가 보감(輔坎)하여 정동지령(正冬之令)이 되며 만물은 귀장(歸藏)하니 역에 이르기를, 「노호감(勞乎坎)」이라 하였다.

이와 같이 만물의 조화는 제장(帝將)을 따라 출입되며 사륙음양(四六陰陽)도 제장을 따라 승강(升降)하니 소관(所關)도 심대(甚大)하고 소행(所行)도 심현(甚顯)하다.

가령 어진 신하가 적심(赤心)으로 나라를 보필하고 성왕의 생도(生道)로써 치민(治民)하는 것은 확연한 이치이다. 성현이 만들어 놓은 논리로서 배움의 계제(階梯)를 삼고 제장(帝將)의 은혜로서 발생할 수 있는 것이다.

　천제와 천장은 자축(子丑)의 경계에서 합하고, 오미(午未)의 사이에서 회합(會合)인 것이다.

11) 혼천성도(渾天星度)

　【원문】28宿分爲7曜 各有所屬而一宿之內 又有五行 金12 木13 水12 火12 土12 共61位與透地納音相爲體用 納音爲主天度爲賓 如丙子水龍坐火度 戊子火龍坐水度爲煞 又龍生度爲泄度 生龍爲恩度 比和爲得宜 又坐度剋來水度吉 來水度剋坐度凶 故曰 「山剋穴者人多發福 穴剋山者其家小祿 穴來剋水財源積聚 水來剋穴必遭多毒」蓋山剋穴者透地龍之納音剋坐下度也 穴剋山者坐度剋透地龍之納音也 穴剋水者坐下度剋來水之度也 水剋穴者來水之度剋坐度也.

　此星度者爲28宿經緯度者 由諸星登垣 而出 合盈縮透地 以及納音爲關煞.

　斷曰 金克木瘍傷 土克水瘍疾 木剋土瘟瘴 水剋火少亡 火克金災殃 其天度在12支中 每宮5位 子宮金火水金木 丑宮土水金木土 寅宮火木火金水土 卯宮木金水土木 辰宮火水土木火 巳宮金木土火金 午宮水土木火水 未宮金土水火金 申宮木火水金木 酉宮土水火木土 戌宮金土水金火 亥宮木火土水木共61位 其用不爲穿山透地分金作穴之一端而又取一歲爲72候 每一字管6日 66共3百6十日 寅宮多一木字則 又管5日以全周天365日零三時 今歲冬至對來歲冬至合其365日零三時 是爲 一歲之用也.

　【해설】이는 28숙을 나누어 칠요(七曜)가 되게 한 것이니 어느 한 숙(宿)으로 소속하게 되어 있다. 또한 오행이 있는데 금(金)이 12 목(木)이

13 수(水)가 12 화(火)가 12 토(土)가 12로서 모두 61위가 된다. 이는 투지납음(透地納音)과 더불어 체용(體用)이 되는 것으로 납음이 주(主)가 되고, 천도(天度)가 빈(賓)이 됨을 말한다.

가령 병자수룡(丙子水龍)에서 좌(坐)가 화도(火度)가 되었는데, 무자화룡(戊子火龍)에서 좌도(坐度)가 수도(水度)가 된다면 살(殺)이 되는 예이다.

또 용이 생하면 설도(泄度)라 하고, 용을 생하면 은도(恩度)라 하며, 비화(比和)는 득의(得宜)가 된다. 또 좌도(坐度)가 내수도(來水度)를 극래(剋來)하는 것은 길하고, 내수도가 좌도(坐度)를 극하는 것은 흉한 것이므로 이르기를,

「산극혈자(山剋穴者)는 인다발복(人多發福)이나

혈극산자(穴剋山者)는 기가소록(其家少祿)」이라 하였고,

「혈래극수(穴來剋水)는 재원적취(財源積聚)이며,

수래극혈(水來剋穴)은 필조다독(必遭茶毒)」이라 하였다.

이에서 산(山)이 혈(穴)을 극한다 함은 투지(透地) 용(龍)의 납음이 좌하도(坐下度)를 극하는 것을 말하고,

또 혈(穴)이 산(山)을 극한다 함은 좌도(坐度)가 투지(透地) 용(龍)의 납음을 극함을 말한다.

또 혈(穴)이 수(水)를 극한다 함은 좌하도(坐下度)가 내수도를 극함을 말하고,

수(水)가 혈(穴)을 극한다 함은 내수도(來水度)가 좌도(坐度)를 극함을 말한다.

이에서 성도(星度)라 함은 28숙을 말하는 것이다. 경위도(經緯度)는 제성(諸星)을 등원(登垣)으로 나누어 놓은 데서 출하였으니 영축투지(盈縮

透地)에 합하고 납음에도 영향을 미치며 살(煞)에도 관계된다.

단왈(斷曰), 「금극목(金剋木)은 노상(癆傷)이요, 토극수(土剋水)는 노질(癆疾)이요, 목극토(木剋土)는 온황(瘟瘟)이요, 수극화(水剋火)는 소망(少亡)이요, 화극금(火剋金)은 재앙」이라 한 것이 이것이다.

기천도(其天度)는 12지 중에 있는데 매 궁마다 5위씩 붙는다. 즉,
자궁(子宮)에 금화수금목(金火水金木)이 붙고,
축궁(丑宮)에 토수금목토(土水金木土)
인궁(寅宮)에 화목화금수토(火木火金水土)
묘궁(卯宮)에 목금수토목(木金水土木)
진궁(辰宮)에 화수토목화(火水土木火)
사궁(巳宮)에 금목토화금(金木土火金)
오궁(午宮)에 수토목화수(水土木火水)
미궁(未宮)에 금토수화금(金土水火金)
신궁(申宮)에 목화수금목(木火水金木)
유궁(酉宮)에 토수화목토(土水火木土)
술궁(戌宮)에 금토수금화(金土水金火)
해궁(亥宮)에 목화토수목(木火土水木)으로서 모두 61위가 된다.

그 용이 천산(穿山)과 투지(透地)로 분금 작혈(分金作穴)하는 1단(端)을 말하는 것이 아니고 1세(歲)를 취하매 72후(候)로 하되, 매 1자마다 6일씩을 관(管)하니 6·6 360일이 되고, 인궁(寅宮)에서는 목(木)이 하나 더 많아 5일을 관리한다.

이로써 전주천(全周天) 365.3일이 되니 이것이 1세(歲)로서 동지로부터 이듬해 동지까지 합산한 것이다.

① 매일과 시의 상하 4각 분수

1일을 백각(百刻)으로 나누고 12시에 분배하면 매 시마다 8각씩이 되고 4각이 남는다. 1각은 60분이니 4각은 240분이 된다. 이것을 12시에 분배하면 20분씩이 되니 1시는 8각 20분이 되는 셈이다. 이것을 모두 분으로 환산하면 1시는 5백 분이 된다. 여기서 상사각(上四刻)이라 함은 250분을 말하고, 하사각(下四刻) 역시 250분이 된다. 어떤 서양력(西洋曆)에 1시는 8각이요, 1각은 15분이며 1시를 4분으로 환산하면 120분이 되며, 12시를 1일로 하니 1일은 1천 440분이라고도 하였다.

1년은 365일 5시간 48분이며, 기(氣)로는 24기(氣)이며, 1기는 15일 3시 5각 11분이라 하였고, 춘하추동 4계절로 되었는데, 1계절은 91일 3시 6각이 약(弱)이라 하였다. 각 계(季)에는 왕(旺)이 18일 3시 2각 10분이 강(强)이며, 73일 영4각 40분은 유기(有奇)라 하였다.

12) 좌산 24향 영축(盈縮) 60룡 투지(透地)

영축법(盈縮法)은 좌산에 투지로 분금가선(分金架線)시키는 또 한 가지의 사용법이다. 천산(穿山) 72룡은 나경의 한 층에만 기록되어 있으며 통서(通書)로 천산에 합하는지를 정하는 것이나, 60투지경반(透地經盤)은 영축과 평분양층(平分兩層)으로 사용토록 되어 있다. 평분(平分)을 용(用)할 때는 만두8척(巒頭八尺)에 투지작혈(透地作穴)됨으로써 왕상(旺相)과 고허(孤虛) 살요(殺曜)를 가려서 사용하는 것으로 다시 용변(容辨)이 없다.

그러나 영축 60을 용하는 법은 주채(朱蔡) 이공(二公)이 밝힌 것인데 대략 72후(候)에서 취한 것이니 선천 십이지의 뜻이 영축(盈縮)되어 있다고 할 수 있다. 선천경반(先天經盤) 십이지를 상고하여 보면 해말(亥末)

에서 갑자(甲子)를 기(起)하였으므로 자(子)와 이웃하는 곳에 기운이 이미 먼저 도달하였으므로 너무 더디다고 잃을 걱정이 없고 너무나 이르다고 하여 잃을 것도 없다」고 하였다. 고인(古人)이 「적삼십분(積三十分)한 후에 동지에서 갑자(甲子)를 일으키니 선후의 질서가 가장 타당하다」한 것이 이것이다.

또 8괘 궁위(宮位)로 말하면 평분지용(平分之用)은 매 1괘마다 7위 반(半)을 분득(分得)하니 합이 15위면 2괘가 배성(配成)된 것이고, 합이 30위면 4괘가 배성된 것이며, 합이 60위면 1년 배성이니 즉 8괘가 배성된 것으로서 차다피소(此多彼少)의 걱정이 없이 괘위(卦位)는 적균(適均)할 것이다.

이 영축룡괘(盈縮龍卦)*는 영축 60룡에 배합됨도 진실로 당연하다. 만약 수도오행(宿度五行)을 영축룡과 비교하여 논한다면 영축룡은 60위이고, 수도오행은 61위이니 3자위(三者位)는 차분도(次分度)로서 각각 그 상(相)이 분합(分合)되며, 주천육륙(周天六六)의 수에 응하게 된다. 이와 같이 영축룡은 60위이고 숙도오행은 61위가 되니 투지로서는 천기(天紀)의 작용에 속하므로 천기(天氣) 가운데서 월(月)이 대소(大小)로 나누어지게 된다. * 영(盈)은 도수(度度)요 축(縮)은 응후(應候)이다.

비록 이같이 월이 대소로 나누어진다고는 하나 3년 만에 일윤(一閏)이 있게 되며, 5년에 재윤(再閏)이 있어야 된다. 매월은 각각 30일로 정하였으나 매년이 365일 3시가 되니 1년의 12월로 논하여 보면 대소로 나눠진다. 5년 60개월은 매년 365일 3시로 분배하면 큰달 작은달이 생기는데, 매년 부족일이 클 때는 6일이 되고, 작을 때는 5일이 된다. 따라서 3년에 1윤이 있고 5년에 재윤(再閏)이 되며, 1년의 합은 72후로서 윤월(閏月)로써 보지(補之)한다.

【원주(原註)】 부(附) 적괘주자(積卦晝者)는 소설(小雪) 후에 양(陽)이 1일에 1분이 생하니 30일을 쌓으면 양이 30분이 생한다. 이로써 1주(晝)를 이룬다. 그래서 동지에서 1양이 생한다고 하는 것이다. 또 소만 후에는 음(陰)이 1일에 1분씩 생하니 30일이 되면 30분이 되므로 성일주(成一晝)한다. 그래서 하지에서 1음이 생한다. 양적(陽積)이 6주(晝)이면 건(乾)이 되며, 건은 4월괘에 해당되므로 족히 중기(中氣)가 된다. 이르기를 소만은 불가대(不可大)이니 대즉(大則) 항(亢)이기 때문이다.

또 음적(陰積) 6주(晝)이면 곤(坤)이 되며, 곤은 10월 괘에 해당되므로 이른바 소양(小陽)이 되고 춘(春)이다. 위 양자(爲陽者)는 양이 없음이 불가하니 양이 없으면 순음(純陰)으로 용사(用事)되기 때문이다. 만약 나라를 길게 다스리자면 난(亂)이 없어야 하고, 난이 없으려면 충분한 경계를 갖추어야 할 것이니 양을 숭상하고 음을 억제함과 같다.

이 평분(平分) 60룡은 24산에 합하고 24기(氣)와 72후가 길상(吉象)으로 통서에 기록되었는지를 자세히 볼 것이다. 24산의 분금(分金) 좌도(坐度)는 이와 같이 일층괘례(一層卦例)에 실려 있으니 이는 영축룡의 작용에 정합하는 공(功)인 것이다.

【필자 註】 1세의 서(序)를 나누어 4시(時)로 하니 북두에 응케 된다. 북두의 자루가 동을 가리키면 인묘진(寅卯辰)에 있으므로 만물의 발생이 춘시(春時)에 이르고, 북두의 자루가 남쪽을 가리키면 사오미방(巳午未方)이 되므로 만물이 무성(茂盛)하고 창달(暢達)함이 하시(夏時)에서 되고, 북두의 자루가 서쪽을 가리키면 신유술방(申酉戌方)이 되니 만물의 수검(收劒)을 추시(秋時)에서 하게 되고, 북두의 자루가 북쪽을 가리키면 해자축방(亥子丑方)이 되니 만물의 폐장(閉藏)을 동시(冬時)에 하게 되는데 이

와 같은 순환운전(循環運轉)이 그치지 않고 행해지는 것이다.

13) 정(定) 차착공망(差錯空亡) 홍권흑점(紅圈黑點)

【원문】夫孤虛關煞差錯空亡一百二十分金重一六十甲子與穿山透地相爲表裏 出自九六冲合八卦上下一爻相配. 如乾卦除中一爻上下皆屬孤陽而無陰配也 坤卦除中一爻上下皆孤陰而無陽配也 乾納甲坤納乙乃甲子一旬至乙亥此楊公冷氣脈. 如坎卦除中一爻上下屬陰孤陰而無陽配也 離卦除中一爻上下屬陽孤陽而無陰配也 坎納於戊離納於己戊己爲煞曜乃戊子一旬至己亥此楊公敗氣脈 離納壬坎納癸壬癸爲虛乃壬子一旬至癸亥此乃楊公退氣脈 艮卦除中一爻上陽媾下陰爻 兌卦除中一爻上陰爻媾下陽爻 二卦陰陽冲合 艮納丙兌納丁丙丁爲旺乃丙子一旬至丁亥此楊公旺氣脈 震卦除中一爻上陰下陽 巽卦除中一爻上陽下陰二卦陰陽冲合震納庚巽納辛庚辛爲相乃庚子一旬至辛亥此楊公相氣脈 以合穿山透地作用也.

惟分每山有五金 取丙丁爲旺 庚辛爲相 戊己爲煞曜 壬癸爲虛 甲乙爲孤 若二十四山每山之數十分共數二百四十分避孤虛煞曜者三分取旺相者二分共避四十八位爲孤虛避二十四位爲空亡 只存四十八位爲旺相 羅經四維八干正中一度爲大空亡七十二龍縫中一度爲小空亡

按空亡度下作一亡字 差錯度下作一了字 關煞度下作一乂字 了字抵穿山火坑卽差錯空亡 乂字卽透地火坑爲關煞 每兩層分金有三紅圈 抵穿山透地四十八位旺相分金爲珠寶 此先賢一定自然之用.

【해설】 대저 고허관살(孤虛關煞) 차착공망(差錯空亡)은 120분금(分金)에서 육십갑자로 나누어본다. 천산(穿山)과 투지(透地)도 서로 표리(表裏)가 된다. 이상은 모두 구육충합(九六冲合)으로부터 나온 것인데, 팔괘

의 중효(中爻)는 제외하고 상하 효(爻)로서 상배(相配)되었는지를 보는 것이다.

가령 건괘(乾卦)라면 중효를 제하고 상하 효를 보면 모두 양효(陽爻)이므로 음효(陰爻)의 배합이 안 되었으니 고양(孤陽)이라 한다.

곤괘(坤卦)에서 중효를 제하고 보면 상하 효가 모두 음효(陰爻)로서 양효의 배합이 없으므로 고음(孤陰)이라 한다. 건납갑(乾納甲)하고 곤납을(坤納乙)하니 바로 갑자(甲子) 일순(一旬)은 을해(乙亥)까지가 양공(楊公)의 냉기맥(冷氣脈)이라 하는 것이다.

감괘(坎卦)에서 중효를 제하고 상하 효를 보면 모두 음효이니 고음(孤陰)이라 하는데, 양효의 배합이 없기 때문이다.

이괘(離卦)에서 중효를 제하면 상하 효가 모두 양효이니 고양(孤陽)이 되었는데 음효의 배합이 없기 때문이다. 감납무(坎納戊)하고 이납기(離納己)하니 무기는 살요(煞曜)가 되니 바로 무자(戊子) 일순(一旬)은 기해(己亥)까지를 양공이 말하는 패기맥(敗氣脈)이 된 것이다. 이납임(離納壬)하고 감납계(坎納癸)하기 때문에 임계(壬癸)를 허기(虛氣)라 한다. 그러므로 임자(壬子) 일순(一旬)도 계해(癸亥)까지를 양공의 퇴기맥(退氣脈)이라 한다.

간괘(艮卦)의 중효를 제하고 상하 효를 보면 상양(上陽) 하음(下陰)이니 음양 배합이 이루어졌다.

태괘(兌卦)에서 중효를 제하면 상하 효기 일음(一陰) 일양(一陽)이니 두 괘는 음양 충합(冲合)이 되었다. 간납병(艮納丙)하고 태납정(兌納丁)하여 병정(丙丁)이 왕기맥(旺氣脈)이 되었으니 병자(丙子) 일순(一旬)은 정해(丁亥)까지를 양공의 기맥왕(旺氣脈)이라 한다.

진괘(震卦)에서 중효를 제하면 상음효(上陰爻) 하양효(下陽爻)이고, 손괘(巽卦)에서 중효를 제하면 상양효(上陽爻) 하음효(下陰爻)이니 두 괘는 음양이 배합되어 구육충합(九六冲合)이 되었다. 진납경(震納庚)하고 손납신(巽納辛)하니 경신(庚辛)은 상기맥(相氣脈)이 되었다. 그러므로 경자순(庚子旬)은 신해(辛亥)까지 양공의 상기맥(相氣脈)이라 한다.

이상이 천산(穿山)과 투지(透地)에 합하는 작용이다.

오직 매산(每山)에는 오금(五金)이 있으니 병정(丙丁) 왕기(旺氣)와 경신(庚辛) 상기만을 취하고, 무기(戊己) 살요(煞曜)와 임계(壬癸) 허기(虛氣)와 을갑(甲乙) 고기(孤氣)는 피한다.

또 24산에는 매 산마다 10분씩의 분수가 있으니 공히 240분수이다. 이에서도 고허(孤虛) 살요(煞曜)가 세칸(三分)을 구분할 수 있으니 피하고, 왕상(旺相)한 두 칸만을 사용하여야 한다.

이렇게 되면 피하여야 할 것이 고허가 24위이고 공망이 48위이니 왕상(旺相)한 분수는 24위뿐인데 이를 주보혈(珠寶穴)이라 한다.

나경에서 사유(四維) 팔간(八干)의 정중(正中) 1도(度)가 대공망(大空亡) 선(線)이며, 72룡(龍)의 봉중(縫中) 1도는 소공망(小空亡)이다.

안찰(按察)하여 보면 공망도(空亡度) 아래로 하나의 망자(亡字)를 작하였고 차착도(差錯度) 아래로는 하나의 료자(了字)를 작하였고, 관살도(關煞度) 아래에는 하나의 예자(乂字)를 두었다.

료(了)자는 천산(穿山)의 화갱(火坑)이니 즉 차착공망(差錯空亡)이요,

예(乂)자는 투지(透地)의 화갱(火坑)이니 즉 관살이다. 그러니 매 양 층 분금(分金)에다는 홍권(紅圈)을 3개 두었다.

천산과 투지에 붙여져 있는 48위는 왕상한 분금이니 주보혈(珠寶穴)이다.

이상은 선현이 일정하게 제정한 자연법의 쓰임이다.

【필자 註】 아래는 양택에서 대문 자리를 보는 법으로 매우 정미한 것이다. 그 요령은 좌(坐)를 기준으로 작괘하여 일상생기(一上生氣)·이중오귀(二中五鬼)·삼하연년(三下延年)·사중육살(四中六殺)·오상화해(五上禍害)·육중천을(六中天乙)·칠하절명(七下絶命)·팔중복음(八中伏吟) 등의 순으로 번괘(翻卦)한다.

생기(生氣)·연년(延年)·천을(天乙)·복음(伏吟) 문은 길하고, 오귀(五鬼)·절명(絶命)·육살(六殺)·화해(禍害) 문은 흉하다.

또 나경을 놓는 자리는 집터의 중심에 놓고 재는데, 만약 활용되지 않는 터가 있을 경우는 그곳을 제외시키고 실제로 활용되는 집터의 중심을 말한다.

대문방조견표(大門方早見表)

坐＼대문 방위	兌丁巳丑 方	震庚亥未 方	坎癸申辰 方	離壬寅戌 方	艮丙方	巽辛方	乾甲方	坤乙方
乾甲坐	生氣	五鬼	六殺	絶命	天乙	禍害	伏吟	延年
坤乙坐	天乙	禍害	絶命	六殺	生氣	五鬼	延年	伏吟
艮丙坐	延年	六殺	五鬼	禍害	伏吟	絶命	天乙	生氣
巽辛坐	六殺	延年	生氣	天乙	絶命	伏位	禍害	五鬼
離壬寅戌坐	五鬼	生氣	延年	伏吟	禍害	天乙	絶命	六殺
坎癸申辰坐	禍害	天乙	伏吟	延年	五鬼	生氣	六殺	絶命
兌丁巳丑坐	伏吟	絶命	禍害	五鬼	延年	六殺	生氣	天乙
震庚亥未坐	絶命	伏吟	天乙	生氣	六殺	延年	五鬼	禍害

天文을 알면 風水地理가 보인다

☆

초판 인쇄일 / 2014년 05월 12일
초판 발행일 / 2014년 05월 17일

☆

엮은이 / 김동규 편저
펴낸이 / 김동구
펴낸데 / 明文堂
창립 1923. 10. 1
서울특별시 종로구 안국동 17-8
☎ (영업) 733-3039, 734-4798
(편집) 733-4748 FAX. 734-9209
H.P. : www.myungmundang.net
e-mail : mmdbook1@hanmail.net
등록 1977. 11. 19. 제 1-148호

☆

값 **30,000**원

☆

ISBN 979-11-85704-01-2   14150